김동리 연구

저자 홍기돈(洪基敦, Hong, Gi-Don)은 1970년 제주 출생으로 1999년『작가세계』신인상을 수상하여 문학평론가로 등단하였다. 중앙대학교에서 1996년「김수영 시 연구」로 석사학위를, 2003년「김동리 연구」로 박사학위를 취득하였다. 평론집으로『페르세우스의 방패』(백의),『인공낙원의 뒷골목』(실천문학) 등이 있으며, 연구서로는『근대를 넘어서려는 모험들』(소명출판)을 펴내었다.『비평과 전망』,『시경』의 편집위원을 역임하였으며, 현재『작가세계』편집위원으로 활동하는 한편 가톨릭대학교 국어국문학과 교수이기도 하다.

김동리 연구

초판 인쇄 2010년 8월 25일 **초판 발행** 2010년 8월 30일
지은이 홍기돈 **펴낸이** 박성모 **펴낸곳** 소명출판 **출판등록** 제13-522호
주소 서울시 서초구 서초동 1621-18 란빌딩 1층
전화 02-585-7840 **팩스** 02-585-7848 **전자우편** somyong@korea.com **홈페이지** www.somyong.co.kr

값 25,000원
ISBN 978-89-5626-503-2 93810

김동리 연구

A Study of Kim, Dong-Li

홍기돈

소명출판

새로운 르네상스를 위하여

1. 왜 김동리인가

김동리는 한국문학사에서 근대와의 대결을 가장 치열하게 벌여나갔던 인물이다. 자본주의와 사회주의를 근대의 양면으로 파악한 후, 새로운 르네상스 운동을 통하여 근대 이후로 나가고자 한 데서 그 면모의 일단이 확인된다. 물론 그는 르네상스 운동을 추동할 나름의 사상적 근거 또한 확보하고 있었는데, 신라정신에서 이끌어온 선(仙)사상이 여기에 해당한다. 식민지시대에 그가 일제에 저항할 수 있었던 동력도 仙사상에서 배태되었고, 복잡한 해방 정국에서 새로운 국가·문학이 나아가야 할 뚜렷한 방향을 제시할 수 있었던 동력도 仙사상에서 확보된 것이었다. 나는 김동리의 바로 이러한 측면에 관심을 두고 있었다. 특히 김동리가 仙사상을 근거로 하여 해방된 국가의 정체성을 확보하는 한편, 한 지역의 특수한 사유 체계를 세계사의 보편 차원으로 끌어올리고자 시도했던 바가 흥미를 일으켰다.

국가 만들기와 관련해서라면 임화 또한 관심의 대상이었다. “만국의 노동자여 단결하라!”라는 「공산당선언」의 문장이 상징하는 바와 같이, 마르크스주의는 민족국가를 부정하고 계급을 전면에 내세운다. 1930년대 중반까지 임화는 계급의식으로 무장한 마르크스주의자였지만, 이후 그는 민족이라는 단위를 무시할 수 없게 되었다. 마르크스주의에서 설정해 놓은 생산양식이 유럽의 사례를 보편으로 끌어올린 결과인 까닭에 이와 변별되는 아시아의 생산양식으로 시야를 돌리게 되었던 것이다. 아시아를 유럽과 상대화시킬 수 있다면, 식민지 또한 제국으로부터 상대화시킬 수 있는 것 아닐까. 해방기에 임화 등이 주장했던 민족문학론은 이러한 고민의 산물이었다. 마르크스주의에 국가 이론이 존재하는가의 여부 탐구에 골몰하여 ‘보비오(Bobbio) 논쟁’ 따위를 공부했던 나에게는 구미가 당기는 주제였다.

해방기에 김동리와 임화는 대척점에 서서 각자의 민족문학론을 전개하였으나, 내가 보기에 그들은 긴장 관계로 파악해야 할 민족국가의 모순을 한 측면씩 부여잡고 입장을 개진하였던 것이 아닌가 싶다. 가령 당대 임화를 따랐던 마르크스주의 비평가들의 글들을 읽다 보면 ‘민족은 근대 이후 새롭게 만들어진 개념’이라는 논리를 종종 발견할 수 있다. 정치경제학의 관점에서만 민족국가라는 단위를 설정하겠다는 태도인데, 그렇다면 하나의 민족국가가 국제 사회에서 독자적인 자질로 내세울 수 있는 정체성 확보는 어떻게 가능할 것인가. 국가 만들기라는 기획은 획(劃), 그러니까 다른 민족국가들과 나누어지는 경계 짓기를 애초부터 품을 수밖에 없는 문제이다. 반면 김동리는 르네상스 운동을 주창해 나갈 단위로 민족국가를 내세우기는 하였으나, 이제 막 식민지 상태를 벗어난 신생국가의 특성을 간과하고 말았다. 즉 신생국 조선에 드리운 제국의 절대적인 영향력을 과소평가했다는 것이다. 근대에 돌입한 이후의 나라 만들기에서 개국은 개(開), 그러니까 하나의 민족국가를 여는 일인 동시에 국제 사회를 향하여 문호를 열어 나가는 일일 수밖에 없다. 김동리는 후자의 부분에서 '어떻게'라는 물음을 놓치고 말았다.

경계를 만들면서 동시에 경계를 지워나가는 다소 모순적인 국가 만들기라는 작업을 어떻게 감당할 수 있을까. 나에게 이러한 물음은 퍽 중요했다. 세계를 민족국가 단위로 구획하여 무한경쟁에 돌입하는 경계 만들기[자본주의]도 곤란하고, 세계를 계급투쟁이 벌어지는 장으로만 파악하여 다양한 문화의 특수성을 폄하하는 경계 지우기[사회주의]도 곤란했기 때문이다. 그러니까 근대가 노정했던 두 개의 체제를 극복하여 다른 세계를 가늠하기 위해서는 이러한 물음과 정면으로 맞닥뜨릴 수밖에 없었다는 것이다. 나름의 답변을 마련하기 위하여 우선 김동리를 연구 대상으로 삼았다. 그의 仙사상을 통하여 한반도 문화의 저류를 파악해 나가는 한편, 근대사상과 맞설 사상의 단초를 마련하려는 시도였다. 생소한 사상의 얼개를 어렴풋하게나마 가닥 잡기가 만만할 일일 수 없으니 가능한 젊은 시절에 도전하는 것이 나을 성싶었다. 이에 비해 정치경제학 관점에서의 문제 설정은 나에게 제법 익숙하였던 만큼, 정치경제학 위에서 자신의 세계를 펼쳐 나갔던 임화는 차후의 연구 대상으로 밀어두게 되었다. 나의 김동리 연구는 이렇게 시작되었다.

2. 새로운 르네상스의 밑그림은 어떻게 그릴 수 있을까

2003년 12월 나는 박사학위 논문으로 「김동리 연구」를 발표하였다. 그리고 이를 바탕으로 하여 6,7년이 지난 오늘 연구서 『김동리 연구』를 내어놓는다. 「김동리 연구」는 『김동리 연구』의 기본 골간을 이루는데, 그럼에도 불구하고 논문과 연구서 사이에서 6,7년이란 시간을 지체했던 까닭은 새로운 르네상스에 대한 나의 관점을 명확히 수립해야 했기 때문이다. 그러니까 『김동리 연구』를 내어놓는 현재에는 새로운 르네상스에 관한 내 나름의 입장이 정립되었다는 말이 된다.

먼저 근대에 대한 나의 입장을 밝히자면 자본주의와 사회주의, 그러니까 근대의 두 체제에 대하여 분명하게 반대한다. 두 체제는 모두 인간의 욕망을 긍정하면서 과학에 기대어 유토피아의 상을 제시하였다. 그렇지만 나는 인간이 스스로 욕망을 비우는 방향으로 나아가야 하리라고 본다. '안빈낙도(安貧樂道)'라고 부르든, '자발적 가난'이라고 부르든 상관없다. 인간이 욕망을 제어하지 못한다면 지구의 생태계는 결국 파국을 맞을 수밖에 없는 상황이기에 이는 상당히 중요한 문제이다. 이를 해결하기 위하여 나는 성리학의 '내성외왕(內聖外王)'이라는 개념을 도입하였다. 내성외왕이란 안으로 자신을 수양하여 성인의 경지에 도달하고 밖으로 민중을 선도하여 천하태평을 이룬다는 인격의 상태를 이른다. 욕망을 비워 나가기 위해서는 안으로 끊임없이 수양해야 하며, 바깥 세계에 대해서는 이러한 가치를 널리 공유해낼 수 있어야 한다는 것이다.

지향하는 가치를, 당위 수준에서가 아니라, 논리 범주에서 옹호하기 위해서는 새로운 개념 규정이 요청된다. 기실 데카르트주의의 경우에도 인간을 이성적인 존재로 규정하면서 수량으로 측정할 수 없는 인격의 깊이를 배격해 낸 바 있다. 그러니까 인간이란 존재를 다시 규정함으로써 문제의 틀을 새롭게 규정해 낼 필요가 있다는 것이다. 나는 이 지점에서 최봉영의 '생명과 관계 맺음의 주체'라는 관점을 수용하였다. 인간을 유연한 주체로 정립하기에 용이했기 때문이다. 최봉영은 주체를 네 가지로 구분한다. 대사의 주체(subject of metabolism), 감각의 주체(subject of sensation), 인지의 주체(subject of perception), 생각의 주체(subject of thinking). 물론 인간은 생각의 주체이다. 그렇지만 동시에 대사의 주체이기도 하고, 감각의 주체이기도 하며, 인지의 주체이기도 하다. 내가 판단하기에 데카르트주의의 문제점은 인간을 생각의 주체로 규정하고, 다른 주체로서의 가능성을 배제해 버렸다는 데 있다. 이로써 생각의 주체로까지 진화하지 못한 다른 단계의 주체들은 조작 가능한 대상으로 전락해 버렸고, 상호 작용하며 살아가는 생명체계를 하나의 관계로 파악하는 '유기적 통합체(organic unity)'의 가능성은 사라져 버리고 말았다.

김동리가 「무녀도(巫女圖)」의 '모화(毛火)'를 일러 예수교에 대하여 "그 本質的 世界에 있어 悠久한 승리를" 거두었다고 주장하는 근거는 유기적 통합체 유형의 인식에서 싹텄다(「新世代의 精神」). "限있는 人間이 限없는 自然에 融和"하기 위해서는 한(限), 그러니까 인간이 설정해 놓은 경계를 넘어설 단초를 마련해야만 하는데, 김동리는 서양정신이 놓치고 있는 그 지점을 자신이 부여잡고 있다고 장담했던 셈이다. 내가 생각하기에 '限있는 人間'이, 인간과 자연의 관계에서든 인간과 인간의 관계에서든 간에, 限을 넘어서기 위해서는 자신의 유한(有限)한 지점을 자각할 수 있어야 하지 않을까 싶다. 즉 유한과 대면한 후 이를 통해 다른 존재와의 공통운명을 발견하여 하나가 되는 과정이 필요하다는 것이다. 동양철학에서 말하는 공(空)이라든가 허(虛), 무(無)가 바로 존재의 이러한 측면을 가리키는 것이리라 싶다. 이는 근대 서구에서 만들어낸 사회계약론 따위와는 분명하게 다르다. 주체를 새롭게 정립함으로써 파생한 관계 설정의 새로운 정립이라고 할 수 있겠다.

그렇다면 새로운 르네상스는 어떻게 가능해지는가. 내성외왕이라는 가치를 공유하는 사람들이 자발성을 조직 원리로 삼아 공동체를 만들어 활동한다면 근대 체제를 안에서부터 조금씩 허물어 나갈 수 있을 것이다. 조급증을 떨쳐 버리고 멀리 봐야 한다. 『공산당 선언』에서 마르크스가 꿈꾸었던 "자유로운 개인들의 공동체"는 이러한 방식으로나 가능하지 않을까. 근대 바깥에 유토피아를 설정하는 목적론의 유혹 또한 이제 떨쳐 버릴 때가 되지 않았을까. 왼쪽으로 노를 저었다가 오른쪽으로 노를 저으며 앞으로 나아가는 저 나룻배를 보라. 오른쪽 끝까지 나갔다가 다시 왼쪽으로 똑딱거리는 시계의 추를 보라. 물질주의에 석권된 근대가 언제까지 같은 방향으로만 치달을 수는 없을 것이다. 물질과 의식은 서로 대립하는 한편, 동시에 상호의존 관계로 존재한다. 그런 점에서 이들은 둘이면서 하나이다. 그 하나란 한 편으로 갔다가 극단에 이르면 다른 한 편으로 옮겨가는 운동이다. 도(道)란 어떤 실체가 아니라 이러한 운동을 가리킨다. 그러니까 나는 역사의 전개 방식을 '대대(對待)'라는 개념에 입각하여 파악하는 셈이다.

백범(白凡)은 「나의 소원」에서 자신의 조국이, 부력(富力)이나 강력(强力)에 의지할 것이 아니라, "오직 한없이 (…중략…) 높은 문화의 힘"에 근거하여 세계로 나아가기를 원한다고 밝힌 바 있다. 김동리의 백형 범보[凡父] 또한 「국민윤리 특강」에서 동일한 입장을 피력했다. 백범, 범보의 이러한 기획은 자발성을 조직 원리로 삼은 공동체 개념으로부터 멀리 떨어져 있지는 않을 것이다. 다만 국가 만들기라는 시대적 요청에 떠밀려 개인의 수양이란 측면을, 개인의 자발성이라는 지점을 제대로 살리지 못했을 따름이다. 그리고 이때 백범, 범보가 말하는 문화란 다른 국가와 변별되는 자질을 끌어안는 요소이기도 하다.

그러니까 민족국가란 각 문화의 개성을 구획하는 단위인 동시에 내성외왕 개념에 입각하여 다른 국가와 서로 연대하는 단위가 되기도 하는 셈이다. 이러한 민족국가 건설을 통해 화이부동(和而不同)의 세계질서는 비로소 가능성을 확보할 수 있지 않을까 싶다. 한편 마르크스주의의 문제 설정은, 목적론적 역사관에 따라 새로운 체제 구축으로 나아가는 측면은 비판하되, 현재 심각하게 만연한 빈곤 문제를 비판하는 유효한 방법으로 끌어안아야 하리라고 본다. 식민지시대 말기 백범이 마르크스주의자들과 연대해 나갔던 사례는 좋은 참조가 될 수 있을 것이다. 아마 마르크스주의를 끌어안고 현실에 개입하는 수준은 공동체의 각 개인들이 욕망을 비워 나가는 수준과 사회 상황에 따라 결정되리라고 예상할 수 있다.

이러한 관점을 정립하고 나니 비로소 이 책에 실린 「보론 1」과 」보론 2」를 쓸 수 있었다. 말을 바꾸어 표현하면, 박사논문 「김동리 연구」를 발표할 시점에는 명확치 않았던 김동리의 새로운 르네상스 기획에 대한 나의 입장이 이제 어느 정도 터를 잡았으며, 이를 근거로 김동리가 개진했던 논리의 성패 요인을 판단하고 조망할 수 있게 되었다는 것이다. 그러니까 「김동리 연구」에 「보론 1」과 「보론 2」를 덧붙이는 데 6,7년이 소요된 셈이라고 할까. 그 6,7년 사이 나는 위의 내용을 바탕으로 하여 한국근대문학사의 빈틈을 지적하는 논문을 한 편 발표하였다. 『내일을 여는 작가』(2006년 겨울)에 발표한 「한국 근현대문학사에 붙이는 아홉 개의 주석」이다. 여기에는 "비민족주의적 반식민주의' 입론'이라는 부제가 달려 있다. '비민족주의적 반식민주의(non-nationalistic anti-colonialism)'는 김재용이 개발한 용어인데, 민족국가들의 관계 방식을 설정하는 측면에서 나의 의도와 부합한다고 판단하여 빌려다 썼던 것이다. 그렇지만 '비(非)', '반(反)'이라는 접두어에서 알 수 있듯이 이 용어는 반정립(Antithese)인 까닭에 느슨한 감을 지울 수 없다. 『김동리 연구』를 펴내면서 내가 갖는 감회라면, 그간 반정립 용어로 표명하였던 입장을 정립(These)의 방향으로 틀어서 드러내 놓는다는 사실에서 발생한다. 「한국 근현대문학사에 붙이는 아홉 개의 주석」은 이를 위한 디딤돌로 이해되었으면 좋겠다.

박사학위 논문을 쓰는 과정에서 세 편, 다 쓰고 난 후 한 편 김동리의 소설을 발굴하였다. 학위논문이 발표되고 난 뒤 이 자료 가운데 「절 한 번」(『평화신문』, 1948.8.6~12, 총 6회 연재), 「이맛살」(『文化』, 1947.10)은 다른 연구자에 의해 다시 발굴되어 『문학사상』 2004년 10월에 게재된 바 있다. 그러니 이를 뺀 두 편의 소설 「폐도(廢都)의 시인(詩人)」(『映畵時代』, 1935.3~4, 제5권 2호~3호)과 「검군(劍君)」(『연합신문』, 1949.5.15~27, 총9회 연재) 만 책의 말미에 부록으로 덧붙인다. 「廢都의 詩人」은 김동리 사상의 원점을 보여주는 작품이라는 점에서 각별하며, 「劍君」은 지금껏 확인된 김동리의 역사소설 가운데 가장 먼저 창작된 작품이라는 점에서 의의가 있다.

3. 『김동리 연구』에 깃든 사람들

나는 농부의 아들이다. 고등학교 시절까지 일요일, 공휴일이면 비가 오지 않는 한 과수원으로 가서 아버지와 함께 농사를 지었다. 『김동리 연구』의 내용을 정리하면서 돌이켜 보니, 나는 언제까지 농부의 아들일 수밖에 없을 듯하다. 농사를 지으면서 어느 결에 세상을 유기적 통합체로 파악하는 인식이 깊숙하게 각인되어 버렸고, 한동안 그 세계를 떠나온 것처럼 여겨 왔으나, 『김동리 연구』는 어쩔 수 없이 이러한 인식의 근거를 해명하는 작업과 연관되어 있기 때문이다. 그렇다면 『김동리 연구』는 어린 시절을 일깨우는 이정표가 되는 셈인가. 그 이정표를 따라가다 보면 고된 노동으로 인해 땀범벅이 된 내 부모님을 만날 수 있다. 그 분들은 언제나 나를 희망으로 삼았으나, 매사에 게을렀던 나는 늘 기대를 충족시켜 드리지 못했다. 박사학위를 수여받고 『김동리 연구』를 낼 수 있었던 것은 오로지 당신들 덕분에 가능한 일이었노라고, 이 기회를 통해 인사 올린다. 그 분들이 쏟았던 땀방울에 이 책이 조그만 위로가 되었으면 좋겠다.

박사학위 논문은 지도교수와 함께 쓰는 것이라고 채근하시던 목소리가 떠오른다. 그 분의 지도를 받으면서 「김동리 연구」는 비로소 논문으로서의 꼴을 갖출 수 있었다. 김흥식 선생님을 지도교수로 모실 수 있었던 것은 내겐 행운이다. 박사학위 논문 1차 심사를 마치고 난 후 그 분께서는 내게 맥주를 사 주셨다. 그 때 그러셨다. "꾸준히 하면 사상가 소리는 못 듣겠지만, 학자 소리는 듣겠군." 그 분의 말씀에 "제가 왜 사상가는 될 수 없다고 판단하시는 겁니까?"라고 불만스럽게 여쭈자 그 분께서는 "사상가가 되려면 20대 중반에는 시작해야 하는데, 그래, 자네 나이가 몇인가!"라고 돌려 주셨다. 지금 호기가 잦아든 나이가 되고 보니 학자 소리라도 제대로 들을 수 있었으면 싶어진다. 「김동리 연구」를 썼을 때 학자의 길을 열어주신 네 분 선생님이 계시다. 최원식 선생님, 이명재 선생님, 류양선 선생님, 박명진 선생님. 논문 완성에 도움을 주신 네 분 선생님께도 고마움을 올린다.

올해 초 결혼했다. 그 사람에게는 늘 미안하다. 나는 내가 몸담고 있는 세계의 작동 방식에 쉽게 동의할 수 없다. 모르는 부분이 있고, 익숙하지 않은 측면도 있어서 그렇기는 하지만, 상당 부분은 의식적으로 거리를 두고자 한다. 오랜 시간 혼자 살 때는 별 문제될 바 없었다. 허나 누군가와 생활을 함께 하는 경우엔 상황이 달라진다. 두 개의 이질적인 세계가 만나 당연히 충돌하기 때문이다. 세상의 기준으로부터 일탈해 있는 내가 양보하려고 들지 않으니 아마 그 사람은 내가 좀 불편하고 미울 게다. 그러함에도 불구하고 이해하려고 노력하는 모습을 보여줄 때는 고마운 감도 있다. 아마 앞으로도 오랫동안, 어쩌면 마지막 헤어지는 날까지 이러한 사태는 그대로 반복되지 않을까. 생활의 면면이란 그만큼 복잡하고 다양해서 살아볼 만큼 재미있는 것이라는 변명으로 미안함을 갈음한다.

끝으로 채 여물지 못한 내 원고를 채근하시며 출판하도록 이끌어주신 소명출판 박성모 사장님, 꼼꼼하게 편집해 주신 공홍 선생님께도 깊은 고마움을 표한다.

2010년 8월

홍기돈

차례

1

문학의 원점

경주, 화랑, 범보[凡父][1]

1. 김동리의 두 가지 자랑—경주와 화랑

김동리는 1913년 12월 21일(음력 11월 24일) 경상북도 경주시 성건리(城乾里) 186번지에서 태어났다. 아버지 김임수(金壬守)와 어머니 허임순(許任順)은 동갑내기로 그들이 마흔 두 살에 낳은 막내가 바로 김동리였다. 위로는 형과 누나가 각각 둘씩 있었는데, 기봉(基鳳, 金鼎卨, 凡父先生)과 영봉(英鳳)이 형이고, 월봉(月鳳)과 분봉(紛鳳)이 누나다. 큰형 기봉은 1897년 2월 18일 출생이니 막내 김동리와는 16년 터울이다. 항

1) 이하 '凡父'를 한글로 표기할 경우에는 '범보'로 한다. 김윤식은 그 근거를 다음과 같이 밝혀놓은 바 있다. 여기서 말하는 '씨'는 김동리를 가리킨다. "백씨인 데도 씨는 꼭 '凡父 선생'이라 적었지요. 만일 한글로 써야할 경우 씨는 반드시 '범보 선생'이라 적었지요. 父란, 사내 아름다울 '보'인 까닭. 『용비어천가』를 배운 사람이면 누구나 아는 사실."(김윤식, 「우리 문인 아호 주변—어째서 可山일까」, 『신동아』, 2004.1, 386~389면)

렬에 따라 지어진 김동리의 아명은 창봉(昌鳳)이었고, 동리(東里)는 호다. 그에게는 여러 이름이 있었는데, 호적명은 창귀(昌貴)였고, 족보명은 태창(泰昌)이었으며, 자는 시종(始鍾)이었다.

할아버지 김동범(金東範), 아버지 김임수는 자신의 가문에 대하여 상당한 자긍심을 가졌던 것으로 파악된다. 어린 김동리에게 점필제(佔畢齊) 김종직(金宗直)의 15대 자손이라는 사실을 누차 강조하였고 나섰기 때문이다.[2] 이는 김동리가 수필「우리 집안 이야기」를 통해 "내가 어려서 귀에 못이 박히도록 들어온 이야기"라고 회고하는 데서도 확인할 수 있으며, 김종직의 직계로 인정받지 못하는 데 대해 그의 아버지가 분개하는 장면에서도 알 수 있다. 하지만 정작 이러한 사실을 전하는 김동리는 여기에 관하여 별다른 의미를 부여하지 않는다. 이보다는 오히려 고향에 대한 자부심이 더욱 커서 아버지의 가문 자랑을 경주 자랑으로 뒤집어 버릴 정도이다. "나는 이런 일에 집요한 관심도 취미도 없다. 이 넓고 끝없는 인생의 바다에서 그런 것은 지극히 작은 물거품 하나 같은 것이 아닐까. 나는 내 고향이 경주라는 것, 내 성이 김씨라는 것을 그저 자랑으로 생각하고 있을 따름이다."[3] 그가 고향 경주에 대해 예찬을 늘어놓은 대표적인 글로는「고향을 그린다」(『思索과 人生』, 일지사, 1973)[4]와「나의 고향」(『趣味와 人生』, 文藝創作社, 1978),

2) 그렇지만 이는 "가난한 집 족보 자랑하기" 측면에서 이해해야 한다. 김동리가 태어나기 훨씬 이전부터 그 집안은 몰락할 대로 몰락한 상태였기 때문이다. 일례로 김동리의 할아버지 동범은 마을 원님의 조상 묘소를 파헤쳤다는 이유로 세 번이나 귀양을 살았다. 원님이 자기 선산 옆에다 함부로 뼈를 묻었기 때문에 동범은 세 번이나 그 묘소를 훼손하였고, 그때마다 귀양을 떠나게 되었던 것이다. 동범의 어머니는 자식이 몇 번이나 귀양살이를 하게 되자 결국 자살하고 말았다. 만약 집안에 어느 정도의 권력만 있었더라도 마을 원님이 그렇게 함부로 묘소를 쓸 수 없지 않았을까. 결국 조상의 묘를 빼앗긴 동범은 대구, 밀양을 전전하다가 경주로 흘러들게 되었다. 원님에 의해 쫓겨난 셈이다. 그러니 조상을 빼앗긴 상황에서의 가문 자랑이란 피해의식의 발로라고 이해해야 온당할 것이다. 김동리의 선산(先山)과 관련된 논의는 김정숙의 『김동리 삶과 문학』(집문당, 1996) 가운데 27~30면 참조.

3) 김동리, 「우리 집안 이야기」, 『나를 찾아서』, 민음사, 1997, 60면.

「다시 고향에 가보니」(『나를 찾아서』, 민음사, 1997) 등을 꼽을 수 있다.

경주에 대한 김동리의 애정은 절대적인 수준이어서 그의 세 번째 아내 서영은(徐永恩)의 경우 '김동리 안의 핵'이 경주라고 파악하고 있을 정도이다.[5] "경주에 태어난다는 것은 무슨 의미일까. 지금도 나는 김동리 안의 핵이었던 경주에 대한 깊은 그리움과 동경을 품고 있다. 경주에 태어난다는 것, 그리고 그곳에서 성장하고 사춘기를 보낸다는 것, 그것은 제주도나 부산, 인천, 철원에서 태어나 성장하는 것과는 전혀 다른 것이다."[6] 김동리에게 경주가 그토록 의미 있게 다가섰던 이유는 그 스스로 "신라 천년이 고스란히 그곳에 지금도 실려 있다고 믿기 때문이다."[7] 여기서 '신라 천년'은 다분히 상징적이다. "어제 바람이 오늘 불고 / 저승이 이승을 이기는 곳"이자 "저승에서 이승으로 돌아올" 수 있는 통로로 신라 천년의 경주가 자리를 잡고 있기 때문이다. 더군다나 김동리는 이러한 사실을 전하면서 "내 맘속에 있는 건 / 오직 고향과 저승"이라고까지 나아가고 있지 않은가.[8]

"저승이 이승을 이기는 곳"으로서의 경주는 김동리의 작품 경향과 관련해서 주목할 만한 대목이다. 경주는 우선 신라정신의 본향인 '천년 고도(古都)'라는 사실에서 관심을 끈다. 그런 만큼 경주에는 오랜 역사의 흔적이 짙게 남아 있는데, 그 가운데에서 "수시(隋時)로 있던 '오

4) 『綠陰 아래서』(汎友社, 1976)에는 같은 글이 「고향을 그리다」라는 제목으로 실려 있다.

5) 김동리는 부인을 세 명 거느렸다. 첫 번째 부인 김월계(金月桂)였고, 두 번째 부인 손소희(孫素熙), 세 번째 부인 서영은(徐永恩)이었다.

6) 서영은, 「김동리 안의 경주 또는 무극(無極) — 신령의 한 부분으로 영원을 산 특별한 사람」, 『문학사상』, 1998.7, 71면.

7) 김동리, 「고향을 그린다」, 『思索과 人生』, 일지사, 1973, 229면.

8) "파란 솔등 돌아 / 노란 들녘 지나 / 하얀 모랫내 건너 / 들국화 헤치며 고향으로 간다 // 고향은 古墳의 / 천년 古都 / 어제 바람이 오늘 불고 / 저승이 이승을 이기는 곳 // 하얀 모랫내 건너 / 노란 들녘 지나 / 파란 솔등 돌고 / 코스모스 헤치며 서울로 돌아온다 // 아아, 이렇게 고향에 다녀오듯 / 저승에서 이승으로 돌아올 순 없을까 // 내 맘속에 언제나 있는 건 / 오직 고향과 저승."(김동리, 「歸去來行」, 『패랭이꽃』, 현대문학사, 1984, 64~65면)

구'니 '백자리'니 하는 백사장의 큰굿들"은 "저승이 이승을 이기는 곳"이란 측면과 깊은 관련을 맺게 된다. 김동리는 경주에서 벌어지는 굿이 "다른 지방에서 볼 수 없는 특이한 점"을 드러낸다면서 다음과 같이 설명하고 있다. "여기 동원되는 '무당'이나 '화랑이'들은 요즘 서울 무당들처럼 문서를 외워서 하는 것이 아니라, 거의 전부가 '자연적'으로 신(神)이 들려서 하는 것이다."[9] 다른 지역에 비하여 큰굿 전통이 오랫동안 남아 있었다거나, 무당의 영통(靈通)을 더욱 강조하는 면모는 이곳의 지리적인 여건에서 접근하여야 할 사항이다. 다른 지역과 변별되는 지리적인 여건이 이러한 전통을 낳았기 때문이다.

북방에서 남하한 동이족(東夷族)은 본래 샤머니즘에 입각한 삼재 사상(三才思想)을 가지고 있었다. 그런데 중국에서 태동한 역(易)과 음양오행 사상(陰陽五行思想)이 유입되면서 여기에 변화가 일어나기 시작하였다. 이때 주목해야 할 사항은 역, 음양오행이 한반도의 등줄기인 백두대간의 서쪽에서 동쪽으로 넘어가는 데 2,3백년의 긴 시간이 소요되었다는 사실이다.[10] 이에 따라 백두대간 서쪽의 경우 중국에서 유입된 역 사상과 음양오행이 삼재 사상을 밀어내면서 사상의 중심 지위로 올라선 반면, 백두대간 동쪽에서는 샤머니즘에 입각한 세계관이 주류를 차지한 가운데 역 사상과 음양오행을 수용하는 양상이 벌어졌다. 불교의 수용은 시기적으로 그 이후이다. 전통을 이야기할 때 굳이 '신라정신'을 따로 변별할 수 있는 근거는 바로 이러한 차이에서 빚어진다. 앞서 언급한 신라의 천년 고도 경주의 문화적인 특징이랄까 전

---

9) 김동리, 「고향을 그린다」, 앞의 책, 230면.

10) 가령 다음과 같은 사실을 하나의 예로 들 수 있다. "이를 통해서 보면, 비파형 동검이 기원전 5세기경에 한반도의 서북부 지역에 전파된 이래, 동검의 한반도 전파는 주로 백두대간의 서쪽을 타고 내려온다는 점을 쉽게 알 수 있다. 특히 한국식 동검이 백두대간의 서쪽에서 동쪽인 낙동강 지역으로 넘어오기까지는 2~3세기의 시간차가 있다."(우실하, 『전통문화의 구성 원리』, 소나무, 1998, 187면)

통은 여기에 닿아 있다고 정리할 수 있다.[11]

또한 경주를 김동리의 고향으로 이해할 때, 동학(東學) 창시자인 수운(水雲) 최제우(崔濟愚, 1824~1864)의 고향 역시 경주라는 사실을 떠올리게 된다. 수운은 일찍이 "다시 개벽(開闢)"이라고 하여 새로운 삶의 틀을 만들어야 한다고 주장하였는데, 「용담가(龍潭歌)」의 앞부분은 어째서 그러한 근거가 경주에서 마련되는가에 관한 내용이다. "「용담가」는 크게 네 대목으로 나누어볼 수 있다. 첫째로 경주는 신라의 오랜 문화전통을 간직한 곳이기 때문에 이곳에서 새로운 신념체계(무극대도)가 나타날 수밖에 없었음을 시사하고 있다."[12] 김동리가 1940년을 전후하여 강한 어조로 주장했던 '제3기 휴머니즘'은 이와 무관하지 않다. 그러니까 그가 자본주의와 사회주의를 한데 묶어 근대의 한 쌍으로 파악한 후, 근대를 극복할 새로운 르네상스가 필요하다고 역설하고 나섰을 때, 그 배경에는 새로운 신념 체계가 작동하고 있었던 것이다. 기실 김동리의 사상은 선(仙)에 강조점을 둔 동학 해석으로 접근해도 큰 무리가 없을 정도이다. 그러니까 이를 가능케 하는 거점이 바로 경주였던 셈이다.

「나의 故鄕」에서 김동리가 내놓은 두 번째 자랑거리는 자신의 성이 '김(金)'이라는 점이다. "내 고향은 신라 천년의 서울로 누구나 다 알고 있는 경주다. 나는 늘 말한다. 나에게 자랑되는 것이 있다면, 첫째는 고향이 경주(慶州)인 것이요, 둘째는 성이 김씨인 것이다."[13] 「족보 범

---

11) 문화 전파에 끼치는 백두대간의 의미에 대해서는 조석필의 『태백산맥은 없다』(산악문화, 1997) 참조. 특히 1903년 고토 분지로(小藤文次郎)가 동경제국대학 논문집에 발표한 「조선의 산악론(An Orographic Sketch of Korea)」 및 「지질구조도(1:2000,000)」로부터 파생한 '산맥' 개념과의 변별에 유의할 필요가 있다. 수탈을 목적으로 실시되었던 지질 및 광상(鑛床) 조사의 결과가 '산맥' 개념에 집약되어 있으며, 이는 야쓰쇼에이(矢津昌永)의 『韓國地理』(1904)를 거쳐 당시 지리교과서 『高等小學大韓地誌』(1908)에 실리면서 정설로 굳어지게 되었다.

12) 표영삼, 『동학』 1, 통나무, 2004, 100면.

13) 김동리, 「나의 故鄕」, 『趣味와 人生』, 문예창작사, 1978, 92면.

례(族譜凡例)」에는 그의 핏줄 기원이 다음과 같이 정리되어 있다. "本善山金氏 大同譜는 新羅末 敬順王의 第八子 一善君 諱錘를 得貫始祖一世로 하여 編纂하였다."[14] 경순왕의 핏줄에서 이어진 '김씨'라는 사실은 김동리가 화랑의 후예임을 입증하는 단서가 된다. 앞에서 백두대간의 동쪽, 그러니까 신라에서는 샤머니즘에 입각한 사상을 주류로 확보한 가운데 역 사상과 음양오행을 수용하였다고 정리한 바 있다. 이는 남하한 동이족의 중심 세력이 샤머니즘을 틀어쥠으로써 하늘과 땅을 잇는 '무(巫)'가 신령 숭배의 주도권을 잡아나갔다는 사실을 의미한다. 즉 중국에서 유래한 조상신을 모시는 '축(祝)'의 방향으로 기울어지지 않았다는 것이다. 이는 지배 세력이 존립하는 방식과 직결되는 문제이기도 하다. 예컨대 신라의 두 번째 왕인 남해(南解)는 '차차웅(次次雄)'이라고도 불리었는데, 신라 학자 김대문(金大問)은 "次次雄이란 무당을 이르는 方言"[15]이라고 밝혀놓은 바 있다. 이로써 신라가 제정일치(祭政一致) 경향에서 멀리 떨어져 있지 못하다는 사실은 분명해진다. 무당이란 하늘과 땅을 잇는 존재이다. 그래서 박혁거세(朴赫居世)를 필두로 하여 신라의 비범한 인물에게는 새의 속성을 기입하기 위하여 알에서 태어나는 이적을 부여해야만 했다. 새는 하늘과 땅을 잇는 상징으로 기능하였다.

왕이 신라를 대표하는 샤먼의 지위까지 행사하는 형편이었다면, 나머지 성씨를 주도하는 인물들은 그에 버금가는 샤먼으로 남아 있으면서 자신이 나설 차례를 기다리는 양상이었다. 박(朴), 석(昔), 김(金) 성씨가 교대로 신라의 왕위를 계승하였던 방식은 이러한 문화를 배경으

14) 『善山金氏 大同譜』 卷以一, 16면. 덧붙이자면 선산(善山)을 본관으로 하는 김씨(金氏)는 김선궁(金宣弓)을 시조로 하는 일선(一善)계와 김추(金錘)를 시조하는 김추계가 있다. 과거에는 두 계열을 분류하여 각각 '一善 金氏'와 '善山 金氏'로 변별하여 표기하였으나, 최근에는 모두 '善山 金氏'로 통합하여 사용하는 실정이다.

15) 一然, 李民樹 譯, 『三國遺事』, 을유문화사, 1992, 68면.

로 가능하였다. 세 성씨의 왕위 계승뿐만이 아니더라도 신라의 집단 지도 경향은 현저하였는데, 진골(眞骨) 이상의 귀족들이 모여 나라의 중요한 일들을 결정하였던 화백회의(和白會議)는 대표적인 사례로 꼽을 만하다. 화랑은 국선(國仙)이라고 하여 나라를 이끌어가는 신선, 즉 하늘과 땅을 잇는 존재였다. 김동리 식으로 이야기하자면, 서울과 경주를 넘나드는 것처럼 이승과 저승을 건너가고 건너오는 샤먼이었던 것이다. 그러니 "저승이 이승을 이기는 곳"이 경주라고 했을 때, 이를 몸소 보여주었던 존재가 화랑이었고, 김동리는 그러한 화랑의 핏줄을 이어받은 셈이다. 바로 이 지점에서 김동리의 고향 예찬과 성씨에 대한 자부심은 하나로 만난다.

김동리의 이러한 자부심은 그의 큰형 범보의 경우와 그대로 일치한다. 범보의 사위 진교훈(秦敎勳)에 따르면, "아버님은 신라 태종무열왕의 후예로 그것을 항상 의식하고 사셨다"고 하며, 열네 살에 나라를 잃자 "태종무열왕릉 앞에 장검을 놓고 '어떻게든 이 칼과 이 힘으로 일본에 망한 이 나라를 구하게 해 달라'고 기원하기도 했다"고도 한다.16) 그러니까 범보는 고려, 조선을 뛰어넘어 신라시대로까지 거슬러 올라가서 의식의 근거 확보에 나선 셈이다. 이렇듯 범보에게서 역시 신라 정신과 선산 김씨는 하나로 만나고 있다. 범보와 김동리에게서 나타나는 이러한 공통점은 우연이 아니다. 김동리 사상의 근거이자 배경으로 버티고 선 이가 범보였고 보면, 오히려 이는 당연한 귀결이라고 이해해야 온당하다. 따라서 김동리의 사유 체계를 이해하기 위해서는 먼저 그에게 드리운 범보의 영향력부터 살펴보아야 할 것이다.

범보를 둘러싼 소문은 무성하나, 구체적인 자료로 남은 사실은 그리 많지가 않다. 그가 자신의 흔적을 문자로 남기는 데 경계하였기 때

16) 진교훈, 「동방사상의 중흥조–범부(凡夫) 김정설(金鼎卨)」, 『대중불교』, 1992.4, 26면.

문이다. 그래서 다음과 같은 진술은 전적으로 옳다. "생전부터 그는 전설적 인물이었다. 험한 20세기에 그는 숲속에서, 저작거리에서, 혹은 강의실에서 그를 알고 모인 학구들과 진지한 담론을 가졌어도 그의 발자취는 찾기 어렵다."[17] 그동안 범보와 김동리의 관계가 제대로 해명되지 못한 이유는 여기서 발생하였다. 그럼에도 불구하고 여기저기 흩뿌려진 채 돌아다니는 자료와 증언을 모아 범보의 면모를 재구성하고, 이로써 김동리에게 끼친 영향을 살펴보는 작업이 소홀해져서는 곤란해진다. 이 부분이 생략되어서는 김동리 문학의 원점을 제대로 파악할 수 없는 까닭이다.

2. 김동리의 조울증 경향과 범보[凡父]

김동리의 정신세계 형성에 절대적인 영향력을 끼친 이는 백형(伯兄) 범보[凡夫]다. 그 영향력이란 너무도 막강한 것이어서 김동리는 어릴 적부터 도인(道人), 이인(異人), 도사(道士) 따위의 표현을 들을 때마다 범보를 떠올릴 정도였다. 그러면서 그는 "무소부지(無所不知)와 무소불능(無所不能)의 인간", "반신적(半神的) 인간"의 존재를 믿기도 하였다. 나이가 들어서도 범보에 대한 김동리의 그러한 믿음에는 별다른 변화가 없었다. "나는 백씨가 지상에 있었던 두드러진 천재의 한 사람이라고 믿고 있다. 그에게 만약 천재를 뒷받침할 만한 건강과 의지와 그리고 기회가 주어졌던들 공자나 기독에 준하는 일이라도 할 수 있지 않

17) 김용구, 「범부(凡夫) 김정설과 동방 르네상스」, 『한국사상과 시사』, 불교춘추사, 2002, 260면.

았을까 생각한다."[18]

범보의 존재가 이렇게 김동리에게 거대하게 다가갔던 까닭은 그 반대편에 부정적인 아버지의 상이 강력하게 자리하고 있었기 때문이다. 김동리의 아버지 김임수는 아버지로서의 역할을 제대로 수행하지 못했을 뿐만, 가정에서 폭력을 서슴없이 휘두르는 편이었다. 김동리가 두세 살 때 이미 '술 먹는 아이'로 소문나서 동네 구경거리로 전락했던 것은 전적으로 술을 먹인 아버지 탓이라고 할 수 있다.[19] 물론 아버지의 주정 역시 말로 못할 정도였다. 그러니 부모의 사이가 좋았을 리 없다.[20] 어린 시절 겪었던 아버지의 주정에 대하여 김동리는 "나는 차츰 아버지가 무섭고 밉고 원망스럽기만 했고, 그 아버지에게 곤혹을 겪어야 하는 어머니가 한없이 애처롭고 분하고 억울하게만 여겨졌다. 그때의 무서움, 불안, 비분(悲憤). 그 저주스러움을 전할 수 있는 말이 나에겐 없다"[21]라고 기술하고 있다. 다른 글에서는 "어머니에 대한 폭행은 나를 끝없는 우울과 염세증으로 몰아넣었다"[22]라고까지 토로하고 있을 정도이니 유소년 시절 아버지로 인해 집안의 분위기가 어떠했는가는 능히 짐작할 수 있을 것이다.

이러한 집안의 분위기, 특히 두세 살 시기의 사건은 김동리의 성격 형성에 결정적으로 작용했다고 볼 수 있다. 김동리가 동네의 구경거리가 되었던 1~3세 시기는 프로이트의 학설에 따르면 항문기에 해당한다. 유아는 이 시기에 내보내고 싶은 것을 방출하고, 가지고 싶은

---

18) 김동리, 「백씨 범부 선생 이야기」, 『나를 찾아서』, 민음사, 1997, 420~421면.

19) 김동리, 「소꿉동무 선이의 죽음」과 「나의 유년 시절」(위의 책) 참조.

20) 김동리 어머니의 기독교 개종도 따지고 보면 아버지의 술 때문이었다. "어머니가 유교 집안에서 단독으로 개종을 결심하고 교회(장로교)로 나가시게 된 동기와 주요인도 전적으로 아버지와 나의 술에 있었다."(김동리, 「계성학교 생활」, 『꽃과 소녀와 달과』, 제삼기획, 1994, 60면)

21) 김동리, 「나의 어머니」, 『나를 찾아서』, 민음사, 1997, 53면.

22) 김동리, 「어린 시절의 여름과 가을과 겨울」, 위의 책, 64면.

것을 보유하는 것을 학습한다. 여기에는 부모의 훈육이 동반하게 마련인데, 이때 부모가 과도한 억압을 가하게 되면 유아는 훗날 외부세계에 대해 자신감을 결여한 성격을 가지게 된다. 정신분석학에서 대인관계의 처리 방식을 문제 삼을 때 항문기 체험에 주목하는 까닭은 바로 이러한 이유에서이다. 그런데 김동리는 이 시기에 동네의 구경거리로 전락함으로써 외상을 입게 되었다. 이럴 경우 우울증 징후를 나타낼 가능성은 상당히 클 수밖에 없다. "에릭슨은 1~3세 때 대인관계를 잘할 수 있는 자신감이 생기느냐, 아니면 자신의 능력에 대한 의심과 부끄러움이 생기느냐를 결정하게 된다고 말한다. 아울러 환경 탐색 활동에 대한 에너지 투자 부족은 탐색 활동의 약화로 이어져서 외부에 대한 불안과 두려움을 가중시킨다. 이것은 성인이 된 후 사회활동에 대한 불안, 자신감 결여, 자신의 능력에 대한 의심으로 연결된다."[23] 청년기의 김동리가 허무의식에 시달리고, 외부 세계에 대하여 자신감을 결여하고, 지독한 우울감에 빠졌던 까닭은 이처럼 유년기의 가정환경과 관련을 맺는 것으로 파악하게 된다.

이런 환경에서 김동리는 범보를 모방의 대상으로 설정하여 나름의 꿈을 키워나갔다. 김동리보다 열여섯 살 위인 범보는 김동리에게 동경의 대상으로 모자람이 없었고, 그러한 역할을 능히 감당하기도 했다. "나의 少年時節은 무척 어둡고 쓸쓸한 否定的인 세계에 잠겨 있었으나, 그것을 밝고 進取的이며 肯定的인 方向으로 이끌어준 이도 바로 내 伯氏다. 따라서 내 伯氏는 同氣로서는 물론, 스승으로서도 이루다 헤아릴 수 없는 恩義를 나에게 끼쳐주신 분이다"[24]라는 김동리의 기록은 이러한 사정을 보여준다.

그렇다면 범보는 어떤 존재였던가. 여러 자료를 종합하여 판단하였

---

23) 김종만, 『나 : 정신분석학적 관점에서 본 자아의 성장과 발달』, 한림미디어, 1999, 297면.
24) 김동리, 「跋文」, 『花郞外史』, 이문사, 1981, 180면.

을 때, 그는 1915년 열아홉 살의 나이로 일본으로 건너가 공부를 하고 1921년 스물다섯 살이 되어 귀국하였다. 김윤식은 김정설이 기미육영회(己未育英會) 장학생으로 뽑혀 1921년 도일했고 스물다섯 살 때 귀국하였다고 밝혀놓은 바 있다.[25] 하지만 1921년 김정설의 나이가 벌써 25세였으니 이는 김윤식의 착오라고 파악해야 한다. 그리고 김동리가 호적이름을 아명 창봉(昌鳳) 대신 창귀(昌貴)로 올렸던 해를 따져 보더라도 김윤식의 진술은 오류로 판명된다. 호적이름을 '창귀'로 올렸을 때 김동리의 나이가 네 살이었으니 1916년이다. 당시 범보는 일본 유학 중이었고, 한국으로 돌아온 범보가 이러한 사실을 알고 창봉도 속되지만 창귀는 더욱 나쁘다고 화를 내었다는 기록이 있다.[26] 김윤식이 착오를 일으킨 까닭은 『동아일보』 1921년 3월 30일자에 실린 기미육영회 관련 기사를 참조하였기 때문으로 추정된다. 이 기사에 따르면 1919년 11월 설립된 기미육영회가 제1차 유학생들을 뽑았는데, 그 명단에는 김정설이란 이름이 끼어있다. 이에 관한 사실 여부를 판단하기 위해서는 안희제(安熙濟, 1885~1943)가 설립한 백산상회(白山商會)로부터 접근할 필요가 있다.

백산상회는 백산 안희제가 1914년 자본금 13만 원을 들여 부산에 세운 개인상회였는데, 1919년 자본금 1백만 원의 백산무역주식회사로 개편되었다. 개편 당시 백산은 총 주식 2만 주 가운데 2천 5백 주를 가진 주주가 되었고, 나머지 주식은 '경주 부자' 최준(崔浚, 1884~1970)을 비롯한 영남의 대지주 1백82명이 사들였다. 이러한 점으로 따진다면 백산무역주식회사는 영남 대지주들이 공동출자하여 만든 회사라고 할 수 있다. 이러한 사실이 흥미를 끄는 까닭은 백산상회, 백산무역주식회사가 1927년 문을 닫을 때까지 상해임시정부와 연락을 취하는 한편, 자금

25) 김윤식, 『김동리와 그의 시대』, 민음사, 1995, 18~19면.

26) 김동리, 「나의 유년 시절」(『나를 찾아서』, 민음사, 1997) 참조.

조달을 담당하는 등 독립운동의 숨겨진 기지 역할을 수행하였기 때문이다. 일본 유학을 시작하면서 김정설이 도움을 받은 단체는 안희제의 백산상회였고, 1919년 안희제가 삼남의 유지들을 설득하여 기미육영회를 만들고 나서부터 후원단체가 바뀌었을 것이다. 물론 『동아일보』에서 기사로 다룬 것은 기미육영회와 관련되었을 때만 해당한다. 기미육영회의 장학생으로는 범보 이외에도 안호상(安浩相, 1902~1999), 이극로(李克魯, 1893~1978), 신성모(申性模, 1891~1960) 등이 있다. 백산상회, 기미육영회에서 어떤 기준으로 유학생을 선발했는가는 알 도리가 없다. 다만 유학생들의 면면으로 보건대 민족의식이 크게 적용되었던 것으로 추측할 수는 있다.

조선이 강제로 합병되자 열네 살의 어린 범보는 한동안 식음을 전폐할 정도로 슬퍼했고, 열여섯 살에는 외동면 치술령산의 동굴로 들어가 동지 십여 명을 규합하여 독립을 도모했으며, 일제에 항거하는 격문을 경주 남문에 붙이기도 했다는 이야기가 지금까지 남아있다. 또한 일본에 머무를 적에는 최두선(崔斗善, 1894~1974), 홍명희(洪命憙, 1888~1968) 등 뛰어난 재사 속에서도 재주가 한껏 두드러져 '영남 제일의 천재'라고 불렸다고 하니[27] 그 명석함을 어느 정도 짐작해 볼 수 있다. 『폐허(廢墟)』 동인이었던 김만수(金萬洙)의 아들 김용구(金容九)는 범보가 귀국한 후 『폐허(廢墟)』 동인들과 친밀한 교류를 가졌다고 증언하고 있는데, 이 모임에서도 역시 범보는 박학으로 인정받고 있는 양상이다.[28] 『폐허이후(廢墟以後)』의 뒷부분에는 다음 호에 김정설의 「東洋沈默의 序品」이 실릴 것이라고 예고되었으나, 『廢墟以後』는 창간호가 곧 종간호가 되어버린 까닭에 「東洋沈默의 序品」이 발표되지 못하였다는 사실도 김용구는 덧붙이고 있다.

27) 진교훈, 앞의 글, 26면.

28) 김용구, 앞의 글, 262~265면.

일본으로 건너간 범보는 도요대학(東洋大學)에서 동양철학을 전공하고 난 후, 도쿄도(東京都) 외국어학교에서 영어와 독어를 수학하였다. 그 후 범보는 다시 도쿄대학(東京大學), 교토대학(京都大學)에서 청강생으로 동서양철학을 비교, 연구하고 돌아왔다. 범보가 출국했던 해는 1915년이었고, 귀국한 해는 1921년이었다. 그 시기는 김동리의 나이 세 살에서부터 아홉 살까지에 해당한다. 따라서 세 살부터 아홉 살까지 7년 동안 김동리는 범보를 둘러싸고 있는 소문을 들으며 자라났을 것이다. 방학 때 잠깐 다녀가는 범보에게서 그 실상을 온전히 파악하기는 곤란했을 터이기 때문이다. 범보를 둘러싼 소문들은 어린 김동리로 하여금 '반신적(半神的) 인간'에 대한 환상을 불러일으키기에 맞춤한 내용이었다. 예를 들어 범보의 큰딸 김옥영이 전하는 이야기 중에는 이러한 내용이 있다. 김옥영은 김동리보다 세 살 아래로 유년 시절을 그와 함께 보냈다.

> 한번은 범부가 동지 한 사람과 먹을 것을 가지고 굴로 가기 위해 밤에 치술령산에 오르는데 커다란 호랑이와 마주쳤다. 그러자 범부는 두 주먹을 불끈 쥐고서 꼼짝도 않은 채 호랑이의 두 눈을 마주 쏘아보고 있었다. 얼마 동안 그러고 있었는데 옆에 있던 동지가 까무러칠 듯 '아이고' 하고 죽는 소리를 했다. 그러자 범부는 갑자기 그 동지가 미운 생각이 들어 잠시 그를 돌아보는 사이 호랑이가 후다닥 달아나고 없더라는 것이다. 그래서 범부는 그에게 '독립운동을 하겠다는 남자가 호랑이에게 못 이겨서야 되겠냐'면서 굴속으로 먼저 가버렸다. 한참 후 그 사람이 정신을 차려 '어떻게 되었느냐'고 묻자 범부는 '호랑이가 달아났지 어떻게 되긴 뭐가 어떻게 돼, 조금만 거들어 주었더라도 호랑이를 잡았을 텐데' 하고 아쉬워하더라는 것이다.[29)]

범보가 호랑이를 만난 이야기는 설화 수준에 육박해 있다. 열여섯 살의 범보가 치술령산 굴속에 들어가서 동지를 모아 독립운동에 나섰다는 사실을 믿는다고 하더라도 호랑이 이야기는 설화에나 나올 법한 이야기라고 봐야 한다. 만약 김동리가 어렸을 적부터 이러한 이야기를 반복해서 듣고 자랐다면 범보를 당연히 '반신적 인간'이라고 상상하게 되지 않았을까. 마찬가지 맥락에서 흉내 내고 따라가야 할 대상으로 김동리는 당연히 범보를 떠올리지 않았을까. 경찰에 쫓기는 민족주의자 범보를 보며 어린 동리가 민족을 가슴에 품게 되는 동일화 과정은 그 일단을 보여준다. "동네 사람들을 따라 백형을 이인(異人)이라고 믿고 있던 나는 그가 하는 일이라면 무엇이든지 참되고 옳은 것뿐이라고 생각했고, 따라서 나도 민족이란 것을 가슴에 품게 되었다."[30]

김동리에 대한 범보의 영향은 비단 민족의식에만 국한되지 않는다. 평생을 두고 그를 매료시켰던 철학이라든가 신에 대한 관심에서도 범보의 영향이 나타나고 있다. 김동리가 다섯 살 나던 해 이른 봄 그의 소꿉동무였던 이웃집 선이가 죽었다. 이에 대해 김동리는 "나는 그날 아침, 선이 엄마의, 간장이 녹아나는 듯한 울음소리와 거적에 싸인 채 지게에 얹혀 나가던 선이를 그 후로 잠시도 잊은 적이 없다. 나는 줄곧 선이와 죽음을 생각했다. 이것이 나의 소년 시절을 고독과 우울 속에 몰아넣었다. 나는 혼자 산골짜기를 헤매고, 가을이면 가랑잎 위에 누워 있게 되었다"[31]라고 술회하고 있다. 김동리가 기술하는 '고독과 우울'은 평범한 수준에서는 이해하기 곤란할 정도이다. 그는 송홧골 골짜기로 들어가서 홀로 가랑잎 위에 누워 지내던 시절에 대하여 이

29) 김정숙, 앞의 책, 43면.

30) 김동리, 「내 문학의 자화상」, 『꽃과 소녀와 달과』, 제삼기획, 1994, 20면.

31) 위의 글, 13면.

렇게 밝혀 놓았다. "가랑잎 위에 누워 무엇을 생각하는가? 그렇다. 오직 죽음만을 생각하고 있었다. 날로 거칠어지는 아버지의 술버릇, 이에 맞선 어머니의 기도, 가운데서 애를 먹는 누나의 쉼 없는 눈물, 한숨을 뿜어내는 작은형의 담배질, 이런 것들이 머리를 스쳐가도 그것은 잠깐 동안 뿐이요, 내년 이른 봄에 치러야 할 중학 입시 따위는 거의 머릿속에 없는 듯했다. 대부분의 시간을 오직 선이의 죽음, 남순누나(선이에 이어 김동리가 좋아했던 친척 누이－인용자)의 죽음, 그리고 나의 죽음만을 생각했다는 것이 옳겠다."32)

선이의 죽음이 김동리에게 왜 그토록 강렬한 충격으로 다가갔을까. 그것은 바로 자신을 우울하고 비관적인 상황으로 내모는 아버지에 대한 복잡한 감정이 '선이의 죽음'이란 외부 충격을 받으면서 자신의 죽음으로 이어지리라는 두려움을 촉발하였기 때문이다. 다시 말한다면, 외부에서 동일한 자극이 가해지더라도 사람마다 내보이는 반응은 제각각일 터인데, 항문기에 커다란 외상을 입은 김동리의 경우에는 이미 선이의 죽음을 내면 깊숙이 받아들여 동화할 가능성이 충분했다는 말이다. 동일화의 과정은 다음과 같이 이루어진다. 아버지의 폭음과 폭행에 대해 김동리가 상당한 '무서움, 불안, 비분(悲憤). 그 저주스러움'을 가졌던 사실은 이미 앞에서 기술하였다. 그런데 이러한 감정의

32) 김동리, 「그 해의 크리스마스이브」, 『나를 찾아서』, 민음사, 1997.
이러한 경향은 소년기에도 꾸준히 나타난다. 김동리는 대구에 있는 계성중학교에 입학하여 2학년까지 다니는 동안 친구를 단 한 명도 사귀지 못하였다. 쉬는 시간이나, 수업이 파한 뒤 언제나 혼자 학교 뒷동산의 잔디 위 혹은 가랑잎 위에 누워 죽음을 동경하며 시간을 보낼 따름이었다. 서울의 경신학교로 전학한 뒤에도 마찬가지였다. 그는 종례 시간이 끝나면 마치 감옥에서 나오는 사람처럼 한숨을 쉬며 교문을 빠져 나와서 곧장 하숙집으로 향하곤 했다. 하숙집에서도 별달리 할 일이 있었던 것은 아니다. "대개는 책상 앞에 우두커니 앉아 책상 서랍을 몇 번 빼었다 닫았다 하다가는 이불을 쓰고 누워 자는 것이 보통이었다." 훗날 돌이켜보니 김동리 자신이 보기에도 지독한 우울 속에 빠져있던 젊은 날의 모습이 의아했던 모양이다. "내가 그 무렵 왜 그렇게 공부를 싫어하고, 그다지도 우울 속에 빠져 있었는지 지금도 그 까닭을 모르고 있는 것이다."(김동리, 「문학에 대한 왕성한 식욕」, 위의 책, 86~87면)

뒤에는 무의식 차원에서 죄의식이 뒤따르기 마련이다. 죄의식에는 아버지의 상상적인 치죄(治罪)가 동반하게 되며, 김동리의 경우 아버지의 치죄로 인하여 자신 또한 선이처럼 죽음에 이르게 되리라는 위협에 직면하였던 것이다. 여기에서 교차하는 공격성과 불안감은 조울증(양극성 장애, bipolar disorder)으로 이어질 수도 있다. 저주와 분노가 외부세계로 분출된다면 조증(躁症, mania)이 되겠으나, 내부로 향한다면 울증(鬱症, melancholia)으로 나타나게 된다. '날로 거칠어지는 아버지의 술버릇, 이에 맞선 어머니의 기도, 가운데서 애를 먹는 누나의 쉼 없는 눈물, 한숨을 뿜어내는 작은형의 담배질'로 정리되는 가정환경은 김동리의 이러한 성향을 강화시키는 조건으로 작용하기도 했다.

강렬한 죽음의식에 맞서는 행위는 철학의 영역에서 펼쳐지게 된다. 삶과 죽음의 의미를 따지는 일이란 철학의 범주에 해당하기 때문이다. 어린 김동리에게 필요했던 것은 철학이었고, 그런 김동리에게 '하늘의 계시'처럼 그 길을 일러준 존재가 바로 범보다. 그런데 범보가 가르쳐준 내용은 그리 대단한 것이 아니었지만, 김동리가 이를 '계시 같은 충격'으로 수용하고 있는 맥락은 주목할 필요가 있다. 범보가 얘기한 까닭에 김동리에게 철학은 위대함을 부여받는 양상이고, 이 한 마디가 김동리의 삶에 커다란 영향을 끼치고 있기 때문이다.

> 일곱 살 나던 해 여름, 할아버지의 제삿날 밤이었다. 뜰에 멍석을 깔고 형들은 과일을 다듬고 있었다. 그 곁에 누워 별을 쳐다보고 있던 나는, 할아버진 죽어서 어디로 갔을까 하고 물었다. 밤을 깎고 있던 중형(仲兄)이, 별이 되셨겠지라고 대답했다. 그러면 밤마다 별이 더 많아지는 거냐고 다시 물었다.
>
> 그때 내 곁에 앉아 무엇을 생각하던 백형이, 너도 철학하겠구나 했다. 순간 어둠 속에서도 내 눈은 몹시 빛났으리라고 생각한다. 그것은 나에게

일종의 계시 같은 충격을 주었기 때문이다.

그때까지 나는 밤낮 죽음만 생각하고 있었고, 몹시 우울하게 멍청한 아이로 통해 있었다. 그러다가 선이처럼 죽어버리게나 될 거라고 스스로 믿고 있었다. 그러던 터에 백형의 그 한마디는 얼마나 놀랍고 감격적인 말인지 몰랐다. 백형은 일찍이 열두 살에 사서삼경(四書三經)을 떼었다는, 온 고을이 칭송하는 신동이었고, 이웃과 집안에서는 이인(異人)이라고 떠받들고 있었으므로 백형의 한마디가 그대로 나에게는 하늘의 계시같이 느껴졌다. 내가 중학 시절부터 철학 서적 따위를 뒤적이게 된 것도 여기서 기인한다.

내 나이 열일곱 살 때부터 나는 철학에서 문학 쪽으로 독서 중심을 바꾸었으나, 계속 철학 서적을 끼고 있었던 것도 이에 기인한다.[33]

이 글에서 김동리는 "열일곱 살 때부터 나는 철학에서 문학 쪽으로 독서 중심을 바꾸었으나"라고 기술하고 있지만, 독서 경향이 바뀌는 데에도 범보의 한 마디가 결정적인 작용을 하고 있다. 1926년 대구계성중학교에 입학한 김동리는 1928년 경신중학교에 3학년으로 편입하였다가 이듬해 가정 형편으로 인해 중퇴하게 되었다. 이때 김동리의 나이가 열일곱이었는데, 서울을 떠난 그는 부산의 범보를 찾아갔다. 이때 범보는 김동리를 위해 동래보고(東萊普高) 전학을 추진하였으나 별 소득이 없었고, 대신 김동리가 얻었던 것은 철학에서 문학으로의 방향 전환 계기였다. "나는 학업을 중단한 채, 우거(寓居) 중인 백형의 서재에서 철학 공부를 하고 있었다. 백형도 소화해 내느라 곤욕을 치렀다는 저 칸트의 『순수 이성 비판』을 읽으며 씨름을 하던 어느 날 나는 시 한 편을 써서 백형에게 보였다. 백형은 한참 들여다보고 나서

---

33) 김동리, 「내 문학의 자화상」, 『꽃과 소녀와 달과』, 제삼기획, 1994, 13~14면.

결국 '문학 쪽'이라고 했다. 이것은 나에게 내린 백형의 두 번째 계시였다. 나는 이튿날 고향으로 돌아와 문학 서적을 집중적으로 읽기 시작했다."[34] 범보의 '두 번째 계시'를 통하여 인생의 전환을 맞이한 까닭인지 김동리는 「문학에 대한 왕성한 식욕」에서 그 장면을 생생하게 되살려놓고 있다.

> 어느 날 나는 내가 지은 「은하」라는 시를 백씨에게 보였다.
>
> 해 지면 개울마다 개구리
> 와글와글 태고처럼 운다
>
> 물에서 남녀가 생겨나던 옛날
> 개구리 알은 은하처럼 하늘에 둥둥 흘러갔거니
>
> 은하가 기울고 개울이 넘쳐
> 너와 나의 이름이 갈렸거니
>
> 갈리어 서러운가 해마다 나리는 비
> 별더미를 뿜어내는 너의 넋두리
>
> 이따금 뚝 그치고 귀 기울임은
> 들림인가 아련한 태고의 개 닭소리
>
> 너와 나의 하늘 밖의 먼 고향

---

34) 위의 글, 18면.

울자꾸나 개울 속에 밤새껏 울자꾸나

백씨는 이 시를 한참 들여다보고 나더니 "물에서 남녀가 생겨나던 옛날, 개구리 알은 은하처럼 둥둥 흘러갔거니" 하는 절을 밑줄 치며,

"철학보다 문학 쪽이대이"

하는 것이었다. 그러고는 나에게 시종(始鍾)이란 이름을 지어주면서 말했다.

"남자가 스무 살이 되면 자(字)를 쓰는 거다. 내가 미처 네 이름을 지어 놓지 못하고 외국에 가 있었기 때문에 이름이 맘에 덜 든다. 그러니까 스무 살이 되거든 이름 대신 시종이라는 자를 쓰도록 해라."

그래서 나는 영어 공부를 그만두고 이제부터는 마음 놓고 세계 문학 전집 따위를 읽기로 했다.35)

1935년 김동리가 「화랑의 후예」로 『조선중앙일보』 신춘문예 당선에 뽑혔을 때 사용했던 이름이 이때 범보로부터 얻은 '시종(始鍾)'이라는 자(字)다. 두 번째 작품 「폐도의 시인」에서도 같은 이름을 사용하였다. '시종' 뿐만이 아니라 김동리가 일생에 사용했던 모든 이름에는 범보의 그림자가 깃들어 있다. 김동리의 아명은 본래 항렬자 '봉(鳳)'을 넣어 '창봉(昌鳳)'이었다. 그런데 범보가 속되다는 이유로 돌림자 '봉'을 싫어하니 호적에는 '봉'자를 피해 우물쭈물 하다가 '창귀(昌貴)'로 기재하게 되었다. 하지만 막상 유학에서 돌아온 범보는 '창귀'가 '창봉'만도 못하다고 화를 내었다고 한다.36) 이후 1929년 범보는 김동리에게 자

35) 김동리, 「문학에 대한 왕성한 식욕」, 『나를 찾아서』, 민음사, 1997, 96면. 여기 나오는 「은하」라는 시는 나중에 개작되어 「개구리 우는 밤」이라는 제목으로 『바위』(일지사, 1973)에 실렸다. 「내 문학의 자화상」과 「문학에 대한 왕성한 식욕」에는 이때 범보에게 보여준 작품이 시 한 편이라고 되어 있는데, 「습작 시절」(『꽃과 소녀와 달과』)에는 「개구리 우는 밤」과 「폐가」라는 시 두 편을 보여준 것으로 나타나 있다. 「폐가」 역시 『바위』에 실려 있다.

(字)로 '시종(始鍾)'을 지어주었고, 1935년에는 다시 '동리(東里)'라는 이름을 붙여 주었다. 1936년 「산화(山火)」가 『동아일보』 신춘문예에 당선되었을 때부터 김창귀는 계속 '동리'라는 이름을 사용하였으니 '시종'과 '동리'로 상징되는 그의 문학적 삶은 '두 번째 계시'를 내려준 범보의 작명(作名)과 함께 이루어진 셈이다.

'김시종'이라는 이름이 '김동리'로 바뀌어 굳어지게 된 계기는 다음과 같다. 「山火」를 쓰면서 해인사에 머무를 적에 그는 신춘문예 응모 때 사용할 작정으로 새롭게 이름을 지었는데, 그 이름은 '동방(東方)의 허(虛)'라는 뜻의 '동허(東虛)'였다. 이에 대해 범보는 핀잔을 주면서 '평범하되 속되지 않고, 흔한 듯 하되 귀한 이름'으로 지으라면서 '동리(東里)'로 고쳐 주었다. 범보와 동리의 관계가 어떠하였는가는 바로 이 대목에서 선명하게 드러난다. 범보는 이름의 전거(典據)나 연유(緣由)에 대해 아무런 설명도 덧붙이지 않았고, 다만 호는 고인(古人)이 쓰던 것을 따르는 것이 좋으며, '동리'라는 아호를 사용한 이들 가운데는 점잖은 이가 많았다고만 이야기해 줬을 뿐이다. 김동리는 여기에 대해 아무 것도 묻지 못하고 말없이 그대로 따랐다. 그만큼 김동리에게 범보는 어려운 대상이었던 것이다. "그래서 나는 이에 대하여 별로 더 아는 것이 없었고, 따라서 그 해 5월, 나의 필명에 대하여 언급할 기회에 있어서도 다음과 같이 썼을 뿐이다. '나는 동쪽 마을에 살기로 한다. 햇빛이 좋다. 이곳이 옛날 화랑의 춤터라 하나, 지금의 나에게 그런 것은 아랑 곳 없다. 그저 햇빛이 좋다.'"[37]

이처럼 범보의 말이라면 김동리는 어떠한 의문을 제기하거나 토를 달지 못했다. 그저 무조건 수용하고 난 후 스스로 그 이유를 찾아나가는 양상으로 나아갈 수밖에 없었다. '동리(東里)'라는 이름을 둘러싼 일

36) 김동리, 「나의 유년 시절」, 『나를 찾아서』, 민음사, 1997, 13~14면.
37) 김동리, 「雅號辯」, 『趣味와 人生』, 문예창작사, 1978, 133~134면.

화는 대표적인 사례로 꼽을 수 있다. 김동리에게 범보는 무언가를 선택해야 하는 중요한 전환점에서 '하늘의 계시'를 받아 전달해주는 '반신적 인간'이었던 것이다. 유년, 청년기를 지난 이후에도 이러한 경향은 꾸준히 나타나고 있다.

김동리가 범보에게 절대적으로 의존하는 모습은 조울증 징후와 관련하여 이해할 수 있다. 조울증 징후를 내보이는 사람은 외부 세계에 대해 자신감을 결여하고 있고, 이로 인해 세계로부터 격리되었다는 의식에 시달리게 되며, 자기 비하에 허덕이는 모습을 나타낸다. 그렇기 때문에 이들은 외부 세계와 자신을 매개하는 인물을 설정함으로써 돌파구를 마련해 나가게 마련이다. 이때 조울증 경향을 내보이는 사람과 외부 세계를 매개하는 인물은 조울증 징후를 드러내는 사람에게 보호막 구실을 하게 된다. 범보에게 절박하게 기대려고 했던 김동리의 심리 기제는 이러한 맥락에서 이해할 수 있다. 김동리는 범보를 정신적인 모델로 설정하여 자신의 정체성을 형성해 나갔다. 그러면서 범보의 승인에 의하여 지지감(支持感)을 맛보는 한편, 범보의 정신적 유산을 계승하고 발전시키기 위해 부단히 노력하였다. 그러니까 범보는 김동리에게 자아의 나약함과 불확실함을 보강해주고 감싸안아주는 정신의 지주 역할로 자리 잡고 있었던 것이다. 김동리가 범보의 말 한 마디에 철학에 관심을 기울이고, 다시 문학으로 방향을 선회하는 장면은 이를 보여준다. 그렇다면 범보의 승인을 거쳐서야 비로소 자기 스스로에게 존재 가치를 부여할 수 있었던 김동리로서는 범보를 정말 '반신적 인간'으로 수용하였다고 이야기할 수 있지 않을까.

2

식민지시대의 행적

1. 불교계 동향과 범보의 행방

1933년 가을 스물한 살의 김동리는 경주를 떠나 서울로 올라왔다. 특별한 이유가 있었던 것은 아니고, 그저 범보가 서울에 있다는 소식을 들었기 때문이었다. "나는 그때 백씨를 찾아 무턱대고 상경은 했었지만, 거처도 일정치 않아 백씨의 소개로 선학원 부속 한양방(閑養房－인용자)에서 잠을 자고, 끼니는 백씨네가 셋방살이를 하는 사직동까지 가서 때우곤 했다."[1] 식민지시대 김동리의 생활 거점은 대체로 이러한 방식으로 결정되는 양상이었다. 범보의 행방을 좇아 무작정 거처를 옮겨 나갔다는 것이다. 앞에서 살펴보았던 것처럼, 1929년 김동리

1) 김동리, 「미당과의 만남」, 『나를 찾아서』, 민음사, 1997, 108면.

가 부산으로 향했던 까닭은 범보가 그 곳에 있었기 때문이었다. 1933년 그의 상경 역시 범보가 서울에 있었기에 벌어질 수 있었다. 단편소설 「花郎의 後裔」로 『조선중앙일보』 신춘문예에 당선한 김동리가 1935년 2월 해인사의 말사(末寺)였던 다솔사(多率寺)로 내려갔던 이유도 마찬가지였다. "나는 경남 사천군에 있는 다솔사를 찾기로 했다. 마침 내 백씨가 그 절에 있다는 소문을 들었던 것이다."[2] 이처럼 식민지시대 내내 김동리는 범보를 쫓아다녔다. 이를 통해 그는 문학의 자양분을 얻는 한편, 나름의 인맥을 만들 수 있었다. 그 처음이 서울 종로 안국동에 위치한 선학원(禪學院)이었다.

김동리가 상경했을 때 범보는 사직동에 세를 얻어 살았으나, 얼마 후 배상기(裵相基, 국악인)의 호의 덕분에 선학원 근처 최상궁의 집으로 거처를 옮길 수 있었다.[3] 김정숙에 따르면, 부산 영주동에서 생활하던 범보는 "서울 중앙 불교전문학교에서 동양철학 강의를 하기 위해 서울로 올라"[4]온 것이라고 한다. 하지만 동국대학교의 전신인 불교전문학교(佛教專門學校, 1928.3~1930.4)와 중앙불교전문학교(中央佛教專門學校, 1930.4~1940.6)의 교·강사 명부에서 범보의 이름을 확인할 수 없다.[5] 그러니

---

2) 김동리, 「自傳記」, 『趣味와 人生』, 문예창작사, 1978, 248면.

3) 김윤식은 범보가 안국동 선학원에 머물렀다고 기록하고 있다(김윤식, 『김동리와 그의 시대』, 민음사, 1995, 21면). 하지만 범보의 딸 김혜영의 진술은 이와 다르다. "처음에는 사직동에서 세를 얻어 살다가 배상기의 호의로 안국동 선학원 근처 최 상궁 집에 머물게 된다."(김정숙, 『김동리 삶과 문학』, 집문당, 1996, 47면) 김동리는 당시 범보가 셋방살이 하던 사직동에 가서 끼니를 해결하였다고 회고하고 있다. 그러니 이를 종합한다면 후자의 진술이 타당하게 다가온다.

4) 김정숙, 『김동리 삶과 문학』, 집문당, 1996, 47면.

5) 동국대학교에는 불교전문학교 시절부터의 자료가 남아 있어서 당시 교·강사의 직위, 성명, 담당과목 등을 확인할 수 있다(동국대학교 90년지 편찬위원회, 『東國大學校九十年誌』 I, 동국대학교, 1998). 덧붙이자면 범보의 막내사위 진교훈은 범보가 "스물다섯 살에 귀국하여 현 동국대학교 전신인 불교중앙학림(佛敎中央學林)에서 강의했다."(진교훈, 「동방사상의 중흥조—범부(凡夫) 김정설(金鼎卨)」, 『대중불교』, 1992.4, 26면)고 밝히고 있다. 많은 이들이 범보가 동국대학교의 전신인 학교에서 강의를 했다고 증언하고 있으니 여러 정황상 그 시기는 진교훈의 진술처럼 일본 유학에서 돌아온 중앙학림(中央學林, 1915.11~1928.3) 시절이 맞을 것으로 판단된다.

김정숙의 주장은 다소 신뢰가 떨어진다고 하겠다. 범보는 서울에서 생활하면서 사람들을 주로 선학원에서 만났다. 그가 강의를 한 것으로 알려진 장소도 선학원이다. 예컨대 김동리는 다음과 같이 기억하고 있다. "그 당시 내 백씨는 중앙불교전문학교(동국대학의 전신)에서 동양 철학 강의를 맡고 있었는데, 이곳(선학원; 인용자) 한옥 사랑방이 강의실이라 많은 사람들이 그곳에 모여들었다. 지금 대충 기억나는 사람들만 해도 전진한(錢鎭漢-전 사회부 장관) 씨, 장연송(張連松-제2대 국회의원. 6·25 때 납북) 씨, 김영진(金永鎭-시조 시인) 씨, 배상기(裵相基-국악인) 씨, 김교환(金敎煥-수필가) 씨, 오종식(吳宗植-언론인) 씨 등 6,7명에다 그밖에 언제나 수삼 인이 더 있어 매일 10여 명씩 모여들었다."[6)]

범보의 중앙불교전문학교 강사 문제와 관련하여 많은 이들이 착오를 일으키는 까닭은 무엇일까. 아마 당시 중앙불교전문학교와 선학원을 주도했던 세력이 모두 경남 3본산(慶南三本山-해인사, 범어사, 통도사)과 연관되어 있었고, 이에 따라 두 곳의 분위기라든가 모이는 인맥이 그리 큰 차이를 보이지 않았기 때문일 것이다. 선학원에서 진행되었던 중앙불교전문학교의 강좌가 정규 과정으로 개설되었을 가능성은 거의 없다. 가령 전진한의 경우 1928년 일본 와세다대학(早稻田大學) 경제학과를 졸업하고 귀국하였는데, 1933년에 굳이 불전 정규 과정에 등록할 이유가 없다. 니혼대학(日本大學) 경제학과를 졸업한 장연송 역시 마찬가지다. 그러니 선학원에서의 모임은 범보를 좌장으로 하는 토론회 정도로 이해하는 것이 온당하리라 판단된다. 여기서 진행된 토론의 내용이 민족주의에 닿아 있었으니 이를 숨기기 위하여 편의상 '강좌'라고 불렀으리라는 추정이다. 강좌의 내용이 자유로울 수 있던 근거도 여기서 마련하게 된다. "좌담 형식의 강좌였는데, 화제는 때와

6) 김동리, 「미당과의 만남」, 『나를 찾아서』, 민음사, 1997, 108면.

사람에 따라 철학에서 종교, 종교에서 문학, 문학에서 국학, 국학에서 민족 문제 등 자유자재로 흐르고 바뀌곤 하였다."[7]

그렇다면 범보가 서울 생활에서 거점으로 삼았던 선학원은 어떤 곳인가. 한 마디로 정리하자면, 당시 항일에 입각한 불교계 개혁 인사들이 모이는 집결지였다고 할 수 있다. 선학원 건물이 백용성(白龍城, 1864~1940)의 주도 아래 1921년 11월 30일 준공되었다는 사실이 이를 보증한다.

> 창설은 金南泉·康道峯·金石頭 등이 주도하였지만, 선학원 창건 上樑文의 발기자 명단에 제일 먼저 백용성의 이름이 전하는 것을 보면 그가 그 운동의 상징적인 존재임을 쉽게 파악할 수 있다. 선학원 발기인들이 불교의 천양의식에 투철하고 일제의 사찰정책에 비판적인 인사들이 주류였다는 것을 고려하면 백용성이 그 인물들의 중심이었다는 것은 더욱 자연스럽다. 또한 선학원이 은연중 항일불교의 색채를 갖고 출발하였다는 점에서도 임제종운동과 3·1운동 참여라는 백용성의 일관된 노선과도 부합된다.[8]

백용성은 3·1운동 당시 민족대표 33인 가운데 한 사람이며, 해인사에서 화월화상(華月和尙)과 혜조율사(慧造律師)를 각각 은사, 계사로 하여 승려 생활을 시작하였다. 그러니 선학원을 거점으로 삼았던 범보의 활동이 민족운동과 연관을 맺고 있으리라는 점은 쉽게 짐작할 수 있다. 여기서 백용성이 해인사에서 승려 생활을 시작하였다는 사실은 간단히 지나칠 일이 아니다. 불교계 내에서 경남 3본산의 영향력을 상징적으로 보여주는 사건이 선학원 장악이었고, 이를 매개하는 존재가 해인사 출신 백용성이었기 때문이다. 이를테면 선학원은 경남

---

7) 위의 글, 같은 면.

8) 김광식, 「白龍城의 獨立運動」, 『근현대불교의 재조명』, 민족사, 2002, 168~169면.

3본산 세력이 중앙 활동을 펼치는 거점이었던 셈이다.

당시 불교계 개혁 흐름은 해인사, 통도사, 범어사가 설립한 총무원이 주도하고 있었다. 이들 사찰들은 재정 뒷받침이 든든했기 때문에 불교계 개혁 초기부터 나름의 영향력을 꾸준히 행사할 수 있었다. 가령 동국대학교 전신인 불교고등강숙(佛教高等講塾, 1914.4~1915.11)이 중앙학교(中央學校, 1915.11~1928.3)로 개편될 때 경남 3본산의 출자액을 보면 재정에서의 영향력이 선명하게 드러난다. 당시 일 년 전체 예산 4,092원 가운데 해인사, 통도사, 범어사가 각각 3백 원씩 9백 원을 출자하였으니 그 비율은 4분의 1 수준에 육박하였다.[9] 따라서 불교계 내에서 경남 3본산의 목소리가 클 수밖에 없던 상황은 충분히 짐작할 수 있을 것이다. 이러한 영향력을 바탕으로 하여 경남 3본산은 친일 성향을 띤 재단법인 교무원에 맞서 항일 분위기를 이어가고 있었다.

중앙에서 나타나는 경남 3본산의 항일 성격은 지방 사찰에도 그대로 이어지는 양상을 드러냈다. 예컨대 1919년 3·1운동이 일어났을 때 중앙학림을 이끌고 항일의 중심에 나섰던 인물이 만해 한용운이었다면, 지방학림들의 움직임을 이끌어 내었던 사찰은 합천 해인사였고, 여기에는 최범술(崔凡述, 1904~1979)의 역할이 컸다. 최범술은 지방학림의 3·1운동 참여를 다음과 같이 기록하고 있다.

---

9) 이때의 제출서류를 보면 일 년 수입총액은 4,092원으로 책정되었으며, 그 돈은 설립자인 30본산과 그 외 2곳의 출자(기부)로 충당하는 것으로 나타나 있다. 각 절에서 출자했던 금액은 다음과 같았다. 통도사, 범어사, 해인사 3백 원. 건봉사, 유점사, 김룡사, 석왕사 243원. 보현사, 용주사, 동화사, 송광사 165원. 선암사, 은해사, 봉은사, 마곡사, 대흥사, 고운사, 월정사 125원. 법왕사 87원. 귀주사, 보석사, 패엽사, 전등사, 봉선사, 백양사 60원. 기림사 20원. 성불사, 위봉사 14원. 법흥사, 영명사 8원. 화엄사와 천은사는 특별기부출자로서 87원. 지출내역은 교사 11인 봉급으로 2, 244원, 서기 1인 연봉 180원, 서적·기계·기구비로 300원, 소모품 500원, 그리고 雜給과 雜費 868원으로 계정되어 있다.(동국대학교 90년지 편찬위원회, 『東國大學校 九十年誌』 I, 동국대학교, 1998, 27~28면)

불교의 31본산 연합으로 설립된 중앙학림(동국대학 전신)에는 31본산으로부터 서울에 와서 유학하는 1백여 명 가량 되는 불교 학생들이 있었다. 그 중앙학림 학생 중에는 한용운 선생의 지도를 받는 사람이 대부분이었다. 한편 3월 1일 직후 우리 해인사에 독립선언서가 처음 오게 된 것은 나의 조카로서 경성고등보통학교 4학년 최원형이 부쳐온 것이었다.

둘째는 하동 쌍계사의 경성 유학생 김용기로부터 박건섭에게, 셋째는 해인사 유학생 김봉율에게 우송되어온 것이었다.

姜在鎬(前부산사범대학장)와 송봉우 등은 직접 서울 가서 입수하여 온 독립선언서를 얻게 되었다.

그리하여 우리 지방학림 학생들 간에는 지극히 통정하는 학우들끼리 모여 독립선언서 등사에 대한 의논 끝에 내가 책임자로 뽑히어 大邱로 가서 대구에 있는 지물상을 찾아 미농지 1만5천 장을 사 모았다. 그것을 짐꾼에게 지워 1백8십 리 되는 해인사에 운반한 뒤에 우리 몇 사람은 해인사 사무실에서 등사판과 지방학림과 보통학교에 사용되는 등사판을 합하여 3개를 들여다가 독립선언서를 인쇄하게 되었다. 그 등사판 원지는 대개 내가 쓰게 되고 그 박힌 미농지는 3장이 합하면 선언서 한 번씩 됐다. 이러한 동안에 버리게 되고 허실된 것을 제하고 남은 것이 약 3천1백 벌 가량 만들어졌다.

등사를 마치고 우리 동지 23명은 비밀리에 해인사 뒤 숲속에서 회의를 하고 장차 우리들이 행동할 모든 방법을 의논 결정했다.

그것을 세 사람이 한 조가 되어 약 1백 벌씩 한 사람이 가지게 했고 그 각 조는 慶尙南道에는 大邱 慶州를 거쳐 梁山 東萊 방면을 거쳐 統營읍으로 오게 했다. 한 조는 陜川 草溪 三嘉 宣寧 晋州 泗川 南海를 거쳐 統營으로 오게 하고, 또 한 조는 居昌 咸陽 南原 등 全北으로 가게 했다. 또 한 조는 山淸 河東 順天 서남사 송광사를 거쳐 麗水로 가서 統營으로 오게 했다. 또 한 조는 慶北 동화사에서 온 권청학을 중심으로 한 3명인데 大邱

達成 永川 동화사 은해사를 거쳐 醴泉 용문사며 安東 방면으로 가게 되었다. 또 한 조는 忠北 報恩 속리산 법주사에서 공부하러 왔던 박재성이 중심이 되어 충북 일대를 돌게 되었고, 또 한 조는 忠南 마곡사에서 온 우경조 나경화 등이었는데 공주 마곡사 夫餘 등 충남 일대를 돌면서 운동을 벌이게 했다. 또 한 조는 黃海道 해주 신광사에서 온 홍태현이 중심이 되어 黃海道 平安道 일대를 맡았으며 석왕사에서 온 박창두 등이 咸鏡南道를 돌게 되었다.[10]

백용성이 선학원을 만들었던 1921년 11월이라면 경남 3본산의 조직적인 연대가 이루어지고 있을 즈음이다. 일제의 사찰령을 등에 업고 전횡을 일삼는 교무원에 맞서 해인사, 통도사, 범어사가 총무원을 설립한 때가 1922년이기 때문이다. 경남 3본산은 1924년 1월 천도교에서 보성학교(普成學校)를 인수할 때부터 정기적으로 만나 회의를 갖고 종무, 의식, 포교, 교육 등에 관하여 토의하는 한편, 결의된 사항을 각 사찰이 동일하게 시행하기도 했다. 1924년 불교계의 이완용으로 비유할 수 있는 해인사 주지 이회광(李晦光, 1862~1933)[11]을 축출하는데 해인사 대중 승려뿐만 아니라 경상도 8개 본산이 힘을 모았다고 하니 여기서도 세 사찰의 공조는 굳건하게 이루어졌으리라고 짐작된다. 총무원을 해산하고 난 뒤에도 경남 3본산은 늘 중앙기구에 비판적이었고 견제해 나가는 입장을 유지하였다.

불교계 내부에 대한 경남 3본산의 영향력은 1933년 본산 주지들의

---

10) 최범술, 「청춘은 아름다와라－최범술」⑦, 『국제신보』, 1975.1.26~4.6

11) 1910년 한일합방 직후 조선 원종(朝鮮圓宗)을 대표하여 일본 측의 조동종 종무원(曹洞宗宗務院) 측과 '연합동맹(聯合同盟) 7개조(個條)'를 체결한 인물이다. '연합동맹 7개조'는 일본 조동종의 침투 허용을 골자로 하는 것이어서 여기에 대하여 반발하여 일어난 것이 '임제종운동'이었다. 이때 한국 불교계는 원종(圓宗) 종무원(宗務院)과 임제종(臨濟宗) 종무원(宗務院)으로 나뉘었고, 이로 인해 동국대학교 전신 명진학교는 휴교하기에 이르렀다.

결의에 의해 『불교(佛教)』가 7월호로 폐간될 때까지 이어졌다. 영향력을 상실한 경남 3본산은 이제 중앙에서 물러나게 된다. 뒤에 다시 다루겠지만, 1934년 범보의 다솔사 행은 이러한 불교계의 사정에 따라 불가피하게 결행된 일이었다. 경남 3본산이 선학원의 주도권을 잃게 되자 범보로서도 근거지를 잃은 셈이 되었던 것이다. 경남 3본산에서 총무원의 명맥을 잇고자 1933년 9월 만든 조직이 종무협회(宗務協會)다. 표면적으로 내세웠던 목표는 『불교(佛教)』의 재발행과 역경(譯經) 사업 추진이었지만, 해인사 회의에서 채택한 선언문을 보면 종무협회의 성격이 단순히 여기에 머무르지 않는다는 것을 알 수 있다. "오직 우리들 조선의 승려는 조선 불교의 사회적 가치를 발휘하고자 3본산 종무협회를 조직하였다. 이에 비상시를 당한 우리들은 민심 지도의 책임이 중대한지라 금일 일치단결하여 교리 선양에 매진하며 위로는 나라와 부모와 스승과 겨레의 은혜에 보답하고 아래로는 생사유전하는 중생을 구제하여 부처님의 크신 은혜에 보답할 것을 선서한다."[12]

2. 선학원의 김동리와 서정주

범보는 언제나 영남 인맥을 배경으로 하여 활동을 벌였다. 그를 일본으로 유학 보내준 단체는 영남에서 독립운동의 거점 역할을 담당했던 백산상회였고, 유학에서 돌아와서 강의한 곳은 경남 3본산이 주도했던 중앙학림이었다. 부산에서 요양하다가 상경하여 활동의 근거지

12) 姜昔珠 · 朴敬勛, 『佛敎近世百年』, 중앙일보 · 동양방송, 1980, 208면.

로 삼은 곳도 경남 3본산이 장악하고 있던 선학원이었다. 이때 범보의 서울 생활이 짧았던 까닭은 불교계에 대한 경남 3본산의 주도권 상실과 관계가 있다. 서울을 떠나 범보가 찾아간 곳은 해인사의 말사인 다솔사였는데, 이곳은 경남 항일 세력의 회합장소였다. 뿐만 아니라 해방 후 그가 서울로 올라와서 머물렀던 대자의원[13] 역시 영남의 학계인사, 정계인사, 예술계인사가 모였던 장소로 알려져 있다. 물론 그의 활동이 민족의식을 전면에 내세우고 일제와 맞서는 내용이었기 때문에 그를 단순히 지역주의자로 이해해서는 곤란할 것이다. 그럼에도 불구하고 그가 활동을 펼쳤던 단위가 영남이라는 지역을 바탕으로 하고 있다는 사실은 염두에 둘 필요가 있다.

범보 주위에 예술가들이 많이 모였음은 분명하다. 이는 그의 사위이자 제자인 진교훈의 증언을 통해서 알 수 있다. "동서양의 종교와 철학에 관해서 심오한 지식을 가졌을 뿐만 아니라 문학, 음악, 무용, 회화, 건축 등 온갖 예술 분야와 의약에도 정통하셨다. 그래서 그의 문하생 중에는 특히 예술가가 많았고 이름난 예술가들과도 교유하셨다."[14] 하지만 그 면면에 대해서는 정확히 확인할 길이 없는데, 그럼에도 불구하고 1946년 3월 13일 결성된 '전조선문필가협회'의 추천회원 명단에 그 인물들이 대거 포함되어 있으리라는 사실은 어느 정도 예측할 수 있다. 전조선문필가협회 결성준비위원 명단의 첫 머리에 이름을 올린 이가 바로 범보이기 때문이다. 1946년 4월 4일 결성되어

---

13) "안상률의 제보에 의하면, 대자의원이란 해동역경원장 김적음 스님의 제자 조만호 씨가 경영하는 한의원이다. 이곳에는 하루에 30명 정도의 환자가 찾아오고 범부 선생은 그 집 뒤채에 계셨다. 본래 이 건물은 부처님(관세음보살)을 모시던 절이었는데, 당시 그 집은 범부 선생을 찾는 문객과 의원을 찾는 사람들로 많은 사람이 내왕하는 곳이었다. 말하자면 영남의 학자들이 모이는 곳이었다(학계인사, 정계인사, 기타 문객)."(김정숙, 앞의 책, 50면) 참고삼아 덧붙이자면, 대자의원을 경영했던 조만호는 함안 출신이다.

14) 진교훈, 「동방사상의 중흥조—범부(凡夫) 김정설(金鼎卨)」, 『대중불교』, 1992.4, 28면.

김동리를 회장으로 선임한 '청년문학가협회(청문협)'의 주요 멤버들이 여기에 포함되었던 것은 물론이다.

김동리의 문단 활동 배경이 되었던 청문협의 주축 또한 영남 출신들이었다. 범보를 배후에 둔 김동리는 해방기 좌파 문인들과 격렬한 논쟁을 벌였던 이데올로그였고, 청문협은 이를 뒷받침하는 조직이었다.[15] 좌파와 논쟁에 임하기 전에 김동리는 범보에게 찾아가서 원고를 미리 보여주고 수정을 거쳤다고 하니 김동리를 매개로 한 범보와 청문협의 관계도 어느 정도 짐작할 수 있는 일이다.[16] 그렇지만 이를 지역갈등에 근거한 영남권의 문단 패권 장악으로 이해하기는 곤란할 듯하다. 이 시기까지는, 배타적인 지역감정이 바탕에 깔린 것이 아니라, 이념 색깔이 지역 단위를 배경으로 표출된 것이기 때문이다. 그렇다면 따져 물어야 할 것은, 영남의 문단 패권 장악 여부 자체가 아니라, 그러한 결집의 구심으로 작용한 동력이 무엇인가가 될 것이다.

6·25 이후 문단 내 좌익 계열과의 대립 구도가 완전히 해소된 이후 청문협 세력은 전국문화단체총연합회(문총) 세력에 맞서 승리를 거두었다.[17] 이로써 남한 문단은 영남 출신들이 장악하게 되었는데, 이와

---

15) 손소희의 다음과 같은 회고를 통하여 김동리와 청문협의 관계가 어떠했는지 짐작할 수 있다. "(『조선일보』 기자였던)조경희 씨는 오른쪽 손을 구부러뜨리고 '지금 말이야 우익은 한 사람만 넘어가면 휘익이래' 이렇게 말하는 한편 엄지손가락을 탁자 위로 획 젖혀 버렸다. 주위의 사람들은 조여사의 재치 있는 화술이 재미나선지 쿡쿡 웃고 있었다. 당시의 나는 문단의 동서남북을 가리지 못하는 애송이였다. '설마? 그런데 누굴 두고 그러지?' '김동리 씨지 누구야, 그 사람만 쓰러뜨리면 다라는 거야' '그때 그분들 단체 결성할 때 박선생하고 구경 갔었는데 사람들이 많든데 뭐' '머릿수가 문제 아니거든, 대개가 신인들이고 해서 자기네(동맹) 상대는 아니라 이거지'"(손소희, 「韓國文壇人間史⑧-理想이 높아 슬픈 詩人」, 『文學思想』, 1979.11, 189면)

16) 김정숙, 앞의 책, 51면. 이러한 사실을 증언한 안상률은 1946년 범보의 문하생으로 들어가서 범보를 바로 옆에서 받들었던 인물이다.

17) 김명인은 이를 영남 출신과 이북 출신의 대결로 파악하고 있다. "주목할 만한 사실은 이 갈등이 일종의 지역갈등의 양상을 띠고 있다는 사실이다. 문총계의 핵심인사들은 대개 이북 출신이며(김광섭-경성(鏡城), 이헌구-명천(明川), 모윤숙-안주(安州)) 청문협계의 핵심인사들은 대부분 영남 출신이다(김동리-경주, 유치환-충무, 김달진-창원, 조연현-함안, 조지훈-안동, 곽종

함께 1950년대 문단에 펼쳐진 사상의 지향점이 바로 신라정신이었다. 여기에도 물론 범보의 영향력이 작용하고 있다. "그(범보—인용자)는 그의 동생 김동리의 영향권 아래 있는 문인들의 대부 역할을 했을 뿐 아니라 그들의 문학에 일정한 방향 표지판 역할을 해 주었다. 이는 1950년대 한국문학을 휩쓴 신라 정신이 실은 김범부의 『삼국유사』 지식과 그가 태어나고 자라난 경주에 대한 사랑이 버물린 독자적 상상 세계였다는 점을 안다면 쉽사리 이해될 수 있으리라 생각한다. 김동리의 「화랑의 후예」를 비롯하여 서정주의 「신라초」, 유치환·박목월·김상옥 등의 「계림시편」이 그것으로서, 거기에는 직간접으로 김범부가 추구하던 신라 혹은 동양의 이미지가 아름답게 수놓아져 있다."[18]

하지만 당시 범보를 찾아 무작정 상경했던 김동리는 선학원의 이념과 다소 동떨어져 있었던 것으로 파악된다. 범보가 나서서 거처를 마련해 줬을 뿐, 선학원의 의미라든가 거기서 벌어지는 일들에 대하여 무감각했기 때문이다. 김동리는, 불교계 동향에 관한 아무런 정보도 없이, 범보의 선학원 체류와 다솔사 행이 건강과 연결된 사항이라고 막연히 짐작할 수밖에 없었다. 똑같이 영남을 연고로 삼았다고는 하지만, 범보와 김동리는 바로 이러한 점에서 결정적으로 변별된다고 할 수 있다. 즉 범보에게 영남이란 이념적 활동을 가능케 하는 단위였음에 비해 김동리에게서의 영남은 이념적 근거랄까 사상의 깊이가 한결 퇴색하여 존재한다는 것이다. 따라서 "민족문학 한다는 사람들이 미당이나 김동리에 대해서 취급하는 각도, 견해가 없어요. 그런데 이 두 사람 배후에 있는 김범부라는 사람을 잘 봐야 해요. 이 사람은 때를 잘못 만나 그렇지, 참 천재였다고. (…중략…) 김범부의 노력이 이

원—고령, 박목월—경주)."(김명인, 『趙演鉉 硏究』, 인하대 박사논문, 1998, 89면). 이 가운데 조지훈의 고향은 안동이 아니라 경북 영양이므로 바로 잡는다.

18) 최하림, 「'꽃잎처럼 떨어진 신라' 범부」, 『시인을 찾아서』, 프레스21, 1999, 78면.

두 사람에 와서 삐뚜로 나간다고. 문학으로 제대로 개화한 것이 아니라 삐뚜로 나간다고. 그러니까 부끄러움이 없잖아요"라는 김지하의 발언은 어느 정도 근거가 있다고 봐야 한다.[19]

1936년 가을 다솔사에 정착하기 전 김동리의 의식 수준은 『조광』 1936년 8월호에 발표한 「술」을 통해 파악할 수 있다. 1936년 「山火」가 『동아일보』 신춘문예에 당선된 뒤 김동리는 다시 상경하여 서정주 등과 어울리며 지내었다. 「술」이 자전소설인 만큼 지독한 허무주의에 사로잡혀서 "까마득한 허공에 한마리 반디ㅅ불 같은 것이 사람의 생명인지 모르겠다. 생기고, 끄지고 하는것이 어둠과빛에 있다"[20]라고 일기를 쓰고 있는 작품의 화자는 서울에 머무르던 김동리 자신이다. 그가 하는 공상이란 그저 '인간=구더기'라는 자기모멸밖에 없다. "나는 또 어느듯 공상으로 빠지기 시작하였다. 내 머리는 점점 아래로 떠러트려지고 입으로는 자꾸 구데기란 말을 거듭하였다. 구데기는 구데기와 좋아하야 구데기는 구데기를 낳고. 구데기는 구데기와 좋아하야 구데기는 구데기를 낳고 구데기는 구데기가 썩어 구데기는 구데기가 되고 구데기는 구데기가 썩어 구데기는 구데기가 되고……. 그러나 이 구데기 항아리란 어느 순간에 깨어저 버릴는지도 모르는 것이다. 어느 서슬에 구름 한 점 같이 사러저 버릴는지 모르는 것이다."[21] 이러한 김동리의 허무주의는 범보의 민족주의와 커다란 간극을 드러내고 있다. 따라서 사상적인 측면에서 보자면, 식민지시대 서울 생활에서 김동리가 얻은 것은 거의 없다고 봐도 무방하다.

김동리의 서울 생활 의미라면 문단 활동의 근거를 확보한 일 정도

19) 이문재, 「인터뷰 : 인간성에 대한 새로운 인식이 필요하다—'율려문화운동' 펼치는 시인 김지하」, 『문학동네』, 1998년 겨울, 34~35면.

20) 김동리, 「술」, 『조광』, 1936.8, 238면.

21) 위의 글, 240면.

가 되겠다. 이는 두 가지 측면에서 접근이 가능한데 첫째, 스스로 평생의 친구로 꼽고 있는 서정주를 선학원에서 만났고 둘째, 문단으로의 진출이 이 시기에 이루어졌던 것이다. 김동리와 서정주의 관계를 이해하기 위해서는 김동리의 조울증 징후를 염두에 둘 필요가 있다. 조울병권 인물들은 대체로 소수의 친구와 사귀면서 장기간 깊은 관계를 맺는 것을 특징으로 한다. 이들이 가장 잘 이해할 수 있는 인간관계가 우정이라는 연구 결과도 있다. 이때 친구는 조울병권 인물에게 나약한 자아를 보강해 주는 역할을 맡게 된다.[22] 김동리에게 서정주는 바로 그러한 의미로 존재하였다. 예컨대 금강산 행을 결심하자마자 훌쩍 떠날 수 있었던 서정주는 김동리에게 경이롭게 다가서는 면이 있었다.[23] 세계와 맞서는데 자신감이 결여되어 있던 김동리로서는 이러한 태도의 서정주에게 깊이 끌렸을 것이다. 훗날 서정주가 벌인 친일 행위 따위가 민족주의자로서의 면모를 내보인 김동리에게 아무런 문제가 되지 않았던 까닭도 이와 관련된다.

서울에서 김동리와 서정주가 만나는 분위기가 어떠했는가를 살피려면 「술」의 개작 내용을 살펴야 한다. 1936년도 작품 「술」은 1973년 『까치 소리』(일지사)에 실리면서 「젊은 肖像」으로 제목이 바뀌는 한편 내용의 변화도 나타나는데, 그 중 두드러진 변화가 바로 'S군' 그러니까 서정주의 등장이다. '구데기' 타령으로 일관되던 「술」의 세계는 'S군'의 등장을 통하여 어느 정도 실체를 확보하게 된다. 도저한 허무를

---

22) 이이다 신(飯田 眞)・나까이 히사오(中井久夫), 『天才의 情神病理』(전파과학사, 1984) 참조.

23) "그런 지 며칠 뒤였다. 미당이 표연히 서울을 떠나고 말았다. 그러고는 얼마 뒤에 금강산에서 엽서 한 장이 날아왔다. 금강산으로 송만공(宋滿空) 선사를 찾아 참선을 하러 왔다는 것이다.
나도 선(禪)에 대해서는 여간 관심을 쏟고 있지 않았다. 발심(發心)만 되면 언제든지 머리를 깎고 선방을 찾아갈 작정이었던 것이다. 그러나 그것은 일시적인 취미나 호기심 정도로 할 수 있는 일이 아니었기 때문에 결행을 못하고 있었던 것이다. 그런데 미당이 먼저 용기를 내어 금강산으로 뛰어가 버렸으니 나로서는 놀랍다고 할지 축하를 해야 할지 몰랐다."(김동리, 「미당과의 만남」, 『나를 찾아서』, 민음사, 1997, 109면)

견디는 나름의 행위가 구체적으로 드러나는 바, 그것은 도스토예프스키를 통한 문학으로의 나아감이었고 동시에 이를 위해 'S군'과 만나 술잔을 기울이는 일이었다. 마치 자신과 서정주만 하나로 묶여 세상으로부터 고립된 것처럼 느끼던 당시의 감정을 김동리는 이렇게 표현하고 있다.

> S군은 이렇게 우리가 술잔을 두고 마주앉은 것이 굉장히 즐거운 모양이다. 사실 나에게 있어서도 S군과 함께 술을 마시는 것이 어쩌면 전부였는지도 모른다. '전부'란 말이 너무 과하다면, 유일한 보람이었는지 모른다고 해 두자. …… 우리는 술만 한잔하면 어느덧 문학 이야기가 돼 버린다. 그것도 대개는 도스토예프스키다. S군과 나는 다 같이 도스토예프스키를 좋아했기 때문에 그의 작품 속에 나오는 인물은 누구나 다 알고 있었다. 따라서 다른 사람들은 우리의 대화를 전혀 이해하지 못했다.[24)]

배후에 범보가 있어서 김동리의 선학원 생활이 가능하였다면, 서정주에게는 석전(石顚) 박한영(朴漢永)이 있어서 선학원 출입이 가능했다. 마름의 아들 서정주는 톨스토이주의자인 일본인 크리스찬 류오(濱田龍雄)에 이끌려 며칠 넝마주이 생활을 한 바 있다. 1933년 가을의 일이니 김동리가 상경했을 즈음이다. 범보의 제자이자 범보에게 서울 거처를 제공했던 미사(眉史) 배상기(裵想基)는 서정주의 이러한 기행(奇行)을 박한영에게 알렸고, 이에 호기심을 느낀 박한영은 서정주를 불러들여 머리를 깎게 하고 거사 칭호를 부여했다. 박한영은 일찍이 한용운과 함께 불교유신운동을 주도했던 인물로 당시에는 조선 불교의 교정이었으며, 육당 최남선과 춘원 이광수의 스승으로 대접받고 있었

24) 김동리, 「젊은 肖像」, 『까치 소리』, 일지사, 1973, 221~222면.

다. 머리를 깎은 서정주는 박한영의 부름에 이끌려 개운사의 대원암이라는 암자에 머물면서 불경을 공부하고 있을 때 김동리를 만났고, 그가 1935년 4월 중앙불교전문학교에 입학할 수 있었던 것도 석전 박한영의 권고가 있었기 때문이었다. 김동리와 교류를 쌓기 전 서정주는 이미 선학원을 들락거리면서 범보와 친해진 상태였다.[25)]

김동리에게 서정주를 소개한 이 역시 배상기였다.[26)] 서정주의 아버지와 서당 동문이면서 서정주에게는 중앙고보 6년 선배였던 배상기는 범보에게 서정주를 소개한 인물이기도 하다. 김윤식은 가야금꾼 배상기를 '거리의 예술가', '거리의 시인'이라 규정하면서 '거리의 철학자' 범보와 같은 부류로 묶고 있다. 어느 날 배상기가 서정주에게 들려준 매천 황현의 시를 통해 김윤식은 배상기의 심경을 파악해 나가기도 한다 "'한밤중 책 덮고 옛날 일 생각하니 / 글 읽는 사람되기 참말로 어렵구나(中宵俺倦懷千古 人間難作讀書人)' 어느 날 미사가 서정주에게 들려준 시구이다. 망국민의 한이 막바로 자기 몸에 덮어씌워진 것으로 인식하며 세상사를 바라보았던 자들의 심중을 드러낸 것일 터이다."[27)] 배상기 역시 범보의 제자로서 민족의식을 가슴에 품고 있었다는 평가이다.

김동리와 서정주의 만남이 '선학원'에서 이뤄졌다고는 하지만, 그들의 내면을 채우고 있던 것은 민족의식이 아니라 허무주의였다. 허무주의는 '도스토예프스키'의 세계로 표상되는 바, 독립운동이 아니라 문학의 방향으로 그들이 나아갈 가능성은 여기에서 확인하게 된다. 도스토

---

25) 서정주, 「단발령」(『서정주 자서전』2, 민음사, 1994) 참조.

26) 김동리, 「自傳記」, 『趣味와 人生』, 문예창작사, 1978, 238~242면. 그런데 「미당과의 만남」(『나를 찾아서』, 민음사, 1997)에서는 김동리와 서정주를 소개해 준 인물이 '장여송'으로 기술되어 있다. "하루는 장연송 씨던가가 나에게 내 또래의 청년 한 사람을 소개해 주었다. 그가 미당 서정주였다." 여기에는 분명치 않은 표현으로 나타나고 있어서 「自傳記」의 내용을 따른다.

27) 김윤식, 『김동리와 그의 시대』, 민음사, 1995, 28면.

예프스키의 『악령』에 등장하는 인물을 빗대어 "자넨 끼리로프야"라고 'S군'(서정주)이 말을 건네면 "자넨 샤토프"라고 김동리가 응수하는 「젊은 肖像」의 한 장면은 이를 보여준다. 강렬한 허무주의를 바탕으로 하되 이를 문학으로 수렴시키는 지점에서 김동리와 서정주가 만나는 양상인 것이다. 이렇게 파악한다면, 김동리의 서울 체류를 "문단이라는 제도권에 진입하기 위한 숨은 노력이 작은 결실을 맺은 시기"라고 이해하는 김윤식의 관점은 타당하게 수용할 수 있겠다. "어떻게 하면 망국민으로서 거리의 철학자나 거리의 시인 처지를 벗어나 제도권 속에 떳떳이 들어서느냐 하는 것은 김동리도 서정주도 마음속에 은밀히 감추고 있던 야심이었다. 비록 '종의 자식'이며 천치 바보라 불릴지라도 시(문학)의 영토에서라면 왕자여야 한다는 것, 이것이 그들이 한처럼 가슴에 품은 야심이었다. 이 사정이 '애비는 종이었다'(「자화상」, 1935)라는 표현을 낳았음은 새삼 말할 것도 없다."[28]

김동리가 소설가로 나아가게 되는 배경에도 범보가 간접적으로 작용하고 있었다.[29] 1934년 시 「백로(白鷺)」가 『조선일보』 신춘문예에 '겨우' 입선으로 뽑히자 김동리는 문학을 포기하려고 하였다. 이때 범보는 김동리에게 『조선중앙일보』의 한 사람을 소개시켜 주었고, 이 사람은 김동리를 『조선중앙일보』의 학예부장 이태준 앞으로 데려갔다.[30] 이태준과의 이 만남을 계기로 김동리는 다시 문학을 향한 꿈을

---

28) 위의 책, 같은 면.

29) 김동리는 경신학교 4학년이던 1929년 『중외일보』에 시와 수필을 발표한 바 있다. 여기에도 범보의 영향력이 미쳤을 것이라 추측된다. "1929년, 내가 경신학교 4학년에 다닐 때다. 당시 『중외일보』(내 백씨는 그 신문의 고문이었다) 여기자로 있던 김말봉(金末峰) 여사가 글을 써보라기에 「고독」, 「방랑」, 「기러기」 등의 시와 수필을 발표했다."(김동리, 「문학에 대한 왕성한 식욕」, 『나를 찾아서』, 92면) 덧붙이자면 범보의 유학을 도왔던 백산 안희제가 1929년 9월 『조선중앙일보』의 사장으로 취임하였다.

30) '이 사람'은 범보의 친구였던 이관구(李寬求)로 추정된다. 당시 이관구는 『조선중앙일보』의 주필이었다. 상허(尙虛) 이태준(李泰俊)은 일본으로 유학할 때, 『조선중앙일보』의 전신 『중외일보』에 입사할 때 등 삶의 중요한 고비에서 백산에게 커다란 도움을 받았다. 그러니까 백산을 꼭짓점으로

가지게 된다. 낙향하는 김동리의 봇짐 속에 이태준의 『달밤』이 들어 있었고, 1935년 「花郎의 後裔」를 투고했던 신문사가 하필 『조선중앙일보』였는가 하는 점, 당선작 「花郎의 後裔」가 박태원으로부터 "「不遇先生」의 냄새를 맛게되는데"[31]라는 지적을 받았다는 일련의 사실 등은 그래서 주목을 요한다. 귀향한 김동리가 이태준의 작품들, 특히 「不遇先生」을 정본으로 삼아 부단한 습작 노력을 기울였으리라는 추측이 이 대목에서 가능해진다.

> 그 주(週) 일요일에 이태준을 찾아가 여러 가지 이야기를 하는 사이 갑자기 꽤 가까운 사이같이 되었다. (…중략…) 그는 나의 신춘문예 실패담을 듣자, 작품을 찾아보겠노라고 약속했다. 그 뒤 약속한 날짜에 또 갔더니 그는 나의 낙선작을 겨우 찾았노라면서, 맞춤법이 더러 틀리고 처음부터 사투리가 나왔더라고 한다. 그렇게 되면 예심에서 제외되기 마련이라 했다. 듣고 보니 모두가 납득되는 이야기였다. 나는 이태준의 『달밤』과 김동인의 『감자』, 그리고 몇 권의 책을 더 사서 짐 속에 넣고 집으로 내려갔다. 중형 가게 일을 거드는 한편 틈이 나는 대로 쓰고 읽기를 쉬지 않았다.[32]

한편, 서정주는 「벽」이라는 시가 1936년 『동아일보』 신춘문예에 당선되면서 문단에 등장했다. 박태원의 지적에 자존심을 상한 김동리가 해인사에 틀어박혀 써낸 작품 「山火」가 『동아일보』 신춘문예에 당선으로 뽑힌 바로 그 해이다. 이후 김동리는 3대 민간신문을 석권한 작가로서의 능력을 뽐내며 활동을 벌였고, 서정주는 신춘문예에 당선된

하여 범보와 상허가 각각의 자리를 마련한 셈이라고 할 수 있다. 백산과 상허의 관계에 대해서는 홍기돈의 「식민지 말기 이태준의 소설과 백산 안희제」(『근대를 넘어서려는 모험들』, 소명출판, 2007) 참조.

31) 박태원, 「新春作品」을 中心으로 作家, 作品 概觀」, 『朝鮮中央日報』, 1935.2.13.

32) 김동리, 「고독을 삼킨 독서」, 『꽃과 소녀와 달과』, 제삼기획, 1994, 34면.

바로 그 해에 자신이 주동이 되어 『시인부락(詩人部落)』을 창간했다. 김동리 또한 서정주에 이끌려 『詩人部落』의 창간에 참가했으니 『詩人部落』의 창간 과정에 대해 잠깐 덧붙이도록 하겠다.

거칠게 표현하자면, 『詩人部落』은 중앙불전과 연희전문의 문학도들이 모여서 만든 잡지라고 정리할 수 있다. 김지연은 「『詩人部落』 연구」에서 동인의 결성배경을 다음과 같이 간략하게 정리해 놓고 있다.

> 『詩人部落』 同人들이 결속하여 하나의 同人誌活動을 하게 된 경위는 다음과 같이 略述될 수 있다. 이들 同人 中 金達鎭, 徐廷柱, 咸亨洙 등은 中央佛教專門學校에서 修學했고, 李成範, 李容熙, 呂尙玄 등은 延專에 적을 두었던 학생이었다. 이 두 그룹이 합쳐지는 데에는 徐廷柱와 소학교 동창생이었던 李成範의 역할이 컸을 것으로 보인다. 金東里는 『詩人部落』이 창간되기 훨씬 전부터 徐廷柱와 交遊하였고, 林大燮은 徐廷柱와 같은 지방 출신이었다. 徐廷柱와 친분이 두터웠던 金相瑗은 후에 『花蛇集』 跋文을 쓰기도 했다. 그리고, 金軫世, 吳化龍 등은 咸亨洙와 같은 咸北 境城이 故鄕이었다. 『詩人部落』을 창간할 당시 吳章煥은 金東里의 소설 「巫女圖」를 읽고 감동해서 찾아온 휘문중학 4학년생이었다. 이처럼 學緣, 地緣 등의 두터운 친분으로 뭉쳐졌던 『詩人部落』 同人들은 그 당시 대부분 文壇에 별로 알려지지 않은 新人들이었다.[33]

33) 金志姸, 「『詩人部落』 연구」, 성심여대 석사논문, 1989, 27면.

3. 다솔사(多率寺)의 이념과 영남 문인들의 교류

김동석(金東錫)은 식민지시대에 '시대문학(時代文學)'이 성립하기 곤란했다고 전제하면서 순수문학[象牙塔文學]의 우위에 대해 다음과 같이 말한 바 있다. "散文을 主張하던 崔載瑞가 '日帝'와 野合하고 詩를 固執한 鄭芝溶氏가 끝끝내 文學家의 節介를 지킬수 있었다는것이 決코 偶然이 아니다. 東里와 玄民이 네가 무슨 純粹냐 내가 더 純粹지 하고 純粹文學을 가지고 說往說來하던 때가 있었지만 終局 절ㅅ간으로 다라나 숨어버린 東里가 大東亞文學者大會에 나간 玄民보다 賢明했다."[34] 여기서 말하는 '절ㅅ간'이 다솔사(多率寺)다. 그런데 이 다솔사라는 공간은 김동석이 말하는 것처럼 중앙과 멀리 떨어져서 그저 은둔하기에나 적당한 곳이 아니었다. 영남지역 항일인사들이 모여 비밀회합을 갖곤 했던 장소였기 때문이다. 함께 문학을 매개로 허무의 늪을 건넜음에도 불구하고, 서정주가 친일로 나아갔던 데 반해 김동리가 민족의식을 성취할 수 있었던 배후에는 바로 다솔사의 이념이 자리하고 있었다. 물론 김동리는 범보의 거취를 좇아 다솔사로 찾아들었다.

범보가 다솔사로 내려갔던 해는 1934년이다. 김동리는 범보의 건강을 이유로 들고 있으나, 이는 범보가 내세웠던 명목에 불과할 뿐 진의는 다른 곳에 있었다. 앞에서 잠깐 살폈다시피, 범보가 해인사의 말사인 다솔사로 들어올 즈음 불교계의 주도권은 경남 3본산에서 교무원 쪽으로 넘어가 버렸고, 이에 따라 범보와 경남 3본산의 핵심 인물들은 중앙에서의 근거지를 잃어버린 상태였다. 예컨대 범보가 근거지로 삼

34) 金東錫, 「批判의 批判-青年文學家에게 주는 글」, 『藝術과 生活』, 박문출판사, 1947, 97면.

았던 선학원의 경우에는 1935년부터 벌여나간 '심전개발운동'의 친일적 색채를 통해 그러한 사실을 분명하게 확인할 수 있다. "선학원(중앙선원)은 그 나름의 노력에도 불구하고 한계점을 안고 있기도 하였다. 전통 고수와 대중화라는 두 목표 자체의 난점이 일제와의 야합을 이끌어 들이지 않으면 안 되었다. 중일전쟁(1937) 이전인 1935년부터 그러한 일들이 벌어졌다. 심전 개발 운동(1935)이 그것이다. 심전(心田) 개발이란 원래 종교적인 것이지만 일제가 이를 이용하기에 알맞았던 것이다. 선학원이 교무원 등과 함께 전쟁 출동 부대의 송영을 시행한 것(1937.8.11~22)이 이를 잘 말해 준다."[35] 김윤식은 당시 선학원의 친일 노선을 '전통 고수와 대중화라는 두 목표 자체의 난점'에서 찾고 있지만, 그 정확한 원인은 불교계의 주도권 교체에서 찾아야 할 것이다. 당시 다솔사의 주지였던 최범술은 불교계의 주도권 교체 과정을 다음과 같이 기록하고 있다.

> 싸움의 발단은 普成중학교의 경영문제를 둘러싸고 일어났다. 普成중학교는 천도교단으로부터 인수, 경영하였던 것인데 이에 첨가하여 불교전문학교로 승격시키려 하니 40만원의 增資가 필요했던 것이다. 그리하여 증자를 합쳐 백만원재단법인이 되어야 했다. 이러한 사유로 三十本山의 결의로 이중자안이 결정되었다. 당시 普成中學校長 金景弘 佛專校監 許永鎬 佛教社主筆 金法麟 등이 모두 梵魚寺 通度寺 출신이었고 재단법인의 운영실무이사진도 通度寺住持 黃耕雲 梵魚寺住持 吳梨山 등이었다. 불교중앙교무원을 慶南三本山이 주도권을 잡자, 全南의 仙岩寺 松廣寺 華嚴寺를 비롯한 慶北五本山과 京畿道 奉恩寺 禮珠寺 등 대다수 사찰은 이에 반발했다. 許永鎬가 40萬圓 增資로 百萬圓재단을 이루어야 한다는 논문을 발표

35) 김윤식, 앞의 책, 22~23면.

한 데 대하여 鄭尙眞(仙岩寺 출신, 卍당원)이 반박문을 불교지상에 내어놓아 이때부터 佛敎는 中央地方할 것 없이 일대분규가 발생했다.

그런 판에 佛敎社의 金法麟은 파면된 許永鎬校監을 옹호하여 새로 피선된 常務理事陣에 맞서 言爭 끝에 석탄바구니를 내어 던졌으므로 松廣寺측 출신 金海隱 月精寺 출신 李鍾郁 龍珠寺의 姜大蓮 등은 크게 분노, 佛敎社마저 폐해버리고 말았다.[36]

범산(梵山) 김법린(金法麟)이 용문사 주지 강대련 등에게 석탄바구니를 내던진 행위는 퍽 상징적이라고 할 수 있다. 해방 이후 대한민국의 제3대 문교부장관, 동국대학교 총장 등을 역임한 김법린은 경상북도 영천(永川) 출생으로 1915년 범어사에서 비구계를 받았으며, 식민지시대 한용운의 지도 아래에서 적극적인 항일운동을 펼친 인물이다. 반면, 상무이사의 자격으로 그 자리에 앉아있던 용주사 주지 강대련[37]은 '불교계의 이완용'이라 일컬어지는 이회광과 자웅을 겨루었던 불교계의 대표적 친일인사이다. 따라서 김법린의 그와 같은 행동은 일제에 맞서는 세력으로서의 경남 3본산이 구석으로 내몰리는 과정에 발생한 사건이라고 해석할 수 있다. 이렇게 중앙에서 내몰린 불교계의 민족세력, 그 가운데서도 가장 급진적이었던 인물들이 찾아든 곳이

---

36) 최범술, 「청춘은 아름다워라-최범술」 43, 앞의 책.

37) 강대련이 써낸 「조선 불교기관 확장의견서」의 한 부분만 보아도 그의 친일 수준을 짐작할 수 있을 것이다. "일본 東·西願寺의 法主는 조정으로부터 작위를 받고 황실과 인척관계에 있으며, 그 밖의 승려도 일반 서민과 서로 결혼하고 있다. 황실 출신이 출가한즉 황실과 승려 사이에 직접적으로 통하는 관계가 있고 서민과 승려들도 역시 버릴 수 없는 관계가 있으니, 이로 말미암은 감화는 바람이 불을 크게 일으킴과 같아 동·서 본원사의 법주나 승려는 많은 힘을 들이지 않고 교화를 한다. 그러므로 조선 왕족의 여자나 귀족의 여자, 그리고 일반 서민의 여자 여자에게도 이러한 예를 준용하여 일본의 승려나 한국의 승려와 결혼을 시킨다면 이는 불교의 감화를 정교롭게 하고 향상시키는 첫째 요소가 될 것이다. 또 조선의 왕족 남자나 귀족 남자와 출가한 승려로 하여금 일본의 왕족 여자나 귀족 여자와 서로 결혼하게 한다면 이는 불교 감화의 둘째 요소가 될 것이다."(강석주·박경훈, 「墮落한 宗風」, 앞의 책, 75면에서 재인용)

바로 최범술이 주지를 맡고 있던 다솔사였다.

불교계의 항일세력을 다솔사에 결집시키겠다는 생각은 만해 한용운에게서 나왔다. 주지 최범술이 한용운의 권고를 받아들여 이들에게 다솔사를 활동 거점으로 제공하는 한편, 모여든 사람들의 생활 또한 책임지기로 했던 것이다. 최범술은 당시 느꼈던 책임감을 이렇게 기술하고 있다. "中央에서 失職한 金法麟 전가족, 許永鎬 韓普淳과 佛教界와는 딴판인 金凡父선생과 그 전가족(凡父선생 동생 金東里씨도) 등의 생활을 다솔사로 데려와 내가 맡았고 卍海선생의 생활상의 책임도 져야 했다. 어쨌든 多率寺는 이같은 관계로 排日抗日의 근거지가 되었다. (…중략…) 나는 패잔병같은 처지의 이 식솔들을 집결시켜 투쟁을 하여야만 하는 難境에 서게 된 셈이었다. 내가 굴복하고 말면 우리 진영은 완전히 무너지고 말 것 같았다."[38)]

그렇다면 이런 위험과 어려움을 기꺼이 감수하고 나선 최범술은 어떤 인물인가. 『국제신보』에 50회에 걸쳐 연재했던 자전 기록에 따르면 그의 삶은 다음과 같이 정리할 수 있다. 효당 최범술은 1904년 경남 사천에서 태어났으며, 1916년 다솔사에 입사하여 중이 되었다. 앞에서 언급했던 것처럼, 1919년 3·1운동이 일어났을 때 만해가 중앙학림을 이끌었던 데 호응하여 지방학림의 움직임을 주도하였다가 투옥된 경험이 있으며, 1922년에는 일본으로 건너가서 '최영환'이라는 이름으로 박렬(朴烈)과 함께 의열단(義烈團)의 핵심분자로 활동하기도 했다. 이때 중국으로부터 직접 폭탄을 들여와서 천왕암살을 기도하다가 발각되어 다시 3년간 투옥되기도 했다. 그가 다솔사 주지로 선임된 것은 일본에 머무르던 1928년의 일이고, 1933년 다이쇼(大正)대학을 졸업하고 귀국하자마자 조선불교청년회 총동맹중앙집행위원장·비밀결사체 만당

38) 최범술, 앞의 글, 같은 면.

(卍黨)의 위원장으로 피선되어 민족주의 운동을 적극적으로 주도하기도 하였다. 당시 이 조직은 만해 한용운의 지도하에 움직이고 있었고, 훗날 남한의 제3대 문교부장관을 역임(1952.10.30~1954.4.20)한 김법린 또한 이런 움직임에서 중요한 역할을 담당하고 있었다.[39] 최범술은 1938년 만당사건으로 투옥되기도 했고, 1942년에는 아직 책으로 묶이지 않은 신채호의 원고들을 감추어 보관하다가(일명 해인사 사건) 또다시 감옥에 잡혀가기도 했다.

최범술이 주지로 있는 다솔사에 범보와 김법린, 허영호 등이 뿌리를 내렸고, 만해가 자주 내왕을 가졌으니 총독부가 경계를 늦췄을 리 없다. 뿐만 아니라, 항일 방식이나 목적의 차이와 상관없이 이들을 찾는 국내외 유지(有志)들의 발걸음이 끊이지 않았으니 일제의 요시찰 대상에서 제외되기가 어려웠다. 그래서 감시의 눈을 조금이라도 피하기 위해 설치한 것이 불교전수강원이었고, 광명학원이었다. 불교전수강원의 강사로는 범보, 김법린, 강고봉(姜高峰)이 나섰고, 다솔사 일대의 농민 자제들을 모아 초등교육과정을 가르쳤던 광명학원의 교사는 김동리가 맡았다.[40] 그 와중에서도 다솔사에서의 항일운동 모의는 끊이지 않았다. 모의 장소는 주로 최범술이 기거하던 방 '죽로지실(竹爐

39) 불교청년회와 만당에 대한 내용은 「불교계의 항일투쟁」(강석주 · 박경훈, 앞의 책) 참조.

40) 김동리는 해인사에 강원이 설치되었다고 회고한다. "그 해(1935년—논자) 가을엔 해인사 강원이 개설될 예정이었고, 내 백씨와 범산(梵山—金法麟) 선생이 강사로 부임될 것이라 하여 나는 거기서 백씨를 만날 작정이었다. 내 백씨는 본디 불교 학자라기보다 동양 철학가로 알려져 있었고, 서울의 불교전문학교에서 강의를 맡았을 때도 도교(道教—老莊教)를 담당하고 있었지만, 불교에도 능통하다는 정평이 있었던 만큼 이번 해인사 강원의 강사로 초빙된 모양이었다."(김동리, 「방랑의 세월」, 『나를 찾아서』, 민음사, 1997, 128면)

최범술과 김동리의 견해 가운데 어느 것이 옳은가에 대해서는 면밀한 조사가 필요하다. 다만, 당시 최범술이 해인사 주지 이고경(李古鏡)과 원로들의 요청으로 해인사 법무직(法務職)을 맡고 있었다는 사실을 덧붙이고자 한다. 이는 해인사와 다솔사의 분위기가 크게 다르지 않았다는 사실을 암시한다. 예컨대 최범술의 주도로 진행되었던 전국 각 사찰의 경내 정화작업이 해인사를 시발점으로 하여 펼쳐졌던 일도 이와 관련이 있을 것이다.

之室)'의 바로 앞 금잔디밭이 이용되었다. 십여 명이 머리를 맞대고 누워 마치 햇볕을 쬐는 것처럼 행세를 하며 항일 논의가 이루어졌다고 최범술은 회고하고 있다. 당시 다솔사에 자주 들린 인사로는 의열단원 이기주(李基周), 박희창(朴喜昶), 이시목(李時穆) 등이 있으며, 좌익계 인사들의 내왕도 심심찮게 있어서 그들이 벌인 '대전(大田) 임실(任實) 사건'의 모의 또한 죽로지실에서 진행되었다.

김동리가 생활의 뿌리를 내리고자 다솔사로 찾아들어온 시기는 1936년 가을이다. 그는 최범술의 요청으로 1937년 봄 개교한 광명학원을 맡으면서 일단 정착에 성공했고, 1938년 김월계(金月桂)와 결혼하여 해방 때까지 원전에서 살게 된다. 원전(院田)에 위치한 광명학원은 다솔사로부터 약 4Km 떨어져 있다. 그런데 다솔사, 광명학원에 정착하기 전 김동리의 행보는 주목을 요하는 바 있다. 김동리가 범보에게서 떨어졌던 기간이라면 얼마 되지 않지만, 이때 김동리가 겪었던 방황은 그의 정신이 얼마나 허약한가를 여실히 보여주고 있기 때문이다. 그러니까 김동리의 다솔사 선택이란 자신의 방황을 스스로 감당할 수 없어서 범보의 그림자를 찾아 그 안으로 숨어든 양상이 된다는 것이다. 여기에는 민간 3대신문 신춘문예 석권이란 자부심 따위가 전혀 개입하지 못하고 있다. 1934년 범보와 헤어진 이후 김동리의 방황은 다음과 같이 펼쳐졌다.

1934년 범보가 서울을 떠났을 무렵 김동리 또한 고향 경주로 낙향했다. 그러다가 범보가 은거하고 있다는 소문을 듣고 1935년 2월 다솔사로 찾아왔다. 방 한 칸을 얻어 생활했던 김동리는 같은 해 6월 그믐께 해인사로 거처를 옮겼다. 범보가 해인사로 옮기기에 앞서 미리 가서 기다린다는 것이었다. 이 때 해인사에서 쓴 작품이 「山火」였고, 이 작품이 『동아일보』 신춘문예에 당선으로 뽑히자 김동리는 다시 상경을 감행하였다. 범보가 없는 곳으로 나아간 것이니 나름의 홀로서기 시도라고 볼 수 있겠다. 서울에 올라온 김동리는 「무녀도(巫女圖)」, 「바위」, 「산제(山祭)」, 「술」을 발표하며 나름의 성과를 거두기도 하였다.[41] 이렇게 본다면, 김동리는 자신이 마음속에 품었던 세계를 향해 한 발자국씩 앞으로 나아가고 있었다는 평가가 가능하다. 더군다나 여러 언론사에 범보의 지인들이 포진해 있었으니 그들의 도움을 얻을 경우 가슴에 품고 있던 문단에서의 야망을 펼치기에는 좋은 조건이었다. 그런데도 왜 김동리는 시간이 얼마 지나지 않은 가을 다솔사로 되돌아갈 수밖에 없었을까.

이유는 스스로에 대한 병적인 열등감과 이로 인해 파생하는 도저한 허무를 감당할 수 없었기 때문이다.[42] 특히 여성 앞에만 서면 두드러지게 표가 나는 열등감과 이로 인해 번번이 좌절되는 여성에 대한 관심은 서로 꼬리를 물어 확대재생산하는 구조로 굳어지기까지 하였다. 다솔사를 벗어났다가 다시 되돌아가게 되는 몇 개의 사건을 살펴보자. 첫 번째, 1935년 여름 해인사를 떠난 김동리는 고향 경주로 나아간 적이 있다. 거기에서 박목월 등과 어울리다가 자신이 오랫동안 짝사랑하던 'R양'에게 연애편지를 보내었는데 답장을 받지 못하자 "쓰라린 얼굴을 감추기 위해" 다솔사로 황급히 돌아갔다. 두 번째, 최아동(崔雅東)이 술집에서 몇 번이고 여자를 붙여주지만 열등감으로 인해 도저히 접근하지 못하고 있다. '동양 구락부'라는 카페의 여급 '진숙'과 가까워질 수 없었던 것도 "나같이 키가 작고 돈 없는 청년을 좋아하랴"라고 하는 열등감 때문이었다. 이때에도 김동리는 자신의 아픔을 감추기 위해 서울을 벗어났다. 세 번째, 얼굴은 본 적이 없이 그저 편

41) 이 시기 김동리의 삶은 그가 쓴 「방랑의 세월」·「길 난 데로 간다」·「다시 해인사로」·「연거푸 당선되다」·「50년 만에 안 그 두 소식」·「카페 시대」·「바보, 멍텅구리, 촌뜨기」·「비밀 누설」(『나를 찾아서』, 민음사, 1997)에 잘 나타나 있다.

42) 이에 대한 본격적인 논의는 본고의 '제7장 해방 이후 소설의 변화양상'에서 펼치도록 하겠다.

지를 통해서만 감정을 주고받던 '김 아무개'에게 자신의 사진을 보낸 이후 김동리는 결별 통보를 받게 되었다. 여기에 대해 김동리는 "나는 너무 실망하여 당분간 글도 쓰지 못할 것 같다. 나는 이 길로 다시 절간으로 들어가 좀 더 수양을 쌓아야겠다"라는 내용의 답장을 보내고 나서 며칠 후 다솔사로 들어갔다. 이 가운데 세 번째 체험은 김동리가 다솔사, 광명학원에 정착하는 결정적 계기가 되었다.

이러한 열등감과 실패는 현실에 대한 두려움으로 이어졌다. 자신의 진로를 선택해야 하는 순간 그가 느낀 두려움과 육체적 증상은 그 압박감이 얼마나 컸는가를 짐작케 한다. 자전소설 「술」의 다음과 같은 장면은 이를 보여준다. 마치 '한군', '정군', '박군', '리군', '윤군'이 선택한 다섯 갈래의 갈림길 위에서 어찌할 줄 몰라 하는 꼴이다. 그러니 서울 생활 내내 "나는 술 항아리다, 빈 항아리다!"[43]라고 스스로에 끊임없이 암시를 걸어 술을 채워 넣었던 것은 당연하다고 하겠다.

> 문득 저쪽 서점에서 한군같은 사람이 나온다 순간 나는 얼핏 도라서 버렸다 그리고 머리를떠러트린채 또 거러갔다. 한군이언제 상경 했는가? 감옥에서 늑막염을 앓는다드니 병은 어찌 되었는가? 한군은 나를 보지나 않었을가? 그런데 참 나는 왜 한군을 맞나잖고 도라서 버렸는가? 않이 한군같은 그는 한군이 않일는지도 모른다. …… 정군이 달포전부터 곳장 문둥이 될 예감이 드느라고 하드니 절로 드러가 칼모친을 먹고 빼드러저 버렸는데 한군은 이걸들었는지 모르겠다. 한군이 감옥에 드러간 두해동안에 박군은 술다라치가 되어 버렸고 리군은 아편쟁이가 되어버렸고 윤군은산양개가 되어버렸고 그리고 이번은 ……, 나, 나의 차례 …… 나는 또 눈언저리와 입아귀와 어깨죽지에 경련이 이러났다.[44]

43) 김동리, 「술」, 『朝光』, 1936.8, 388면.
44) 위의 글, 381면.

정신적인 모델과의 연관 아래에서 생활공간의 상황을 살피는 일은 조울병 징후 인물을 이해하는 방법으로 가끔 사용되고는 한다. 창조적인 결실을 맺기 위하여 조울병 징후의 인물에게는 부적(父的)인 비호(庇護) 공간이 특히 중요하기 때문이다. 부적인 비호 공간을 상실했을 때 조울병 징후의 인물이 정신적인 위기에 빠진 양상은 쉽게 발견된다. 반대로 안주할 공간을 마련함으로써 창조성이 고조되는 경우도 나타난다.[45] 김동리의 서울 생활은 정신적인 위기로 점철되고 있다. 눈언저리와 입아귀와 어깻죽지에 경련이 일어날 정도로 정신적인 위기는 극점에 이르기까지 하였다.

그런 김동리는 범보의 곁으로 돌아와서야 비로소 평안을 찾는다. 특히 1937년 4월 개강하여 1941년 6월 일제에 의해 강제로 폐쇄되기까지의 광명학원 시기는 그 정점에 이르렀다고 이해할 수 있다. 이는 먼저 그 때 발표했던 작품의 질이라든가 수를 따져보면 이해가 빠를 것이다.[46] 1937년 7월 『조광』에 발표한 「솔거(率居)」로부터 1941년 『문장』 2월호에 「소년」을 마지막으로 게재하기까지 선보인 작품의 목록은 다음과 같다. 「생일」, 「잉여설(剩餘說)」, 「황토기(黃土記)」, 「찔레꽃」, 「두꺼비」, 「회계(會計)」, 「완미설(玩味說)」, 「동구 앞길」, 「혼구(昏衢)」, 「소녀」(전문 삭제), 「오누이」, 「다음 항구」. 이 가운데 관심을 끄는 소설들은 현실에 대한 강렬한 의식이 느껴지는 「黃土記」, 「두꺼비」, 「昏衢」와 같은 작품들이다. 「黃土記」는 풍수지리설과 아기장수 설화를 바탕에 깔고 우리 민족의 당대 현실을 형상화시키고 있는 반면, 능구렁이에 잡아먹힌 두꺼비가 수 백 수 천 마리의 두꺼비로 거듭나 능구렁이의 비늘을 비집고 나온다는 설화를 차용한 「두꺼비」는 민

45) 이이다 신 · 나까이 히사오, 『天才의 精神病理』 참조.

46) 해방 후 쓴 「역마」, 「당고개 무당」, 「등신불」도 이 때 착안된 작품들이다(김동리, 「만해 선생과 「등신불」」 · 「화개장터와 「역마」」(『나를 찾아서』 참조).

족의 장래에 대한 긍정적인 의지를 내비치고 있다. 또한, 「혼구(昏衢)」에는 암울한 현실이 부각되어 있지만 "가야 한다"라는 의지가 동시에 병행하고 있으니 김동리의 적극성이 나타나는 셈이다.

이즈음 많은 문인들이 친일로 나아갔다는 사실에 비추어 본다면 김동리의 방향 선택에 드리운 범보의 영향력을 짐작할 수 있을 것이다. 더군다나 '도스토예프스키'를 매개로 하여 허무의식을 공유하던 서정주가 적극적인 친일로 나아간 것과 비교했을 때 그런 면면은 더욱 크게 다가온다. 김동리는 친일단체인 문인보국회(文人報國會)에서 가입원서가 날아오자마자 생각할 겨를도 없이 아궁이에 넣어버렸고, 나중에 다시 국민문학연맹(國民文學聯盟)의 가입통지서를 등기로 받았을 때에도 단호하게 불살라 버리기도 했다. 소설 세계에 나타나는 작가 의식이 삶과 일치하는 경우라고 하겠다. 그래서 김윤식은 범보, 최범술의 이념과 김동리의 문학 절대주의가 안정적인 결합을 이룬 공간으로 광명학원을 파악하고 있다. "다솔사의 이념이나 문학절대주의가 형이상학이며 따라서 일상적 삶 저편에 놓인 세계라면 이를 지탱하기 위해 현실에 놓인 통로가 광명학원이었다. 문학절대주의와 이념의 절대성과 일상적 삶, 이 셋이 삼위일체를 이루었을 때 비로소 방황하던 문학청년 김동리는 마음의 동요를 제압할 수 있었다. 그가 결혼하고 가정을 꾸민 것이 그 증거이다. 이 안정감의 획득이 그의 문학을 더 한층 성숙하게 했다."[47)]

김동리가 범보의 주위로 돌아와서 얻을 수 있었던 또 다른 선물은 바로 영남 문인들과의 교류이다. 해인사, 다솔사, 광명학원을 움직이는 동안 만났던 문인들을 김동리는 다음과 같이 꼽고 있다. "十년간 내가 절간 변두리에 방랑(放浪)하면서 사귄 동료도 적지 않다. 해인사

47) 김윤식, 앞의 책, 195~196면.

에서 만난 사람으로는 이주홍(李周洪), 허민(許民), 최인욱(崔仁旭), 이원구(李元九), 정종여(鄭鍾汝) 등인데, 그중 허민은 이미 우리와 유명(幽明)을 달리하고 있으며, 다솔사 시대에서 만난 알게 된 사람으로는 조연현(趙演鉉), 이종후(李鍾厚), 김종택(金鍾澤), 홍구범(洪九範), 남대우(南大祐), 이정호(李正鎬) 등인데, 여기서도 남대우, 김종택이 이미 작고한 사람들이다."[48] 이외에도 조연현의 「文學的 散策」이라든가 「내가 故鄕에서 살 무렵」을 살펴보면 이때 서로 만나면서 거리를 좁혀나간 영남지역의 문인, 문학 지망생들의 범위가 더 넓어진다는 것을 확인하게 된다.[49]

4. 만해(萬海)와 범보 그리고 최범술(崔凡述)

만해와 범보, 최범술 그리고 김동리가 함께 했던 자리의 분위기는 어떠했을까. 김동리가 소신공양에 대한 이야기를 전해 듣는 장면에서 그 궁금증을 해소할 수 있다. 훗날 『韓國의 茶道』(寶蓮閣, 1975)를 써낸 최범술은 이 자리에서 김동리에게 다도를 가르치고 있었다. 만해나 범보에게 감히 설명하고 나설 수 없었으니 오로지 김동리에게만 일러주는 방식이다. 만해가 소신공양에 대해 궁금한 사실을 묻자 범보는 "형님"이란 호칭을 쓰며 이야기를 꺼낸다. 반면, 김동리가 여기에 대해 궁금한 사실을 물었을 때는 최범술이 개입하여 설명을 해 주고 있

48) 김동리, 「文學行脚記」, 『思索과 人生』, 일지사, 1973, 209면.

49) 조연현, 『내가 살아가는 인생』(태창출판사, 1978) 참조.

다. 범보 앞에서는 언제나 무릎을 꿇어앉을 수밖에 없었다는 김동리이기에 이때에도 물론 그러한 자세였을 것이다. 흥미로운 것은 이 대목을 기술하는 김동리의 태도이다. 김동리는 자신을 마치 그 세계에서 겉도는 인간처럼 내면을 그려 나가고 있다. 응석을 부리는 어린아이처럼 그려지는 당시 김동리의 나이는 26세였고, 김월계와 결혼식을 올린 1938년이었다. 결국 그런 김동리는 방안의 분위기를 견디어내지 못 하고 밖으로 나가게 된다.

> 나는 주지스님의 친절을 외면할 수가 없어 시키는 대로 했지만, 그렇다고 차 맛이 신통하다고 생각되지 않았다. 그냥 그저 좀 쌉쌀하고 향긋한 물에 지나지 않았다. 내가 속으로 이까짓 무어 그리 대단한 맛이라고 그리 야단스럽게 법도니 절차니를 차려 끓이고 따르고 정좌를 하고 법석이냐고 불평스레 생각하고 있을 때 만해 선생이 내 백씨를 보고,
>
> "범부, 중국 고승전(高僧傳)에서는 소신공양(燒身供養)이니 분신공양(焚身供養)이니 하는 기록이 가끔 나오는데, 우리나라에서는 별로 눈에 띄지 않아 ……"
>
> 했다.
>
> 내 백씨는 천천히 입을 열며,
>
> "글쎄요. 형님이 못 보셨다면야 ……"
>
> 하고 자기도 기억이 없노라는 것이다.
>
> 내가 참견을 했다.
>
> "소신공양이 뭡니까?"
>
> 나에게 있어서는 처음 듣는 이야기였다.
>
> 그러자 주지스님이 그 대답을 맡았다.
>
> "옛날 수좌수들이 참선을 해도 뜻대로 도통(道通)이 안 되고 하니까 자기 몸을 스스로 불태워서 부처님께 재물로 바치는 거라. 성불(成佛)할라

고 말이다."

"불 속에 뛰어듭니까?"

"그렇게 하믄 공양이 되나?"

"그럼 어떻게?"

"부처님을 향해 합장하고 앉아야지. 머리 위에 불덩어리 든 향로나 그런 걸 갖다 씌워야지."

"? ……"

나는 더 물을 힘이 나지 않았다. 벌겋게 단 향로 따위를 머리에 쓴다고 생각하자 몸에 소름이 끼쳤다. 그 뜨거움을 어떻게 견뎌낼까, 어떻게 곧고꾸라지지 않고 앉은 자세를 유지해낼까 …… 나는 아래턱이 달달달 떨려서 견딜 수 없었다. 나는 자리에서 일어나 밖으로 나왔다.[50)]

김동리로서는 "달달달 떨려서 견딜 수" 없는 곳에 만해나 범보, 최범술의 세계가 존재하고 있었다. 김동리는 그저 그들의 세계를 엿보며 소설을 써 내려갈 따름이었다. 1941년 범보가 구속되자 김동리가 느낀 육체적 곤란은 「등신불(等身佛)」을 착상하게 된 자리의 상징적 장면과 조금도 다를 바 없다. 범보에게 기대고 있던 정신의 부분이 너무도 절대적이었던 탓에 육체의 반응까지도 병행하는 양상으로 나타나는 것이다. "나의 병세는 형님의 구속과 석방에 따라 묘한 반응을 보여 주었다. 형님이 경기도 경찰국에 구속되어 있는 동안, 갈비뼈 밑이 찌릿하게 아프고, 목구멍에서 무엇이 넘어다보는 듯하던 병세는, 그 해 가을 형님의 석방과 함께 씻은 듯이 나았다가 이듬해 봄에 형님이 경남 경찰국으로 잡혀가는 것과 동시에 이번에는 다시 기침이 몹시 나기 시작했다."[51)]

---

50) 김동리, 「만해 선생과 「등신불」」, 『나를 찾아서』, 181~182면.

51) 김동리, 「自傳記」, 『趣味와 人生』, 문예창작사, 1978, 334면.

범보가 없는 자리에서 김동리는 너무도 무력했다. "망나니 친구들과 더불어 막걸리, 색주가, 유행가, 화투, 장기 따위 속에서 휩쓸린 채"[52] 그저 자포자기의 심정으로 세상 위를 표류할 수밖에 없었기 때문이다. 이는 적극적인 친일로 나아간 서정주와 비교할만한 모습이다. 서정주는 일제가 패망하고 난 뒤의 일을 기약하던 김법린을 믿지 못해 일제에 동조했던 것인데, 범보가 곁에서 사라지자 김동리 또한 지향을 잃고 있기 때문이다.[53] 1942년에 김동리는 이제 네 살이 된 큰아들 진아(晋兒)와 사별하기도 한다. 빈궁을 견디기 위해 결국 조카의 주선을 통해 사천군의 양곡조합 서기로 나갔을 때는 1943년 가을이었고, 그러한 상태에서 김동리는 해방을 맞이했다. 해방 직후 사천읍 청년회장을 맡아 활동을 하다가 좌익계 청년들로부터 테러를 받는 등 우여곡절을 겪은 그가 또다시 상경한 것은 1945년 12월 하순이었다.

52) 金東里, 위의 글, 341면.
53) 서정주, 「해인사」, 앞의 책, 54면.

3
식민지시대의 소설세계

1. 범보의 『풍류정신』과 김동리의 '화랑'

김동리의 소설세계는 일생 동안 커다란 변화를 보이지 않는다. 즉 처음부터 끝까지 일관된 세계를 완결적으로 구축한 양상이라는 것이다. 김동리 소설의 완결성을 가리켜 김윤식은 "그의 조숙성이랄까 완벽성을 새삼 일깨워 주는 것"이라면서 다음과 같이 의미를 부여하고 있다. "그에게는 당초 성장소설적 요소가 없었는데, 사상적인 내적 변화랄까 발전이 전무한 까닭이다. 어째서 한 신진작가가 당초부터 불변하는 사상을 자기 것으로 확립할 수 있었을까. 이것만 해도 놀라운 일인데, 이 사상을 평생토록 한 치도 양보하거나 수정하지 않을 수조차 있었음이란 더욱 놀라운 사실이 아닐 수 없다. 이러한 일이 어째서 가능한가를 묻는 일은 곧 주체성의 존립방식을 묻는 것이 된다."[1]

소설작품을 통해 김동리의 주체 존립방식을 물을 때 가장 앞에 놓이는 작품이 「花郎의 後裔」와 「廢都의 詩人」이다. 그가 소설가로서 첫 선을 보인 작품이 「花郎의 後裔」이고, 두 번째 작품이 「廢都의 詩人」이기 때문이다. 두 작품은 김동리가 자랑거리로 내세웠던 '화랑의 후예'와 '고향 경주'에 각각 대응한다. 이 두 가지 자랑이 하나의 뿌리에서 배태되었다는 사실은 제1장 '문학의 원점—경주, 화랑, 범보'에서 이미 지적한 바 있다. 그러니 여기에서는 「花郎의 後裔」를 중심으로 하여 그 의미를 살펴보도록 하겠다. 1935년 『조선중앙일보』 신춘문예 당선작인 「花郎의 後裔」에서는 이태준의 「不遇先生」 분위기가 배어난다. 이러한 사실은 당대에 이미 박태원이 지적한 바 있고[2], 김윤식 또한 등장인물을 비교해가며 그 내용을 분석한 바 있다[3]. 그러니 소설 작법의 수준에서 파악하자면, 시대에 뒤떨어진 한 인물을 전면에 내세워 펼쳐나간 「花郎의 後裔」를 쓸 당시의 김동리는 이태준의 그림자 안에 머물러 있었다고 파악해도 무방하다.

하지만, 김동리가 왜 하필 '조선의 심벌'인 '황 진사'를 화랑의 후예로 설정하였는가는 깊이 따져볼 필요가 있다. 작가는 "그의 문벌이 놀라운 양반이라는 것과, 그의 조상에는 정승 판서 따위가 많이 났다는"[4] 정보를 알려주면서도, 여기에 대해서는 그다지 의미를 부여하지 않았다. 오히려 더 먼 과거로 거슬러 올라가서 황 진사의 조상이 화랑이었다는 데 초점을 맞추고 있다. 시대에 뒤떨어진 인물을 그리는 것

---

1) 김윤식, 『한국 근대문학사상 연구 2—문협정통파의 사상구조』, 아세아문화사, 1994, 59~60면.

2) 박태원, 「新春作品을 中心으로 作家, 作品 槪觀」, 『조선중앙일보』, 1935.2.13. 이러한 지적에도 불구하고 글의 전체적인 분위기는 김동리에 대하여 무척 호의적으로 느껴진다. "이 作品을 읽으면, 李泰俊氏의 「不遇先生」의 냄새를 맛게 되는데, 그 '냄새'가 決코 不快하지 안습니다. 作者가, 이 作品 製作에 잇서 事實로 李泰俊氏의 作品에서 暗示를 어덧다 하드라도, 그것을 公衆 아페 告白하야 決코 부끄러웁지 안흘만치, 이것은, 이대로 成功한 作品입니다."

3) 김윤식, 『김동리와 그의 시대』, 민음사, 1995, 33~41면.

4) 김동리, 「화랑의 후예」, 『김동리전집』 1, 민음사, 1995, 25면.

이 목적이었다면 굳이 그럴 필요는 없는 것 아닐까. 이진우는 김동리의 고향이 경주이고, 경주는 신라의 수도였으며, 신라는 화랑과 연관된다는 사실에 주목하여 "「花郎의 後裔」는 그의 작가적 존재 의의에 대한, 스스로의 선언"[5]이었다고 평가하고 있다. 또한 "발표 당시의 시대 상황"으로 인해 화랑의 후예가 비참하게 그려질 수밖에 없었다고도 분석한다. 물론 이러한 분석은 어느 정도의 설득력을 가지고 있다. 하지만 「花郎의 後裔」를 통하여 김동리 소설의 전체 면모랄까, 사상 맥락까지 육박해 들어가기 위해서는 소재 선택의 차원에 머물러서는 곤란할 수밖에 없다. 즉 김동리가 이해하였던 화랑의 의미를 명백하게 파악하는 창구로 「花郎의 後裔」에 접근해야 한다는 것이다.

김동리에게 화랑이란 어떤 존재였던가. 이 물음에 대한 해답은 범보를 통해 찾아나가는 것이 용이하다. 김동리에게 화랑정신을 심어준 이가 바로 범보였고, 범보가 이와 관련하여 사상이라고 말할 수 있는 수준에서 정리해 놓았기 때문이다. 화랑을 매개로 하는 범보와 김동리의 관계는 『花郎外史』에 덧붙은 김동리의 「跋文」을 통해 알 수 있다. 『花郎外史』는 범보의 저작이다. "내 伯氏는 同氣로서는 물론, 스승으로서도 이루 다 헤아릴 수 없는 恩義를 나에게 끼쳐주신 분이다. 특히 내가 人生에 대해서 得力하게 된 것은 내 伯氏의 花郎譚에서이다. 伯氏는 酒席에서나 座談中에서 斷片的이나마 花郎의 이야기를 자주 하셨는데 그 때마다 나는 남다른 감격을 받았었다. 그것은 내 핏줄 속에 花郎이 숨쉬고 있는 듯한 착각을 일으키게 하는 내 伯氏의 信念的인 話術 때문이었는지 모른다."[6] 여기에서 알 수 있듯이, 범보는 김동리에게 '스승으로서도 이루 다 헤아릴 수 없는 은의'를 베풀었는데, 그 은의 가운데 가장 앞머리에 놓이는 것이 바로 화랑정신 전수다.

---

5) 李振雨, 「김동리 소설 연구—죽음의 인식과 구원을 중심으로」, 성균관대 박사논문, 2000, 28면.

6) 김동리, 「跋文」, 『화랑외사』, 이문사, 1981, 180면.

범보가 남긴 『화랑외사(花郎外史)』와 1977년 김동리가 상재한 『金東里歷史小說—新羅編』을 비교해 보면, 김동리가 범보를 어떻게 따라가는가는 한눈에 드러난다. 신라시대로부터 전해 내려오는 사료를 해석하여 소설적 상상력으로 살을 입히는 방식은 상당히 유사하며, 이를 통해 신라정신의 정수를 부각시키는 면모 역시 정확히 들어맞고 있다. 범보는 『풍류정신』을 통하여 이러한 세계에 흐르는 사상 맥락을 다음과 같이 밝혀 놓았다.

> 신선의 仙道는 한국에서 발생하였다. 중국 上代의 문헌에는 신선설이 없다. 十三經 중의 『老子』에도 없으며 춘추시대까지도 없다. 『莊子』에 비로소 선인, 神人說이 비치고 『楚辭』에 나왔는데, 이는 전국시대에 해당된다.
>
> 仙은 人邊에 山자 또는 僊자로 쓰는데, 산에 사는 사람 또는 인간 세상에서 遷去한 사람이라는 뜻의 회의문자이다. 곧 山人이다. 仙의 音이 '센'이니, '새이'는 무당을 말하고 경상도에선 '산이'가 무당이다. 그러므로 '산이씨자 무당의 씨자'라고 하는 속담이 있고, 땅재주하는 사람이 '아우구 산이로구나' 하는데 이것은 降神하는 데에 쓰는 소리이다. 이 '산이'니 '센'이니 하는 어원은 근본 '샤만'에서 온 것이다. 몽고계에서 전한 샤만은 곧 무당이라는 뜻이다. 이것은 몽고계의 고대문화와 공통성을 가진 神道思想에서 온 것인데, 무당 중에서 강신이 잘 되는 이를 '샤안'이라고 하며 신 집히는 사람도 '사얀'이라고 한다. 센, 새이, 산이, 이 모두 샤만에서 파생된 것이다.
>
> 그러므로 花郎을 國仙이라고 하고, 花郎史를 仙史라고 하며, 花郎道는 風流道라고 하였다.
>
> 화랑은 神官으로서 그 지위는 사회적으로 최고위였으며, 風流道는 국교였다. 화랑도는 그 당시 하나의 종교로서 그 영도자가 '도령'이며 그 단체를 '낭도'라고 하였고 평시에 종교적 수련과 음악, 무당, 무술 등을 수련

하였는데 음악, 무용은 신과 교제하는 의식으로 사용된 것이다.[7]

범보의 관점에 의하면, 신라시대의 화랑은 샤머니즘과 밀접하게 연관된 존재라고 할 수 있다. 정확하게 표현해서 화랑은 당대의 샤먼 그러니까 무당이었다. 화랑을 이르는 '국선(國仙)'의 '仙'자는 이를 드러낸다. 범보가 "花郎精神 가운데 세 가지 要素를 먼저 우리가 規定을 하고 그 規定 밑에서 이 花郎精神을 살펴야 花郎의 全貌를 觀察할 수 있습니다"라며, 첫 번째 요소로 종교적 이유를 꼽는 까닭도 화랑이 샤먼의 계승자라는 사실에서 기인한다. "첫째는 宗教的 要素입니다. 둘째는 藝術的 要素입니다. 셋째는 軍事的 要素입니다. (…중략…) 最古代에 있어서 花郎의 一面이라는 것은 역시 巫俗과 直接 關聯이 있읍니다. 巫堂이 하는 일 大部分이 古代의 花郎이 하는 일입니다."[8]

그러니 「花郎의 後裔」에 등장하는 '화랑'이라는 상징성을 굳이 신라의 '화랑'에만 국한하여 이해할 필요는 없을 것이다. 화랑이 사라진 시대에 '무당'은 종교적 측면에서 화랑의 계승자이기 때문이다. "花郎의 故鄕인 慶州에 가게 되면 巫堂이 있는데 女子巫堂이라고 하지만 男子巫堂은 花郎이라고 합니다. 그런데 예전뿐만 아니라 지금도 慶州地方 가면 巫堂이 굿을 할 때에 정복이란 彩色한 옷을 입습니다. 그런데 그것이 틀림없이 花郎의 치장인 것이 크게 틀림없습니다."[9] 김동리는 주인공이 무녀(巫女)인 「巫女圖」를 대표작으로 꼽으면서 "東洋精神의 한 象徵으로 취한 '毛火'"라고 밝힌 바 있는데, 이는 범보의 이러한 사상을 배경으로 하여야 비로소 이해할 수 있게 된다. 즉 '화랑의 후예'인 무당 모화를 내세워서 서양의 예수교와 맞서는 장면이야말로

7) 김범부, 『풍류정신』, 정음사, 1987, 145~146면.
8) 김범부, 「國民倫理 特講」, 『花郎外史』, 이문사, 1981, 218~222면.
9) 위의 글, 219면.

근대와 적극적으로 맞서고자 했던 김동리를 이해하는 데 적절한 대목이라는 것이다. 그가 평생에 걸쳐 무당이 등장하는 소설을 써 내려갔던 이유도 여기서 추론할 수 있다. 무당은 현재에 이르러 존재 방식을 달리하는 화랑인 셈이다.

또한, 국선(國仙, 화랑)의 '仙'은 다른 쪽으로도 가지를 뻗어 나간다. '仙'이 곧 '산인(山人)'이고, 산인이란 "산에 사는 사람 또는 인간 세상에서 천거(遷去)한 사람"이니, 그는 인간의 삶을 자연의 질서 속에 완전히 융화시켜내는 면모를 특징으로 하게 된다. 「山祭」의 '太平이'가 이러한 화랑의 면모를 계승하여 형상화된 인물이다. 다시 말해서 「巫女圖」의 '모화'가 서구사상(예수교)과 대결하는 화랑의 면모를 부각시키고 있다면, 「山祭」의 '태평이'는 자신의 전존재를 자연의 질서에 내맡길 줄 알았던 화랑의 면모를 재현하고 있다는 것이다. 그런 점에서 '모화'와 '태평이'는 하나의 쌍으로 묶을 수 있다. 기실 김동리는 이러한 사실을 염두에 두고 「巫女圖」와 「山祭」의 창작에 나섰다. "人間의 個性과 生命의 究竟을 탐구하여 얻은 한 개의 到達點이 이 '毛火'란 人物型의 創造였고, '毛火'와 同一한 思想的 系列에 서는 人物로선 「山祭」의 '太平이'가 그것이다"10)라는 그의 주장이 이를 뒷받침한다.

「巫女圖」와 「山祭」는 거울처럼 서로가 서로를 비추는 같은 계열의 소설이다. 1940년 발표한 「新世代의 精神－文壇 '新生面'의 性格, 使命, 其他」에서 김동리가 작가로서 자신의 근거를 밝히면서 이 두 작품을 전면에 내세웠던 까닭이 여기에 있다. 그런 만큼 작가로서의 애정이 두텁게 뒤따랐을 터인데, 이는 평생에 걸쳐 이어지는 개작으로 확인하게 된다. 그러니까 초기의 대표작 두 편을 생애 최고의 작품으로 내세우기 위하여 김동리가 끊임없는 노력을 기울였다는 것이다. 홍미

10) 김동리, 「新世代의 精神－文壇 '新生面'의 性格, 使命, 其他」, 『문장』, 1940.5, 92면.

로운 사실은 두 작품의 창작이 거의 비슷한 시기에 이루어졌고, 각각의 작품을 개작하는 시기 또한 비슷하게 나타난다는 사실이다. 이를 정리하면 다음과 같다. ㉠「巫女圖」(『中央』, 1936.5)－「巫女圖」(『巫女圖』, 을유문화사, 1947.5)－「巫女圖」(『等身佛』, 정음사, 1963.3) : ㉡「山祭」(『中央』, 1936.9)－「山이야기」(『民主警察』 제3권 4호, 1947.9)－「먼산바라기」(『等身佛』, 정음사, 1963.3). 이러한 대칭 가운데 차이점이 나타난다면, 이후 김동리가 「巫女圖」를 중·장편으로 개작하여 『乙火』(『文學思想』, 1978.4) 발표로 나아갔다는 정도 이외에는 없다.

김윤식은 「「무녀도」계와 「산제」계의 대비」[11]에서 이러한 관계를 흥미롭게 밝혀놓은 바 있다. 그렇지만 "「무녀도」가 용신(龍神) 사상이라면 「산제」란 제목 그대로 산신각(山神閣)의 사상에 해당되기 때문"이라면서 이를 "창작 모티프의 기본항의 두 양상"[12]이라고 변별하는 견해에는 쉽게 동의하기 어렵다. 샤머니즘이 본디 주위 어떠한 장소, 동물 등에서도 신령을 찾아내어 숭상하는 관점을 내재하고 있는데다가, 『삼국유사』만 보더라도 신령의 힘을 드러내는 용신(龍神)과 산신(山神)이 별다른 갈등 없이 공존하고 있기 때문이다. 그러니 「巫女圖」와 「山祭」는 仙사상 위에서 하나로 통일시켜 파악하는 것이 온당하리라 판단된다. 이렇게 따진다면, 김동리가 대표작으로 내세우는 「巫女圖」와 「山祭」는 仙사상에 굳건히 뿌리를 내린 양상이며, 1978년 발표된 『乙火』까지 고려했을 때 그는 평생에 걸쳐 이러한 사상을 유지해 나간 셈이라고 할 수 있다.[13] 더군다나 마지막으로 발표한 「만자동경

11) 김윤식, 『미당의 어법과 김동리의 문법』(서울대 출판부, 2002) 참조.

12) 김윤식, 「「무녀도」계와 「산제」계의 대비」, 『미당의 어법과 김동리의 문법』, 서울대 출판부, 2002, 150~151면.

13) "1990년 선생께서 갑작스런 병환으로 의식을 잃은 채 다시 깨어나지 못하고, 영원한 침묵의 세계로 침잠한 지는 8년째의 해를 맞았다. 그러나 김동리 선생께서 사실상 절필 상태에 들어간 것은 1979년 10월 『문학사상』에 단편 「만자동경(曼字銅鏡)」을 발표한 직후부터였다."(임홍빈, 「김동

(曼字銅鏡)」 역시 무당을 소재로 한 작품이니 이러한 사실은 부언의 여지가 없을 정도이다. 화랑정신을 향한 김동리의 추구는 그만큼 집요하였다.

김동리가 이처럼 평생에 걸쳐 화랑에 매달렸던 까닭은 한국문학이 서구사상과 맞설 수 있는 가능성을 화랑정신에서 발견하였기 때문이다. 그가 단편 「巫女圖」를 중·장편 『乙火』로 개작한 까닭이 노벨상을 겨냥했기 때문이라는 설이 있는데, 그 진위여부를 명확히 가릴 수는 없지만, 설령 사실이라고 하더라도 이를 단지 개인의 욕망 수준에서만 따지기는 곤란한 까닭이 여기에 있다. 즉 한민족(韓民族)의 특수하고 개별적 사상인 화랑정신으로써 보편으로 통용되는 서구사상에 맞서는 한편, 특수하고 개별적인 사상을 보편의 차원으로 이끌어나갔음을 확인하는 가장 빠른 길이 노벨문학상 수상이었던 것이다. 우리가 '근대사상'이라고 부르고 있는 것도 기실 따지고 보면 서유럽의 특수하고 개별적인 사유 체계에서 시작한 것 아닌가. 바로 이러한 방식의 대결의식이 김동리 자존심의 근거였고, 그 근거로 인하여 김동리는 민족주의자로서의 면모가 부각된다. 물론 김동리가 서구 근대사상과 대결을 벌여나가는 배후에는 범보의 사상이 떡 버티고 있다. "花郎은 우리 民族生活의 歷史上에 가장 重要한 地位를 차지하게 된 一大事件이다. …… 우리는 이 날이야말로 擧族的 總力量을 集結하지 않으면 안될 것이요, 그 總力量이란 一代의 그것만이 아니라 역사적 全力量을 현재란 焦點에 集注하지 않으면 안 될 형편이다. 그런데 靜肅히 우리의 歷史를 回顧하건대 何代 何人의 精神과 行動이 과연 今日 우리의 歷史的 力量으로서 살릴 수 있는 것인가? 보라 上下千古의 脈絡을 짚어서 이것을 더듬어 오다가 '여기다' 하고 큰 숨을 내어 쉴 자

리 선생이 남겨두고 가신 유작시 30편」, 『문학사상』, 1998.7, 36면)

리는 역시 新羅統一 旺時의 花郞을 두고는 다시 없을 것이다."[14]

김동리의 주체 존립방식을 문제 삼을 때 범보를 떠올리지 않을 수 없는 까닭이 여기에 있다. 김동리의 굳건한 세계관은, 소나무를 감고 오르는 칡넝쿨 모양, 범보의 사상을 따라 휘감아 오르면서 비로소 구축될 수 있었다. 그러니 『花郞外史』 「跋文」에서 드러나는 범보에 대한 김동리의 겸양은 사실에 입각해 있다고 파악해야 한다. "내 伯氏 凡父先生은 나에게 있어 同氣之情과 師弟之義가 함께 얽혀진 세상에 둘도 없는 依支요 指導였었다. 본디 나의 느끼고 생각하는 힘은 天賦의 것이라 하겠지만, 그 方法과 姿勢를 가리켜 준 이는 내 伯氏다. 나의 少年時節은 무척 어둡고 쓸쓸한 否定的인 세계에 잠겨 있었으나, 그것을 밝고 進取的이며 肯定的인 方向으로 이끌어준 이도 바로 내 伯氏다."[15] 범보가 『풍류정신』에서 피력하는 사상의 결을 좇으면서 김동리의 소설을 배치해 읽어나가면 이는 분명하게 확인할 수 있다.

2. 「白鷺」의 시인이 소설가로 나아간 까닭

김동리의 습작은 시 장르에서부터 시작되었다. 이는 그가 열일곱 살 때 「은하」라는 시를 백형에게 보여줌으로써 철학에서 문학으로 전환하는 계기를 마련하는 장면에서 드러난다. 문단에 처음 모습을 드러낸 것도 시 분야를 통해서였다. 1934년 『조선일보』 신춘문예 시 부문에

14) 김범부, 「花郞外史」, 『花郞外史』, 11면.

15) 김동리, 「跋文」, 『花郞外史』, 이문사, 1981, 180면.

「白鷺」가 입선으로 뽑힌 사건이 여기에 해당한다. 이후에도 그의 시작(詩作)은 꾸준히 이어졌다. 1936년 『詩人部落』의 동인으로 참여한 일이 이를 드러내며, 『文藝』 등의 잡지에서도 그가 발표한 시를 확인할 수 있다. 그가 상재한 시집은 모두 두 권으로 『바위』(일지사, 1973), 『패랭이꽃』(現代文學社, 1983)이 있으며, 말년에는 소설 창작보다도 시 창작에 비중을 둬서 유작시를 서른 편 남겼다. 이 서른 편의 시는 『문학사상』 1998년 7월호에 실려 있다. 그러니 김동리에게서 시인으로서의 궤적을 찾기란 그리 어려운 일이 아니다. 그럼에도 불구하고 그는 소설가, 평론가로서만 연구되고 있는 실정이다. 그 이유는 무엇일까. 소설가, 평론가로서의 업적이 워낙 뛰어난 탓도 있겠지만, 시적 재능이 그리 두드러지지 않는다는 사실도 한 가지 이유가 될 것이다. 예컨대 『조선일보』 신춘문예에 뽑힌 시 「白鷺」의 내용은 다음과 같다.

> 숩사이 언덕사이 푸른물우에
> 님을기려 벗기려 너푸는나래
> 고민과 추억이 한숨을 몰으느니
> 오오 조촐한 이江山의넉시여
>
> 해돗는 아츰에는 金물을반기고
> 바람부는 저녁때엔 나불에 딸으고
> 노래와 춤이 사철 눈물을 이지여
> 고민과 추억이 한숨을 몰으느니
> 오오 점잔흔 이나라의 넉시여
>
> 청성스리 파랑새 눈물로새우지만
> 하늘과 물사이에 감즐바업는

사랑과 벗님이 누구라 업다드냐
허나 보라 수리와매의 모질게싸흠과
야심에 불이붓는 우울한 가마귀를
고민과 추억이 한숨을 몰으누나
오오 어질고 순한 평화의 나래여[16)]

우리 민족을 '백로'에 빗대는 데서 기본적인 착상이 엿보이기는 하지만, 그 이상의 시적 사유라든가 감각은 거의 드러나지 않는다. 반면 평면적인 전개와 과도한 감상이 두드러진다. 김윤식의 평가도 이와 비슷하다. "「백로」에서 김동리는 '조촐한 이 강산의 넋'을 보고 있었다. 백로, 그것은 점잖은 이 나라의 넋이며 어질고 순한 평화의 넋이었던 것. 그렇지만 이 시가 과연 시다운 시라고 할 수 있을까. 주제만 강렬히 드러났을 뿐 거기에 이르는 시적 사유가 깡그리 제거되어 있지 않겠는가. 시적 재능이 그에게는 애당초 결여되었다는 것으로 이 사정을 요약할 수 있다. 철학사상이랄까 좌우간 뭔가 아득하고 큰 것으로 그의 마음이 열려 있었던 까닭이다."[17)] 우리 민족의 현실을 바라보는 감정이 아무리 지극하다고 할지라도, 시를 이러한 방식의 직조된 영탄으로 이끌어서는 성공하기가 어려울 수밖에 없다. 그러니 「白鷺」가 『조선일보』 신춘문예에 입선으로 뽑혔던 다음 해인 1935년에 소설 분야로 방향을 바꾼 것은 적절한 선택이었다고 하겠다. 즉 『조선중앙일보』에 투고하기 위해 이태준의 소설 작법을 연구하는 한편, 그 자신이 품고 있던 "철학사상이랄까 좌우간 뭔가 아득하고 큰 것"이라고 할 수 있는 화랑 문제를 불어넣은 방안으로 소설을 선택한 것이 성공의 요소였다는 것이다.

16) 김시종, 「白鷺」, 『朝鮮日報』, 1934.1.12.
17) 김윤식, 『김동리와 그의 시대』, 민음사, 1995, 30~31면.

이 대목에서 「白鷺」와 「花郎의 後裔」의 차이는 중요하게 다가온다. 「白鷺」와 「花郎의 後裔」의 차이란 바로 시와 소설의 차이인 바, 이로써 시로서는 불가능하고 오로지 소설을 통해서만 형상화가 가능했던 그의 민족의식의 면모를 따져 물을 수 있기 때문이다. 대체 김동리는 시와 소설의 차이를 어떻게 인식하고 있었을까. 1947년 4월 4일 저녁 7시 김동리는 우익진영 문학단체에서 처음으로 개최했던 '문학의 밤'에서 문학 강연을 행한 바 있다. 이때 발표했던 원고의 제목이 「純粹詩의 思想」이었고, 여기에 시와 소설의 차이에 대한 그의 견해가 피력되어 나타난다.

> 言語의 多樣性은 이것을 極端的으로 圖式化시킬 수 있다면 陰陽 兩面으로 나눌 수 있다. 이것을 우리는 보통 槪念(陽)과 陰影(陰)이라고 한다. 나는 이것을 太陽(槪念一陽)과 巫呪(陰影一陰)라고 표현ㅎ고자 한다.
>
> 같은 言語의 藝術이라 해도, 小說과 詩歌가 그 性質을 달리하는 것은 前者가 보다 더 言語의 太陽面을 驅使한다면, 後者는 보다 더 巫呪面에 依存하는 데 重要한 理由가 있다. 前者는 形象이요, 後者는 映像이다. 前者는 肉體를 갖춘 生命이요, 後者는 肉體를 거세한 靈魂이다. (…중략…)
>
> 詩는 祈禱란 말이 있다. 祈禱에서처럼 무엇을 求한다는 뜻이 아니요 祈禱에서처럼 神과 '내'가 마주앉는다는 뜻이다. 이런 말이 許容될 수 있다면 神과 '내'가 짝이 된다는 뜻이라 해도 좋다. 이 경우 第三者가 介入하거나 參與할 여지는 없다.
>
> 神은 社會의 像이 아니요 宇宙의 혼이다. 小說의 중요한 機能이 社會의 像을 그리는 데 가깝다면, 詩의 가장 重要한 機能은 '宇宙의 魂'을 읊는 일이다. 따라서 小說이 보다 더 '社會參與'에 適應된다면 詩는 本質的으로 '宇宙參與'에 맞다. '社會參與'와 '宇宙參與'의 어느 것이 더 크며 더 重要하냐의 問題가 아님은 太陽과 巫呪의 어느 것이 더 크며 重要하냐의 問題가

아님과 같다.[18]

소설이 육체를 가지고 "太陽(概念－陽)"의 방향으로 나아간다면, 시는 육체를 거세하여 "巫祝(陰影－陰)"의 측면으로 기울어진다. 이것이 시와 소설에 대한 김동리의 장르 인식이다. 만약 김동리의 소설에서 시적 세계를 읽을 수 있다면[19], 그것은 바로 김동리가 신과 인간을 잇는 샤먼, 즉 화랑(무당)의 세계를 다루고 있기 때문이다. 화랑이나 무당이 샤먼인 까닭에 김동리로서는 "神과 '내'가 마주앉는" 형국 혹은 "神과 '내'가 짝이 되"는 양상을 완전히 피해갈 수 없었던 것이다. 그런 점에서 김동리의 소설 세계에 "宇宙參與"(시)의 요소가 어느 정도 포함되는 것은 당연하다고 하겠다. 그럼에도 불구하고 인간의 육체를 가진 무당(화랑)의 삶이 신과의 소통보다 더욱 중요하게 설정되어 있기에 그의 작품은 시의 영역으로 넘어가지 않고 소설의 영역에 머무를 수 있는 것이다.

그렇다면 김동리는 어떠한 이유로 하여 "太陽(概念－陽)"의 세계에 정착하지 못하고 "巫祝(陰影－陰)"의 세계를 기웃거릴 수밖에 없었던 것일까. 그것은 바로 범보 사상의 중심에 화랑이 놓여 있었기 때문이다. 그만큼 김동리에게 범보의 영향력은 막강했다. 애초 조야한 수준의 민족의식을 가지고 「白鷺」라는 시를 써 내려갔던 김동리[20]로서는

---

18) 김동리, 「後記」, 『바위』, 일지사, 1973, 143~146면.

19) "未堂이 詩로서 할 수 있는 것을 小說家는 할 수 없음이 적어도 내가 아는 바의 小說의 原則이다. 적어도 小說은 神에 의해 황폐해진(Die Verlassenheit der Welt von Gott), 즉 毁損된 세계의 이야기 이상일 수 없다. ……「春秋」나 「阿刀」의 세계란 허황한 詩的 世界다. 앞에서 내가 「巫女圖」 조차 抽象性이라 한 것도 이와 관련된다. …… 金東里 그는 詩人이었다. 文學精神 곧 神明을 찾는 문제는 어디까지나 詩精神이기 때문이다."(김윤식, 「傳統志向性과 限界－金東里論」, 『韓國近代作家論攷』, 일지사, 1974, 317~318면)

20) 범보가 일제로부터 쫓겼던 탓에 김동리는 어린 시절부터 스스로 민족의식에 다가갈 수 있었다. 예컨대 그는 소학교 6학년 때 교지에 「돛대 없이 배 탄 백의인(白衣人)」이라는 산문을 실어 경주경찰서 고등계로부터 호출장을 받은 일도 있었다.

범보의 그림자 속으로 깊숙이 들어가면 들어갈수록 이에 비례하여 화랑의 의미 또한 확고해질 수밖에 없었는데, 범보의 절대적 영향력이 김동리로 하여금 문학 장르에 대한 인식의 틀조차 넘어서게 만든 것이다. 대체 이것이 어떻게 가능해질 수 있는가. 이를 살피기 위해서는 김동리가 민족의식을 형상화하기 위하여 화랑정신으로 나아가는 과정을 따져 물어야 한다.

김동리의 민족의식이 시기적으로 화랑정신보다 앞선다는 사실은 그의 작품 세계를 보면 확연히 알 수 있다. 신춘문예와 관련을 맺고 있는 세 작품 「白鷺」(1934), 「花郞의 後裔」(1935), 「山火」(1936)의 공통점이라면 민족의 현실을 그리고 있다는 사실이다. 그럼에도 불구하고, 신춘문예 당선소설인 「花郞의 後裔」와 「山火」의 세계는 현실과의 대결방식에서 보자면 무척이나 이질적인데, 염무웅은 이에 착안하여 「花郞의 後裔」 계열 소설과 「山火」 계열 소설을 따로 나누어 접근하고 있을 정도이다.[21] 이러한 접근이 가능하다는 것은 곧 김동리에게 민족의식은 있으되 아직 그 중심으로 화랑정신이 굳건히 자리 잡지 못했다는 사실을 의미한다. 그렇게 흔들리다가 나름의 작가적 중심을 설정하면서 써 내려간 작품이 「巫女圖」이다. 그러니까 그의 작품에서 화랑정신이 서서히 본령을 갖추기 시작한 것은 1936년 『中央』 5월호에 「巫女圖」를, 같은 해 『中央』 9월호에 「山祭」를 발표하면서부터라고 정리할 수 있겠다. 김동리 또한 이러한 해석의 가능성을 남기고 있다.

1940년 『문장』 3월호에 발표한 「나의 小說修業」을 통해 김동리가 얘기하는 "自己의 生命 自體로서 把握한 한 文學的 世界"란 바로 화랑정신을 가리킨다. 이는 민족의식을 담아내되 그 정점에 화랑정신을 두어 자기만의 문학 세계를 구축하겠다는 의지인 것이다. "나의 小說

21) 염무웅, 「金東里文學의 現實感覺」, 『서라벌文學8輯—金東里文學硏究』, 서라벌예술대학, 1973.

修業(習作)이란 上記 二作(「花郎의 後裔」, 「山火」; 논자)을 前後하야 本格的으로 始作된 셈이었다. 創作의 즐거움, 創作의 괴러움, 創作의 어려움이 骨髓에 사무치기 始作한 것도 이 때부터다. 詩와 戱曲과 其他 一切雜文을 버리고 오로지 小說로만 들어서기 시작한 것도 이 때부터다. 그러자 곧 자기의 文學的 行路 우엔 자못 重大한 問題 하나가 그 輪廓을 내노았다. 그것은 곧 自己의 生命 自體로서 把握한 한 文學的 世界가 自己의 앞에 그 輪廓을 들어내는 것이었다."[22] 여기에서 알 수 있듯이 김동리의 화랑정신은 민족의식을 정점으로 끌어올리는 한편, 자신만의 개성적 세계를 구축하기 위해 선택된 것이다.

그렇다면, 김동리는 무슨 근거로 "巫祝(陰影－陰)"의 세계를 기웃거리는 "太陽(槪念－陽)"의 세계를 일러 소설이라고 확신했던 것일까. 그리고 그러한 확신은 어떻게 가능해지는 것일까. 김동리의 논리를 따라가기 위해서는 먼저 그의 야망을 전제할 필요가 있다. 그의 야망은 '근대'라는 시대 범주를 뛰어넘은 곳을 향하고 있기에 근대적인 제도 위에 구축된 "槪念(太陽－陽)"의 규정을 종종 뛰어넘고는 한다. '새로운 세기'를 겨냥하여 '새로운 세기의 인간상'을 창출한다는 자신감 역시 같은 맥락에서 파악할 수 있다. "모화가 파우스트와 대체될 새로운 세기의 인간상이란 것은 아무도 모를 것이다. 내가 그렇게 말한다면 남들은 비웃을 것이다. 그러나 백년만 두고 봐라! 모든 것이 증명될 것이다! 역사가 증명해 줄 것이다."[23]

만약 김동리의 예언처럼 '모화'가 '새로운 세기의 인간상'이 될 수 있다면, 그것은 '새로운 세기'가 도래했을 때에나 가능한 일이다. 즉 문학을 위시한 예술 일반에서 그 장르를 규정하는 인식이 상당 부분 바뀌었을 때라야 비로소 그의 진술은 사실로 수용될 것이다. 김동리는

22) 김동리, 「나의 小說修業－'리알리즘'으로 본 當代作家의 運命」, 『문장』, 1940.3, 173면.
23) 김동리, 「創作의 過程과 方法－「巫女圖」 偏」, 『신문예』, 1958.11, 10면.

자신의 소설 창작을 '새로운 세기' 만들기의 발판 작업으로 인식하고 있었다. 그 작업이 어느 정도 완료될 때까지는 충분한 시간이 흘러야만 한다. 그래서 김동리는 그 기간을 염두에 두고 "백년만 두고 봐라! 모든 것이 증명될 것이다!"라고 말하고 있지 않은가. 이러한 입장에서라면 "太陽(概念－陽)"의 세계냐 "巫祝(陰影－陰)"의 세계냐를 따지는 일은 그리 큰 문제가 될 리 만무하다. 태양(陽)의 위치에 따라 시시각각 그림자(陰)의 길이가 변하듯이, "概念(太陽－陽)"이 이미 바뀌고 있는 마당에 "巫祝(陰影－陰)"과의 관계가 그대로일 수는 없기 때문이다. 따라서 "太陽(概念－陽)"의 세계를 바탕에 두고 "巫祝(陰影－陰)"의 세계를 기웃거리는 일에 대하여 곧바로 "시의 세계에 속한다"고 말하기는 어려워지게 마련이다.

하지만, "太陽(概念－陽)"과 "巫祝(陰影－陰)"의 변화에도 불구하고 太陽과 巫祝은 어떤 식으로든지 각각 남아있을 수밖에 없다. 김동리가 소설과 시를 나누어 접근하는 것도 그러한 이유에서이다. 그러니까 "社會參與"와 "宇宙參與"를 나누어 전자의 세계를 소설, 후자의 세계를 시라고 규정할 때, 이는 김동리가 자신의 소설 세계를 일러 "社會參與"라고 주장하는 셈이라고 생각할 수 있다. 물론 그 "社會參與"란 근대라든가 서구사상과의 정면대결을 말하는 것이기에 일반적으로 얘기하는 '문학의 사회참여'와는 내용을 달리한다. 다시 말해서 김동리 소설의 "社會參與"는, 현실 사회 속에서 벌어진 구체적 사건에 개입하는 것이 아니라, 현실을 지탱하는 근대·서구사상의 논리 근거와 맞서는 방식으로서의 "社會參與"인 것이다. 이러한 맞섬이야말로 김동리 식의 "社會參與"이며, 이러한 "社會參與"를 통해 "概念(太陽－陽)"의 변화가 가능해진다. 김동리의 소설적 육체가 서 있는 자리는 바로 이 지점이다. 김동리가 자신의 대표적인 소설작품으로 「巫女圖」를 꼽고 있는 까닭도 바로 육체를 통한 치열한 대결정신이 전면적으로 드러났기 때문이었다. "東洋精神의 한 象徵으로서 取한 '毛火'의 性格은 表面으로는 西洋精神의 한 代表로서 取한 예수教에 敗北함이 되나 다시 그 本質的 世界에 있어 悠久한 승리를 갖게 된다"[24]라는 주장이 함의하는 바는 여기에 있을 것이다.

정리하자면, 김동리가 시로서 담아낼 수 없었던 것은 바로 서구사상과의 도저한 대결의식이었다.[25] 서구사상과의 도저한 대결의식으로 인하여 김동리의 소설은 소설일 수 있는 것이며, 이 대결의식이 배제되어 버린다면 이는 "巫祝(陰影－陰)"의 세계로 기울어 "宇宙參與"의 기능을 담당하는 시의 영역에 머무를 따름이다. 그런데, 「白鷺」에서도 드러나듯이, 김동리의 생래적 작가 감각은 시 방면에 있지 않았다. 이는, '화랑(무당)'이라는 소재 자체가 "巫祝(陰影－陰)"의 요소를 가지고는 있지만, 김동리 자신이 하나의 '화랑(무당)'이 되어 "신과 마주앉"기에는 어렵다는 뜻이 된다. 이것이 스스로 '화랑(무당)'이 되어 죽은 자의 세계와 산 자의 세계를 매개했던 서정주에게 못 미치는 김동리의 측면이다. 그러니 김동리는 신과 마주앉은 '화랑(무당)'을 내세우되 다른 세계의 논리 근거와 맞서는 방향으로 나갈 수밖에 없었던 것이다. 이를 가능케 하는 장르가 바로 소설이었고, 평론이었다.

김동리가 문학을 소설 장르와 시 장르로 나누어 각각 "太陽(概念－陽)"과 "巫祝(陰影－陰)", 그러니까 陽陰으로 접근하는 것은 흥미롭게 다가온다. 아마도 이는 범보가 음양론(陰陽論)에서 동방인의 사고원리를 찾고자 노력했던 일과 관련이 있을 것이다. "陰陽論은 陰陽論이지 理氣論은 아니다. 理氣論은 宋 이후에 성립된 것이다. 동방에 또 하나

24) 김동리, 「新世代의 精神－文壇 '新生面'의 性格, 使命, 其他」, 『문장』, 1940.5, 92면.

25) 예컨대 『詩人部落』에 실린 「간이 간이는 다시 없네」라든가 「호을로무어라중얼거리며가느뇨」를 보면 이는 확연히 드러난다. 김지연은 그의 논문에서 "金東里는 文學에 대한 그의 主張과는 관계없이 『詩人部落』에 東洋的 韓國的인 세계의 眞髓에 투철한 抒情詩를 발표하였다."(金志姸, 「『詩人部落』 연구」, 성심여대 석사논문, 1989, 31면)라고 지적하고 있다.

의 형이 있으니 有와 無의 관찰법이다. 이 有·無는 또한 空·色이 아니다. 이러한 空色·物心 밖에 陰陽으로 해설하는 것이 동방인의 사고원리이다."[26] 음양론에 대한 범보의 설명과 관점이 「陰陽論」에 정리되어 나타나고, 화랑에 대한 논리 역시 이 글에 포함되어 있다는 점을 상기할 필요가 있다. 범보는 화랑의 사고원리 또한 음양론으로 파악했던 것이다. 그러니까 김동리는 범보의 사상을 문학 장르에 대한 인식으로까지 적극적으로 끌어갔던 셈이라고 볼 수 있다. 장르에 대한 이런 방식의 인식이 가능해진 것은 반대편에 서정주가 마치 거울처럼 존재하여 시의 세계에 머물렀기 때문이다. 김동리의 '뻐꾸기 울음'과 서정주의 '소쩍새 울음'이 비교되는 까닭은 여기에 있다.

3. 운명을 환기시키는 뻐꾸기 소리

김동리 소설에서 운명을 환기시키는 새는 뻐꾸기이며, 서정주 시에서는 소쩍새가 그 역할을 담당한다. '뻐꾸기 소리'와 '소쩍새 소리'로 갈라지는 김동리와 서정주의 세계는 바로 소설적 논리와 시적 감각의 차이에서 빚어진다. 이러한 차이를 감지했기에 김윤식은 『미당의 어법과 김동리의 문법』이라는 책을 써낼 수 있었다. 다만, 김윤식은 두 작가의 차이를 소설과 시, 그러니까 "前者는 肉體를 갖춘 生命이요, 後者는 肉體를 거세한 영혼"의 차이로까지 파악하지 못했을 따름이다. 만약 이러한 차이를 전제한 관점에서 김동리와 서정주를 파악하

26) 김범부, 「음양론」, 『풍류정신』, 정음사, 1986, 119면.

게 된다면, 소설의 김동리가 시의 서정주와 어떻게 거울처럼 존재하는가를 이해할 수 있을 것이다.

김동리는 자신의 작품에 등장하는 뻐꾸기에 대해서 무어라고 언급한 적이 없다. 반면, 서정주는 운명을 환기시키는 새의 울음소리로 뻐꾸기와 소쩍새를 꼽고 있다. 하지만, 서정주 스스로가 만족할 만큼 성취를 거둔 것은 소쩍새 소리를 형상화할 때뿐이다. 소쩍새 소리를 형상화한 대표적인 작품으로는 「歸蜀途」를 꼽을 수 있다. 이 시에는 "귀촉도는, 행용 우리들이 두견이라고도 하고 솟작새라고도 하고 접동새라고도 하고 子規라고도 하는 새가, 귀촉도 …… 귀촉도 …… 그런 發音으로서 우는 것이라고 地下에 도라간 우리들의 祖上 때부터 들어온데서 생긴 말슴이니라"[27]라는 문장이 각주로 달려 있는데, 시의 내용과 결부시켜 파악한다면 여기서 서정주가 강조하고자 했던 바가 "地下에 도라간"이라는 사실은 분명하다. "눈물 아롱 아롱 / 피리 불고 가신님의 밟으신 길은 / 진달래 꽃비 오는 西域 三萬里. / 다시오진 못하는 巴蜀 三萬里. / 흰옷깃 염여 염여 가옵신 님의 / 다시오진 못하는 巴蜀 三萬里"(「歸蜀途」 제1연). 「귀촉도」의 마지막 연, 마지막 행에서 서정주는 "그대 하늘 끝 호올로 가신 님아"라며 이미 죽어버린 사람을 부르고 있다. 그러니 「歸蜀途」의 세계는 김동리가 말하는 "육체를 거세한 영혼"의 세계와 직접 연결된다고 하겠다.

이러한 내용의 「歸蜀途」는 서정주의 시 세계를 상징적으로 드러내고 있다. 그의 첫 시집 『화사집』(1941)이나 두 번째 시집 『귀촉도』(1946)는 물론 이후 신라정신으로 나아가는 과정에는 "죽은 자의 마음과 산 자의 마음을 연결하는" 혼교(魂轎)라든가 영통(靈通)이 자리 잡고 있기 때문이다.[28] 이런 서정주를 이해하기 위해서는 임유나(任幽羅, 본명 임

27) 서정주, 「歸蜀途」, 『미당 시전집 1』, 민음사, 2000, 78면.

28) 서정주, 「짝사랑의 역정」, 『미당 자서전 2』, 민음사, 1994, 223~224면.

○득)라는 여성에 대한 서정주의 짝사랑으로 거슬러 올라가야 한다. 1936년 서정주는 김동리를 대리인으로 내세워 임유나에게 교제를 신청했으나 무참히 거절당하고 만다. 거절당한 서정주의 참담한 심경은 당시 창작한 「문둥이」라는 시를 통해 엿볼 수 있다. 마치 문둥이가 인간 사회에서 격리되는 것처럼 자신 또한 인간 사회로부터 추방당했다고까지 여겨졌던 것이다. 이런 극심한 격리감에서 벗어나기 위해 서정주는 해인사로, 제주도로 떠돌아다녔다. 해인사에는 1936년 봄부터 여름까지 머물렀으며, 제주도에서는 1937년 4월부터 6월까지 있었다. 하지만, 그 아픈 상처는 제대로 치유되지는 못했던 듯하다. "날마다 들이켠 벼락소주와 날카로워진 신경쇠약 때문에 마지막엔 납작해지고" 말았던 것이 당시 서정주의 생활이었기 때문이다. 그럼에도 불구하고 그 상처를 통해 스스로의 자리를 찾아나가는데, 그것은 "한 개의 신(神)"이 되는 방식으로 나타난다. 이 시기의 회상에서 스스로를 한 개의 신에 비유하는 장면이 여러 번 등장하는 이유는 이러한 사정과 관련된다. 여기서 그 신이 『그리스·로마신화』에 등장하는 바람둥이 신 주피터라는 사실은 주목할 필요가 있다.[29)]

첫 시집 『화사집』에 배어나는 관능성은 서정주의 이러한 당시 삶을 배경으로 접근할 수 있다. 예컨대 「花蛇」라든가 「대낮」 따위의 관능적인 시편들은 쓸쓸하고 고적한 해인사 시절에 씌어졌다. 그러니까 대상도 없이, 다만 채우지 못하는 욕정 하나로, 무분별하게 성적 탐닉에 뛰어드는 주피터와 자신의 동일화를 통해 이런 시들을 써 내려갈 수 있었던 것이다. 여기에 시인의 육체는 없다. 대상의 육체도 없다. 다만, 주피터와의 동일화만 있을 따름이다. 대체 이것을 어떻게 이해해야 할까.

---

29) 서정주의 「해인사」, 「조선일보 폐간기념시」(『미당 자서전 2』, 민음사, 1994) 참조. 「古代 그리이스的 肉體性—나의 處女作을 말한다」(『서정주문학전집 5』, 일지사, 1972)를 통해서도 이를 확인할 수 있다.

『화사집』의 마지막 시가 「復活」이라는 사실을 염두에 둔다면 어느 정도 가닥을 잡을 수 있다. 이미 떠나서 내 곁에 존재하지 않는 상대를 잡아끄는 행위는 서정주에게 이미 죽은 자를 살려내어 내 옆에 불러 세우는 일과 다를 바 없었다. 그러니 실연의 상처를 치유하자면 그는 스스로 신의 자리로 올라서야만 했다. "내 너를 찾어왔다 …… 臾娜. 너참 내앞에 많이 있구나 내가 혼자서 鐘路를 거러가면 사방에서 네가 웃는 웃고오는구나. 새벽닭이 울때마다 보고싶었다 …… 내 부르는소리 귓가에 들리느냐"로 시작하는 「復活」은 이를 보여준다.[30] 그런 점에서 보자면, "東里에게"라는 부제가 붙은 시 「葉書」에서 임유나를 일러 "솟작새같은 계집의이애기는, 벗아 / 인제 죽거든 저승에서나 하자"라며 "巴蜀의 우름소리가 그래도 들리거든 / 부끄러운 귀를 깎어버리마"라고 다짐하기는 했지만, 그 다짐은 제대로 실행되지 못한 셈이다. "巴蜀의 우름소리"를 따라가서 펴낸 시집이 바로 『귀촉도』이기 때문이다.

『귀촉도』의 세계는 서사 무가(巫歌)를 바탕으로 한다. 그것이 스스로를 『그리스·로마신화』의 제우스와 동일화시켜 써 내려갔던 『화사집』의 세계와 다른 점이다. 그럼에도 불구하고, 죽은 자를 불러내어 자신의 옆에 두고자 하는 태도는 『귀촉도』 역시 다를 바 없는 양상이다. 『귀촉도』는 「密語」로 시작하여 「무슨꽃으로 문지르는 가슴이기에 나는 이리도 살고 싶은가」로 끝맺고 있다. "순이야. 영이야. 또 돌아간 남아. // 굳이 잠긴 재ㅅ빛의 문을 열고 나와서 / 하늘ㅅ가에 머무른 꽃봉오리 보아라"(「密語」 1, 2연)로 시작하여 「무슨꽃으로 문지르는 가슴이기에 나는 이리도 살고 싶은가」의 "꽃"은 모두 사랑하는 원이를 살려내는 이웃집 정도령의 꽃이라는 것이다. "붉은꽃을 문지르

30) 「葉書」, 「復活」과 임유나의 연관성에 대해서는 김윤식, 「미당의 엽서와 동리의 편지」와 「미당 어법의 존재 방식－소쩍새 울음과 뻐꾹새 울음」(『미당의 어법과 김동리의 문법』, 서울대 출판부, 2002) 참조.

면 / 붉은피가 도라오고. / 푸른꽃을 문지르면 / 푸른숨이 도라오고" (「무슨꽃으로 문지르는 가슴이기에 나는 이리도 살고 싶은가」 일부)의 바로 그 꽃이다.[31] "흰옷깃 염여 염여 가옵신 님의 / 다시오진 못하는 巴蜀 三萬里"라며 전개되는 「歸蜀途」 바로 뒤에 실린 「門열어라 鄭道令아」를 『귀촉도』의 중심으로 이해해도 무방한 까닭은 여기에 있다.

눈물로 적시고 또 적시어도
속절없이 식어가는 네 흰 가슴이
저 꽃으로 문지르면 더워 오리야

아홉밤 아홉낮을 빌고 빌어도
덧없이 스러지는 푸른 숨ㅅ결이
저꽃으로 문지르면 도라 오리야

애비 에미 기럭이 서리ㅅ발 갈고 가는
九空 中天 우에 銀河水 우에
아― 소슬한 靑紅의 꽃 밭. ……

門 열어라 門 열어라
鄭도령아

이후의 시 세계에서도 스스로 샤먼이 되어 산 자의 세계와 죽은 자의 세계를 잇고자 하는 서정주의 노력은 계속 발견된다. 이미 이러한 방식이 서정주 시 세계의 원형으로 굳어졌기 때문이다. 예컨대 다음

31) 여기에 대해서도 김윤식의 위의 두 글 참조.

과 같은 회고를 보자. "1951년의 전주 피난과 1951~1953년의 광주 피난 시절, 나는 내 마음속의 어쩔 수 없는 요청으로 신라에 관계되는 문헌을 반추하고 관주(貫珠) 찍고 그 관주 찍은 것을 다시 카드들을 만들어 베끼고 있는 일에 몰두하게 되었다. …… 『삼국유사』 속 관주 친 곳에서 내가 얻은 것은 특히 죽은 자의 마음과 산 자의 마음을 연결하는 그 신라식 혼교이다. 몇 백 년이든 상관없이 전화하듯 통화하고 있는 그 신라식 불교식 영통(靈通)이라는 것이다. 이 이미 매장된 고대사유 고대감응의 방식들은 참 아름다운 불교적 은유의 가관 속에 나를 매혹하기에 족했다."[32] 하기야 무던한 데 아무 데나 골라 자신의 결혼을 서두르던 아버지의 행동에 고작 화투점 따위의 결과를 보고 승낙했던 서정주였고 보면, 삶의 방식 또한 그렇게 굳어지고 있었다고 파악해야 타당할 것이다. 그가 결혼한 것은 "화투로 패를 한 번 떼어 봤더니 '님'이라는 별명이 붙은 공산(空山)은 안 떨어지고 중매쟁이로 통하는 홍싸리 넉 장이 고스란히 떨어진 때문이었다."

서정주는 이러한 식으로 한 걸음씩 "육체를 거세한 영혼"의 세계로 나아갔다. 그렇기 때문에 '소쩍새의 울음'으로써 죽은 자의 세계를 형상화할 수 있었다. 반대로, 그렇기 때문에 '뻐꾸기 울음'에 대해서는 흡족하게 표현할 수가 없다. 소쩍새 울음이 음(陰)의 세계를 향해 울림을 갖는다면, 뻐꾸기 울음은 양(陽)의 세계를 향해 반향을 갖고 있기 때문이다. 1934년 금강산 단발령(斷髮嶺)을 넘으며 서정주는 마의태자를 떠올렸는데 그 순간 그는 숙명과도 같은 뻐꾸기 소리를 들었다. "나도 또 어쩔 수 없이 이 적지 않은 인류의 공동숙명 속에 말려들어 마음의 상복을 입고 와서 있음을 느꼈다. 그러고도 '할 수 없다'는 생각을 하고, 또 여기 아주 잘 들어맞는 뻐꾸기 소리를 들었다. 내 시 속

32) 서정주, 「짝사랑의 역정」, 『미당 자서전』 2, 민음사, 1994, 223~224면.

에 꽤 많은 그 '할 수 없는 것'들은 이런 데서 형이 잡힌 것이다. 뻐꾸기니 소쩍새 소리 같은 것도……." 그렇지만, 운명과도 같은 뻐꾸기 소리는 그가 어찌 해 볼 도리가 없는 형국으로만 다가섰다. 그래서 뻐꾸기 울음은 그에게 평생 숙제처럼 남게 된다. "나는 저 뻐꾸기 소리만은 아직 영 10분의 1도 표현하지 못한 것 같다. 나는 지금도 기회 있어 그 소리가 들리면 모든 걸 다 접어놓아 두고 한동안씩 그 소리에 몰입하지만, 이 새 소리에 내가 치러야 할 표현은 생전에 다 끝날 것 같지 않기만 하다."[33]

서정주가 뻐꾸기 소리의 형상화에 다다르지 못했던 반면, 김동리는 뻐꾸기 소리의 형상화를 훌륭하게 소화해 내었다. 뻐꾸기 소리로써 운명을 환기시키는 데 김동리가 탁월한 감각을 보였던 것이다. 김윤식은 김동리 소설의 이러한 상징에 가장 먼저, 유일하게 주목하고 있는 연구자이다. "천지 속의 아득함과 그 속에서 있는 듯 만 듯 살아 있는 생명 의식의 확인을 매개하는 것은 김동리 문학에서는 단연 뻐꾸기 소리였다. 비상을 먹고 죽어야 하는 순간에 들리던 뻐꾸기 소리(바위—인용자)와 계연을 잃고 절망에 빠져 허탈 속에 놓인 성기에게 들리는 뻐꾸기 소리(역마—인용자)는 동일한 것이 아닐 수 없는데, 천지의 아득한 공막감과 그 속에 실상 생명 의지가 살아 있음을 일깨우는 기호로 그것이 작동하고 있었기 때문이다."[34]

---

33) 서정주, 『미당자서전』 2, 민음사, 1994, 20면.
덧붙이자면, 서정주가 소쩍새 소리를 그의 시 세계로 끌어들이는 계기는 1936년 해인사 체험에서 만들어졌다. "해인사에 있은 것은 겨우 봄부터 여름까지의 한 학기 동안. 그러나 이 동안에 나는 여기서 귀한 선물을 하나 얻긴 얻었다. 그것은 다른 게 아니라 소쩍새라고도 하고 두견새라고도 하는 바로 그 새의 소린데, 한두 마리가 우는 소리가 아니라 여러 백 마리가 산골이 기울어질 만큼 울어대는 그 맑은 슬픔의 소나기 같은 것이다. 나는 시방도 내가 아는 어디서 견디기 어려운 딱한 일이 생긴 걸 보고 들을 땐 가끔 이 해인사의 두견새 울음의 소나기를 역력히 기억해 낸다. 그만큼 이것은 내 여태까지의 생애가 마련한 마음속의 여러 영상(映像)들 가운데서도 중요한 것의 하나다."(「조선일보 폐간 기념사」, 위의 책, 58면)

34) 김윤식, 『김동리와 그의 시대』, 민음사, 1995, 164면.

빼꾸기는 탁란(托卵, deposition) 습성을 가지고 있다. 그래서 빼꾸기는 다른 새의 둥우리에서 알을 깨고 나와 자라나는 법인데, 어린 빼꾸기의 울음이 제 어미를 그리며 우는 것처럼 들리는 탓에 인간 삶의 비극적 면모를 환기시키는 데 종종 활용되고는 한다. 김윤식이 말하는 "천지 속의 아득함과 그 속에서 있는 듯 만 듯 살아 있는 생명 의식의 확인"이 친자(親子)의 강압적 이별과도 같은 절박함 속에서 한층 강렬하게 다가서는 이유는 여기에 있다. 김동리의 소설에서 빼꾸기가 우는 때는 거의 그러한 순간에 맞춰서이다. 식민지시대 발표된 21편의 소설들 가운데 빼꾸기 우는 장면이 두드러지는 소설은 「바위」, 「山祭」, 「찔레꽃」, 「剩餘說」 등이다. 이 중 빼꾸기의 탁란을 연상시키는 내용은 「바위」(『신동아』, 1936.5), 「찔레꽃」(『문장』, 1939.7)에 나타난다. 빼꾸기의 울음소리는 없지만 「동구 앞길」(『문장』, 1940.2) 또한 같은 맥락에서 이해가 가능하다.

「바위」는 문둥병 걸린 여인이 아들 술이(述伊)를 만나기 위해 간절히 기원하다가 죽는다는 내용이다. 복바위를 갈면 소원이 이루어진다고 하지만, 문둥병 환자인 여인으로서는 남들의 핍박으로 인하여 대낮에 복바위에 다가갈 수 없다. 그래서 밤에만 나서서 복바위를 갈았는데, 그러던 어느 밤 복바위 위에 엎어져서 죽음을 맞았다.[35] 이러한 내용의 「바위」에서 빼꾸기의 울음소리는 친자의 정을 확인하는 계기로 작용하고 있다. 남편이 건네준 비상 든 떡을 받아든 순간 아내는 삶의 벼랑으로 몰렸다는 심정(운명에의 순응) 탓에 모든 것을 체념한 듯 그 떡을 입안에 넣는다. 하지만, 살아있는 존재의 삶에 대한 집착이란 무섭도록 강렬한 것이어서 "벌건 떡을 수두룩히 토해 내" 놓게 된다. 이제 죽음을 배경으로 살아가는 문둥병 여인에게 남은 것은 아들을 향한 강렬한 애정 이외에는 남은 것이 없다.

35) 서정주의 시 「문둥이」가 단지 사회로부터의 도저한 격리감으로만 나아가는 반면, 김동리 소설의 '문둥이'는 모자의 관계 확인으로 나아간다는 사실을 여기서 확인할 수 있다.

㉠ 처음, 떡을 받아 든 아내는 고맙다는 듯이 영감을 쳐다보며 또 한 번 비죽이 웃어 보였다. 그러나, 비상 빛깔을 짐작할 줄 아는 그녀는 떡 속에 섞인 그 거무푸레하고 불그스레한 것을 발견한 다음 순간, 무서운 얼굴로 한참 동안 영감의 낯을 노려보고 있었다.

먼 영에서 뻐꾸기 우는 소리가 들려왔다.

이윽고 여인은 모든 것을 이해하고 얼굴을 수그렸다. 송장처럼 검고 불긋불긋한 얼굴에 눈물이 흘러내렸다.

영감은 난처한 듯이 외면을 하였다. 그는 침을 뱉으며 자리에서 일어났다.

"이 원수야, 그만 자빠지라문"

그는 무안스러운 듯이 또 한 번 침을 뱉었다.

이튿날 마을 사람들은 다음과 같은 이야기들을 수근거렸다. 아내는 남편이 나와 버린 뒤에도 혼자서 얼마나 더 울고 나서 마침내 그 떡을 먹기는 먹었으되 쉽사리 죽지도 못하고, 할수없이 어디로 떠나 버렸다는 것이었다. 그리고 토막 속에는 벌건 떡을 수두룩히 토해 내놓았더라는 것이었다.[36)]

이처럼 절박한 감정을 가리켜서 '지정(至情)'이라고 한다. 인지상정(人之常情)의 '상정'이 절박해진 상태가 지정이다. 지정은 삶과 죽음의 경계를 넘나드는 힘이라기보다는 삶을 살아가는 사회의 근본 가치에 닿아있는 개념이라고 할 수 있다. 물론 이는 감정에 닿아있는 것으로 논리를 기반으로 하는 서구 '사회 계약론' 따위의 사회 인식과는 현격히 다른 것일 수밖에 없다. 범보가 「국민윤리 특강(國民倫理 特講)」을 통해 지정을 다루는 방식을 보면 이는 확연하게 드러난다. 「國民倫理 特講」은 범보가 자신의 '나라 만들기' 구상을 대중 강연이라는 형식으

36) 金東里, 「바위」, 『金東里代表作選集 1－短篇選集』, 삼성출판사, 1967, 112면.

로 풀어낸 글이다. 여기에서 범보는 새로운 질서의 바탕으로 지정을 강조하고 있다. 다시 말해서, 그는 자연적인 경향 속에서 대조화(大調和)의 정신을 파악하여 국민윤리의 실천방식으로 삼아야 한다고 주장하는데, 어떤 조작(造作)을 배제하는 자연적인 경향이 바로 지정인 것이다. 범보가 지정 중에서도 가장 으뜸으로 삼는 것이 바로 "친자(親子)의 지정(至情)"이다.

> 물론 우리는 常情에서 출발해야 하겠다는 것입니다. 至情이라는 것은 이러한 常情이 간절한 곳에 있는 것입니다. 즉 말하자면 父母가 子息을 사랑하지 않을래야 않을 수 없고 또 밉게 생각할래야 미워지지가 않을 것이요. 또한 子息이 父母를 恭敬하고 사랑하는 心情 이런 것이 至情이요. 그러면 일전에 말한 바와 같이 우리 韓國 사람은 어디서 이 至情이 제일 잘 發露되느냐 하는 것을 살펴야 하겠읍니다. 그것은 역시 親子之間에 제일 잘 發露될 것이요. 이것은 우리 韓國 사람 뿐 아니라 世界 어떤 나라사람이라도 마찬가지 일꺼요. 그러면 좋다. 우리는 이미 단서를 捕捉했다 이 말이요. 어디서 출발해야 되겠다는 것은 이미 잘 알았다는 것입니다. 다른 데서 출발하지 말고 親子의 至情에서 출발하자는 것입니다.[37]

「찔레꽃」의 뻐꾸기 울음 역시 「바위」에서와 마찬가지로 친자의 지정과 관련이 있다. 딸이 제 어미를 두고 만주로 떠나는 장면에서 뻐꾸기가 구슬프게 울고 있기 때문이다. 딸과 어미는 태어난 지 스물다섯 해가 지나는 동안 한 번도 떨어져 본 적이 없다. 어미가 딸을 가난한 이웃집 청년에게 시집보낸 까닭도 다른 데 있는 것이 아니다. 그저 서로 떨어지기 싫어서 가깝다는 이유만으로 이웃집 청년을 택한 것이었

37) 김범부, 「國民倫理 特講」, 『화랑외사』, 이문사, 1981, 236면.

다. 그런데, 돈을 벌기 위해 만주로 떠난 사위가 사람을 보내왔다. 그 사람은 딸에게 남편이 자기를 따라 만주로 들어오라고 했다는 말을 전한다. 그리고 마침내 헤어지는 날이 밝았다.

> ㉡ "언제 볼꼬 울엄매야, 언제나 볼꼬."
>
> 딸은 이제 목놓아 울고, 어미는 수건으로 입을 가리고 느끼고, 따라 나오는 며누리들의 눈에서도 눈물이 글성－하다.
>
> "언제나 볼꼬, 울엄매야, 우리 성님들아, 언제나 돌아올꼬."
>
> 딸의 넋두리에 맞후려는듯키 뒤숲에서는 뻑꾸기가 한바탕 어우러저 운다.
>
> "엣다, 이사람아 대강 느끼라 어머님이 섭섭지, 젊은 사람들이나 뭐 볼 날 또 없을나고?"
>
> 이렇게 시누이를 위로 하느라는것은 어머니의 조고만 기련 보따리를 들고 따라 나오는 맞올케 형이다.
>
> 그렇다, 이래 보면 맞으막이다. 눈익혀 보아두자, 이렇게 순녀는 몇번이나 결심을하고 새로 고개를 드는 것이나 이미 눈물에 잠긴지 오래인 그의 두눈엔 다만 허옇게 세인 머리와 수없이 잡힌 주름쌀이 흐미하게 비최일 따름이다.[38]

"그렇다, 어쩌면 마지막이다"라는 딸의 절박한 감정은 죽음을 목전에 두고 있는 「바위」의 문둥병 여인의 감정과 그리 다를 바 없다. 뻐꾸기는 이러한 "딸의 넋두리에 맞추려는 듯이" 한바탕 어우러져 울고 있다. 이런 울음이 나타날 수밖에 없는 이유는 가난 때문이다. 즉 삶의 고단한 조건으로 인하여 딸은 제 어미와 헤어져야만 하는 것이고,

38) 김동리, 「찔레꽃」, 『文章』, 1937.7, 82면.

바로 그 순간 뻐꾸기가 우는 것이다. 김동리의 뻐꾸기가 서정주의 소쩍새와 다른 점은 바로 여기에 있다. 서정주는 직접 샤먼이 되어 소쩍새의 울음을 따라 저승세계와 대화하려고 나서는 반면, 김동리는 뻐꾸기의 울음을 통해 절박한 삶의 조건을 환기시키는 데 주안점을 두고 있는 것이다. 소설에 대해 "육체를 가진 생명"이라고 말하고, 시에 대해 "육체를 거세한 영혼"이라고 규정하는 김동리의 문학관은 이런 비교 속에서 어느 정도 그 실체가 드러난다고 하겠다.

이처럼 '탁란(托卵)'이라는 개념을 매개로 한다면, 김동리 소설의 뻐꾸기 울음과 범보의 국민윤리 실천의 밑그림이 하나로 이어진다는 사실을 확인할 수 있다. 뿐만 아니라, 김동리가 소설을 일러 "육체를 가진 생명"이라고 말할 때, 자신의 소설에 내재한 육체성 또한 한층 명료해진다. 삶을 살아가는 방식 혹은 그 근원적 근거를 드러내는 것이 김동리가 말하는 소설의 육체성이기 때문이다. 그런데, 이처럼 지정(至情)에 입각하여 소설 세계를 만들어 가는 방식은 우리 소설사에서 그리 낯선 것이 아니다. 예컨대 정한(情恨)의 맺힘과 풀림을 바탕으로 하는 고소설은 전형적으로 이런 방식에 입각해 있다.[39] 김찬기는 『한국 근대문학과 전통』에서 김동리의 일부 소설들을 하나의 항목으로 설정하여 설명하고 있는데, 고소설에 나타나는 기본적인 관계 설정 방식이 김동리의 소설에서도 느껴지기 때문에 가능한 시도이다.[40] 또한, 이동하는 김동리 소설의 이런 측면을 감지하기는 하였으나 '유교의 가족주의'로만 한정시켜 파악하였기 때문에 무리한 해석을 드러내게 되었다고 할 수 있다.[41] 그렇다면 하나의 물음이 가능해진다. 대부

---

39) 최봉영, 「의리와 정한의 구조와 성격」(『조선시대 유교문화』, 1997, 사계절) 참조.

40) 김찬기, 「전통지향적 가족주의의 예술적 승화」(『한국 근대문학과 전통』, 국학자료원, 2002) 참조.

41) 이동하, 한국문학의 전통지향적 보수주의 연구(『현대소설의 정신사적 연구』, 일지사, 1989) 참조.

분의 작가들이 일본을 통해 수입되는 근대의 향방에 촉각을 곤두세우고 있을 때 김동리는 무엇을 근거로 전통적인 관점에 설 수 있었을까. 이 물음에 대한 답변은 근대의 기반을 닦은 데카르트와의 대결 양상을 통해 추적할 수 있다.

4. 데카르트와 맞서는 자리

주지하다시피 근대의 인간관은 이성 중심의 '주체(主體, subject)'로부터 구축되었다. 즉 '절대 개인(individual)'을 우선 설정하고 난 후, 그러한 각각의 개인들이 모여 관계를 맺으면서 '사회'가 발생한 것으로 파악하였다는 것이다. 데카르트가 '절대 개인'이라는 개념을 발명하고, 이에 근거하여 이후 학자들이 '사회계약론(社會契約論, social contract theory)' 구축으로 나아간 과정이 그러한 상황을 증명한다. 이러한 맥락에서 판단하건대, '야경국가(夜警國家)' 따위의 개념은 애초에 없었던 계약의 수준을 따지느라 등장했던 논리에 불과하다. 그러니 근대 서구사상과 맞서기 위해서는 먼저 데카르트와 대면해야 한다. 바로 그 자리에 "나는 생각한다. 고로 존재한다(Cogito ergo sum)"라는 명제가 놓여 있다. 범보가 '지정(至情)'이라는 개념으로써 데카르트의 관점을 비판했던 까닭은 바로 이 명제로 집약되는 인식이 심각한 문제라고 보았기 때문이다.

데카르트의 '방법론적 회의'는 자아와 타자를 선명하게 변별하여 대립 관계로 설정한다. 자아가 외부 세계의 모든 것을 부정하는 데서 출발하는 것이 '방법론적 회의'이고, 외부 세계에 대해 회의(懷疑)를 가하는 단위가 바로 '절대 개인'이기 때문이다. 이때 회의를 이끌어가는 힘은 이성이다. "나는 생각한다"라는 문장에서 '생각'이란 바로 이렇게 '방법론적 회의'를 이끌어가는 이성의 힘을 가리킨다. 이것만 확보하고 있다면 '나'의 존재 근거가 마련된다는 것, 이것이 데카르트의 기본 입장이다. 그가 절대자 하나님과의 교감 가능성을 안고 있는 단어 '영혼(soul)'을 대신하여 '마인드(mind)'라는 단어를 새롭게 만들어 냈다는 사실을 상기한다면, 이성의 힘에 대한 추종이 어느 정도였는가를 능히 파악할 수 있다. 하나님의 말씀인 '진리(당위)'를 인식하는 통로가 '영혼'이라면, '마인드'는 인간의 가장 기본적인 인식이 하나님의 말씀과 같은 당위 가운데서 싹트는 것이 아니라 '사실'로부터 비롯된다는, 서구 인식론에서 혁명적인 전환을 이루는 데 활용된 개념이다. 이처럼 당위를 거부하고 사실 여부 자체에서 판단의 근거를 이끌어내겠다는 태도는 분명히 이성에 근거해 있다. 그런데 판단의 주체인 '절대 개인'은 어떻게 다른 '절대 개인'과 관계를 맺게 되는가. 자신을 둘러싼 세계와는 또 어떻게 관계를 맺게 되는 것일까. 애초 타자와 관계 맺는 방식을 괄호에 넣고 출발했던 까닭에 데카르트의 방법론은 이러한 물음에 직면할 수밖에 없다.

눈앞에 놓인 이러한 문제를 해결하기 위하여 데카르트가 착안한 것이 '절대 개인(individual, subject)'과 '사물(thing, object)'의 관계였다. 사람과 사람의 관계 또한 이러한 관계를 원형으로 한다. 사람과 사람 사이에는 권위, 도덕, 위계질서 등이 선험적인 가치로서 작동할 가능성이 컸던 만큼, 당위처럼 개입해 있는 선험적인 가치를 제거하기 위해서는 이러한 선택이 불가피하였던 것이다. 이로써 절대 개인의 절대 자유와 절대 평등은 그 실현 가능성을 확보할 수 있게 되었다. 이후 근대의 맥을 잇는 사상가들은 모든 종류의 억압과 폭력으로부터 인간을 해방시키기 위하여 '절대 개인'의 질서를 구상해 나갔다. 서구 근대의 인식론은 이처럼 '절대 개인'의 질서, '절대 개인의 공동체'를 꿈꾸면서 성립된 것으로 이해해도 큰 무리가 없다.[42]

이러한 근대 인식체계에서 보자면, '지정(至情)'이란 극히 비이성적인 영역에서나 파생하는 개념에 불과하다. 다분히 선험적인 가치와 당위의 측면에 치우쳐진 인식이기 때문이다. 근대사상이란 선험적인 가치와 당위를 거부하면서 인간의 이성적인 힘으로써 새로운 세계를 만들어 나가고자 했던 기획이 아니었던가. 따라서 지정, 그 중에서도 "친자(親子)의 지정(至情)"을 국민윤리 실천의 밑바탕으로 설정하려고 했던 범보로서는 근대의 인식체계와 충돌할 수밖에 없는 노릇이었다. 지정의 인정이란 곧 데카르트의 근대적인 주체 '절대 개인'을 부정하는 양상인 탓이다. 범보는 이를 정확하게 파악하고 있었다. 그래서 "친자의 지정"을 국민윤리 실천의 출발점으로 삼자고 권유하면서, 그와 동시에 근대의 주체 문제를 비판적으로 짚고 들어간다. "우리는 더 유의할 나위도 없이 大調和의 精神의 實現을 이 父母에 대한 子息의 孝行에서 출발하자는 말이요. 그런데 여러분들의 생각은 이럴 것입니다. 孝行이라고 하는 것이 좋기는 좋은데 孝보다도 먼저 있는 것이 自身 아니겠는가, 역시 自身問題로부터 먼저 출발하는 것이 더 당연한 일이 아니겠는가 하는 이런 의혹이 일어날 것이요." 그러한 가능성에 대해 범보는 정면에서 반박을 가한다. 데카르트를 언급하며 "논리적 방법론"으로나 가능한 주장일 뿐 "구체적 실제"의 차원에서 보자면 "추상적 관념의 세계에서나 존재하는 것"이라고 일축하는 장면이 이를 보여준다.

> 그러나 그것은 속았다는 것이요. 왜 속았느냐 하면 엄밀한 의미에 있어

---

42) 데카르트가 신의 존재를 완전히 부정했던 것은 아니다. 다만 서구 사상사에서 데카르트가 차지하는 위치를 선명하게 밝히기 위하여 이렇게 정리하였음을 부기한다.

서는 이 生物體라는 것은 個性이라는 것이 있습니다. 個體라는 것이 있어요. 그러나 人間이라고 하는 것은 본래 孤立된 것이 아니요. '나'라는 存在는 원래 孤立한 存在가 아닌 것이 사실이요. 아무의 아들도 아닌 子息이 없고, 아무 아버지도 없는, 남의 아들도 아닌 그런 人間이란 없는 것이고, 본래 한 사람이라는 사람은 없다는 것을 알아야 한다 이 말이요. 그리고 또 만일 한 사람만 宇宙間에 있다고 하면 倫理라고 하는 것은 아예 있을 까닭이 없는 것입니다. 善惡問題를 論하고 倫理問題를 論議한다는 것은 벌써 무엇을 像想하느냐 할 것 같으면 人間이라는 것은 혼자가 아니라는 것이 前提되어 있다 이 말이요. 그러니까 기실은 具體的 實際로 말할 것 같으면 家庭에는 아들이 있고, 아버지가 있고, 이렇게 해서 이것이 인간의 具體的 實際이지, 아들도 아니고 아버지도 아니고 한 개의 自我라고 하는 것은 概念上으로는 생각할 수 있으나 실제로는 存在하지 않는 것입니다. 觀念으로 말할 것 같으면 데카르트 같은 분은 사람이 온갖 것을 의심하고 나중에는 또 自己自身도 의심을 했는데 의심하는 이것만은 틀림없으니 여기서 출발하자고 말했지만, 그것은 한 개의 論理的 方法論이지 具體的 實際에 들어가서는 데카르트도 그 아버지와 어머니 없이는 생기지도 않았을 것이요, 데카르트의 그러한 생각도 佛蘭西 當時의 思潮가 아니면 생기지도 않았을 것입니다. 그러한 方法論이란 것은 이러한 具體的 事實을 捨象해 버린 抽象的 觀念의 世界에서나 存在하는 것입니다.[43]

범보의 이러한 주장에서 근대사상과의 대결 의지를 찾는 것은 손쉬운 일이다. 최근 십여 년 동안 '이성적 주체의 죽음'을 둘러싼 담론이 유행처럼 번진 적이 있고, 이후 대안으로 떠오른 '생태학적 사유'가 철저하게 '관계의 문제'를 묻고 있다는 점에서 흥미를 끄는 바 있다. 범

43) 김범부, 앞의 글, 236~237면.

보의 사상은 이러한 논의에 참조점이 되기에 충분하다. 전근대(전통) 사유를 지탱하면서 근대의 한계를 추궁하는 방식으로 탈근대(脫近代) 혹은 초근대(超近代)로까지 나아가고 있기 때문이다. 이때 범보의 사상을 배경으로 하는 김동리의 세계 역시 같은 맥락에 놓이게 된다. 다시 말해서, 김동리 소설의 전통적 요소 또한 범보의 사상과 마찬가지로 근대정신의 대척점에 존재한다는 것이다. 그러니 김동리 소설에 나타나는 전통사상 측면은, 단순히 전통 계승의 차원에서 연구할 것이 아니라, 서구사상과의 적극적 대결 의지 속에서 해명해 나가야 할 것으로 파악된다. 그리고 서구사상과의 대결에는 이로써 파생하는 현실 차원에서의 대결까지도 포함시켜야만 한다. 김동리가 제국주의 일본에 결코 타협할 수 없었던 까닭은 여기에 있다. 근대화로 나아간 일본의 논리는 서구사상의 아류에 불과했던 것이다. 적극적 친일로 나아간 서정주와 친일의 가능성을 원천적으로 봉쇄했던 김동리가 변별되는 자질은 이로써 말미암는다. 말을 바꾸어 표현하자면, '뻐꾸기 울음'으로 상징되는 김동리 소설의 의미는 그런 대결의지 속에서 제대로 설명될 수 있다는 것이다.

5. 자기 고백적 소설 '「率居」 3부작'과 김월계와의 결혼 생활

김동리가 식민지시대에 발표했던 작품들 가운데 자기 고백적 성격이 드러나는 것으로는 「술」(『조광』, 1936.8), 「率居」(『朝光』, 1937.8; 「佛畵」로 개제), 「剩餘說」(『조선일보』, 1938.12.8~12.24; 「庭園」으로 개제), 「玩味說」(『文章』, 1939.11), 「昏衢」(『人文評論』, 1940.2)가 있다. 이들 가운데 「率居」,

「剩餘說」, 「玩味說」은 하나로 묶여 흔히 '「率居」 3부작'이라고 불린다. 필자 역시 이에 흔쾌히 동의하는 입장인데, 근거로는 「玩味說」의 뒤에 붙인 작가의 당부를 들 수 있다. "附記 本篇玩味說은 形式으로는 따로 獨立된 短篇이나, 內容으로는, 「率居」 「剩餘說」과 같은 문제(運命)의發展이요 變貌인즉上記 二作과 함께 읽어주시는 讀者가 몇분쯤 계셨으면 한다."[44] 그리고, 이 시기 김동리와 어울렸던 조연현 역시 "「率居」나 「庭園」이나 「完美說」의 주인공은 바로 作者 자신에 대한 관심이요 追求로"[45] 파악하고 있는 데 주목하기도 한다.

그런데, 「率居」 3부작을 자기 고백적 소설로 볼 수 있는가에 대해서는 이견(異見)이 있을 수 있다. 자전적 성격이 다소 흐릿하게 나타나기 때문이다. 「술」의 경우 김동리가 겪은 젊은 날의 방황이 잘 드러나 있다. 「昏衢」에서는 광명학원 선생으로서 겪은 김동리의 고민이 무겁게 실려 있다. 그런데, 「率居」 3부작에서는 문학에 대한 자신의 고민을 전면에 배치하였기 때문에 생활의 부분은 후경으로 밀려나 있는 양상이다. 김동리 자신도 이들 작품으로써 문학관에 대한 고민을 강조하기도 했다. "「率居」 무렵에 와서 나에게는 새로운 苦痛이 시작되었다. 小說을 쓴다는 것(惑은 文學을 한다는 것)만으로 나의 人生的 究竟은 救援(救濟란 語彙가 더 正確할는지 모르겠다)에 通할 수 있는가 하는 問題였다. 文學觀이 不知中 宗教의 영역을 侵犯하기 始作한 것도 이때부터의 일이었다. 그리고, 이 問題와 正面으로 부닥친 것이 「率去」였다."[46] 그래서 이제껏 「率居」 3부작을 자전적인 관점에서 분석하는 글들은 나오지 않았으리라 생각된다. 하지만, 왜 하필 김동리가 이 시기에 이르러 이러한 고민에 부딪치게 되었는가를 제대로 따질 필요가 있다. 이를 위

44) 金東里, 「玩味說」, 『文章』, 1939.11, 46면.
45) 조연현, 「김동리②」, 『조연현전집 6』, 어문각, 1977, 23면.
46) 金東里, 「後記」, 『黃土記』, 수선사, 1949, 216면.

해서는 3부작을 관통하고 있는 지점을 먼저 확인해야 할 것이다.

3부작의 처음 작품에 해당하는 「率居」는 어머니의 상여가 나가는 꿈으로 시작된다. "이즘 와서는 연다라 고향 일이 자꾸 꿈에 보인다"고까지 작중인물은 적고 있다. 대체 무슨 일이 일어난 것일까. 그 꿈은 바로 '재호(宰浩)'가 느끼는 심리적 압박감에서부터 비롯되고 있다. 어머니가 돌아가시기 전에 결혼을 하라는 형의 재촉은 재호가 압박감을 느끼게 되는 구체적 동기이다. 하지만, 재호는 자신이 발견한 '황홀한 세계'를 포기할 수 없어서 형의 재촉에 따르기에 머뭇거리게 된다. 여기 「率居」에서 표현되는 '황홀한 세계'란 그림의 세계 그러니까 예술의 세계인 바, 김동리의 '文學觀'에 대한 고민은 이를 가리키는 것이라고 볼 수 있다.

> 이즘 와서는 연다라 고향 일이 자꾸 꿈에 보인다. 반드시 집에 무슨 불길한 일이 났거나, 그렇지 않으면 혹시 형이 자기를 찾어, 집을 나서지나 않었는가 하는 생각도 그는 드렀다. 그의 형은 지금까지 그에게 "연만하신 부모님을 두고 나이 스물이넘도록 처자도없이 노상 객지로만 도라다니니 그것이 어찌 자식된 도리이냐"라든가 이모양으로 늘 부모님을 드러 그가 얼른집에 도라와 결혼하기를 전하는것이었으나 이러한 형의 말에는 실상인즉 다른 의미의 그에대한 회한도 드러있는것이었다.
>
> 그것은 재호가 아즉 열일여듧 되었을때, 그의 이웃에 그가 마음을 두는 소녀가 하나있어서 그는 그를 얻으려 했으나 양편 부모들의 반대로 이루지 못하고만 일이있었는데 재호는 그때 그저 그 소녀가 측은했을뿐, 그 자신은 곧 그길로 또 하나 다른 황홀한 세계를 발견하야 거기 잠김으로 말미아마 별 타격은 입지않고 지냈드니만, 그의 집에서는 그래도 그런줄을 모르고는 그길로 그가 그림에 미쳤다느니 또 그일이래 근 십년이나 지난 이제와서 그것과는 아주 다른 심경으로 오늘날 그가 결혼도 하지않고

객지로만 도라다니고 하는것까지를 모다 그때에 입은 상처가 의외로 깊었든 것으로만 생각하고 있는것이었다.[47]

여기에서 '황홀한 세계'의 맞은편에 결혼이 놓여 있음은 눈 여겨봐야 할 대목이다. 결혼과 예술 둘을 놓고 저울질하고 있는 「率居」의 화가 재호는 바로 소설가 김동리 자신의 모습이기 때문이다. 김동리가 첫 번째 부인 김월계(金月桂)와 처음 만났을 때는 1937년 3월경이며, 결혼식은 1938년 3월 25일 올렸다.[48] 그러니까 1937년 8월 발표된 「率居」는 김월계를 만나고 나서 결혼하기 이전에 창작된 작품이고, 김동리가 「率居」를 통해 그리고자 했던 바는 예술과 결혼(생활) 사이에서 하나의 선택으로 나아가게 되는 자신의 심리라는 것이다. 「率居」 3부작의 두 번째, 세 번째 작품에서 유독 정원을 강조하는 이유도 여기에서 추론할 수 있다. 솔거의 흔적을 좇아 산중을 헤매 다니던 재호가 부모 없는 소년을 데리고 마을로 내려온다는 「率居」의 마지막 장면은 결혼으로 기운 작가 심리의 상징적 표현이다. 그럼에도 불구하고 생활과 예술의 균형을 잃지 않는다는 의지 또한 포기하지 않았는데, 그 의지를 드러내는 상징이 '정원'에 대한 집착이라는 것이다. 생각해 보면, 집 앞에 펼쳐져 있으되 자연(산)의 일부분을 옮겨온 것이 바로 정원 아니었던가.[49] ㉠

47) 金東里, 「率居」, 『朝光』, 1937.8, 349면.

48) 민음사판 전집에는 1938년 11월 21일 결혼한 것으로 되어 있다. 하지만, 천주교 진주 옥봉 본당과 마산 교구청에 각각 보관되어 있는 혼배성사 문건에는 그 날짜는 3월 25일로 되어 있다. 또한, 진주 옥봉 본당 봉계공소에서 혼배성사를 올린 후, 광명학원 내에서 일반적인 결혼식을 다시 올렸는데 호적상 그 날짜는 1938년 6월 21일로 되어 있다. 광명학원의 결혼식에서 주례를 맡았던 이는 만해 한용운이었다.(김정숙, 앞의 책, 184~185면)

49) 훗날 김동리는 「率居」를 「佛畵」로, 「剩餘說」은 「庭園」으로 개명(改名)했다. 「率居」 경우 인물이 중심에 놓임으로써 인물의 심리가 중요하게 부각되는 반면, 「佛畵」는 그 자체로 예술의 대상이 된다. 따라서 이 개명에서 짐작할 수 있는 것은 예술을 보다 절대적으로 이해하고자 했던 김동리의 의도이다. 결혼 생활에 대한 나름의 기대감이 허물어진 뒤에 이러한 개명이 벌어졌다는 점에 주목할 필요가 있다. 또한, '剩餘說'의 경우에는 「率居」에 따르는 이야기라는 측면이 강한 반면, 「庭園」

은 「剩餘說」의 한 부분이고, ㉡은 「玩味說」의 한 대목이다.

㉠ 십년전에 재호가 그때 여덟살인가된 철을 앞세우고 산에서 나올때에는 이 천지에서 의지할곳 업는 이 고아(孤兒)를 한표기의 나무가티 기뤄보리라 햇든것이니 그지음 그는 그림기리기도 내바리고 그만 영영 중질이나 할까보다고 절간에 어정대이며 인간의 모든 생활을 오즉 부정하던 때이라 그 아이에도 장차올인간적 운명을이로써 극복을 시험하려 해든것이만 그적 묘목(苗木)을 그의 발등잔에 심으든때부터 또하나 인간적 생활의 운명이 약속되였든것이엇다.

이지음의 그의 훌륭한 정원도 이 젊은 묘목 하나를 중심하고 설계(設計)되엇든 것니 시방 저 넓은 이피 서리에 찌저진 파초를 비롯하야 칸나 목련 배 능금 무화과 모가 대추 복성 매화 벽오동 …… 대개 한 삼십여주 되는 이정목도 역시 철을 주부(主婦)로 삼고 이루어진 재호들의 살림살이에 잇어서는 곳 삼십여명의 형제요 가족이엇만 이 가족은 실로 민감한 신경을 갓인자들이라 단지 그 주부가 안이면 안인것이요 아모리 재호가 호자서 버린다 하드라도 철이업는 살림사리에선 그들은 그저 삼십여주의 정원목일 따름이지 도저히 가족은 될수업다는것을 재호 자신도인정하지 안을수 업엇다.[50]

㉡ 눈은 점점 함박으로 퍼붓고 보이는 산과 들은 한빛으로 고요히 황혼을 부르는데, 앞뜰 모가나무엔 언제나 앉었는지 가마귀 한쌍이 쭈그리고 있다. 저이 내외간인지 형제간인지 혹은 동부간인지 그렇지도 않으면 날

은 자연(산, 예술)과 생활(집)이 공존하기가 얼마나 어려운가를 암시하게 된다. 개작(改作) 또한 이런 입장에서 이뤄졌다. 특히 「率居」의 개작은 하산에 대한 태도가 반대로 바뀌어 있다는 점에서 특별한 관심을 요한다. 이 두 작품과는 달리 「玩味說」에서는 개명도, 개작도 이뤄지지 않았다.

50) 金東里, 「剩餘說」, 『조선일보』, 1938.12.23.

러 다니다 우연히 한가지에 가치 앉게된 남남끼리인지 …… 재호는 어느 듯 그 가마귀를 두고 이런 생각을 하게 되었다. 그가 처음 여기다 이렇게 집을 세우고 정원을 설계하고 할제에는 그에게도 오히려 마음속에 빛나는 한오리 보람이 있었으니, 자연(自然)이라는 운명(運命)의 진흙밭에서 한 개 모래알만한 생(生)의 알맹이라도 건져보련다고, 그해 일곱 살인가 된 고아(孤兒)하나를 더부러 자기의 업력(業力)을 다스리기 시작했든것이 그뒤 십년, 그 고아는 훌륭히 장성하야 이제 그 생활의 유일한 증거(證據)요 반려(伴侶)가 되지 않으면 아니될 그즈음에 이르러 일조에 이를 배반하고 저이 세간(世間)으로 도라가 버렸든것이니 이에 그의 일생이란 속담그대로 닭쫓든 개모양이 된 셈이었다.[51]

「率居」에서 재호가 그림(예술)의 세계에서 헤어 나오지 못하는 까닭은 그것이 종교의 수준에 놓여있기 때문이다. 즉 그림(예술)을 통한 모종의 구원이 가능하리라는 판단이 재호를 사로잡고 있던 것이다. 그렇기 때문에 인간의 유한성을 상징하는 '해골바가지'라는 표현이라든가 폐허의 이미지가 몇 번 등장할 수밖에 없었다. 예컨대 "거미는 분명히 그의 머리가 수이하얀 해골 바가지로 변할것을 알므로 저렇게 노려보고 있는것이라 하였다"[52]라거나 "재호는 실상 이 그림에서 저 하얀 해골 바가지들을 그다지 어울리는 것이라고는 생각하지않었다. 보살님네들 처럼 장엄한 휘장과 찬란한 화관을 쓰지는못했을망정 저 하얀 머리들 우에 지장보살 모양으로새파란 채색 칠만이라도 해주었으면 싶었다"[53]라는 표현을 꼽을 수 있다. '해골바가지'로 화할 운명 위에 구원처럼 존재하는 것이 종교로서의 예술이니 재호가 결혼으로

51) 金東里, 「玩味說」, 『文章』, 1939.11, 36~37면.
52) 金東里, 「率居」, 앞의 책, 350면.
53) 김동리, 위의 글, 357면.

선뜻 나가지 못하는 것도 가능할 일이라고 하겠다.

그렇다면, "저렇게 이른 새벽 마다 붉은 가사를 두트고 근엄한 송주를 외이며, 부처님을향해 합장을 하고 무릎을 꿇고하는 그들이 요즘 와서는 눈물겹게 부러워졌다. 그는 자기도 그 거칠게 기른 머리를 맑앟게 깍가버리고 저들과함께 부처님 앞에 무릎을 꿀고 싶은 발작과같은 정열에 사로 잡히고는 하였다"[54]던 재호가 변한 까닭은 무엇인가. 사건으로 꼽을 수 있는 것은 두 가지이다. 첫째, 부모 없는 아이에게 대하는 공양주의 태도가 자극이 되었다. 공양주라고는 하지만, 이해타산에 사로잡혀 타인에 대한 구원이랄까 자비의 여지가 전혀 나타나지 않았던 것이다. "재호는 이 공양주의 하는양을 뜻없이 바래보고 있다가 문득 자기의 가슴 어느 구석에 진작부터 아련한 동정 같은것이 움직이고 있는 것을 깨닫고 그 순간의 야릇한 충동으로 소년을 데리고 자기 방으로 돌아왔다."[55] 여기서 느끼는 동정이란 기실 자기 자신에 대한 동정으로 돌아왔던 셈이다. 둘째, 자기 자신의 구원조차도 버거워하며 앉아있는 수좌들은 재호가 생각하던 자연 속에서 그 일부로 거룩하게 존재하는 이들이 아니라는 사실을 깨닫게 되었다.[56]

---

54) 위의 글, 350면.

55) 위의 글, 360면.

56) 「寒居」에서 재호가 생각하는 구원관은 다음 부분에서 알 수 있다. "그 진한 채색 속에는 이지러진 신경이 한 나무레기도 보이지 않었다. 자기와 같이 그림에다 한사코 '자기'란 것을 쏟아 넣으려한 고지식한 집착도 보이지 않었다. 이제 모든 일에 아무런 흥미도 긴장도 느껴지지않는 다 풀린 태엽과도 같이 이만(弛慢)된 그에게는 이 어더운 벽에서 죽은 듯이 참고 숨ㅅ기없는 채색을 벙벙이 처다보고 서있는것이 오직 한 개의 위안이라 하였다. 그 중생적 미련이 없이는 선(線) 하나도 살어나지 않는 전날의 자기 자신을 이 아무런개성적 의욕도 신경도 없는 진한 채색에만 비추어보며 생각할 때 전신이 흐렁흐렁 이지러지는듯한 슬픔을 깨달았다. 어두운 벽에서 어두운 벽으로 날마다 이렇게 적은 암자나 찾아 다니며 고향에도 돌아가지말고 결혼도 하지말고 평생을 이렇게 산에서 보내구 싶었다. 비가 내리든 바람이 불든 마음이 조이면 조일수록가슴이 어두우면 어두울수록 진한 채색은 아무리 오래오래 바라보아도 염증이 오지도 않고 이리하야 그의피와 시력이 저 벽으로 마저옮겨가는날 그의 유해는 외로운 버섯처럼 그 앞에 쓰러지리라 하였다."(위의 글, 357~358면)

선정실에는십여명 되는 수좌들이 싯누런 얼굴에 생기하나없는 눈들을 히멀겋게 뜨고 바보들같이 앉어있었다. 이때 문득 그는 그피ㅅ기 하나없이 히멀건 눈을 뜨고 앉어들있는 십여명의 수좌들과 이 언제나 건강을 역설하는 행복에 취한듯한 선사와 비추어 생각해 볼때 등에 냉수를 끼얹는듯한 전율을 깨달았다. …… 지금까지 이 선사로 말미암아 이어오든 그의 조고마한보람마저 어느듯 저주스런 연기로 화하야 그의 흐린의욕과 이지러진 신경을 온전히 먹어 버리는듯 하였다.57)

구원이 될 수 없는 종교, 구원이 될 수 없는 예술을 느꼈던 순간 재호는 자신의 그림들을 불사르게 된다. 종교로서의 예술에서 구원을 추구하던 재호로서는 막다른 벽에 부딪친 셈이다. 이 순간 그의 앞에 나타난 존재가 바로 솔거다. 꿈에 나타난 솔거는 “그런 것도 아닌데 그래”, “나는 이렇게 살어있다”라는 두 마디의 말을 들려주고 사라진다. “문짓문짓 물러가며 안개처럼 퍼지드니 별안간 그의 몸덩이는 우뚝한 산으로 변해저 버렸다. 산에서는 퍼런 소나무가 너울거리고 새들이 울고…….”58) 대체 솔거의 얘기에서 재호는 어떤 사실을 깨달았을까. 먼저, “그런 것도 아닌데 그래”의 의미이다. 이는 그림을 불살라 버린 재호의 행동에 대한 것이다. 그러니까 성급하게 구원으로서의 예술을 부정해 버리는 재호의 생각을 지적하는 것이라 볼 수 있다.

다음은 “나는 이렇게 살어있어”의 의미이다. 인간의 유한성에 시달리던 재호로서는 전혀 예상외의 발언일 수 있다. 그래서 그 사실을 연이어서 강조하게 되었을 것이다. “그의 육체와 함께 죽은줄알었든 그 솔거 그의 그림과 함께 죽은줄 알었든 그 솔거 그는 죽지 않고 그와 함께 살어있었다. 그는 영영이 죽지않는다고 말하였다. 나는 이렇게

57) 위의 글, 362면.
58) 위의 글, 363면.

살어있다고 말하였다."[59] 이 순간 육체라든가 그림과 같은 물질적인 요소는 사라져 버렸지만, 그래도 살아남아 재호 앞에 나타난 것이 무엇인가는 분명해진다. 바로 예술을 향해 나아가는 정신 그 자체이다. 그 솔거의 정신이 살아남아 지금 재호 앞에 나타났다는 것이다. 그렇다면 그러한 솔거의 정신이란 유한한 육체에 매달리는 개별적 인간을 뛰어넘어 꾸준히 전대에서 후대로 이어지는 것이 아니겠는가. 이러한 전승을 가능케 하는 데 결혼이 걸림돌이 될 수는 없고, 여기에서 결혼 생활로 들어가는 김동리의 논리가 성립한다. "어떤 놈이 남의 만다라 앞에서 울고있느냐?"[60]라고 소년을 질책하던 재호가 "이 소년을 한 포기의 나무처럼 기루면 그 나무를 솔거의 산에 심어주리라 생각하였다"로 변하는 것은 이런 논리 위에서이다.

이제 남는 것은 문짓문짓 물러가서 '우뚝한 산'으로 변해버린 솔거를 어떻게 결혼 생활 속에서 끌어안는가의 문제이다. 「剩餘說」, 그러니까 '다 쓰고 난 나머지 이야기'가 필요한 까닭은 여기에 있다. 그런 점에서 「率居」가 소년을 데리고 마을로 내려가는 장면으로 끝났다는 사실에 주목해야 한다. 산과 마을 사이의 거리감을 어떻게 극복하느냐가 「剩餘說」의 관건임을 환기시켜 주기 때문이다.[61] 「剩餘說」이 『조선일보』를 통해 발표된 때가 1938년 12월이니 결혼을 해서 아홉 달 정도가 지난 이후이다. 과연 재호는 '산'(예술의 정신)의 일부를 '집'(생활) 앞으로 옮겨다 놓은 격인 '정원'을 잘 가꿀 수 있었던가.

---

59) 위의 글, 364면.

60) 위의 글, 351면.

61) 탁월한 평론으로 꼽히는 「청산과의 거리—김소월론」(『문학과 인간』, 1948)에 나타나는 '청산'은 영락없이 「率居」에 등장하는 "문짓문짓 물러가며 …… 우뚝한 산"이다. 「率居」 3부작을 썼던 김동리였기에 김소월의 시 「산유화」의 "저만치"라는 거리감을 설명할 수 있었던 것이다. 자신의 예술관으로 "究竟的 生의 形式 探究"를 내걸 때도 마찬가지다. 그의 구경(究竟)은 청산의 세계를 지향하는 것이기 때문이다.

'철'이 도망가 버린 데서 알 수 있듯이 그의 정원 가꾸기는 그리 순탄치 않았다. '철'이라는 젊은 묘목 하나를 중심으로 설계했던 정원인데 그가 도망가 버렸으니 정원은 거의 의미를 잃은 상황이라고 할 수 있다. 이는 말을 바꾸면 김동리의 결혼 생활 또한 그리 긍정적으로 전개되지 않았다는 말이 된다. 작가가 교묘하게 집어넣은 표현이 이를 증명한다. 마치 정원에 심은 나무들에 대해 말하듯이 위장하면서 김동리는 가족(결혼을 통한 유대)의 얘기를 끌어오고 있지 않은가. "철을 주부(主婦)로 삼고 이루어진 재호들의 살림살이에 잇어서는 곳 삼십여명의 형제요 가족이엇만 이 가족은 실로 민감한 신경을 갓인자들이라 단지 그 주부가 안이면 안인것이요 아모리 재호가 호자서 버린다 하드라도 철이업는 살림사리에선 그들은 그저 삼십여주의 정원목일 따름이지 도저히 가족은 될수업다는것을 재호 자신도인정하지 안을수업엇다."[62] 따라서 「剩餘說」은 「率居」에서 나름대로 보여주었던 어떤 가능성 혹은 기대감이 여지없이 좌절되고 있음을 보여주는 셈이라고 할 수 있겠다. 덧붙이자면, 「率居」와 「剩餘說」이 각각 「佛畵」와 「庭園」으로 개명·개작되면서 그 좌절의 양상은 더욱 선명하게 표현되고 있다.

「玩味說」은 1939년 『文章』 11월호에 발표되었다. 「剩餘說」이 발표된 지 일 년 정도 지나서 발표된 셈이다. 다 쓰고 난 나머지를 모아서 이야기[剩餘說]를 전개했으면 되었지 왜 다시 김동리는 의미를 잘 생각하면서 결혼에 대해 음미하는 이야기[玩味說]를 써 나가게 되었을까. 아들 김진홍을 얻었기 때문이다. 즉, 자식이 생겨남으로 해서 다시 한 번 결혼의 의미에 대해 잘 생각하면서 음미할 필요성을 느끼게 되었던 것이다. 큰아들 김진홍의 출생에도 불구하고 결혼에 대한 김동리의 판단은

62) 김월계와의 결혼생활이 어떠했는가는 「率居」 3부작의 후일담이라고 할 「人間同議」(『문예』, 1950.5)에 잘 나타나 있다.

여전히 부정적으로 드러난다. 누이를 통해 결혼 대상을 물색하는데 하필이면 늙은 기생을 원하고 있는 장면이 여기에 해당한다.

> "허지만 애길 어쩐단 말유?"
>
> "……"
>
> "기생 늙은것이 어떻게 애기낳길 바라우?"
>
> "난 애긴 관계 없으니까."
>
> "애긴 …… 왜?"
>
> "갖선 안되우."
>
> "가져선 안돼? 건 왜?"
>
> "그럼 인제 와서 결혼허는 목적이 뭐람?"
>
> "……"[63]

김동리는 이렇게 결혼의 불임성을 상징적으로 드러내고 있다. 그럼에도 불구하고, 결혼을 하겠다는 것은 형식적으로나마 결혼을 인정하겠다는 의미가 된다. 작가는 편지글 형식으로 그 까닭을 설명하고 있다. '나'가 '너'에게 아무런 장치도 필요 없이 육성 그대로 감정과 생각을 전달하기에 편지글이 가장 적합한 양식이라는 점을 상기하면서 그 내용을 살펴보자. "나는 일간 결혼하기로 되어 있다. 이와 나의 내면생활과는 아무런 관련도 없다. 도리어 외면과의 마찰을 뿌리채 없애고저 함이라 하겠다. 실상 인간이 한평생 호래비로 늙는단것도 이야기 꺼리가 아닌가? 나는 우선 그들의 이야기의 주인공이 되지 않아야 하지 않겠는가? 그리고 또 이 사실은 철의 내외에게도 좋은 푸레센트가 될 것이다."[64] '내면생활과는 아무런 관련도 없다'고 분명히 밝히고

---

63) 김동리, 「玩味說」, 앞의 책, 40면.

64) 위의 글, 45면.

나서 재호는 결혼의 이유를 세 가지 들고 있다. 첫째, 외면의 마찰을 없애고자 함이다. 둘째, 남의 이야깃거리가 되기 싫다. 셋째, 철의 내외에게 좋은 선물이 될 것이다. 물론 재호의 결혼 이유는 김동리가 형식적으로나마 결혼의 외피를 끌어안는 이유에 해당한다. 이로써 「率居」 3부작의 내용은 대단원의 막을 내리게 된다.

「率居」 3부작을 이렇게 살핀다면, 김월계와의 결혼을 중심으로 하여 김동리는 '만다라 앞에서 울고 있던 아이'(「率居」)에서 '정원(庭園)에 탈출하여 세간(世間)으로 뛰쳐나가 버린 철'(「剩餘說」)을 거쳐 '이제 아기의 아버지가 되어 내 집에서 멀지 않은 곳에 살고 싶은 철'(「玩味說」)로 스스로에 대한 파악이 바뀌었다고 말할 수 있다. 이는 막막한 종교로서의 예술(만다라)과 세간(世間)을 향해 무한히 열린 결혼 사이에서 김동리 나름의 자리 설정이 이뤄지는 과정이다. 마지막까지 김동리는 예술과 결혼 사이의 위태로움을 놓치지 않는 것으로 느껴진다. 작품 말미에서 꾀꼬리가 마치 김동리의 심정을 나타내는 것처럼 아슬아슬하게 울려 퍼지고 있기 때문이다. "어느 높은 나무 가지에서 굴러 내리는 꾀꼬리의 우름 소리가 아슬아슬 그 고비에 겨울때마다 뜰앞 넓은 파초잎엔 물줄기같은 해빛이 서고는 한다."[65]

덧붙이자면, 「率居」 3부작의 후일담에 해당하는 소설이 두 편 있다는 사실을 얘기할 수 있겠다. "그는 지금도 가끔 그가 경선과 처음 결혼하고 났을 때의 그 종신 금고를 받은 듯한 아득하고 절망적이던 감상을 생각하고는, 그러면 그것이 오늘에 와서 이러한 갈등을 일으킨 장본인이었던가 하는 데 생각이 미치자 부를 절로 몸이 떨리는 것이다"[66]라는 내용으로 채워져 있는 1950년 『文藝』 5월호에 발표된 「人間同議」가 하나이고, 김동리로 하여금 「玩味說」을 쓰도록 만들었던

65) 위의 글, 46면.
66) 김동리, 「人間同議」, 『김동리 전집』 2, 민음사, 1995, 207~208면.

김진홍(진아)의 죽음을 다루고 있는 「꽃 피는 아침」이 다른 하나이다. 「꽃 피는 아침」은 1968년 『월간 중앙』 4월호에 발표되었고, 김진홍은 1942년 네 살에 김동리와 사별하였다.

6. 설화 차용을 통한 민족 현실의 형상화

김동리의 식민지시대 작품들 중 또 하나 관심을 가질만한 소설 경향은 설화 차용을 통한 민족 현실의 환기이다. 1940년 『문장』 5월호에 발표한 「新世代의 精神－文壇 '新生面'의 性格, 使命, 其他」에서 김동리는 "나의 作品世界에 가끔 民俗을 導入함에 對해서는 또 이밖에 나대로 다른 理由가 있으나 그것은 省略한다"[67]라고 말한 바 있다. 김동리가 자신의 작품에 도입한 민속의 의미를 생략할 수밖에 없었던 까닭은 그것이 바로 민족의 현실을 지시하는 내용이었기 때문이었다. 즉 민간에 전해지는 설화를 통해 김동리는 우리 민족의 정체성과 현재, 미래를 이야기하고 싶었던 것이다. 그렇지만 식민지시대라는 제약 때문에 이를 드러내놓고 이야기하지 못했을 따름이라고 볼 수 있다.

「黃土記」(『문장』, 1939.5)에는 상룡설(傷龍說), 쌍룡설(雙龍說), 절맥설(絶脈說)이 나타나고 있는데, 상처 입어 날아오르지 못하는 용이라든가 여의주를 잃은 한 쌍의 용은 바로 우리 민족의 식민지 현실을 환기시키고 있다. 당나라 어느 장수가 혈을 잘라 이 땅에서 장수가 나지 않는다는 내용 역시 마찬가지이다. 아기장수 설화를 차용한 억쇠의 어

67) 「新世代의 精神－文壇 '新生面'의 性格, 使命, 其他」, 『문장』, 1940.5, 92면.

린 시절 이야기도 같은 맥락에 놓인다. "능구렁이에게 먹히는 두꺼비의 이야기를 듣던 날 종우(宗祐)는 첨으로 각혈(咯血)이란 것을 하게 되었다"라는 문장으로 시작하는 「두꺼비」(『조광』, 1939.8)에서는 '두꺼비 설화'를 볼 수 있다. 벌건 능구렁이에 잡아먹힌 두꺼비가 능구렁이 마디마다에서 불개미 떼처럼 까맣게 되살아오는 이 이야기는 일제로부터의 해방을 암시하는 내용이다. 그러니까 능구렁이는 일본 제국주의이며, 두꺼비는 조선의 상징인 것이다. 해방이 되어 다시 붓을 잡게 되었을 때, 그가 써 내려간 첫 작품이 "두꺼비를 잡아먹은 능구렁이는 과연 죽었다. 그러나 그 죽은 능구렁이의 뼈마디마다 생겨난 그 수많은 두꺼비의 새끼들은 그 형제들은, 또 서로 싸우고 서로 미워하기 시작했다고, 생각했다"라는 문장으로 시작된다는 사실(「輪回說」, 『서울신문』, 1946.6.6~6.26)은 이 위에서 의미가 더욱 각별해진다. 그처럼 민족 현실에 대한 김동리의 의식은 강렬했다고 봐야만 한다.

설화가 등장하지는 않지만, '현실주의'[68]라고 이를만한 측면도 식민지시대 김동리 소설의 특징으로 관심을 가질 만하다. 신세대논쟁에서 뿐만이 아니라 이후 논쟁에서 김동리는 특정 사상의 수용에 대해 민감하게 반응하는 모습을 보여주고 있다. 즉, 논자 나름의 입장에서 그 사상을 개성의 수준으로 끌어올리지 못한다면 결국 공허할 수밖에 없다는 비판을 누차 제기하였다는 것이다. 따라서 민족의 현실을 어떻게 이해하고 있는가를 보여주는 단초로 김동리의 '현실주의' 소설들에 주목할 수 있으리라는 판단이 든다. 김동리의 현실주의가 여성의 열악한 처지에 많이 닿아있다는 지적은 새로운 것이 아니므로[69] 「昏衢」의 한 장면만 인용하고 넘어가고자 한다. 「昏衢」는 소학교 교사인

68) 유종호는 「현실주의의 승리—다시 읽는 김동리 초기 단편」(『김동리 전집 ①—무녀도 · 황토기』, 민음사, 1995)에서 김동리의 초기 단편들에 대하여 '현실주의'라고 명명하고 있다.

69) 예를 들어 이동하의 「한국문학의 전통주의적 보수주의 연구」 참조.

강정우(姜政佑)의 고민을 그린 소설이다. 여기에는 광명학원 교사 김동리의 모습이 배어나기도 한다. 그렇지만 이를 압도하는 것은 제 딸을 기생으로 만들겠다는 학부형 '또상'의 주장이다. 학교교육을 제대로 받고 바느질이나 배워 봐야 결국엔 굶기나 할 수밖에 없는 것이 여자의 팔자라는 주장이 소설 전면에 드러나고 있는 것이다.

> 또상은 오른쪽 팔을 걷고, 바로 한치 기리나 넘어되는 흠터를 내놓았다.
> "오년전 저 낙동강 철교 놓을때 다친것 올시다. 여기를 아주 분질러서 아술을 먹고 하자니까 좀체 낳질않고 그래서 오래 고생을 했지요. 그뒤로 이팔은 끝내 못쓰게 됐습니다. 지금도 무거운걸 들거나 날새가 흐리거나 하면 그만 이팔은 통히 못씁니다. 그러니 우리 식구가 모다 어떻게 삶니까? 선생님, 어떻게 살아온줄 아십니까? 생각해 보십시요, 그렇지만 선생님 우리 인생이란 절대적으로 굶어죽는 물건이 아니올시다. 네, 아시겠습니까? 전 이와같이 날마다 술이나 먹고, 그럭저럭 상업일도 보고 그러고 놀지 않습니까? 그리고, 저 학숙이란년과 그 다음놈은 다 학교엘 다니고, 제일 끝의년은 또 내년에 학교에 입학 할겝니다. 어디서 돈이 납니까? 네 선생님, 이점을 좀 깊이 깊이 생각해 보십시요. 그돈이 다 어디서 납니까? 간단히 말씀 들이면 순전히 모다 딸에서 나옵니다, 딸에서! 단단히 아시겠습니까? 시방도 저쪽 방에서 바로 내딸이 듣고 있지만 순전히 그딸에서 납니다. 사위되는 사람도 바로 저방에서 시방 듣고 있겠지만 순전히 저딸이 우리 식구를 모다 먹여 살려주는겝니다. 시방 저방에 있는 내 사위되는 사람은 전북 도의원의 한사람이올시다. 그리고 부자올시다. 에―또, 간단히 말하면 부자올시다. 양반이 올시다. 즉 특등 인물이 올시다. 선생님, 자 생각해 보십시요, 내딸은 본래 기술자의 딸이 올시다. 상놈의 딸이 올시다, 즉 하등 인물이 올시다. 단단히 생각해 보십시요, 그러면 내딸이 무슨 재주로 어찌 어찌해서 오늘날과 같은 인물이 됐겠습니까? 내딸은 지금 부자올시다, 그

리고 양반이 올시다, 이점을 단단히 생각해 주십시오, 본래 그와같은 하등 인물이 무슨 재주로 어떻금 해서 오늘날과 같은 특등 인물이 됐겠습니까? 다른게 아니 올시다, 단지 이 목하나 올시다, 이 목에서 나오는 노래뿐이 올시다, 단지 노래 한가지로써 이와같은 상지상등 인물이 된 것이 올시다. 선생님 생각해 보십시요, 이점을 깊이깊이 생각해 보십시요, 만약 내딸이 처음부터 노래를 배우지 않고 세상에 꽉찬 다른 여자들과 같이 질쌈질이나 하고 바느질 같은걸 배웠으면 지금 어떻게 됐겠습니까? 또, 저 학숙이년 모양으로 학교나 했으면 지금 어떻게 됐겠습니까. 선생님, 생각해 보십시요, 모두 뻐―ㄴ한 일입니다, 나같은 상놈의집 딸이 아니더라도, 버젔한 보통 사람의 딸이라도 그 장래가 어떤가 그걸 한번 보십시요, 어디 멀리가 볼것이 아니라 바로 우리 이웃집 여자들을 보십시요, 하루에 죽한끼도 어려운 때가 퍼―ㄴ 합니다, 시방 저 우리집 부엌에서 부엌일을 하고 있는 내 사촌 누의 하나가 있습니다. 서흔네살에 남자가 죽은뒤부터 여기와서 부엌일을 거들고 늙어갑니다. 세상 천지간에 여자들 살림사리맛이 어떻단것은 저늙은이 한테 물으면 잘 압니다. 평생 누더기로 살을 가리고 죽국물로 목에 풀칠을 하다가 늙어 죽더라도 서방한테 모진 매나 맞지않고 지독한 구박이나 받지 않으면 그건 여간 상팔자가 아닙니다, 그만 간단히 말하면 열에 아홉은 한번 시집이라고 가 놓으면 못죽어 사는겝니다, 못죽어, 선생님, 깊이깊이 생각해 보십시요, 나는 상놈이 올시다. 그리고 기술자 올시다. 그러면 학숙인 지금 학교 공부를 하고 바느질을 배워서 시방 저부엌에서 일을하고있는 제 고모와 같이 시집을 가야 옳겠습니까? 저이 형과같이 노래를 배워야 옳겠습니까? 난 학숙이 더러 꼭 나를 먹여 살리란건 아닙니다, 내살기 때문이라면야 큰딸 하나로 만족합니다, 난 다만 제 일신 하나를 생각해서 하는 말입니다, 단단히 알아듣겠습니까? 제하나 특등인물 만들고저해서 하는 일입니다."70)

이런 현실 앞에서 강정우가 할 수 있는 일이라곤 아무 것도 없다. 물론 학숙이의 거부 또한 또상의 생각을 바꾸기에는 역부족이다. 현실은 그만큼 견고하게 존재한다. 남는 것은 오로지 비참한 현실에 대한 또렷한 의식뿐이다. 술에 취해 현실처럼 펼쳐져 있는 진흙밭을 구르면서도 오로지 주인공의 의식만이 또렷하다. "−가야된다, 가야된다! 이 한가지 의식은 잠시도 잊을수 없어 진흙에도 구을고 시궁창에도 빠지고 하면서 그먼 거리의 불빛 한점도 보이지 않는 후미끼리밑 주막을 찾아 골목을 지나고 집모퉁이를 돌아 캄캄한 어둠에서 어둠속으로 사실 그의 몸은 가고 있는것이었다."[71]

어둠에서 어둠 속으로 진흙에 구르고 시궁창에 빠지면서도 '−가야된다, 가야된다!'라는 의식을 앞세우고 나아가는 장면은 식민지시대, 특히 광명학원 이후 시기의 김동리를 드러내는 상징이라고 할 수 있다. 이 어둠을 굳이 여성의 암담한 현실로만 국한시킬 필요는 없을 것이다. 이제껏 살펴보았던 것처럼 그의 의지는 여러 방면에 걸쳐 '−가야된다, 가야된다!'는 것으로 귀결된다고 말할 수 있기 때문이다. 따라서 식민지시대 김동리 소설에서 확인할 수 있는 면모는 단연 민족주의라고 말할 수 있겠다. 주목할 점은 이러한 민족주의가 단지 일제와의 대결만을 의미하지는 않는다는 사실이다. 즉 화랑(무당)에 대한 관심으로부터, 설화의 도입, 시에서 소설로 넘어가는 의미, 빼꾸기의 울음이 상징하는 내용 따위는 서구 주도 근대의 한계와 맞서는 의미까지 내포하고 있다는 말이다. 이러한 김동리의 뒤에는 범보가 자리를 잡고 있다. 김동리는 범보의 그림자 속에서 문인보국회(文人報國會), 국민문학연맹(國民文學聯盟)과 같은 친일어용단체의 가입을 거부할 수 있었고, 상황이 급박하게 전개된 1941년 이후에는 절필의 상태로 들어가게

70) 金東里, 「昏衢−第一章의 倫理」, 『人文評論』, 1940.2, 178~179면.

71) 김동리, 「昏衢」, 앞의 책, 192면.

되었다. 1941년 이후 해방 때까지의 기간은 김동리에게 두꺼비를 삼킨 능구렁이의 죽음을 기다리던 침묵의 시간이었던 셈이다. 이로써 김동리는 친일의 치욕으로부터 완전한 거리를 확보할 수 있었다.

4

1930년대 문학제도의 변모 양상과 신세대논쟁

1. 문학 제도의 변화—이념의 공백과 저널리즘의 팽창

1930년대 중반 문단의 제도적인 특징이라면 각 매체들이 서로 상당한 배타성을 드러내었던 사실을 꼽을 수 있다. 예컨대 『朝鮮文壇』 속간 기념으로 1935년 6월 3일 열렸던 「文人座談會」에서 작가들이 생생한 육성으로 이러한 현상에 우려를 보내고 있을 정도이다. 웃음을 동반하는 김환태(金煥泰)의 발언은 당대 상황이 희극 수준으로 치달을 수 있음을 암시한다. "이대로 가다는 文人들이 모다 各各 어느 一定한 新聞社와 雜誌社의 專屬藝術家化할 날도 머지 않을 것 같드군요."[1] 필

1) 編輯局, 「文人座談會」, 『朝鮮文壇』 第四卷 第四號, 1935.8, 148면.
조용만의 「九人會 이야기」(『30년대의 문화예술인들—격동기의 文化界 秘話』, 범양사 출판부, 1988, 125면)에서도 비슷한 내용의 회고를 발견할 수 있다.

자 선정에서까지 확연하게 나타나는 매체 간 배타성의 이면에는 치열한 상업적 경쟁이 깔려 있다. 이러한 상황을 초래한 계기는 1933년 방응모(方應謨, 1883~1950)의 『조선일보』 인수였다. 즉 그의 『조선일보』 인수로 야기된 언론사 사이의 경쟁에 문학계까지도 휘말리게 된 결과라는 것이다.

본래 방응모는 『동아일보』 정주지부 국장이었다. 그렇지만 경영이 원만치 않아 신문대금을 미납하는 일이 빈번하였고, 이로 인해 『동아일보』 본사로부터 정지 처분을 여러 번 받기도 하였다. 결국엔 서울로 올라와서 사정해야 하는 상황에 이르렀으며, 이러한 부탁이 받아들여지지 않자 지국 운영을 포기하게 되었다. "어디 10년 후에 두고 보자"라는 말을 남길 정도로 그가 『동아일보』를 원망하게 되었던 원인은 이러한 과정에서 발생하였다.[2] 이후 그가 광산에 손을 대어 성공하고 1933년 『조선일보』를 인수하였다는 사실은 널리 알려져 있다. 『조선일보』를 인수한 이후 그는 언론사의 구조를 사유화하는 방향으로 개편해 나갔다. 이때 동원된 갖가지 술수와 그로 인해 야기된 분위기는 한설야의 단편 「世路」(『春秋』 1941.4)에 잘 드러나 있다. 방응모의 사장 취임으로 인해 직장에서 쫓겨나고 만 『조선일보』의 전임 학예부장이었던 만큼 한설야의 진술은 퍽 구체적이다.

방응모가 『조선일보』의 내부를 온갖 권모술수로 장악해 나갔다면, 외부적으로는 『동아일보』의 신경을 자극하는 방편으로 자신의 존재를 증명해 나갔다. 가령 1935년 6월 『조선일보』가 『동아일보』의 사장 김성수가 교장으로 있는 보성전문 신입생 초과 문제, 중앙교보(교주는 김성수) 학생 11명이 경찰에 구속되어 재판에 이른 사건 등을 집중적으로 보도했던 사례가 이를 보여준다. 이로 인하여 『조선일보』와 『동아

2) 정진석, 『인물 한국언론사』, 나남, 1995, 207면.

일보』의 갈등은 공개적인 이전투구의 양상으로 번지게 되었다. 물론 1935년 이전에도 두 신문사 간의 대결 양상은 분명하였다. 1934년 『동아일보』가 광고주인 일본 회사의 간부들 20여명을 초청해 기생관광을 시켜주자, 이 수법을 『조선일보』에서 그대로 따라했던 사실이 단적인 예다. 1930년대 초반까지 신문사 운영이 편집 중심이었던 반면, 1930년대 중반으로 진행하면서 영업 중심으로 바뀌었던 과정은 이러한 경쟁과 맥을 같이 하고 있다.[3)]

언론사 간 경쟁은 자매지 발간에도 그대로 이어졌다. 『동아일보』는 이미 『新東亞』(1931.11 발간), 『新家庭』(1933.1)이란 잡지를 보유하고 있었는데, 『조선일보』가 이에 대항하기 위하여 창간한 매체는 『朝光』(1935.11 창간), 『女性』(1936.4 창간), 『少年』(1937.4 창간) 등이다. 그리고 당시 『동아일보』, 『조선일보』와 더불어 3대 민간신문으로 위세를 떨쳤던 『조선중앙일보』는 『中央』(1933.11 창간)을 보유하고 있었다. 이러한 잡지 발간 붐에는 『신동아』의 유례없는 상업적 성공이 배경으로 작용하였다. 문인들이 언론 간 경쟁에 휘말릴 수밖에 없었던 까닭은 바로 각 언론사가 확보하고 있던 매체들 때문이었다. 문인들은 발표지면을 확보하기 위하여 이들 매체와 관계를 맺을 수밖에 없었고, 언론사는 이러한 측면을 적극적으로 이용하여 자신들의 경쟁에 문인들을 이용하고자 했던 것이다. 한국문학사에서 1930년대 중반은 이러한 방식으로 문학－제도가 구축되는 사례를 처음 드러내기 시작한 시점이라고 이해할 수 있다.[4)]

---

3) 강준만, 『카멜레온과 하이에나－한국언론 115년사』, 인물과사상사, 1998, 97~99면.

4) 구인회가 짧은 시간 내에 문단에서 커다란 비중을 차지할 수 있었던 근거는 바로 매체 장악에 있었다. 구인회 결성 당시 이태준은 『조선중앙일보』 학예부장, 조용만은 『매일신보』 학예부장, 김기림은 『조선일보』 학예부 기자, 이무영은 『동아일보』 객원기자, 정지용은 『카톨릭청년』 문예면 담당자였다. 기실 구인회 발족 과정을 살펴보면 애초부터 저널리즘 매체의 활용을 염두에 두고 작업이 진행되었음을 알 수 있다. 여기에 대해서는 조용만의 『30년대의 문화예술인들』(범양사 출판부, 1988)을 통해 구체적으로 회고해 놓았다.

그런 까닭에 다음과 같은 김기림의 입장은 액면 그대로 신뢰하기가 어렵다. 만약 처음부터 구인 당시 문단이 이처럼 급속하게 저널리즘의 영향에 포섭된 데는 이념의 공백이 주요하게 작동하였기 때문이다. 1933년 12월 『신동아』에 발표된 김기진(金基鎭, 1903~1985)의 「1333년도 단편창작 76편」에는 그러한 상황이 분명하게 기술되어 있다. 카프의 이론가 김기진은 먼저 1933년 한 해 동안 읽을 수 있었던 소설 작품들과 작가, 발표지면을 하나하나 나열하고 난 후, 반동문학(反動文學)의 행렬이 두드러진다고 비판하고 나섰다. 그가 정리해 놓은 바에 따르면 활동이 활발했던 작가들로는 이무영(李無影, 1908~1960) 8편, 이태준(李泰俊, 1904~?) 6편, 이종명(李鍾鳴,) 5편, 박태원(朴泰遠, 1909~1986) 4편 등의 순이며, 작품을 발표하였던 작가들 가운데 카프 소속은 겨우 다섯, 여섯 명에 불과한 상황이었으니, 그가 드러내는 깊은 우려는 나름의 근거가 있다고 하겠다.

> 이렇게 많은 사람 中에서 캅프에 屬하는 사람이 不過 五六人이오 남어지 四十名이 캅프와 緣이 먼 사람이라는 事實을 캅프의 同志들은 深愼히 생각하여야할 問題일줄로 생각한다. 캅프의 조직의 影響이 이가티 所謂 文壇에 잇어서 作用함이 적엇든 일이란 過去에 잇어서 一九二八年 以後로 五六年 동안의 期間 中에서 처음 보는 일이다(내가 맨들어두었든 數字가 지금 어대로 갓는지 찻지 못하나 確實히 記憶하는 바에 依하건대 一九二八년, 二九年은 量으로만 가지고 말할지라도 캅프의 作品行動이 全創作界의 一年間 總作品數의 三分之二 以上을 占하얏든 것이 事實이다)[5]

회 결성 과정에 끼어있지 않았던 만큼 그러한 의도와 관계가 없었다고 한다면 현실 감각의 결여를 방증한다는 비판으로부터 자유로울 수 없게 된다. "九人會를 한 것도 적어도 우리 몇몇은 文壇意識을 갖이고 했다느니보다는 같이 한번식 五十錢씩 내갖이고 雅叙園에 모여서 支那料理를 먹으면서 지꺼리는 것이—나종에는 仇甫와 箱이 그 達辯으로 應酬하는 것이 듣기 자미있어서 한 것이었다." (片石村, 「文壇不參記」, 『文章』, 1940.2, 18면) 이태준의 「九人會에 대한 難解, 其他」(『朝鮮中央日報』, 1934.8.10) 역시 마찬가지다.

5) 김팔봉, 「一九三三年度 短篇創作七十六篇」, 『新東亞』, 1933.12, 24면.
덧붙이자면, 팔봉이 지적한 이무영, 이태준, 이종명, 박태원은 모두 1933년 8월 출범한 구인회 김기진은 이러한 변화가 일어난 시점을 1931년으로 잡는다. 1931년이라면 우가키 가즈시게(宇垣一成)가 제6기 조선총독으로 부임했던 해다. 우가키 가즈시게가 식민지 조선의 총독으로 부임했던 것은 일제의 군국주의 체제 돌입과 깊은 관련이 있다. 즉 조선 내에서는 적극적인 사상 탄압과 구속 등으로 긴장된 분위기를 조성하는 한편, 조선 바깥에서는 만주사변을 일으켜 군사적 팽창 의욕을 원활하게 충족시키기 위하여 육군 대신 출신인 우가키 가즈시게가 조선총독으로 6월 17일 임명되었다는 것이다. 그가 실시했던 여러 가지 강경한 정책들 가운데는 조선 문학에 대한 탄압도 포함되어 있었는데, 1931년 8월부터 10월까지 진행된 카프 제1차 검거사건을 대표적인 사례로 꼽을 수 있다. 이 사건으로 카프 조직원은 70여 명이 투옥되기에 이르렀다. 김기진이 현실이 변화하게 된 기점을 1931년으로 확정하는 이유는 여기에 있다. 카프 조직원들이 감옥으로 잡혀 들어가면서 생긴 문단의 공백을 누가 메울 수 있었을까. 「1933년 단편창작 76편」이 특별한 주목을 요하는 까닭은 이러한 문단의 변화 지점을 발표지면의 확보와 연관하여 파악하고 있기 때문이다. "그리하야 저가티 反動의 所任을 하는 作品, 文學家는 그에 相應한 榮達과 對價를 밧는다. 온갓 機會에 잇어서 그것들은 우선권을 갓는다. ―反動의 俗物들과 이것들 作品, 作家 等의 秘密한 關係에 對하야서는 인제는 이 以上 더 말할 必要가 업스리라. 그리고 實로 如上의 秘密 속에 一九三三年의 創作界의 두 陣營의 懸隔한 數字의 差異는 存在하는 것이오, 이가튼 現實의 分析의 가운대에서만 이 一年間의 創作은 읽어저야 할 것이다."[6]

이미 전향을 선언한 박영희 역시 문단에 대한 저널리즘의 영향력 확대를 우려하고 있기는 마찬가지다. 그는 「一九三四年 朝鮮文壇의

멤버이다.

6) 위의 글, 25면.

動向」에서 맨 처음 단락의 내용을 "文藝의 獨自的 成長을 하지 못하고 늘 寄生的 成長을 하였다"라고 문단의 문제점을 지적하고서 "'쩌내리슴' 우에서 成長한 文藝는 藝術的 作品보다도 더욱 商品的 傾向으로 흐르는 까닭이다"라고 비판의 근거를 제시하고 있다.[7] 김기진처럼 "반동의 속물들과 이것들 작품, 작가 등의 비밀한 관계"라는 격렬한 비판은 피하고 있지만, 경박한 저널리즘의 속성 가운데로 진입해 들어가는 문단의 변화상을 우려한다는 점에서는 그리 다를 바 없는 견해이다.

1939, 1940년 벌어졌던 '신세대 논쟁'은 바로 이러한 문단의 변화와 관련이 있다. 조선 문단에서 이념은 점차 퇴조 일로로 접어들었고, 이에 따라 발생한 비어있는 자리를 채워 나간 것이 저널리즘의 막강한 영향력인 바, 바로 그 지점에서 생길 수밖에 없는 의식의 충돌이 잠복기를 거치다가 마침내 표면으로 드러난 사건이 1939년의 신세대 논쟁이라는 것이다. 지금껏 식민지시대 신세대 논쟁 연구는 이러한 제도상의 변화 양상을 배제한 채 진행되어 왔다. 논쟁의 발단을 1939년 1월 『조광』 특집 「新進作家座談會」로 파악하는 관점으로는 제도의 변화라는 틀까지 시야를 확장시킬 수 없다. 예컨대 김영민은 "『조광』(1939.1)지의 특집으로부터 시작되어 『매일신보』(1940.2.23)의 기획을 통한 해명으로 이 논쟁은 끝이 나는 것"이라며 "저널리즘의 부추김을 받아 이루어진 감정적 논쟁"으로 파악하고 있는데, 이렇게 접근해서는 곤란하다는 것이다.[8] 김재용, 이상경, 오성호, 하정일이 함께 쓴 『한국근대민족문학사』에는 이념의 문제로만 접근하려는 시도가 나타난다. "'순수문학론'은 1939년경부터 본격화된 '세대논쟁'의 과정에서 등장하였다. …… '순수문학론'은 당시의 문학적 위기를 현실로부터의 도피라는 방식을

7) 박영희, 「一九三四年 朝鮮文壇의 動向」, 『박영희전집』 IV, 영남대 출판부, 1997, 115면.
8) 김영민, 『한국근대문학비평사』, 소명출판, 1999, 516면.

통해 해결하려는 이데올로기적 의도의 산물이었던 것이다. 따라서 이때의 논쟁을 기성세대 대 신진세대라는 대립구도로 설명하는 것은 실상의 왜곡이라 할 수 있다."[9] 이래서는 왜 당대의 논쟁이 세대의 갈등이라는 외피를 입고 벌어질 수밖에 없었는가, 하는 문제를 해명할 수 없다.

제4장 「1930년대의 문학 제도의 변모 양상과 신세대논쟁」은 식민지시대 말기에 벌어졌던 신세대 논쟁을 분석하는 데 목적을 둔다. 논쟁이 벌어지게 된 원인을 1930년대 중반부터 점차 선명해진 저널리즘의 영향력 확대에서부터 찾고 있으므로 논의는 문예종합지의 위상 하락에서부터 시작하게 된다. 식민지시대 말기 신세대 논쟁의 특징은 소설가 대 비평가의 대결이기도 했던 만큼 상호 간의 불신이 어떠했던가를 살펴보는 것도 제4장의 내용에 포함된다. 이렇게 당대의 문단 상황을 정리하고 난 후, 신세대 논쟁에서 피력된 김동리의 사상과 논리를 분석하고 그 의미를 살펴보고자 한다. 당시 신세대 논쟁을 사상의 차원으로까지 끌어올린 이로는 오직 김동리만이 우뚝한 양상이므로 이러한 분석은 신세대 논쟁 자체의 분석과 그리 다를 바 없을 것이다.

9) 김재용 · 이상경 · 오성호 · 하정일, 『한국근대민족문학사』, 한길사, 1993, 844~845면.

2. 1930년대 중반의 신인 비판 논리
—신인남조론(新人濫造論)과 문단숙청론(文壇肅淸論)

1939년 벌어진 신세대 논쟁에서 가리키는 '신세대'는 1934, 1935년 이후 신춘문예를 통해 등단한 이들을 가리킨다. 1935년 「文人座談會」에 참석한 이헌구의 발언이 이러한 판단을 가능케 한다. "新人이라고 하면 昨年이나 今年에 各 新聞에 當選된 사람들을 말하는 것 같더군요."[10] 1935년을 전후하여 신춘문예를 통해 등단한 이들은 먼저 양적으로 만만치 않은 숫자를 확보했던 듯싶다. 『신문학사조사』를 기술하는 백철은 1935년 전후 신인 등장에 대해 다음과 같이 기술하고 있다.

> 一九三五년을 전후한 수년간에 걸쳐서 생겨진 文壇의 새 面相은 이 기간에 유력한 新人作家들이 전례 없이 많이 등장하였다는 사실이다. 이때에 신인들이 등장해온 방법은 日刊紙들의 신춘문예 당선제도, 同人誌의 활동, 뒤에 가서 『文章』誌 등의 추천제도 등을 통해서였는데, 그 중에서도 주요한 기회로 된 것이 신춘문예 당선제였다. 이때의 신춘문예현상은 신인들을 등장시키는 데 그만큼 주요한 구실을 하였고, 이 제도를 통하여 많은 사람들이 文壇에 나왔던 것이다. 小說에서만 해도 金裕貞・朴榮濬・金東里・鄭飛石・郭夏信・玄德・金永壽・崔仁旭・金廷漢 등 여러 사람들의 이름을 들 수 있다. 그밖에 이 기간에 활동한 李箱・許俊・鄭人澤 등을 더해 보면 하여튼 三五년대에는 다수의 신인들이 진출해 나온 것이 두드러진 현상이었다.
>
> 그 다수의 신인 진출은 필연적으로 文壇上에 변모를 가져오게 되어 이

10) 編輯局, 앞의 글, 145면.

項目 처음에 언급한 것처럼 世代論과 純粹論을 갖고 旣成作家들과 대립되는 큰 새 세력을 이루기도 한 것이다.[11)]

신춘문예를 통한 신인들의 대대적인 문단 진출은 비단 양적인 측면에서만 관심을 요하는 현상이 아니다. 이처럼 많은 수의 신인들이 선보였던 작품 세계가 기성 작가들의 작품 세계와는 현격하게 다른 경향을 선보였으며, 이로 인하여 결국 '신세대 논쟁'이라는 문학사적인 사건으로 이어졌기 때문이다. 그 차이에 대하여 기성 측이 달갑게 받아들였을 리 만무하다. "作家의 精神이 卽 反逆精神이다"라고 전제를 하고 난 후, 신진작가들의 반역정신 부족을 비판하는 김양석(金洋哲)의 「旣成作家와 新進作家－그 差異는 어데 있을가?」는 하나의 예가 된다. "보라 요즘 新聞社의 懸賞小說에 當選되었다는 作品들을 본다면 大槪가 身邊記錄, 回想記, 무슨 受難記, 이것들이 과연 旣成作家보담 몇 培 더한(强) 反逆精神의 作品이엿든가?"[12)] 같은 해 10월 발표된 이원조의 「新人論」[13)]을 보면, 신인작가들에 대한 기성작가들의 이러한 불만이 상당 수준에 달했음을 확인할 수 있다. 기성 측의 불만은 하나의 분명한 현상으로 불거져서 신인남조론(新人濫造論), 문단숙청론(文壇肅淸論)으로까지 나아가 공공연하게 유포되고 있었던 것이다. 신인남조론은 "저널리즘은 無節制하게 신인을 濫造해내었으며 또한 이 濫造된 新人들은 無反省, 沒廉恥하게 文壇秩序를 紊亂하였다"라는 내용이고, "文壇肅淸論者들의 所論을 要約하면 低級한 新人들의 너무 沒廉恥하게 跋扈하는 꼴이 보기 싫다는 것이다."

기성과 신인 사이에서 발견되는 작품 세계의 현저한 차이는 등단

11) 백철, 『新文學史潮史』, 신구문화사, 1997, 529~530면.

12) 金洋哲, 「旣成作家와 新進作家－그 差異는 어데 있을가?」, 『朝鮮文壇』, 1935.4, 138~139면.

13) 이원조, 「新人論」, 『조선일보』, 1935.10.10~17.

매체의 차이로부터 빚어진다고 볼 수 있다. 신인작가들이 신춘문예를 통해 문단에 등장한 데 반해, 이들을 비판했던 기성들은 대부분 문예종합지의 현상문예응모 출신들이다. 조선의 문단이 '동인지 시대'를 통과하여 『개벽』(1920.6~1926.8)과 『조선문단』(1924.10~1926.6)의 대결 구도를 거치면서 점차 제도적인 면모를 갖춰나갔다는 것은 주지의 사실이다. 이러한 대결 구도 속에서 신인 등장의 강력한 창구로 자리를 잡아나갔던 제도가 바로 문예종합지의 현상문예응모제도였다. 『개벽』의 박영희, 『조선문단』의 방인근의 회고는 그 사실을 보여준다.[14] 그런데, 『개벽』과 『조선문단』의 대결 구도가 소멸하면서 좌파의 세력이 급격히 팽창했던 점에 주의를 기울일 필요가 있다. 우파가 겨우 무애(無涯) 양주동이 3호까지 내고 폐간한 『文藝公論』에 매달려 있던 반면, 좌파는 『文藝運動』, 『第三戰線』, 『藝術運動』, 『朝鮮文藝』 등의 잡지를 확보하고 있었던 것이다.[15] 좌파와 우파의 이러한 구도가 역전되었던 시기가 바로 1930년대 초반이며, 역전된 상황에 대한 위기감은 김기진으로 하여금 「1933년도 단편창작 76편」을 쓰도록 만들었다. 물론 이 시기를 지나면서 문예종합지 전성시대는 종언을 고하는 한편 막강한 저널리즘의 시대가 펼쳐지기 시작하였고, 신인 재생산 구조에서는 잡지의 현상문예응모를 대신하여 신문의 신춘문예가 영향력을 키워나가게 되었다.

기성들로서는 이러한 변화에 순순히 응하기에 곤란하였다. 1920년대 중반 『개벽』을 무대로 삼아 "새로운 同志를 얻으려고" 현상문예응모에서 무산계급 의식을 가진 신인 발굴에 나섰던 카프의 실력자 박

14) 박영희, 「初創期의 文壇側面史」, 『박영희전집』 II, 영남대 출판부, 1997, 329~333면 참조.
방인근, 「조선문단(朝鮮文壇) 시절」, 『한국문단이면사』, 깊은샘, 1999.

15) 당시의 자세한 상황은 김춘희의 「한국 근대문단의 형성과 등단제도 연구」(동국대 석사논문, 2000) 참조.

영희가 있었고,[16)] 이렇게 문예종합지의 현상문예응모를 통해 "새로운 同志"가 되어 문단에 진출했던 존재가 기성작가들이었기 때문이다. 여기에서 가장 중요하게 평가되었던 바는 물론 '무산계급 의식'이다. 그런데, 신춘문예를 통해 문단에 등장하는 신인들에게는 자신들의 동질적 요소인 '무산계급 의식'이 완전히 배제되어 있지 않은가. 기성 측이 제기했던 신인남조론, 문단숙청론 따위는 이러한 문단 질서의 변화를 배경으로 하여 유포되었다. 이러한 상황을 전제했을 때, '김양석'이라는 이름으로 상징되는 기성 측이 신인들에게 요구했던 '반역 정신'의 의미는 어느 정도 실체가 드러낸다. 계급의식으로 무장하여 암울한 현실에 대하여 정면에서 대결을 펼치는 것이 '반역 정신'이라는 것이다.

그런데, 당시 식민지 조선의 암담한 상황을 염두에 두었을 때 과연 기성 측의 이러한 요구를 신인들이 감당할 수 있었는가는 의문이다. 우가키 가즈시게(宇垣一成)의 뒤를 이어 1936년 조선 총독으로 부임한 미나미 지로(南次郎)는 조선군 사령관과 관동군 사령관을 역임했던 인물이었다. 그런 인물이 총독으로 부임하자마자 국내의 여러 흐름에 각종 탄압을 가했으리라는 사실은 쉽게 짐작할 수 있다. 중일전쟁(1937)을 일으키기 위한 정지(整地) 작업이 조선에서도 진행되었고, 내선일체론을 강압적으로 내세운 것은 이러한 맥락에서 이해할 수 있다. 이런 암담한 상황으로 인해 기성작가들은 현실과의 정면 대결에서 한 발짝 물러서서 자리를 취할 수밖에 없었다. 자신의 입장이 그러했음에도 불구하고, 신인의 '새로움'에 해당하는 덕목으로 날카로운 '반역 정신'을 꼽고 이를 요구하고 나선 것은 너무 일방적인 것 아닐까. 물론 암울한 시대의 흐름과 상관없이 저널리즘으로부터 화려한

16) 박영희, 「草創期의 文壇側面史」, 같은 책.

조명을 받으며 신인들이 활발하게 활동했던 데 대해 기성들의 입장에서는 못마땅하게 파악될 수밖에 없었던 분위기는 충분히 이해해야 할 것이다.

이 대목에서 신춘문예 출신의 신인작가로서 가장 화려한 조명을 받았던 이가 김동리라는 사실을 환기할 필요가 있다. 김동리는 당시 위세가 대단하던 3대 민간신문의 신춘문예를 모두 석권했다. 1934년에는 시 「白鷺」가 『朝鮮日報』에 입선으로 뽑혔고, 이듬해에는 『朝鮮中央日報』에 소설 「花郞의 後裔」가 당선했으며, 1936년에는 다시 소설 「山火」가 『東亞日報』 신춘문예에 당선으로 뽑혔던 것이다. 신춘문예에서 드러나는 김동리의 활약은 그의 빼어난 창작 능력을 증명하는 단서라고 볼 수 있다. 그런데, 이 사실을 두고 다른 해석도 가능한데, 다른 신인작가 누구보다도 김동리의 창작 기질이 신춘문예의 기준에 부합했다는 평가도 나름의 설득력을 갖게 된다. 다시 말하면, 현상문예응모 출신의 기성이 체득하고 있는 역사적 체험으로부터 떨어져 동세대의 감각을 가장 깊이 체득한 작가가 김동리라는 접근이 가능해진다는 것이다. 그런 점에서 한형구(韓亨九, 1959~)의 다음과 같은 관점은 기억해둘 필요가 있다. "하나의 세대가 문화사적 의미망을 형성하느냐 못하느냐는 그 세대 내부의 응집력과, 동시에 결과적인 성취의 동기로서 재단될 수 있겠지만, 이 경우 그 결과적 표지 형성의 원초적 조건은 역사적 원체험의 밀도에 의해서 주어진다고 볼 수 있다."[17]

소설 창작으로 드러나던 '역사적 원체험의 밀도'가 논리의 세계로 넘어가는 순간 김동리는 신인의 입장을 대변하는 비평가로 자리하게 된다. 자신의 세대를 대표하는 김동리의 비평가로서의 감각을 3대 민간신문 신춘문예의 석권에서부터 추론이 가능할 수 있는 이유이다.

---

17) 한형구, 『日帝末期 世代의 美意識에 관한 硏究』, 서울대 박사논문, 1992, 3면.

3. 소설가와 평론가의 대결 양상

이념의 절대성이 사라진 마당에 과연 지도비평(指導批評)이 가능할 수 있을까. 사상의 입지가 마련되지 않은 작품 비평이란 기껏해야 '해설' 수준에 머무를 따름이다. 반면 시대와 작품의 현장성에서 괴리되어 원칙만을 강조하는 비평은 공허한 주의, 주장의 강변으로 떨어지고 만다. 이도 저도 아니라면 이전의 사상을 포기하고 새로운 이론을 도입하여 나름의 출구를 모색해 나아가야만 할 것이다. 1930년대 초·중반 비평가들은 바로 이 세 갈래 길에서 하나의 방향을 선택해야 하는 결단의 순간을 맞이하였다. 비평 분야에 관해서라면 '전형기(轉形期)'라는 용어가 이러한 상황의 도래를 가리키는 것으로 이해해도 무방하다.

세대논쟁이 전면적으로 불거지기 전 대다수의 기성 평론가들은 새로운 이론에 경도되거나 '공허한 주의, 주장'의 길에 머물러 있었다. 공허한 주의, 주장에 머무르는 모습은 특히 신인으로 등장하는 소설가 비판에서 두드러졌는데, 기성과 신인의 차이가 '반역 정신'의 유무에서 설정되었으니 당연한 현상이라고 하겠다. 이를 보여주는 기성 측의 대표적인 논자는 카프 서기장 출신 평론가 임화다. 그는 「彷徨하는 文學精神-丁丑文壇의 回顧」(『동아일보』, 1937.12.12~15)에서 김동리, 정비석 등을 "진짜 낭만적 반동"으로 규정하면서 "유령을 좋아하고 미신을 예찬하며 과거를 사랑했다"18)라고 비판하고 있다. 임화가 판단하기에 김동리, 정비석 등은 "各人이 자기에 대해서까지 믿기를 꺼리고 진실을 이야기하길 두려워하는 것이다. 누구에게나 생활에 대

18) 임화, 「彷徨하는 文學精神-丁丑文壇의 回顧」, 『文學의 論理』, 서음출판사, 1989, 152면.

한 확신이 없고 明日에 대하여 우연을 기다리는 외엔 절망밖에 갖지 않은 시대, 방황하는 시대"[19]의 표상에 불과한 것이다. 여기에서 신인 작가들에게 임화가 기대하는 바가 어떠한 것인가는 충분히 짐작할 수 있다. '진실', 그러니까 식민지 조선의 암울한 현실에 직접 맞서서 발언하라는 요구이다. 그러한 요구의 수신자로 '조선 청년'을 직접 지시하고 있으니 평론가 임화의 계산은 뻔히 드러난다고 하겠다.

임화의 이러한 태도는 『조선일보』에 연재되었던 「文壇時感」(1938.7.17~23)에도 그대로 이어진다. 「방황하는 문학정신」에서의 '청년들'을 '신인'이란 표현으로 바꾸고, 문단 세대교체의 의미에 대하여 이론적으로 접근하고 있는 점이 이 글의 특징으로 드러난다. 하지만, 이론적인 전개에도 불구하고 신인들을 겨냥하는 이유는 「방황하는 문학정신」에서와 동일하다는 사실은 명백하게 드러난다. ① 文壇의 中心과 周邊 ② 文學과 世代의 問題 ③ 時代에 忠實한다는 말 ④ 世代交替와 文學外的 힘 ⑤ 너무나 文壇的인 문학 ⑥ 現代의 世代的인 意味의 여섯 항목으로 나누어 게재된 이 글의 마지막 문장은 다음과 같은 신인에 대한 조롱이다. "오늘날의 문학적 世代란 이아무것도 缺如된 空間을 할수업시 차지하고잇는불상한 '에어 · 포캡'이나 아닌지?"[20] 세대논쟁이 벌어질 즈음 1939년 『비판』 2월호에 발표한 「新人論-그 序章」에서도 신인에 대한 그의 태도는 변함이 없다.

평론가들의 비난에 대하여 소설가 측에서 불만이 없을 수 없다. 신인들의 입장을 대변하여 적극적으로 맞섰던 이로는 구인회의 좌장 상허 이태준을 꼽을 수 있다. 그는 진작부터 소설가의 자격으로 평론가들에게 적극적인 비판을 가하고 있었다. 예컨대 「評者여 좀더 謙遜하라」(『조선일보』, 1933.10.14), 「'無知한 評者'라는 것」(『동아일보』, 1933.12.6), 「'휴매

19) 위의 글, 148면.

20) 임화, 「文壇時感 6-現代의 世代的인 意味」, 『朝鮮日報』, 1938.7.23.

니즘' 云云은 評論을 위한 評論－文壇打診 卽問卽答記」(『동아일보』, 1937.6.4), 「評筆의 焦燥性－먼저 責任感을 가지라」(『동아일보』, 1937.6.27), 「'人格尊重' 批評을 得望－作家와 評論家의 辯」(『조광』, 1937.9)과 같은 글들은 신세대 논쟁이 벌어지기 이전에 발표된 글들이며, 「批評과 批評精神」(『조선일보』, 1939.5.31~6.2), 「近代批評精神의 趨移」(『조선일보』, 1939.6.4~5) 등은 신세대 논쟁이 벌어지던 시기에 쓰인 평문이다. 이들 가운데는 구체적인 대상을 직접 겨냥하여 작성된 글도 포함되어 있는데, 「'휴매니즘' 운운은 평론을 위한 평론」은 백철의 「現代文學의 課題인 人間探求와 苦惱의 精神」(『조선일보』, 1936.1.12~21)에 대한 비판이며, 「평필의 초조성」은 신남철(申南撤)의 비판에 대한 반박문으로 정리할 수 있다.[21] 신남철의 글은 상허가 『조선일보』에 발표했던 「누구를 위하여 쓸 것인가」(1937.5.25~26)에 대한 비판이고, 신남철의 이 비판은 자신의 글을 잘못 이해한 것에 불과하다는 논박이 「평필의 초조성」의 내용이다.

이와 관련하여 이태준의 산문 가운데 관심을 가질만한 글은 신남철과의 논쟁을 불러일으켰던 「누구를 위하여 쓸 것인가」이다. 이 글은 요절한 이상, 김유정을 기념하는 추도회를 연 후 감회를 적어 내려간 수필이다. 이태준은 이 글에서 이상, 김유정의 작품뿐만이 아니라 다른 신인들의 작품들까지 예를 들어가며 적극적으로 의미를 부여하고 있다. 이상, 김유정과 서정주를 위시한 당대의 신인들이 공유하고 있었던 의식 세계를 염두에 둔다면 이는 충분히 가능한 일이다.[22] 그런데 당시 팽배해 있던 신인남조론, 문단숙청론 위에서 이러한 논의를 펼쳐 나갔다면 문제는 그리 간단하지 않을 수도 있게 된다. 이 순간 작품을 평가하는 기준이 선명하게 드러날 수밖에 없고, 이는 대립각

---

21) 김상선, 『상허 이태준 문학연구』, 한빛미디어, 1994, 599~600면 참조.

22) 예컨대 서정주가 회고하는 이상의 일화 따위는 당시 그들의 의식 세계가 얼마나 근접해 있었는가를 보여주는 단서가 된다(서정주, 「해인사」, 『미당자서전』 2, 민음사, 1994).

을 세운 면모로 기성 측에게 다가설 가능성이 농후하기 때문이다. 더구나 그 발화자가 누구인가. 카프의 위세가 꺾이면서 생긴 문단 공백을 공세적으로 잠식해 나간 것으로 논의되던 구인회의 좌장 이태준이 아닌가. 또한 그는 저널리즘의 영향력을 적극 활용할 수 있던 『조선중앙일보』의 학예부장이기도 했다.

> 最近 數三年內에 우리文學은 刮目할만치 자랏다하겟다. 내가 읽은 範圍內에서도 裕貞의「봄봄」, 李箱의「날개」와「倦怠」, 崔明翊의「비오는길」, 金東里의「巫女圖」, 李善熙의「計算書」, 鄭飛石의「城隍堂」 다 그以前에보지못하던 燦然한 作品들이다. 「비오는길」이나 「巫女圖」「計算書」「城隍堂」 등은 군데군데 推敲해야할데가잇스면서도 大體로는 과거의 다른 新人들이나 또 어느旣成作家들의 初年作에서는 차즐수업는 快作들이엿다. 新人들이 이만한 作品을 내여던지면 旣成作家들은 新聞小說에서는 別問題거니와 아직 正統藝術의 舞臺인 短篇界에서는 서뿔이 붓을 잡을 勇氣가 업슬것이다. 痛快한 일이다.[23)]

"新人들이 이만한 作品을 내여던지면 旣成作家들은 新聞小說에서는 別問題거니와 아직 正統藝術의 舞臺인 短篇界에서는 서뿔이 붓을 잡을 勇氣가 업슬것이다. 痛快한 일이다"라는 신인에 대한 찬사는 곧바로 "文壇의 자리는 임자가 업다. 조흔 作品을 쓰는者의 자리다"라는 주장으로 이어진다. 이는 문단의 자리를 차지할 적임자로 신인들이 전혀 모자람 없다는 내용으로 해석할 수 있다. 이렇게 주장하는 순간 그간 조선 문단에 통용되어왔던 가치라든가 역사가 완전히 무시당하는 모양새이기 때문이다. 따라서 「누구를 위하여 쓸 것인가」의 내용

23) 이태준, 「누구를 위해 쓸것인가(上)」, 『조선일보』, 1937.5.25.

은 신인남조론, 문단숙청론에 대한 맞대응의 성격이 짙다고 볼 수 있다. 비평가 임화가 비슷한 시기 신인에 대해 써 내려간 평론들과 비교해 보면 그러한 색채는 더욱 분명하게 다가온다.

임화와 이태준의 경우에서 확인할 수 있듯이, 1930년대 중반 평론가와 소설가의 대결 양상은 이미 가시적으로 드러나고 있었다. 특히 평론가는 신인들에게 암담한 현실과 맞서면서 그 절망을 뚫고 나가라고 요구하는 태도를 보였고, 이에 반해 신인들은 아직 자신들의 입장을 전면에 내세우며 이에 반박할 준비를 하지 못하고 있었다. 그래서 『조선중앙일보』의 학예부장인 동시에 구인회 좌장이었던 소설가 이태준이 나서서 신인들을 옹호하는 양상이 펼쳐졌던 것이다. 하지만, 1939년 『조광』 1월호 기획 「신진작가좌담회(新進作家座談會)」를 계기로 신인 소설가들은 기성 평론가들에 대한 불만을 직접 털어놓기에 이른다. 이로써 세대논쟁이 전면적으로 벌어지게 되었고, 그 가운데 비평가로서의 자질을 유감없이 드러낸 이가 김동리였다.

4. 식민지시대 세대논쟁의 두 가지 특징

1939년 1월호 『조광』의 기획특집 「신진작가좌담회」에 참석한 박노갑(朴魯甲, 1905~1951), 허준(許俊, 1910~?), 김소엽(金沼葉), 계용묵(桂鎔默, 1904~1961), 정비석(鄭飛石, 1911~1991), 현덕(玄德, 1909~?) 등은 모두 소설가인데, 좌담에서 이들이 보여주는 태도가 기성에 대하여 무척 공격적이라는 사실은 주목을 요하는 장면이다. 선배작가들에 대한 논의에서 "先輩라고 私淑할만한 사람이 없다"라는 데 의견을 모으거나, 평론가들의 월평을 조롱하며 "한 十年만에 한번式 할 필요가 있을 것 같애. 十年評이라고나 할까"라고 의견을 나누는 장면은 대표적인 사례로 꼽을 수 있다. 『조광』은 같은 해 4월호에서도 비슷한 성격의 특집 〈新進作家들의 文壇呼訴狀〉을 마련하였다. 여기에서도 역시 참가자들은 모두 소설가였는데, 참가자들의 면면은 다음과 같다. 김동리, 정비석, 김영수(金永壽, 1911~1977), 최명익(崔明翊, 1903~?), 차자명(車自鳴), 김소엽, 이운곡(李雲谷), 현경준(玄卿駿, 1909~?), 박영준(朴榮濬, 1911~1976). 〈新進作家들의 文壇呼訴狀〉이란 특집으로 묶인 글들은 그 초점이 평론가들에 대한 불만으로 맞춰지고 있다는 점에서 흥미롭다. "흔한 例를 들면 무슨 레알리즘이니, 휴맨이즘이니, 知性이니 모랄이니 하는 따위들인데, 이것들이 이즈음 이땅에 있어서 대체, 그들의 '思想'이냐 '文字'냐 말이다"라면서 평론가들의 '문자병(文字病)'을 거세게 비판하는 김동리,[24] 평론가들에게 세 가지 요구—"1. 評筆을 들냐거든 作品을 두 번 以上 읽자!", "2. 事大主義觀念을 버리자!", "3. 作家를 體系的으로 考察하자!"라고 당부하는 정비석,[25] "늘 마음에 걸리는 것은 우리들 作家를 注視한답시고 버티고들 있는 所謂 評論家들이다. 그 中 몇 사람을 除外하고는 거의 모두가 自己陶醉에 떨고 있다"고 규정하는 김영수가 대표적이다.[26] 이들의 비판은 대체로 외국 이론이 유행함에 따라 무게중심 없이 편승하는 비평가의 양태에서 겹쳐지고 있다는 사실이 눈길을 끈다.

『조광』은 기성 작가, 평론가들에게 반격을 위한 지면을 할애하기도 하였다. 5월호 특집 〈新進作家를 論함〉이 바로 이에 해당한다. 여기에는 장혁주(張赫宙, 1905~1998), 유진오(兪鎭午, 1906~1987), 김환태(金煥泰, 1909~1944), 김문집(金文輯, 1907~?) 등 기성 문인들이 모습을 드러내었

24) 金東里, 「文字偶像—'偶像論' 노트의 一節」, 『조광』, 1939.4, 805~806면.
25) 鄭飛石, 「評家에의 進言」, 위의 책, 307~309면.
26) 金永壽, 「文壇不信任案」, 위의 책, 309면.

다. 이들 중 관심을 끄는 인물은 단연 유진오와 김환태다. 이후 신세대 논쟁의 전면에 나섰던 유진오가 이때에는 그러한 대결 구도를 무시하고 있는 반면,[27] 이후 신인작가의 편에 섰던 유일한 평론가 김환태는 이 자리에서 기성의 위치를 고수하고 있기 때문이다. 먼저 김환태의 발언을 확인해 보자. "그래도 또 그들에 對한 不平不滿이 남는다면, 그는 그들이 君의 作品에 對하야 最大限의 讚辭를 안들이기 때문이거나, 君의 작품에 대하야 君이 생각하는 바와 똑같은 생각을 말해주지 않기 때문일 것이네. 그러나 이렇게 꼭 自己 마음에 맞는 批評家를, 有史以來 아즉 어떤 作家고 가저본 적이 없네. 그러나 그런 批評家가 있다면 果然 君은 滿足하겠는가? 잘 생각하여 보게."[28] 한편 유진오가 「新進에게 갖는 期待」에서 기성 대 신인이라는 대결구도를 무시했던 까닭은 『조광』 4월호의 〈新進作家들의 文壇呼訴狀〉을 제대로 읽지 않았기 때문이라고 판단하게 된다. 1935년 6월 3일 속간기념으로 열렸던 「문인좌담회」는 『朝鮮文壇』 8월호에 실렸고, 1938년 11월 12일 진행된 「신진작가좌담회」는 『朝光』 1월호에 게재되었다. 이를 근거로 파악했을 때, 당시 잡지의 청탁 · 집필 · 발간의 과정에 대략 두 달은 소요되었을 것이라고 짐작할 수 있다. 그러니까 유진오가 청탁을 받고 그 글을 썼을 때는 『조광』 4월호를 제대로 읽지 못했을 공산이 크다. 유진오가 『文章』 6월호에는, 「新進에게 갖는 期待」와는 논조가 아주 다른, 「純粹에의 志向」을 발표하였다는 사실은 이러한 추정을 뒷받침한다.

이런 측면에서 식민지시대 신세대 논쟁을 관찰하자면 하나의 특징을 발견하게 된다. 그것은 기성 대 신진의 대결구도가 곧 평론가 대 소설가의 대결 구도로 치환된다는 사실이다. 이는 이후 다른 시대에 벌

27) 兪鎭午, 「新進에게 갖는 期待」, 『조광』, 1939.5.
28) 金煥泰, 「新進作家 A君에게」, 위의 책, 283면.

어졌던 세대 논쟁에서 볼 수 없는 면모라고 할 수 있다. 이후의 세대 논쟁은 신구(新舊) 평론가들끼리 격돌하는 양상으로 벌어졌던 것이다.

한편 식민지시대 신세대 논쟁의 직접적인 발발 과정을 따진다면 『조광』이라는 잡지의 상업적인 계산이 작용하고 있음을 간과할 수 없다. 『조광』 특집이 기획되는 과정이 우선 이를 보여주며, "新進作家에게 忠告하고 싶은 말을 쓰라"[29]는 따위의 청탁 내용도 그 일단을 드러낸다. 애초 「신진작가좌담회」가 조선일보사 계열 출판사에서 발행한 『新人短篇集』의 필자들을 대상으로 진행되었다는 사실도 『조광』의 상업적인 의도와 무관하지 않을 것이다.[30] 그러니 "나는 과녁 없는 활을 쏘고 있는 것 같은 感이 不無하다. 아마도 내가 이런 말을 한 것은 雜誌社에서 '新人作家座談會'란 것을 열고 또 新人에게 現文壇－主로 旣成을 意味할 것이다－에 對한 氣焰을 吐케 한 후에 지금 나에게 이런 글을 쓰라고 勸해온 그 術策(?)에 너머가서 하는 노릇인지도 모른다"[31]라는 유진오의 판단이 일면 타당하게 느껴진다. 「문자 우상」의 첫 단락을 보건대 김동리 역시 이런 상황을 눈치 채고 있었던 것으로 보인다.[32]

하지만, 논쟁이 일어날 즈음 발표된 임화의 「新人論－그 序章」(『비판』, 1939.2)과 같은 글을 염두에 둔다면, 당시 신세대 논쟁이 발발했던 원인을 저널리즘의 부추김으로만 파악하는 것도 곤란할 수밖에 없다. 잡지 발행 시기로 따졌을 때, 이 평문은 『조광』 1월호의 기획 「신인작가좌담회」와 무관하게 씌어졌기 때문이다. 「신인론」의 구체적인 내용을 살피더라도 이는 분명하게 확인할 수 있다. 1939년 1월 11일부터

29) 김환태, 위의 글, 278면.

30) 함대훈(咸大勳), 「新人作家座談會」, 『조광』, 1939.1, 240면.

31) 유진오, 앞의 글, 276면.

32) "現文壇에 對해서 하고 싶은 말을 기운껏 吐露해 보란다. 하긴 좀 曖昧타마는 그 口氣로 보아하니, 編輯者의 뜻이 나로 하여금 現文壇禮讚記를 쓰일 셈은 아닌 상 싶다."(김동리, 앞의 글, 304면)

13일까지 유진오가 발표했던 「朝鮮文學에 주어진 새 길－世界文學의 系列로」(『동아일보』, 1939.1.11~13)도 『조광』 4월호, 5월호의 기획과 무관하다는 측면에서 같은 맥락으로 파악하게 된다. 그러니 신세대 논쟁의 발발을 따지기 위해서는 어쩔 수 없이 1935년 즈음의 '신인남조론', '문단숙청론'으로까지 거슬러 올라가야만 한다. 다시 말해서 이전에는 이태준이 평론가들의 비판에 맞서며 신진 소설가들의 의미를 적극 옹호하였는데 반해, 1939년에 이르러서는 신진 소설가들이 스스로의 의미를 직접 드러내면서 논쟁이 표면화되었다는 것이다.[33] 따라서 식민지시대 신세대 논쟁은 이념의 쇠퇴에 따라 나타난 평론의 영향력 후퇴와 이로부터 자유로운 소설 경향의 부상이 매체 환경 변화와 맞물리면서 제기된 것으로 정리하게 된다.[34]

이러한 맥락 위에서 식민지시대 신세대 논쟁의 특징이 또 하나 드러난다. 그것은 바로 기성 측이 먼저 나서서 신인 측에게 논쟁을 제기했던 형국이라는 것이다. 다른 시대의 신세대 논쟁은 언제나 신인 측에서 논쟁을 일으키며 전개되었다. 인정투쟁의 욕망이 세대 논쟁의 본령에 해당하기 때문에 이는 당연한 현상이라고 할 수 있다. 이때 인정투쟁의 욕망 그 자체를 긍정적이라거나 부정적으로 파악할 필요는

33) 임화는 「신인론」에서 신진 작가들을 이태준의 '에피고넨'으로 폄하하고 있다. 이태준의 신진 작가 옹호를 염두에 두고 내린 판단이었을 가능성이 크다. 그렇지만 문학관의 차이가 자신과 다르다고 해서 이러한 방식으로 대상을 규정하는 것이 바람직한가에 대해서는 회의적이다. 어찌 되었든 이러한 비난을 정면으로 돌파하기 위해서는 신진 작가들이 스스로 나설 수밖에 없는 일이다. 『조광』의 「신진작가좌담회」는 신진 작가들에게 그 가능성을 열어준 계기로 작용하였다.

34) 기성 평론가인 김환태(金煥泰)가 신진 작가의 편을 들었다는 사실을 근거로 '기성 대 신진'이라는 세대 대결의 관점이 허구라는 주장도 있다(『한국근대민족문학사』). 그렇지만 특수한 하나의 사례를 들어 논쟁의 전반적인 경향 부정으로 나서려는 시도는 적절치 않아 보인다. 또한 신세대 논쟁에서 김환태의 역할은 극히 미미하였다. 가령 김환태의 「純粹是非」(『문장』, 1939.11)를 보면, 김동리가 쓴 「純粹異議」의 논리를 자의적으로 해석하여 이에 편승하려는 태도가 명확하게 드러난다. 그 한계는 너무도 분명해서 이원조의 「純粹는 무엇인가」(『문장』, 1939.12)에서 쉽게 지적되고 있다.

없다. 그러한 욕망은 누구에게나 있으며, 문단에 활력을 부여하여 정체를 가로막는 데에도 이는 분명 기여하는 바가 있기 때문이다. 문제는 이로써 야기되는 변화가 어떠한 방향으로 나아가는가에 달려 있다. 신인들이 벌여나가는 세대논쟁이 대개 문학-제도의 변화와 함께 진행하는 이유가 여기서 비롯된다.

그런데, 식민지시대의 신세대 논쟁은 기성 측에서 먼저 논쟁을 제기하면서 발발하였다. 그 이유로는 두 가지 정도 꼽을 수 있다. 첫째, 신춘문예를 통해 등단한 신인 측에서는 이미 발표지면을 획득하고 있었다. 만약 기성 측에서 문학 제도의 차원에서 발표지면을 장악하고 있었다면 새로운 세대들로서는 자신들의 감수성이랄까 문학 이념을 보존하기 위하여 인정투쟁이 불가피했을 터이지만, 각자가 등단한 신문과 신문의 자매잡지를 벌써 발표지면으로 확보한 마당이니 굳이 대립을 이끌어낼 필요가 없었다는 것이다. 이렇게 파악하자면 당시 발표지면에 목마른 상황에 처했던 것은 기성 측이 아니었던가. 둘째, 기성 측은 문단의 담론 주도권을 제대로 확보하지 못한 상황에 처해 있었다. 당시 정세 속에서 기성 측은 이전에 품어왔던 이념을 그대로 고수할 수 없었다. 그래서 운신의 폭이 현격하게 좁아진 상태였다. 물론 운신의 폭이 좁기는 신인 측 또한 마찬가지였다. 그럼에도 불구하고 신인들은 언론의 조명을 한껏 받았던 반면, 기성들은 어둠에 묻히는 상황이 전개되었다. 1936년 후반~1937년 초반 『조선일보』 학예면에 연재되었던 '신인들의 말'은 신인들에게 찬란한 조명이 쏟아졌던 단적인 예다. '순수(純粹)' 문제가 불거진 데에는 이러한 상황이 무관치 않다. 이렇게 전개되는 상황을 기성으로서는 순응하기 힘들었을 것이다.[35] 이것이 바로 기성 측이 신인 비판에 나섰던 두 번째 이유로 작동했다.

35) 예컨대 "소위 '文壇出世'에 焦急한 탓"이라는 유진오의 혐의가 대표적이다.(玄民, 「'純粹'에의 志向 -特히 新人作家에 關聯하야」, 『문장』, 1939.6, 135면)

5. 유진오와의 대결

세대논쟁에서 기성 측을 대변하여 신인들에게 비판을 가한 이는 현민 유진오이고, 신인 측에서는 김동리가 나서서 이에 대한 논박을 펼쳤다. 유진오의 입장이 가장 명료하게 나타난 글은 1939년 『문장』 6월호에 발표한 「純粹에의 志向」이다. 이 글이 『조광』 4월호의 특집 '신진작가들의 문단호소장'을 대상으로 씌어졌다는 사실은 분명하다. "批評에 對한 不信의 表明은 所爲 '文壇主流의 喪失' 또는 '批評 基準의 喪失'이라는 것과 密接히 關聯되는 것이며, 요사이 所爲 新人은 대개 이러한 文學的 環境 밑에 登場한 사람인 까닭이다"[36]라는 상황 분석은 이를 보여준다. 이러한 분석을 바탕으로 하여 유진오는 평론가를 옹호하는 한편, 신진작가들에 대해서는 '악질의 문단정치'를 일삼는 이들로 몰아붙인다.

> 果然 過去의 批評이 또는 현재의 批評도 그 評家 자신의 文學的 敎養問題는 措置하고라도 너무나 무디고 너무나 一面的이고 너무나 標語 또는 렛텔에 執着한 감이 있음은 事實이다. 그러나 論者는 그 缺陷에 不平을 말하기 前에 標語는 또한 一定한 內容의 主張을 表現하기 위해 생각해낸 것임을 생각해 볼 필요가 있을 것이다. …… 오늘날 數年來로 많은 사람이 論議해 오던 知性이니 모랄이니 휴매니티니 하는 諸種의 標語類를 소리처 拒否하는 一部의 作家들은 이들 各種 標語의 갖는 意味의 內容을 좀 더 凡人的인 努力으로써 分析해 보고 體驗해 봄이 어떨까. …… 批評이 文壇을 領導하던 때 文學的 力量의 修練을 等閑視하는 弊端이 있었다 하면

---

36) 위의 글, 137면.

> 文壇의 主流가 喪失된 오늘 또는 一部의 作家가 생각은 滅亡되었다고 생각하는 오늘 文壇에 나타나는 것은 卑劣한 阿諛요 길드的 師弟關係요, 惡質의 文壇政治다. 이러한 惡傾向의 萌芽를 우리 文壇에서 벌써 봄은 나의 그릇된 認識일가.[37]

유진오의 「순수에의 지향」에 맞서는 평론이 『문장』 8월호에 실린 김동리의 「'純粹' 異議―兪氏의 歪曲된 見解에 對하야」이다. 이 글에서 가장 확연하게 눈에 띄는 대목은 기성의 현실 참여 요구에 대한 야유이다. "氏는 新人 作家들의 文學精神을 疑心하고, 또 非難하기 전에 먼저 氏等은 自己네의 過去의 文學精神이란 것에 아직도 責任과 確信을 가지고 있는가, 스스로 물러가 생각해 볼일이다. 數三年來의 自己들의 문학적 去就를 다시 한번 살펴 보라, 自己 自身들이 첫째 서푼어치 信念도 보여주지 않은 자기네의 文學情神이거늘 이를 순수의 정신이라 하여 後進에게 繼承하기를 嚴命하는 氏의 情神은 또한 曰, 무슨 情神인지 不明하다."[38] 먼저 확인할 수 있는 것은 '서푼어치 신념도 보여주지 않는 자기네의 문학정신'이라는 비판이다. 이 시기 백철 등이 표명하였던 친일 논리 따위를 염두에 둔다면 김동리의 이와 같은 비판은 문학과 삶의 관계로까지 확장하여 생각해 볼 수도 있다. 이후 1939년 11월 일제문학어용단체인 문인보국회(文人報國會) 가입 원서를 전달받자 생각할 것도 없이 아궁이에 넣어 성냥을 그어버리고, 1940년경 국민문학연맹(國民文學聯盟) 가입 통지서가 등기우편으로 배달되어 오자 다시 한 번 불살라 버릴 수 있었던 김동리[39]로서는 기성 평론가들이 보이는 주장과 삶의 괴리가 우습게 파악되었을 것이다. 형식

37) 위의 글, 137~139면.
38) 김동리, 「'純粹' 異議」, 『문장』, 1939.8, 144면.
39) 김윤식, 『김동리와 그의 시대』, 민음사, 1995, 291~294면.

적인 수준에 머무른 기성들의 신인 비판은 김동리의 이러한 반박 앞에서 여지없이 허물어지고 있다.

그 다음 주목할 대목은 "표어를 경계한다"는 유진오의 비판에 대한 반박이다. 유진오의 비판이 "月前의 나의 「文學偶像」(「文字偶像」의 착오 -논자)이란 小文을 두고 하는 말인 모양인데, 내가 그 小文에서 標語를 警戒한 것은 個性 없는 思想, 公式主義的 機械的 文字의 羅列의 無責任함을 非難한 것이지, 決코 作家의 文學觀 拒否가 아닌 것은, 시방도 그 글이 곁에 있을 터이니, 다시 한 번 읽어보면 알 일이다. 나는 그 한 토막의 짧은 글 가운데서 '산 思想, 참된 知慧'란 말을 몇 번이나 거듭하였든고. 그 경우에 '산 思想 참된 知慧'란 作家나 評家의 떳떳한 文學觀 내지 人生觀을 意味함이 아니고 무엇이던가."[40] 이러한 비판은 곧 기성평론가들이 내건 표어가 '공식주의적, 기계적 문자의 나열'에 불과한 반면, 자신을 위시한 신진작가들은 '산 사상, 참된 지혜' 위에서 나름의 문학관을 마련해 나간다는 내용이 된다. 그럼에도 불구하고 이 글 「'순수' 이의」에서는 '산 사상, 참된 지혜'의 상이 분명하게 나타나지 않고 있다. 다만, 기성은 이를 가지지 못했지만, 신인들은 이를 확보하고 있다는 주장에 머무를 따름이다.

세 번째 주목할 사항은 김오성의 「新世代의 概念」, 임화의 「新人不可畏」(『동아일보』, 1939.5.6) 등에 대한 반박이다. 마르크시즘을 주장하는 이들이 보편주의의 관점에서 세계관을 구축하는 반면, 민족주의자들은 개별 민족의 특수성에 주목을 하게 마련이다. 그런 점에서 다음 대목은 민족주의자인 김동리의 면모가 어느 정도 드러나는 장면이라고 하겠다.

---

40) 김동리, 「'純粹' 異議」, 145면.

그 다음 「新人不可畏」說의 眼目은, 오늘날의 新人들은 한 개 새로운 思潮로서 旣成文壇(作家)에 挑戰해 오는 일이 없다는 것이다. 이 말은 文學史的 見地에서 하는 말인 모양인데, 勿論 一理는 있는 말이다. 우리는 過去 各國 文學史上에서 新人들이 한 개의 思潮로서 旣成作壇에 挑戰하여 文壇的으로 승리한 前例를 많이 구경하였다.

나는 여기서 문득 '眞理는 하나뿐'이라는 驚句의 逆說을 생각한다.

眞理가 하나뿐이란 말은 一定한 空間, 一定한 時間, 一定한 客觀, 一定한 主觀 等을 條件으로 하고 성립된 말이다. 卽, 그 境遇에 그 眞理는 하나뿐이란 말이다.

그러므로 뉴우톤의 眞理와 李太白의 眞理는 同一한 것이 아니다. 原來 自然이란 어떤 定着된 存在가 아니기 때문에 '그 境遇'란 無限한 것이오, 그 境遇가 無限함에 따라서 眞理의 數爻도 또한 無限한 것이다. 그러므로 眞理가 하나뿐이란 이 '하나'는 몇 億千萬으로 分離할 수 있는 超自然的 素數 '一'이다.

이에 어떤 史的 經驗을 가지고 그대로 人間事의 律度를 삼으려면, 이에 背馳되는 事實을 왕왕 본다.[41]

'진리'라고 얘기되는 절대적인 개념을 비판하며 '自然'을 맞세우는 장면에서 김동리 문학관의 실마리를 확보할 수 있다. 하지만 이 부분에서도 역시, '산 思想, 참된 知慧'와 마찬가지로, 신인을 하나의 공통분모로 묶을 수 있는 근거가 분명하게 나타나지 않고 있다. 다만, 조선의 상황이 다른 나라와 다를 수 있으며 그 근거로 '자연이란 어떤 정착된 존재가 아니므로 그 경우란 무한한 것이며, 그 경우의 무한함에 따라 진리도 무한하다'는 특수성의 강조로 임화가 주장하는 보편성을

41) 위의 글, 148면.

뛰어 넘고자 할 따름이다. 신인들을 하나의 틀로 묶지 못하는 데 대한 김동리의 논리는 다음과 같은 수준이다. "새 性格 그 自體가 多分히 主觀的이라고 보매, 同時에 또 個性的이 아닐 수 없으므로, 그것이 쉽사리 한 개 思潮로서 統括되기는 거북한 일이며, 性急히 그러할 必要도 없는 듯하다. 그러므로 이러한 性格(思潮로서)이란 理論보다, 作品이 앞서게 되는 것이며, 따라서 그 分明한 輪廓이란 흔히 文學史的 宿題로 남겨지는 수가 많다."42)

김동리는 이렇게 「'純粹' 異議」에서 숙제로 남겨 두었던 내용을 1940년 『문장』 5월호에 발표한 「新世代의 精神—文壇 '新生面'의 性格, 使命, 其他」라는 글을 통해 정리해 내고 있다. 이 글을 쓰기 이전에 김동리는 「新世代의 文學精神—新人으로서 兪鎭午氏에게, 世代에 對한 意見 交換」(『每日新報』, 1940.2.21~22)을 발표하기도 했다. 「'純粹' 異議」를 통해 "이제 氏와 나와 양자 中 어느 하나는 體面上 '破廉恥漢'이 되어야 할 형편에 이르렀다"라고 단언했던 김동리가 "新世代論, 純粹問題를 中心하여 兪鎭午氏에게 論議(問議나 抗辯)하는 글을 公開하라"고 요구하는 내용이다.

이 글에 대한 유진오의 응답이 「對立보다는 協力을 要望—金東里氏에게 答辯하여」(『每日新報』, 1940.2.23)이다. 이 글에서 유진오의 태도는 상당히 수세적으로 나타난다. 먼저 신세대론에 대한 입장은 이러하다. "어느 날 文章社에 잠깐 들렀다가 마침 金氏의 反駁文이 와 있는 것을 原稿대로 一讀하였을 때에 나는 놀라기까지 하였다. 金氏는 나의 이 글에 對해 宏壯히 努한 듯해서 熾熱한 語句로써 나를 猛駁한 것이었다. 그러나 金氏의 글을 끝까지 읽고 보니 文學에 對한 氏의 생각과 나의 생각 사이에는 별다른 差異도 없는 듯이 느껴져서 나는 그

42) 같은 면.

대로 沈默을 지키기로 한 것이었다. 新人의 文學世界가 金氏의 所論과 같다면 나는 당초부터 그런 글을 쓰지도 않았을 것이다." 다음, 순수문제에 대한 유진오의 입장은 이렇다. "나는 三○代 作家의 不幸과 二○代 作家의 幸福이란 말을 쓴 일이 있는데, 이것은 또 新人論, 純粹論 等과 關聯되어 일부 不親切한－글의 眞意를 理解하기에－論客에게 誤解되어 여러 번 論難되었는데, 그 뜻인즉 내가 말하는 소위 '純粹'의 世界에 新人은 비교적 자연스레 到達할 수 있음에 反하여 過去에 一次 政治的 偏向에 빠졌던 사람은 非常한 內面的 葛藤 없이는 到達할 수 없음을 强調하는 것에 불과하였다."

확실히 유진오는 "대립보다는 협력을 요망"하고 있는 모습이다. 그러면서 논쟁에서 한 발 뒤로 물러서고자 하고 있다. 그러니 신세대론에 대한 입장이나 순수문제에 대한 입장에서 모두 김동리가 유진오를 제압했다고 볼 수 있겠다. "朝鮮文學을 世界的 水準에 끌어올리는 임무는 新人에게 期待함이 크다"라는 유진오의 발언은 이를 명확히 확인시켜 준다. 이로써 「朝鮮文學에 주어진 새 길－世界文學의 系列로」(『동아일보』 1939.1.10~13), 「文壇新人群」(『조선일보』 1939.6.29), 「순수에의 지향」(『문장』 1939.6) 등을 써냈던 유진오는 세대논쟁에서 물러서게 된다. 반면 기세가 오른 김동리는 신세대의 좌표와 의의를 분명하게 밝히는 「新世代의 精神－文壇 '新生面'의 性格, 使命, 其他」를 기술하는 데로 나아간다. 김윤식으로부터 문학사적인 차원에서 "'문단 신생면의 성격·사명·기타'라는 부제를 단 김동리의 평론 「신세대의 정신」은 그 규모의 장대함에서는 물론 논리의 정치함에서도 단연 돋보이는 역작이다"[43]라고 평가받는 이 평론은 1940년 『문장』 5월호에 발표되었다.

43) 김윤식, 앞의 책, 217면.

6. 범보의 사상과 김동리의 「나의 小說修業」

식민지시대 신세대 논쟁은 신진작가들이 현실로부터 물러서고 있다는 혐의로부터 제기되었다. 이는 곧 '작가는 세계를 어떻게 인식하고, 인식한 바를 어떻게 문자로 표현하는가'와 결부되는 사항일 터, 이러한 문제에 대한 신인 측의 전면적인 답변이 바로 김동리의 「新世代의 精神—文壇 '新生面'의 性格, 使命, 其他」이다. 그런데, 김동리는 「新世代의 精神」을 발표하기 이전에 이미 주체와 객체의 교섭 관계를 설명하며 평론가들이 주장하는 '리얼리즘'과 맞서는 자기 나름의 '리얼리즘론'을 제시하고 나섰는데, 그 글이 「나의 小說修業—'리알리즘'으로 본 當代作家의 運命」이다. 따라서 1940년 『문장』 5월호에 실린 김동리의 「新世代의 精神—文壇 '新生面'의 性格, 使命, 其他」를 살펴보기 전에, 같은 해 김동리가 『문장』 3월호에 발표한 「나의 小說修業—'리알리즘'으로 본 當代作家의 運命」에 관심을 기울일 필요가 있다.

「나의 소설수업」은 김동리가 자신의 소설 세계의 윤곽을 설명하는 글이다. 이 글을 써 내려갈 당시 유진오와의 논쟁이 완결되지 않았던 탓인지 평론가에 대한 비판은 여전히 나타나고 있다. 비판의 핵심 단어는 '리얼리즘'이다. "評家들은 이 땅의 文壇現實이나 文學的 傳統에서 某種의 리알리즘이 可能한가 어떤가, 또 그러한 文學的 意匠을 樹立할 文壇的 地盤이 成熟하여 있는가 어쩐가 그런 것은 생각해볼 겨를도 없이, 曰, 社會主義的 리알리즘이다, 曰, 辨證法的 리알리즘이다, 曰, 또 무슨 客觀的 리알리즘이다 하고 참으로 多色多彩한 空中樓閣이 處處에 建設되는 형편이 있다."[44] 이는 문단 현실이나 문학적 전

44) 김동리, 「나의 小說修業—'리알리즘'으로 본 當代作家의 運命」, 『문장』, 1940.3, 173~174면.

통을 고려하지 않고 외국에서 논의되는 이론을 직수입해 판단의 근거로 삼는 평론가들을 질타하는 내용이다. 유행하는 이론의 빈껍데기를 지적하는 김동리의 비판은 계속 이어진다. "그럼에도 不拘하고 그들 中에는 作家에게 眞正한 意味의 嚴密한 리알리즘을 要求하는 사람도 없었고, 어느 누구의 作品에서 리알리즘의 嚴密한 討究를 試驗해 보는 사람도 없었다. 作家와 作品 사이에 한갓 運命같이 놓여져 있어야 할 리알리즘의 有機性을 指摘하고 評價함이 리알리스트(評家)의 얼마나 지난한 任務인지, 作家의 作品制作에 있어 리알리즘이 어떠한 性能과 形態로 作用하며, 作家와 現實(客觀)과 題材 사이에 그것이 얼마만치나 信賴할만한 有機的 '렌쓰'의 役割을 하는 것인지 이러한 리알리즘의 그實 가장 根本的이요 本質的인 問題에 言及하야 歎息하고 絶望하는 評家도 하나 구경할 수 없었다."[45]

이러한 비판을 통해 김동리는 "自己의 작품은 그 大槪가 批評家 諸氏들로부터 反리알리즘이란 烙印을 맞게되는 모양이나," 오히려 "自己가 좀더 本格的 리알리즘에 가까운 자"라고 주장하기에 이른다. 주관과 객관은 따로 떨어져서 존재할 수 없다는 논리가 그 근거를 이루고 있다.

> 自己의 愚見에 依하면 어떠한 主觀이나 客觀이 그 自體가 따로 떠러저서는 아무런 리알리즘도 成立될 수 없다는 것이다. 作者의 主觀과 아무런 交涉도 없는 現實(客觀)이란 어떠한 境遇에도 그 作家적 리알리즘과는 아무런 相關도 없는 것이다. 한 作家의 生命(個性)的 眞實에서 把握된 '世界'(現實)에 비로소 그 作家的 리알리즘은 始作하는 것이며, 그 '世界'의 呂律과 그 作家의 人間的 脈搏이 어떤 文字的 約束 아래 有機的으로 肉體化

45) 위의 글, 174면.

하는 데서 그 作品(作家)의 '리얄'은 成就되는 것이다. 그러므로 아모리 夢幻的이고, 非科學的이고 超自然的인 現像이드라도, 그것은 가장 現實的이고 常識的이고 科學的이('인'의 誤字－논자) 다른 어떤 現象과 꼭 마찬가지로 어떤 作家의 어떤 作品에 있어서는 훌륭히 레알리즘이 될 수 있는 바이다.[46]

김동리의 이러한 관점은 '주관과 객관의 통일적 사고'로 요약할 수 있다.[47] 즉, 주관과 객관을 대립적으로 파악하는 평론가들의 주장과는 달리 주관과 객관을 통일적으로 파악해야만 '진정한 리얼리즘'이 가능해지며, 그렇기 때문에 김동리 자신이야말로 '본격적 리알리즘에 가까운 자'라는 것이다.[48] 김동리가 주장하는 '주관과 객관의 통일적

46) 같은 면.

47) 김동리의 논리 구조는 조울병권 인물의 전형을 보여주는 듯하다. 신세대논쟁에서 그는 귀납적인 세계 인식 위에서 연역적인 사유를 비판하고 있다. 완결적인 이론을 배격하고 낱낱의 특수성 해명에 비중을 두는 것은 조울병권 인물의 논리 구조의 핵심을 이룬다. 또한, 이를 바탕으로 하여 김동리는 주관과 객관의 대립적 틀을 부정하기도 한다. 김동리의 이러한 견해는 조울병권 인물의 사표적 사례로 거론되는 닐스 보르를 자연스럽게 연상시킨다.

"'양자역학의 아버지' 닐스 보르(Niels Bohr)는 그 대표적인 예로 꼽을 수 있다. 코펜하겐학파를 이끌었던 그는 객관이란 존재하지 않는다고 생각했기 때문에 완벽한 논리 체계의 구축을 지향하지 않았다. 그는 主體와 客體를 서로 대립하는 것으로서 아니고 하나의 連續體로서 포착하고 둘의 分割點은 고정된 것은 아니라고 생각하고 수학적으로 표현하려고 하였다. 이것은 바로 관측의 대상을 항상 관측자와 연결된 것으로 생각하고, 또 관측의 대상과 관측자와의 경계를 고정된 것이 아니라는 코펜하겐학파의 생각이다. …… 이 세계관이 '물리학이란 主觀에서 독립한 客觀的 實在를 다루는 학문이다.'라는 通念과 모순되는 것이라고 생각하는 사람들은 보르의 사상을 '코펜하겐의 안개'라고 불러 현혹되지 말라고 경고하였다."(아이다 신(飯田 眞)·나까이 히사오(中井久夫), 「닐스 보르」, 『天才의 精神病理』, 전파과학사, 1984, 149면)

물론 조울병권의 예술가·지식인 또한 조적(躁的) 고조감(高潮感) 속에서 세계 전체를 포함하는 '대저'(大著)를 계획하기도 한다. 그러나 그것은 세계의 내용을 풍부한 개성별로 기술하는 것, 이를테면 세계의 내용을 전부 매거(枚擧)할 것을 이상으로 하는 것이다. 분열병권의 지식인·예술가가 세계를 하나의 식(式)으로 환원하기를 지향하는 것과는 대조적이다.

48) 이는 동양적 사유의 근간을 이루는 '일원론(一元論)으로서의 전일성(全一性)'의 논리라고 볼 수 있다. 여기에 대해서는 김용옥의 『동양학 어떻게 할 것인가』(통나무, 1997), 프리쵸프 카프라의 『현대물리학과 동양사상』(범양사 출판부, 1998) 참조.

사고'는 상당한 주목을 요하는 개념이다. 김동리 개인으로 치자면 문학론의 근간에 놓여있는 개념이며, 식민지시대 신세대논쟁의 차원에서 파악하자면 신진작가들의 세계를 하나로 묶어 옹호하는 개념으로 발전하기 때문이다. 여기에 대한 김동리 자신의 분명한 설명은 없다. 하지만, 김동리 뒤에 거대한 산처럼 버티고 있는 범보를 통한다면 '주관과 객관의 대립적 사고'를 뛰어넘는 김동리의 논리 체계를 어느 정도 감지할 수 있게 된다.

범보가 파악하기에 서양인의 사고방식은 이분법에 의거하고 있다. "요는 서양인의 사고방식은 이것이 정신적 원리에 의거하느냐 물질적 원리에 의거하느냐, 이 두 가지 중 어떤 하나에 의거하지 않고는 運思되지 않는다. 서양인은 우주를 관찰할 적에 관념적 원리나 물질적 원리에 의거하는 것이 이미 생리화되었다. 그런데 현재 동양인도 이미 제2서양인이 되어 있다."[49] 이에 따른다면, '물질적 원리'의 의거하여 주관에 대한 객관의 우위를 주장하는 이들이 바로 식민지시대 세대논쟁에서의 평론가들이었다. 이들이 곧 '이미 제2서양인이 되어 있는 동양인' 정도가 될 터인데, 이러한 사고체계로는 근대에 직면한 위기를 결코 돌파할 수 없다는 것이 범보의 입장이다. "관념론이니 물질론이니 하는 것이 오늘날의 서양을 만들어 내었으니 그것을 해결하는 방법은 그런 원리가 아닌 다른 사고 원리가 되어야 한다."[50] '그런 원리가 아닌 다른 사고 원리'가 바로 범보에게는 음양론(陰陽論)이었고, 이를 문학에 적용하면 김동리의 '주관과 객관의 통일적 사고'로 이어지는 것이다.[51]

---

49) 김범부, 「陰陽論」, 『風流精神』, 정음사, 1986, 112면.

50) 위의 글, 114면.

51) 최근 조동일이 천착하고 있는 '생극론(生克論)'도 이러한 인식 방식을 가리키는 표현이다. 조동일의 「生克論의 역사철학 정립을 위한 기본구상」(『한국의 문학사와 철학사』, 지식산업사, 2000) 참조.

음양론은 동방문화 유형에 해당하는 사고 유형이다. 범보는 이외에도 서구문화 유형, 인도문화 유형을 나누어 그 사고의 특징을 설명하고 있는데, 음양론이 서구의 사유 방식으로는 결코 이해될 수 없다는 점을 강조하고 있다. 근대적 삶의 유형이 서구문화 유형에 바탕하고 있는 만큼 여기에 대해서는 좀 더 자세히 언급하도록 하겠다. "서구적인 추리, 직관, 실험, 변증법 이외에 이러한 觀象法이 있다. 이 觀象法은 symbol이라고도 할 수 없다. 만일 진리관찰법에 symbolism이 있다고 하면 그들은 웃을 것이다. 이 觀象法은 낮과 밤이란 것이 陰陽觀象이라는 것이다. …… 陰陽學은 과학적으로 비판하자는 것이다. 그러나 서구적 과학방법이 아니다. 동방적 과학성격을 바로 보자는 것이다."[52] 그런데, 상을 상(象) 자체로 관하여[觀象] 취하려는[取象] 범보의 태도는 그다지 논리적인 것이라고 볼 수는 없다. 너무도 직접적이라서 논리가 개입할 여지가 없기 때문이다. 범보 역시 이러한 사실을 분명히 파악하고 있다. 하지만, 그는 한계를 인정하기보다는 오히려 그러한 내용을 장점으로 끌어올려 서구 과학 중심주의의 한계를 비판하며 '자연'을 강조하는 방식을 택한다. 「'純粹' 異議」에서 김동리가 '자연'을 강조하는 맥락이 범보의 이러한 사상과 무관하지 않음은 쉽게 눈치 챌 수 있다.

> 논리라는 것은 추리를 떠나서 성립되지 않으니 매우 간접적이다. 추리 이상의 사고는 논증이 들어가지 않는다. 그런데 추리로써 가능한 것만이 진리가 아니다. 얼마든지 다른 방법이 있다. 실증이나 합증도 그러하다. …… 이 직관이란 문제는 매우 장황하다. 요는 산 쥐를 그대로 실험할 수 없다는 것을 알아야 한다. 죽은 쥐의 분해는 산 쥐의 생태와는 별개물이

52) 김범부, 앞의 글, 130~131면.

다. 대지・대기를 떠난 쥐라는 개념뿐이다. 쥐 한 마리를 바로 파악하려면 대지・대기 중에 두고 그대로 관찰하여야 한다. 쥐뿐만 아니라 우주만상이 다 그러하다. 분업적・분석적 연구를 무시함은 아니나, 그것이 어떤 물질을 연구한 것은 되지만 우주자연은 어디 갔느냐 하는 문제이다.[53]

바로 이러한 관상법 ・ 취상법이라는 음양론의 직접성이 주관과 객관의 통일적 사고를 가능케 하는 힘이 된다. 과학 대신 자연을 우위에 둔 그의 논리는 이렇게 이어지고 있다.

그러면 어떻게 하면 우주는 우주대로, 자연은 자연대로 포착하느냐? 관념이면 어쨌고 물질이면 어쨌다는 것이냐? 그것이 우주이며 자연이 되는 것이냐? 자연과 우주를 그대로 파악하는 길이 있느냐? 꼭 하나 있어야 되겠다. 그 방법은 직관적 방법으로써 포착할 수밖에 없다는 것이다. 그 방법 중에 현상적 특징으로써 성립되는 것이 陰陽論이다. 陰陽論이 상징적으로 어떻게 발휘되느냐?

그런데 직관이라는 어의에 있어 '卽觀'이라고 쓰는 것이 더 적합하다고 본다. 卽觀은 直觀과 다르다. 직관은 주객이 갈라진 것이다. 현대 논리학에서의 귀납법은 베이컨이, 연역법은 아리스토텔레스가 창시하였는데, 그것이 인도로부터 갔다는 것이다. 因明學에 比量, 現量이 있으니 比量은 곧 추리요, 現量은 곧 직관으로 배려할 수 있다. 그러나 직관은 주・객관이 분립된 뒤의 일이지만 卽觀은 주객이 갈라지기 전의 인식 그것인 것이다.

'상징'이라는 것이 무엇일까? 易의 繫辭에 '在天成象 在地成形'은 오히려 근본이 애매하나 天尊地卑라고 하였으니 그것이 바로 卽觀적인 象이다. 실험적으로는 天尊地卑가 아니다. 천지에 尊卑・上下가 있을 수 없는 것

---

53) 위의 글, 133면.

으로, 공간에는 원래 상하가 없다. 그러나 象으로는 머리 위는 높고, 발 밑은 낮은 것이니 그것은 제자리에 두고 보는 것이다. 그것이 바로 卽觀의 현상이다. 一呼一吸이 곧 陰陽이다. 그것이 곧 상징이다.[54]

김동리의 '주관과 객관의 통일적 사고'는 바로 이러한 범보의 철학 체계를 바탕으로 한다.[55] 그러니 김동리가 조선 문단의 전통이 빈약하다고 질타하는 이면에는 그 빈약한 전통을 채울 수 있는 나름의 사상적 기반이 마련되어 있다는 자신감이 존재한다고 볼 수 있다. 논쟁의 현장에서 과연 그러한 사상적 기반을 김동리가 갖추고 있었는가는 중요하지 않다. 김동리의 뒤에 범보가 태산처럼 우뚝 서서 그 근거를 제공해 주었다고 하더라도, 이 순간 김동리는 범보의 세계에 아주 근접하여 밀착해 있는 상태이기 때문이다.

自己가 지금까지 追究해온 리알리즘의 性格에 依하면 朝鮮文壇과 같이 傳統이 빈약한 데서 嚴密한 意味에 있어서 리알리즘이 果然 可能할 것인가 自己로서는 壯談할 자신이 없다. …… 그렇다고 傳統이 빈약한 文壇에

54) 위의 글, 133~134면.

55) 아무런 거부감 없이 범보의 사상을 배경으로 할 수 있었던 것도 김동리를 이해하는 방식이 될 수 있다. 조울병권 인물의 경우 사고의 발상에는 대부분 분명한 모델이 존재한다. 이에 따라 사상의 독창성은 크게 두드러지지 않는다. 이는 독창성이 두드러지는 분열병권 인물 유형과 아주 다른 사항이다. 『종의 기원』을 쓴 찰즈 다윈(Clarles Darwin)은 조울병권 인물의 이러한 특징을 선명하게 보여준다. "그의 학설은 독창적인 비약이 부족하다고 한다. 그는 사변적인 가설을 세우는 일이 없다. 예를 들면 그가 독자적으로 만들어낸 思辨的 遺傳說인 팬제너씨스說(pangenesis)은 대단히 불투명한 것이어서 그의 명성을 가지고도 계승자나 신봉자가 한 사람도 나오지 않았다. 그의 진화론은 생물학에 적용된 경제학 같다는 말이 있는 것처럼 發想의 대부분에는 모델이 있다. 그는 맬더스(Thomas Robert Malthus, 1776~1834)의 『人口論』(Essay on Population, 1798년), 라이엘(Charles Lyell, 1797~1875)의 『地質學原理』(Principles of Geology, 3vols., 1830~33년) 등 既存의 학설들을 섭취, 수정해 가면서 자기의 학문영역에 적용하고 이 학설들을 합쳐서 종합적인 이론을 구성한 것이다."(이이다 신 · 나까이 히사오, 앞의 책, 44면) 이에 따르면 김동리에게 범보는 사고의 발상에 있어서도 모델로 작용했던 것이라고 파악할 수 있다.

서 리알리즘을 逐出한다는 것은 더욱 우서운 일일 것이다. 시방 나는 相當한 期限의 餘裕만 준다면 어떠한 性質의 題材라도 能히 다스려 볼 自信이 있다면 있다. …… 이제 나의 리알리즘의 見地로서 보면 우리 文壇에서 그 누구도 이 修業이 完了되고 본격적 制作에 들어가도 좋을 사람은 단 한 사람도 없다. 아모리 猛烈한 習作을 계속한다 하드라도 우리의 一生 동안 그 修業(習作)을 完了할 수 없게 마련된 것이 이 땅의 傳統에서 태여난 우리의 運命일 것이다.[56]

이렇게 「나의 小說修業」은 '이 땅의 전통에서 태어난 우리의 운명'을 환기시키는 대목에서 끝을 맺고 있다. 논의의 완결점이라고 할 수 있는 「新世代의 精神」은 바로 '이 땅의 전통에서 태어난 우리의 운명'과 맞대면한 문단 신세대의 의미와 깊이를 논증하는 내용으로 전개되고 있다.

7. 「新世代의 精神－文壇 新生面의 性格, 使命, 其他」의 의미와 깊이

「新世代의 精神」을 통해 김동리가 맞서는 대상은 엄밀하게 얘기한다면 기성 평론가가 아니다. 이미 논쟁의 상대인 현민 유진오로부터 "대립보다는 협력을 요망한다"는 항복 선언을 받아들인 마당에 굳이 논쟁을 이어갈 까닭이 없었던 것이다. 이에 따라 김동리는 대결의 상

56) 김동리, 「나의 小說修業」, 175면.

대를 한 단계 높이게 되는데, 그 상대가 바로 서구사상이다. 서구사상의 맞은편에 '신세대의 정신'을 놓고 보니, 신진작가가 등장하기 이전의 조선 문단은 서양사상을 "이념적 우상"으로 받들어 모신 꼴로 전락하게 된다. 임화, 유진오 등이 신진작가를 기성작가의 에피고넨으로 몰아붙이던 상황을 염두에 둔다면, 김동리의 이 글을 통하여 상황이 확연하게 역전된 양상이라 할 수 있겠다. 이 때 김동리가 서구사상과 맞서는 방식은 범보의 관점에 그대로 들어맞는다.

먼저 김동리의 「신세대의 정신」을 살펴보자. 가장 두드러지는 내용은 새로운 르네상스 정신을 요구하는 부분이다. "大概, 近代文學精神을 일러 '人間性 探求'라 하고, 이 人間性 探求의 精神이란 두말할 것도 없이 르네쌍스精神의 發展이며, 르네쌍스精神의 眞髓란, 世稱, '人間性 擁護'란 것이니, 이 말은 즉, '神'이라는 專制的 偶像에의 歸屬에서 人間이 各其 제 個性과 生命에 復歸하여 그것을 擁護하고 發揮 止揚시킨다는 뜻이었다. 그러므로 近代文學精神을 人間性 探求라 할 제 그것은 人間의 個性과 生命의 究竟的 意義를 探求한다는 뜻이다."57) 하지만, '인간의 개성과 생명의 구경적 의의를 탐구한다'는 정신이 쇠퇴하고 중세 '신'이 차지했던 자리를 '물질'이 차지하게 되었다는 것이 당대의 문명 수준에 대한 김동리의 진단이다. "허나 이러한 個性과 生命의 究竟 追求를 基本으로 한 人間性 探求의 精神은, 十九世紀末 二十世紀 初頭에 걸쳐 왼 世界를 風靡한 物質主義精神에 席捲되고 말았으니, 그것이 이 땅에서와 같이 本來의 傳統이 薄弱한 데다 文化的으로 르네쌍스精神의 洗禮를 充分히 겪지 못한 文壇에 있어서는, '物質'이란 한 개 새 '理念的 偶像'으로 化하여 中世 때의 '神'이 차지했던 機能의 一面을 發揮함으로써 文學世界에 있어 人間의 個性

57) 김동리, 「新世代의 精神—文壇 '新生面'의 性格, 使命, 其他」, 『문장』, 1940.5, 83면.

과 生命의 究竟的 意義를 封鎖해 버렸든 것이다.(이 點 當時의 우리 文壇의 作品의 大部分을 檢察하면 알 것이다)"[58] 따라서 김동리가 '신세대의 정신'으로 "個性과 生命의 究竟 探究!"[59]를 내세울 때, 이는 겨우 조선의 기성 평론가들을 대결의 상대로 삼는 것이 아니라는 사실을 알 수 있게 된다.

범보가 사상적으로 도모하는 바도 서양이 맞닥뜨린 견고한 한계를 뛰어넘는 것이다. 그는 "서양은 문예부흥 이후 모든 문화가 한없이 발달하였다. 그러나 그들은 이미 갈 만큼 다 갔다. …… 현대 서양인은 하나의 기계가 되었다. 이 기계가 인간을 구출할 수는 없다"[60]라고 단정하면서 서양인이 쌓아올린 과학의 한계를 다음과 같이 비판하고 있다.

> 서양인은 지금까지 위대한 업적을 쌓았지만, 그러나 '비극성'이 하나 있다. 곧 과학이 인간을 위하여 있느냐, 인간이 과학을 위하여 있느냐? 만일 인간을 위한 과학이 아니라면 과학을 알 필요가 없는 것이다. 사상가 러셋이 말하기를 "이 원자력을 무기로 사용하지 말고 평화산업과 병치료 등에 이용하면 된다"고 말하였지만 매우 유치한 견해이다. 무기에 사용하지 말자고 하지만 그것을 누구와 약속하자는 말인가? 원자력의 평화적 이용은 인류 행복을 보장한다고 하지만, 또한 유치한 견해이다. 원자력을 이용하여 한대를 온대로 변화시킨다고 하자. 이것은 곧 지구를 파괴하는 행위이다. 한대, 온대가 지구 자체만의 한대, 온대는 아니다. 이것은 전태양계와 관련된 약속이다. 만일 그렇게 한다면 예측하지 못할 천재 지변이 일어날 것이다. 혹은 원자등으로 밤 없는 세계를 만드느니 무어니 한다.

58) 위의 글, 83~84면.
59) 위의 글, 83면.
60) 김범부, 앞의 글, 112~113면.

요망한 말이다. 이 지상에 一晝一夜가 있는 것은 우주적 일대조화의 원칙에서 그렇게 되어야 할 조화가 있는 것이다. 한 번 눈 깜짝하고 한 번 보는 것이 곧 음양의 원칙인 것이다. 그래 과학으로 한대, 온대를 개조하고 주야도 없는 세상을 만들고, 그리고 그로부터 일어나는 재난을 방지할 책임을 지겠는가?

요컨대 관념론적이니 물질론적이니 하는 사물 관찰법으로 우리 인간에게 전개하여 놓은 것이 많다. 그러나 그로 인하여 위기를 당하였고, 따라서 해결할 수 없는 벽에 부딪치고 있다.[61)]

물론 신세대 작가 대부분이 범보의 이러한 사상에 영향을 받고 있는 것은 아니다. 그렇기 때문에 김동리는 조선 문단의 신세대를 서양사상의 맞은편에 곧장 배치하지는 않고 있다. 다만, 서양사상에 맞설 수 있는 가능성이 충분하다는 정도에 머무르는 것이다. 그렇다면, 조선 문단의 신세대가 그러한 가능성을 틀어쥘 수 있는 근거는 무엇인가. 바로 조선 문단이 직면했던 전형기(轉形期)를 경과하면서 '이념적 우상'(수입된 서구사상)에 대한 환상을 완전히 걷어낼 수 있었기 때문이다. 즉, 기성들이 환멸감(幻滅感)에 사로잡혀 정식적 공백상태에 빠져든 반면, 신진작가들은 그 우상과 맞서면서 자기 나름의 세계를 구축하기 시작했다는 것이다.

이념적 우상에 대한 환상의 제거를 김동리는 다음과 같이 정리하고 있다. "恒常 文學만이 아니라 宗敎나 哲學의 境遇를 보더라도 外來의 어떤 偉大한 思想이 他民族에 들어가려면, 그 民族 本來의 어떤 固有한 概念의 範疇를 거쳐(거기에 消化되어서) 그 民族 特有의 體臭와 形態를 띠고 發揮되는 것이었다. 그것이 다만 그러한 概念의 範疇의 問題

61) 위의 글, 113~114면.

에만 끝이지 않고, 全體的으로 傳統 自體가 貧弱하다던가 環境的 條件이 成熟해 있지 못할 때엔 그 外來의 思想 或은 原理란 그것을 信奉한 모든 知識人의 理念的 偶像에만 끌이고마는 事實을 우리는 過去 모든 民族의 精神史 上에서 보아온 바이다."[62]

오해하지 말아야 할 사실은, 김동리가 신세대의 정신으로 "개성과 생명의 구경 탐구!"를 주장한다고 해서 기성세대의 이념을 전면적으로 부정하지는 않는다는 점이다. 김동리는 몇 군데에서 이 사실을 반복하고 있다. 예컨대 다음과 같은 두 대목은 그러한 내용을 분명하게 보여준다. ① "우리와 같은 條件(傳統, 環境) 下에서는, 外來의 무슨 '이데올로기'가 있대서 그것이 모든 作家의 作品內容이 되는 것이 아니고, 도리어 제 自身의 人間性까지를 封鎖 乃至 隷屬시켜버리는 結果에 이르는 것이니, 作家된 者는 그러한 '이데올로기'들을 널리 理解하여 제 個性과 生命의 高次的 向上을 꾀하여, 그 個性과 生命에서 빚어진 그의 '人生'을 通하여 적던 크던, 굵던 가늘던 간 어떤 思想이라면 思想, 主義라면 主義할 것을 創造(歸納的)해야 한다는 것이다."[63] ② "헤에겔의 原理나 맑쓰의 主義가 그 누구의 作品의 內容도 될 수 없다는 것은 아니다. 그 누구의 思想이던 主義던 그 作家의 個性과 生命과 運命과 生活과 意欲 等의 如何에서 빚어진 '人生'이면 그만이다. …… 그러나 어떤 外來의 思想이나 主義가 그 作家의 個性과 生命과 運命과 生活과 意欲에 有機化되지 않는 것을 때, 그것은 그 作家에게 있어서는 思想도 主義도 아무 것도 아니기 때문에 그것을 버려야 그의 人生은 純粹할 것이며 그의 藝術은 救援될 것이다."[64]

김동리는 이러한 논리에 입각하여 신세대 작가들의 세계를 구체적으

62) 김동리, 「新世代의 精神」, 82면.
63) 위의 글, 84면.
64) 위의 글, 94면.

로 분석하기도 한다. 「新世代의 性格」에서 거론하고 있는 소설가는 최명익・김동리・정인택・허준・계용묵・정비석・박노갑・김영수・김소엽이며, 이들 가운데 김동리는 최명익・정인택・허준・계용묵・김동리의 작품 분석에 나서고 있다. 그리고 신진시인들에 대한 분석도 논의에 포함시키고 있다. 이제껏 세대논쟁의 범위가 기성평론가와 신진소설가에 한정되어 있었음을 기억한다면, 논의대상을 신진시인으로까지 확대시킨 것도 「新世代의 性格」의 의미 있는 부분이라 하겠다. 이 글에서 김동리가 언급하고 있는 시인의 명단은 다음과 같다. 서정주, 유치환, 박두진(朴斗鎭, 1916~1998), 오장환, 김종한(金鍾漢), 김광균, 이한직(李漢稷, 1921~1976), 윤곤강(尹崑崗, 1911~1949), 이찬(李燦, 1910~1974), 여상현(呂尙玄, 1914~?), 김달진(金達鎭, 1907~1989), 마명(馬鳴), 장만영(張萬榮, 1914~1975), 박남수(朴南秀, 1918~1994), 박종식(朴宗軾), 김조규(金朝奎, 1914~1990), 함형수(咸亨洙, 1914~1946), 이용악(李庸岳, 1914~1971), 박재륜(朴載倫, 1910~2001). 이 가운데서 김동리는 서정주, 유치환, 박두진, 오장환, 김종한, 김광균, 이한직의 시 구절을 분석하고 있다.

아무래도 이 가운데 가장 흥미를 끄는 부분은 김동리 자신의 작품에 대한 분석 대목이다. 자신의 작품을 통해 자신이 내세우고 있는 논리를 설명해 내고 있기 때문이다. 김동리는 자신의 여러 작품들을 언급하면서도 「巫女圖」 설명에 대하여 특히 많은 지면을 할애하고 있다. "'仙'의 理念이란 무엇인가? 不老不死 無病巫苦의 常住의 世界다. (仔細한 말은 後日로) 그것이 어떻게 成就되느냐? 限있는 人間이 限없는 自然에 融和되므로서이다. 어떻게 融和되느냐? 人間的 機構를 解體시키지 않고 自然에 歸化함이다. 그러므로 巫女 '모화'에게 있어서는 이러한 '仙'의 靈感으로 말미아마 人間과 自然 사이에 常識的으로 가로놓인 牆壁이 문어진 境地다."[65] 여기서 말하는 '仙의 이념'은 김동리가 등단 이전부터 말년에 이르기까지 평생 몰두했던 개념이다. 예컨대 1935년 『조선일보』 신춘문예에 당선된 「花郎의 後裔」에서 '화랑'은 본래 '仙의 이념'을 구현하는 존재였다. 그러니 무녀 모화는 화랑정신의 세 가지 요소, 즉 ① 종교적 요소, ② 예술적 요소, ③ 군사적 요소[66] 가운데 첫 번째 성격을 계승한 인물형 정도가 되겠다. 김동리의 「巫女圖」에는 이러한 모화를 앞세워서 서양의 종교와 맞서고자 하는 시도가 두드러진다.

> '毛火'는 제 딸을 求하기 兼 예수教에 對抗하여 딸의 事件을 두고 어떤 異蹟을 宣約했으나 終局 실패한다. 이 失敗란 '毛火'에게 있어서는 精神的으로나 現實的으로나 全面的 敗北를 意味하게 된다. 여기서 이 作品은 클라이막스로 들어가 毛火의 마지막 '굿'이다. 어떤 물에 빠져죽은 女人의 靈魂을 건지려 毛火는 '넋대'로 물을 저으며 시나윗가락(神出曲)에 맞후어 청승에 자즈러진 巫詞를 읊으며, 또 그 '가락'에 맞후어 몸의 律動(춤)을 진히고서 점점 물 속으로 들어가다 문득 모화의 몸덩이는 그 목소리와 함께 물 속에 잠겨 버린다. 이러한 簡單한 敍述로서는 毛火의 마즈막 勝利(救援)를 理解하기 힘들 것이다. 여기 '시나윗가락'이란 내가 위에서 말한 '仙'理念의 律動的 表現이요, 이때 모화가 '시나윗가락'의 춤을 추며 노래를 부른다 함은 그의 全生命이 '시나윗가락'이란 律動으로 化함이요(毛火의 性格 描寫에 依하여 가능함), 그것의 律動化란 곧 自然의 律動으로 歸化合一한다는 뜻이다. 이리하여 東洋精神의 한 象徵으로서 取한 '毛火'의 性格은 表面으로는 西洋精神의 한 代表로서 取한 예수教에 敗北함이 되나 다시 그 本質的 世界에 있어 悠久한 승리를 갖게 된다는 것이다.
>
> 人間의 個性과 生命의 究竟을 追求하여 얻은 한 개의 到達點이 이 '毛火'란 새 人物型의 創造였고, 이 '毛火'와 同一한 思想的 系列에 서는 人物로

65) 위의 글, 91면.

66) 김범부, 「國民倫理 特講」, 『花郎外史』, 이문사, 1981, 218면.

선 「山祭」의 '太平이'가 그것이다. 毛火나 太平이들이 이 時代 이 現實에 對하여 別般 意義를 가지지 못함은 내 自身 잘 알고 있으나, 그러나 人間이 個性과 生命의 究竟을 追求하여 永遠히 넘겨보군 할 그러한 한 개의 길이라고 나는 믿는 것이다. 끝으로 나의 作品世界에 가끔 民俗을 導入함에 對해서는 또 이밖에 나대로 다른 理由가 있으나 그것은 省略한다.67)

김동리는 "동양정신의 한 상징으로서 취한 모화의 성격은 표면적으로는 서양정신의 한 대표로서 취한 예수교에 패배함이 되나 다시 그 본질적 세계에 있어 유구한 승리를 갖게 된다"라고 주장하고 있다. 대체 '본질적 세계에 있어 유구한 승리'란 무엇을 말하는 것일까. 그것은 예수교라든가 서양사상으로는 결코 가 닿을 수 없는 의식의 어떤 경지를 가리킨다. 무녀 모화를 통해 그 경지를 드러내었다는 김동리 나름의 판단이 '유구한 승리' 운운으로 이어지고 있는 것이다. 이 대목을 제대로 이해하기 위해서는 다시 범부의 음양론 중에서 '허정(虛靜) 상태'를 들여다 볼 필요가 있다. 동양정신의 한 상징으로 왜 하필 무녀를 내세웠는가도 이를 통해 파악이 가능해진다.

그런데 陰陽靜動이라는 사상이 일천 년을 지배하여 왔다는 것이 참으로 애매한 것 아니냐? 가령 動靜의 象을 陰陽에 配對할 때에 陰은 靜象, 陽은 動象이라고 할지언정 陰은 靜의 性, 陽은 動의 性이라고 보아서는 아니 된다. 천지만물 중 일순간이라도 움직이지 않는 것이 없다는 이것이 곧 『周易』의 이치이다. 『周易』이라고 함은 '두루 변이한다'는 뜻이다. 이 원리에 철저한 분이 베르그송이다. 그는 '정지란 것은 가정이지 사실은 정지가 없다. 생명의 핵심은 일순간도 가만히 있지 않는다'라고 보았다. 그는 모든

67) 김동리, 「新世代의 精神」, 91~92면.

것을 流動한다고 보았다. 靈活的 流動은 인간의식이요, 非靈活的 流動은 모든 동물이라고 하였다. 반수면 상태는 식물이요, 완전수면 상태는 광물이라고 하였다. 그것이 곧 流動說의 특색이다. 그 학설은 어떤 것이든 유동한다고 하며 대표적인 것이 의식의 유동이라고 하였는데 나는 불복하는 점이 있다. 그가 동방 사람이 아닌 까닭에 그렇다. 의식에 靜鑑止水와 같은 정신상태가 없지 않다. 동양인은 그것을 중시하므로 그런 상태에 가지는 노력을 흔히 체험한다. 불교에서는 無記狀態라는 것을 인정한다. 특히 禪家에서는 靜寂不動한 의식경지를 체험하지 못하고는 禪機를 포착하지 못한다. 宋儒가 主靜工夫를 하는 것은 그 장점이다. 靜이 아니면 마음이 비지 않고 비지 않으면 至公無私한 경지에 이르지 못한다는 것이다. 濂溪의 수양설은 이에 장점이 있다. 『中庸』에 희노애락 未發의 상태가 곧 虛靜 상태이며, 易 辭繫에 '易은 無思也하며 無爲也하며 寂然不動하다가 感而逐通天下之故'라고 한 寂然不動의 상태가 그것이다. 이 寂然不動의 상태가 곧 神明과 교섭하는 것이다.

고대의 卜筮라는 것은 곧 神明과 교섭하는 것이다. 神明과 교섭한다는 것은 큰 사건이니 마음이 虛靜하지 않으면 될 수 없는 것이다. 그리고 노자는 말할 것도 없이 虛極靜篤하여 爲無爲하므로 無不爲라고 하였다. 이런 것이 다 정신의 虛靜 상태에 들어가지 않으면 동방정신을 알지 못하는 예이다. 베르그송은 이러한 無流動 상태를 알지 못함으로써 동양정신을 포착하지 못하였다.[68]

표면적으로의 패배와 본질적 세계에서의 유구한 승리. 바로 여기에서부터 「新世代의 精神」이란 평문의 의미와 깊이는 솟아오른다. 수입된 사상을 무비판적으로 수용, 추종하는 기성들에 대해 가하는 "이념

68) 김범부, 「陰陽論」, 127~128면.

적 우상"을 섬기고 있다는 비판은 이에 비해 부수적으로 존재할 따름이다. 냉엄한 현실에 맞닥뜨려 김동리는 그 나름의 대응 방식을 제시해 내고 있기 때문이다. 더구나 이러한 인식은 삶 속으로 녹아들어 완연한 일체를 보여주었다. 물론, 이런 거대한 밑그림은 범보가 그의 뒤에 버티고 있었기 때문에 가능하였다. 명료하게 정리되지는 못했지만, 범보가 구상하고 있던 철학의 체계는 동서철학을 정리한 '새로운 형이상학'이었다. "당신이 앞으로 내고자 하시는 主著는, 지금까지 있어 온 동서 철학들을 총정리 할 수 있는 새로운 형이상학(metaphysics)이라고 하였다. 그것은 불교의 無와 주역의 '태극'을 종합적으로 지양하는 것이라고 하였다. 그래서 '무와 태극'이라 이름할까 한다고도 했다. …… 그밖에도 저서 명칭을 '무와 律呂'로 생각한 일도 있다. 여기 '율려'란 주역의 음양 현상을 가리킨 것이므로 결국 태극 속에 포함될 성질이다."[69] 김동리는 이러한 범보의 사상을 바탕으로 하여 「신세대의 정신」에서 자신의 문학관을 피력했던 것이다.

도그마(dogma)가 허물어진 자리에 환멸(幻滅)이 움터 오른다. 식민지시대 세대논쟁에서 기성 측이 신인을 비판했던 까닭은 바로 이 환멸에 있었다. 말하자면, 자신들은 환멸이 동반하는 정신적 공황에 허덕이던 반면, 신인작가들은 이로부터 무관하지 않은가 하는 혐의에서 비판이 이뤄졌던 것이다. 하지만, 각자의 내면으로 침잠한 신인작가들은 이러한 비판에 대해 얼마간 침묵으로 대응하는 모습을 보여주었다. 그러다가 도그마의 빈자리를 채우기 위해 다시 국외로 눈을 돌려 논리를 소개하는 데 급급해 있는 기성비평가들에게 역공을 가하기에 이른다. 이 계기가 바로 1939년 『조광』 1월호의 특집 「신진작가좌담회」이며, 『조광』 4월호의 특집 〈신진작가들의 문단호소장〉이다. 이

69) 김동리, 「伯氏를 말함」, 『풍류정신』, 정음사, 1986.

러한 대결 구도 속에서 평론가로서의 면모를 띠고 우뚝 솟아오른 이가 김동리이다. 다른 신진작가들은 기성평론가들에 대한 평면적인 반비판에 머물렀던 반면, 김동리는 반비판을 사상의 차원으로까지 끌어올릴 수 있었던 것이다. 그렇기 때문에 「'純粹' 異議」에서 「나의 小說修業」, 「新世代의 精神」으로 이어지는 평론들은 식민지 조선에 팽배해 있는 환멸을 어떻게 돌파할 수 있는가를 보여줄 수 있었다. 서구의 사상이 한계에 이르렀다고 파악, 신세대의 가능성을 그 맞은편에 배치하는 장면은 이를 드러낸다. 이러한 대목은 당대 기성평론가들이 상상조차 하지 못했던 수준이다.

이 시기 선보인 평론들 중 김동리의 「新世代의 精神」은 식민지시대 신세대 논쟁의 정점에 놓인다. 논쟁의 과정에서 작성되었지만, 이에 필적할만한 논리를 기성세대는 제시하지 못했다. 해방 직후 좌파와 벌인 논쟁, 1959년 이어령과 벌인 실존성 논쟁에서 김동리가 선보이는 논리는 모두 이 「신세대의 정신」을 바탕으로 한다. 따라서 김동리 문학론의 원점으로 「신세대의 정신」을 꼽아도 별 무리는 없을 것이다.

【보론】 1

인간의 재규정, 민족(국가)의 새로운 존립 방식

김동리의 소설세계가 '화랑정신', 즉 仙사상을 바탕으로 하고 있는 만큼, 이러한 시도가 지닌 의미와 가능성, 한계에 대하여 면밀하게 살펴보아야 하겠다. 우선 근대를 비판하기 위하여 고대로 거슬러 올라가면서 마련하는 민족정신에 대한 우려가 존재할 수 있다. 1930년대 유럽에서 발흥했던 파시즘이 바로 그러한 위험을 강렬하게 상기시키기도 한다. 이러한 우려를 씻기 위해서는 두 가지 측면에서의 답변이 요청된다. 첫 번째, 당면한 현실 문제를 비판, 극복하기 위하여 굳이 전통, 즉 전근대로까지 소급해야 할 필요가 있을까. 이는 온갖 위기 담론을 돌파해 나가는 하나의 사고 유형이라고 이해할 수 있다. 중세 막바지에 그리스정신과 만나면서 근대를 태동해낸 서구의 르네상스가 하나의 사례이다. 그 이후로도 이러한 시도는 꾸준히 반복되어왔다. '철학의 죽음' 담론을 정리하면서 철학자 김상환은 이를 간명하게 정리하고 있다. "인문주의 구제론은 두 가지 경향을 보여준다. 하나는 인문주의의 숨겨진 잠재력을 진작하기 위하여 전통으로 복귀하는 경향이다. 다른 하나는 인문주의의 핵심적 이념으로서의 인간을 재규정하는 것이다."[1] 그러니까 범보, 김동리의 仙 강조는 위기에 맞닥뜨린 인문주의를 구제하고자 전통으로 돌아가는 일반적인 경향과 일치한다고 볼 수 있겠다. 다시 말해서 전통 복귀만을 두고 파시즘으로 단정짓기는 곤란하다는 것이다.

두 번째, 仙사상에 근거를 두고 주장하는 '민족(국가)' 개념은 파시즘의 민족(국가)과 어떻게 다른가. 이 물음에 대해서는 인문주의를 구제하려는 두 번째 경향, 즉 인간을 재규정해 나가는 범보의 방식 위에서 답변할 수 있다. 앞에서 언급하였던 것처럼, 仙에 가 닿은 존재는 인간의 삶을 자연의 질서 속에 완전히 융화시켜낸 면모가 특징이다. 세계로부터 완전히 고립된 인간이라는 개념이 허구에 불과하다고 설명하기 위하여 범보가 예로 드는 것이 호흡이다. 생명이 있는 존재는 호흡을 하게 마련이며, 하나의 막으로 완결된 형태를 갖추고 있는 듯 보이는 존재는 호흡함으로써 바깥 세계와 교통해 나간다는 것이다. 이때 호흡(呼吸)은 "一呼一吸이 곧 陰陽이다"[2]라고 하여 생명체의 존재방식이자 운동방식까지 포함하기도 한다. 이로써 모든 살아있는 존재는 관계망 속에서 파악하게 될 근거를 확보하게 되지만, 그렇다고 하여 개별자로서의 고유성이 부정되지는 않는다. 즉 개별자의 고유성을 인정하기는 하되, 이를 관계망 속에서 파악할 수 있어야 한다는 주장이며, 그런 까닭에 모든 존재는 끊임없는 운동 가운데 존재하게 되는바, 이를 가능케 하는 동인(動因)이 음양의 변화라는 것이다. 이때 음과 양은 대대(待對) 관계로 이해하여야만 비로소 접근이 가능해진다.

1) 김상환, 「해체론 시대의 인문주의」, 『해체론 시대의 철학』, 문학과지성사, 1996, 318면.
2) 김범부, 「陰陽論」, 『풍류정신』, 정음사, 1986, 134면.

두 개로 나누어 반대 개념으로 파악해서는 곤란하다는 것이다. “본래 두 개가 아닌 것을 二元이니 動靜이니 판단을 내리는 것은 모두가 그림자를 짓는 것이다.”[3]

기실 이는 동아시아 전통사상이 공유하는 내용이라고 할 수 있다. 가령 불교에서는 ‘자타불이(自他不二)’라고 하여 나와 타자의 관계를 단절하여 파악하지 말라고 경고하면서도, 각각의 존재에게는 용맹하게 수도(修道)에 정진하라고 가르친다. 깨달음은 각자가 노력해야 얻을 수 있게 된다는 것이다. 또한 ‘색즉시공(色卽是空)’이라는 용어를 들여다보면, 색(色)과 공(空)을 반대 개념으로 설정하는 것이 아니라, 오히려 서로를 보족하는 하나의 쌍으로 묶고 있음을 파악하게 된다. 대대(待對)라는 관점과 상통하는 바 있다. 성리학에서는 삼강오륜(三綱五倫)이라고 하여 인간의 기본 욕망을 세 가지 범주[三綱]로 나누고 난 후, 이를 다시 다섯 가지 항목[五倫]으로 설정하고 있다.[4] 삼강에 대해서만 말하자면, 부위자강(父爲子綱), 군위신강(君爲臣綱), 부위부강(夫爲婦綱)은 각각 친애(親愛), 권력(權力), 성애(性愛)와 관련된 욕망 유형을 가리키는 것으로, 서로의 여러 관계 속에서 발현하게 되는 욕망을 파악하고 다스릴 줄 알아야 한다는 내용이다. 물론 관계 속에서 개별자의 노력은 중요한데, 이는 ‘신독(愼獨)’이란 개념을 통하여 수신(修身)의 중요성을 강조하는 데서도 알 수 있다. 성리학에서 나타나는 태극 문양 자체가 대대를 담고 있으니, ‘動靜’에 대해서는 이론의 여지가 남지만, 더 이상의 부언은 생략한다.

그렇다면 범보 사상의 특징은 대체 무엇인가. 仙사상을 내세웠으되, 동학을 적극적으로 끌어안았다는 데 있다. 이러한 면모는 「崔濟愚

3) 위의 글, 125면.

4) 여기에 대한 자세한 내용은 최봉영의 『주체와 욕망』(사계절, 2000) 가운데 제6장 「조선시대 유교 문화와 주체와 욕망」 참조.

論」(『풍류정신』, 정음사, 1986)에서 드러난다. 동학의 핵심 사상은 '시천주(侍天主)', 즉 '네 안에 한울님이 모시어 있다'라는 인식에 놓여있으니, 우선 '천주'에 관하여 살펴보도록 하겠다. '천주'란 한울님을 가리키는데, 인격을 가진 유일한 신이다. 『新人哲學』에서 이돈화(李敦化, 1884~?)가 한울님의 인격성을 부정한 바 있으나, 이는 여러 곳으로부터 비판받고 있다. 한울님의 인격 문제가 논란이 되는 까닭은 예컨대 지구라든가 우주를 하나의 생명체로 볼 수 있는가 하는 문제와 닿아있기 때문이다. 즉 '크다'는 뜻의 '한'과 우주 전체를 가리키는 '울'이 하나로 묶여 큰 나[大我]로 파악되었는데, 이러한 한울님을 생명의 관점으로 수용할 수 있는가가 문제라는 것이다. 우리가 직면한 생태 문제가 재앙 수준에 이르고 있다는 사실을 전제하였을 때, 내 생각에는 인격을 부여하여 접근해도 무방하지 않은가 싶다. 지구를 감싸고 있는 대기권을 하나의 막으로 파악하고, 이를 하나의 단위로 파악하여 생명의 관점에서 접근하는 것이 필요하리라는 것이다. 다만, 한울님을 초월적 실체로 설정하지 않는다는 사실만큼은 분명히 할 필요가 있겠다. 김지하와의 대담에서 황지우는 "동학에서 초월적 실체로서 신의 존재에 대한 주장을 하지 않았다는 것은 고급종교의 단계"5)라고 정리한 바 있다.

다음으로 시천주의 '시(侍)'를 살펴보도록 하겠다. 이에 대해서는 김지하의 설명이 비교적 이해하기 쉽다. 그에 따르면, 시(侍)란 "내유신령(內有神靈), 안으로 신령이 있고, 외유기화(外有氣化), 밖으로 기화가 있고, 일세지인 각지불이(一世之人 各知不移), 한 세상 사람이 서로 옮기지 못함을 각각 알아 실천한다는 뜻"6)이다. 여기서 우선 주목해야 하는 중요한 개념이 '기화(氣化)'라고 할 수 있다. 동학연구자 삼암(三庵)

5) 황지우, 『사상기행』 2, 실천문학사, 1999, 43면.
6) 김지하, 『사상기행』 2, 실천문학사, 1999, 39면.

표영삼(表映三)은 이를 다음과 같이 설명해 놓았다. "이 기화(氣化)는 생명 자체가 가지고 있는 자기조직력(自己組織力)이라는 것은 (水雲이-인용자) 누누이 언급했다. 즉 개체생명체계의 씨앗 속에 있는 생명체는 자기를 스스로 조직해 나가는 자기조직력을 가지고 있다는 것이다. 이돈화(李敦化)도 『신인철학』에서 '지기 자체의 본원에 있어서는 유일한 생명의 충동력 그것뿐이다'고 하였다. 생명의 충동력이란 자기조직력을 말한다."7) 이는 각각의 개별자를 조직해나가는 동력을 개별자 바깥에서 찾을 것이 아니라, 개별자 내부에서 찾아야 한다는 견해이다. 즉 계급이라든가 민족 따위를 먼저 설정하고 난 뒤, 그러한 개념에 입각하여 개별자를 바깥에서부터 조직해 나가는 태도와는 정반대에 놓인다는 것이다. 자발성에 기초한 연대, 예컨대 촛불집회와 같은 조직 원리를 설명하는 데 적합하다고 하겠다.

개별자라고는 하지만, 인간이 호흡하는 존재인 이상 외부세계와 격리되어 존재할 수는 없다. 또한 개별자가 외부세계와 연결될 수밖에 없다고는 하지만, 개별자를 둘러싼 외부세계의 환경은 천차만별 다를 수밖에 없다. 예컨대 남극과 아프리카의 환경이 다를 수밖에 없으니, 그러한 환경의 차이를 고려하면서 개별자를 파악하기 위해서는 어찌할 도리 없이 각각의 개별자를 둘러싼 단위(막)의 설정이 요청된다는 것이다. '각지불이(各知不移)'가 이와 관련된 어구인데, 설명하자면 한울님으로 표상되는 "전체성을 각지(各知) 각각이, 세상 사람들이 각각 자기 개성대로, 집단은 자기 집단대로, 민족은 자기 민족 나름대로, 개인 개인이 자기 나름 나름으로 독특하게 깨우쳐서 자기 스타일로 실현한다, 이런 뜻"8)이다. 개성은 그래서 중요하다. '나'의 근거에 입각하여 '나' 자신을 드러낼 수 있을 때 '나'의 개성이 빛을 발한다. 동시에

7) 표영삼, 『동학1-수운의 삶과 생각』, 통나무, 2004, 119~120면.

8) 김지하, 위의 책, 39면.

'너'의 근거에 입각하여 '너' 자신이 표현될 때 '너'의 존재가 의미를 획득한다. 이때 '나'의 가치와 '너'의 가치는 배타성을 띠어 위계를 다투는 관계가 아니다. '나'와 '너'는 별개의 존재가 아니라, 하나의 단위(막) 안에서 공동체로서 운명을 같이 한다는 것을 깨달을 때, 비로소 '각지불이(各知不移)'에 도달할 수 있다.

범보가 사유했던 단위(막)의 최대치가 최소한 태양계 수준에 이르렀던 것은 확실하다. 원자력을 무기로 사용하는 대신 평화산업과 병 치료에 이용하자는 러셀의 제안을 유치하다고 반박하는 대목에서 확인할 수 있다. "무기에 사용하지 말자고 하지만 그것을 누구와 약속한다는 말인가? 원자력의 평화적 이용은 인류 행복을 보장하다고 하지만, 또한 유치한 견해이다. 원자력을 이용하여 한대를 온대로 변화시킨다고 하자. 이것은 곧 지구를 파괴하는 행위이다. 한대, 온대가 지구 자체만의 한대, 온대는 아니다. 이것은 전태양계와 관련된 약속이다. 만일 그렇게 한다면 예측하지 못할 천재지변이 일어날 것이다."[9] 한울님을 자기 안에 모신 이는 이러한 사유로까지 나아갈 수 있어야 한다. 그럼에도 불구하고 그가 민족국가를 강조하고 나선 까닭은 세계가 민족국가를 단위로 움직일 것이라고 전제했기 때문이다.[10] 즉 개별자의 개성이 존중받고 유지되는 데 '민족국가'라는 단위는 없어서는 안 될 울타리(막)라고 파악했던 것이다. 그렇다면 민족국가의 바람직한 상은 어떠한 것인가. 어떤 민족이 위대한 민족인가.

> 가령, 어떠한 國民的 個性이나 民族的 個性을 제쳐 놓고 世界個性이라는 것은 事實的으로는 없는 것입니다. 그리고 어떠한 民族의 個性이 반드시 거기에 섞였는데, 그것이 一面 世界性을 가졌느냐 안 가졌느냐 이것이

9) 김범부, 「陰陽論」, 『풍류정신』, 정음사, 1986, 113~114면.

10) 여기에 대해서는 김범부의 「國民倫理 特講」(『花郎外史』, 이문사, 1981) 가운데 '解題' 부분 참조.

문제입니다. 이를테면 괴테가 『파우스트』를 지을 때에 獨逸의 性格, 괴테 個人의 性格을 除外하고 지어질 수 있느냐 하면 不可能합니다. 그러면 個性이 個性대로 表現되고 同時에 普遍性을 가지는 作品이 되기 위해서는 文藝 作品으로서 思想으로서 모든 것이 위대해야 합니다. 이와 마찬가지로 國民倫理도 特殊面을 볼 때에는 각각 다르지만 그것이 위대하면 위대할수록 世界性을 가지고 있고 普遍的 人間性을 가지고 있읍니다.[11]

이에 따르면 위대한 민족이란 뛰어난 문화를 일군 민족이 된다. 실제로 그가 꼽고 있는 사례도 이에 해당한다. "儒教라든지 基督教, 佛教는 처음 출발할 때에는 民族倫理로서 출발했는데 이것이 世界의 어느 人間이든지 다 통용할 수 있는 것은 그 精神이 위대하고 民族의 性格이 위대하기 때문입니다."[12] 김동리가 종종 발언하였다는 '가장 한국적인 것이 가장 세계적인 것'이라는 내용도 이러한 문맥 안에서 이해할 수 있다. 하나의 세계란 각각의 문화가 다양하게 어우러져 더불어 개화하는 것이다. 그런 까닭에 무분별하게 서구를 좇아가는 것이 바람직하지 않다고 여겼던 셈이다. 이는 범보의 관점과 그대로 일치한다. "調和라는 것은 個性이 없는데서는 이루어질 수 없읍니다. 모든 個性이 있은 연후에 調和가 가능합니다. 그러므로 어떠한 國民이고 어떠한 民族이고 그 個性이 있은 연후에 調和가 豫想됩니다."[13] 개별자의 자발성을 조직 원리의 바탕으로 삼는 태도는 멸사봉공(滅私奉公) 따위를 강조하는 파시즘과 거리가 멀다.[14] 또한 각 민족국가를 이야

---

11) 金凡父, 「國民倫理 特講」, 『花郎外史』, 이문사, 1981, 213면.

12) 위의 글, 212~213면.

13) 위의 글, 190면.

14) 자발성을 파시즘이나 전체주의의 요소로 꼽는 견해도 접할 수 있다. 즉 어떤 한 개인이 파시즘 혹은 전체주의에 포획되는 과정을 보면 자신이 직접 선택한 측면이 강하다는 입장이다. 그렇지만 이 경우에는 사유가 결핍되어 있는 까닭에 자발성이라고 보기 어렵다. 예컨대 아렌트의 『예루살렘

기하며 문화의 개성을 강조하는 한편, 조화를 모색해 나가는 견해는 자민족의 우월성을 증명하기 위해 전쟁에 뛰어들었던 파시즘의 위험성과는 상관이 없어 보인다. 그렇다면 파시즘으로 경사할지 모른다는 범보 사상의 위험성에 대한 우려는 씻을 수 있지 않을까.

다만, 다음과 같은 한계는 지적할 수 있겠다. 서유럽에서 출발한 근대사상은 이미 보편원리로서 세계를 구획하고 있다. 근대사상의 위력이란, 논리의 정합성에 있는 것이 아니라, 근대의 시·공간 속에 인간을 배속시켜 길들여내었다는 데 존재하는 것이 아닐까. 예컨대 사회주의는 그러한 작동체계의 중심에 경제문제가 놓여있다고 판단하고, 생산력과 생산관계의 모순을 극복하는 데로 나아가고자 하였다. 극복하기 위한 방법으로 들고 나왔던 것이 바로 '계급혁명'과 '체제 전복'이었다. 그렇다면 '제3기 휴머니즘'을 펼쳐나가기 위한 새로운 르네상스가 필요하다고 주장할 때, 그것이 무엇이라고 '내용'만을 강조할 것이 아니라, 그것이 '어떻게' 가능한지 방법에 대해서도 적시했어야 하지 않았을까. 물론 '각지불이(各知不移)'라고 해서 스스로 깨쳐야 할 대목이 있는 것은 분명하지만, 이를 어떤 체제 속에서 풀어나가는가는 다른 범주에서 해명되어야 할 몫이기 때문이다. 이러한 부분에서의 구체성이 떨어지기에 범보의 사상은 미완이라고 판단하게 된다. 그의 사상이 식민지시대 제국주의에 맞설 때는 번쩍였으되, 해방 이후 나

의 아이히만』(한길사, 2006)을 보면, 전체주의에 포박된 인물 아이히만은 관료 사회에 주어진 규칙을 어긴 적이 없는 '충실한' 인물이다. 그렇지만 그 충실함은 김동리가 강조했던 '생의 구경(究竟)'에 관한 물음을 배제하였기에 가능해진 결과라고 봐야 한다. 아렌트는 '타자의 입장에 서서 생각하고 판단할 수 있는 능력'을 사유로 규정하고, 아이히만에게는 사유의 능력이 결핍되었다고 평가하고 있다. 한편 무의식의 측면에서 보더라도 파시즘은 자발성의 반대편에 놓인다. '대상(Object)'이 '자아(Ego)'를 지우면서 '자아 이상(Ego Ideal)'의 자리로 대신 들어서는 것이 파시즘의 발단이기 때문이다. 즉 하나의 대상(지도자)을 두고 수많은 개인들이 그들의 자아 속에서 서로를 동일시하는 기제가 파시즘의 무의식이라는 것이다(프로이드, 『집단심리학』, 학문과사상사, 1992). 이 경우 개인의 자발성은 들어설 자리가 없으며, 이를 대신하는 것은 하나의 대상(지도자)이 지시하는 방향이다.

라 만들기에 돌입하였을 때 다소 빛이 바랜 것처럼 다가오는 까닭은 이와 무관치 않을 것이다.

5

해방기 평론에 나타난 문학관의 변모 양상

1. 근대국가의 양면성과 두 개의 민족문학

1946년 4월 4일 기독교청년회관(YMCA)에서 청년문학가협회(이하 청문협)가 결성대회를 열고 발족하였다. 『生活文化』(주간 곽종원, 편집장 박용덕)의 발행처 생활문화사(生活文化社)에 모여들던 젊은 문인들이 문학단체 조직에 나선 것이다. 청문협은 '토요회'(土曜會)라는 회합을 모태로 한다. 정태용(鄭泰鎔)과 조연현(趙演鉉, 『藝術部落』 주간)의 발의로 시작된 토요회는 생활문화사 회의실에서 문학에 대해 의견을 교환하던 20여 명이 넘는 젊은 문인들의 모임이다. 여기에 얼굴을 내밀었던 사람은 김동리를 비롯하여 최태응(崔泰應, 『女性文化』 주간), 임서하(任西河), 유동준(兪東濬), 곽종원(郭鍾元), 박용덕(朴容德), 서정주(徐廷柱, 『春秋』 편집장), 조지훈(趙芝薰), 박두진(朴斗鎭), 홍구범(洪九範), 이정호(李正

浩), 김광주(金光洲), 박목월(朴木月), 곽하신(郭夏信), 정태용(鄭泰鎔), 송돈식(宋敦植), 전홍준(全洪俊), 서정태(徐廷泰), 조연현(趙演鉉) 등이었다.[1] 토요회가 모태를 이루었던 만큼 이러한 구성원들이 청문협의 임원부서를 장악하고 나선 것은 당연한 결과였다.

청문협 결성대회에서 결성 취지 설명에 나선 이가 김동리였다. 이날 김동리는 최태응과 함께 회장으로 피선되기도 했다. 객석에는 문학가동맹의 임화(林和)와 박찬모(朴贊謨)가 조용히 자리하고 있었는데, 그들 앞에서 김동리는 청문협의 건설 취지와 경위를 무척이나 공격적으로 밝혀 나갔다. 당시 문단에 막 모습을 드러내어 아무 것도 모르는 상태에서 문학가동맹에 가담하였고, 훗날 김동리의 두 번째 부인이 된 손소희(孫素熙)는 그 내용을 다음과 같이 밝히고 있다.

> 좌익(동맹을 가리키는 말)에서도 '민족문학 건설'을 표어로 내걸고, 우리도 '민족문학 수립'을 내세웠는데 하나는 진실이고 하나는 거짓이다. 그들(동맹)은 먼젓번 대회에서 민족문학을 정의하여 '노동자 농민을 위한 문학'이라 하였다. 그 까닭은 노동자 농민이 민족의 대다수이기 때문이라고 했다. 그러나 노동자 농민 이외의, 지식인 학생 상인 조그만 공장주 조그만 지주들도 다 한국인들이다. 노동자 농민을 위한 문학이란 결국 과거의 카프시대의 말하던 계급주의 문학이란 말과 꼭 같은 뜻이 된다. 왜 계급이란 말 대신 민족이란 말을 쓰는가. 자기들의 본색을 감추기 위해서다. 왜 본색을 감추어야 하는가. 여기에 그들의 정치적 야심이 들어있기 때문이다.[2]

문학가동맹 측의 태도에 '정치적 야심'이 개입해 있는 것은 분명하지만, 과연 김동리가 말하는 것처럼 그들이 내걸었던 '민족문학 건설'

---

1) 趙石濟, 「解放文壇 五年의 回顧(一)」, 『新天地』, 1949.9, 257~258면 참조.
2) 孫素熙, 「韓國文壇人間史④―激流속의 물거품들」, 『文學思想』, 1979.7, 269면.

이라는 표어가 그렇게 기만적인 것이었던가는 따져볼 필요가 있다. 표면적으로 볼 때 '일부 부르조아지와 완미한 토착 지주'[3]를 배제하는 것은 민족의 단결을 해치는 행위라고 할 수 있을 것이다. 그들도 엄연히 민족의 일원이기 때문이다. 하지만, '일부 부르조아지와 토착 지주'가 외세에 의존하는 새로운 사대주의 세력으로 등장할 위험이 도사린다면 논의는 좀 더 복잡해질 수밖에 없다. 그럴 경우 그들이야말로 자신들의 이익에 따라 민족의 단결을 해치는 존재로 떠오를 것이기 때문이다. 정치 문제는 여기에서부터 개입한다. 다시 말해서, 시기의 민감성으로 인해 '민족'을 어떻게 규정할 것인가 하는 관점에서부터 정치적 입장이 당연히 동반하게 된다는 것이다. 그러한 까닭에 임화가 "정치와 문화는 불가분의 존재"라느니 "문화가 정치의 한 수단에 불과하다는 뜻은 결코 아니고, 다만 문화에 대하여 정치가 윗자리에 서있다는 것뿐이다"라고 주장하는 것을 정치적 음모로만 파악할 일은 아니다. 더군다나 임화가 "문화는 자기 발전상 보다 좋은 환경이 될 수 있는 진보적 정치를 희구하게 마련이다. 정치의 진보성이란 그것의 추진력이 되는 계급의 역사적 성격에 의존한다는 것은 주지의 사실이다"라고 명백하게 밝히고 있으니, 여기에 대고 '본색을 감추고 있다'고 비판하는 김동리에게서 오히려 정치적 감각을 읽어낼 수도 있겠다.[4]

그렇다면 시종일관 문학과 정치는 별개라고 주장하는 입장이야말로 어리석은 태도에 지나지 않는 것 아닐까. 1945년 12월 조연현이 발

3) "지식인, 학생, 상인, 조그만 공장주, 조그만 지주들도 다 한국인들이다"라는 김동리의 주장에는 다분히 선동적인 측면이 존재한다. 당시 문학가동맹은 계급적 당파성을 앞세운 '프롤레타리아 문학론'이 아닌 '인민민주주의 문학론'을 주장하였다. 따라서 이러한 입장은 계급혁명이 아닌 시민혁명과 관련을 맺게 된다. 그렇다면 김동리가 얘기하는 "지식인, 학생, 상인, 조그만 공장주, 조그만 지주들"은 "노동자, 농민"의 반대편에 설정할 수 없게 된다. 그래서 임화는 「現下의 情勢와 文化運動의 當面任務」(『文化戰線』, 1945.11)에서 '민족'의 범주에서 배제하는 대상을 "일부 부르조아지와 완미한 토착 지주"로 꼽았다.

4) 林和, 「現下의 情勢와 文化運動의 當面任務」, 『文化戰線』, 1945.11, 32~35면 참조.

표한 「文學者의 態度」에는 그런 면모가 충분히 나타난다. 조연현은 이 글에서 "政治와 文學과는 本質的으로 서로 獨自的인 別個의 領域이다"라는 주장을 바탕으로 "文學者가 文學하는 마음을 떠나서 새로운 文學을 創造한다는 것은 文學의 悲劇이다"라고 강변하고 있다. 하지만, 그 순진함 내지 어리석음이 직면할 수밖에 없는 한계는 너무도 쉽게 폭로된다. "무슨 政治組織 하드시 文學者들이 小'써ー클'을 맨들어 文學運動을 한다 하고 聲明書를 發布하고, 會合에 參席하고 하는 곳에서 우리의 새로운 文學은 決斷코 나오지 않을 것이다"라고 주장[5] 하던 그가 전국문필가협회의 결성(1946.3.13)에 참여하고, 청문협 건설에 주도적으로 나섰던 상황은 이를 보여주고 있다. 더군다나 청문협의 모태 토요회의 경우 자신의 발의로 시작되지 않았던가. 반 년도 지나기 전에 자신의 주장을 스스로 뒤집어 버린 꼴이다.

물론 청문협 회장으로 나선 김동리를 「文學者의 態度」를 쓸 당시의 조연현과 같은 수준에서 파악하는 것은 무리일 것이다. 이미 문학계의 좌익 단체에 맞서 조직을 건설하는 마당인 데다가 김구, 이승만, 조소앙과 같은 정치인들을 초청하여 축사를 부탁하면서 문학과 정치는 별개라고 주장하기는 어렵기 때문이다. 따라서 이 경우 따져 물어야 할 것은 김동리가 강하게 제기했던 "좌익은 왜 계급이란 말 대신 민족이란 말을 쓰는가"라는 물음의 의미이다. 이러한 물음은 자신들이야말로 '진정한 민족문학'을 추구한다는 확신을 바탕으로 하기 때문에 가능해진다. 또한, 그 확신 앞에서 '가짜 민족문학'을 주장하는 문학가동맹 측은 청문협의 반대편에 놓이게 되며, 문학가동맹의 민족문학론('인민민주의주의 문학론')은 오로지 계급문학론('프롤레타리아 문학론')을 은폐하려는 음모로서만 청문협에 다가서게 된다. 김동리가 파악하는 이

5) 趙演鉉, 「文學者의 態度」, 『文化創造』, 1945.12, 35면.

러한 대립틀을 이해하기 위해서는 먼저 '민족'에 대한 그의 확신 근거를 살펴보아야 할 것이다.

'민족'이라든가 '계급' 따위의 의미를 살펴보려면 근대국가에 내포할 수밖에 없는 양면성을 염두에 두어야만 한다. 특히 근대국가의 양면성은 '나라 만들기'라는 커다란 기획(企劃)을 앞두고 선명하게 드러나게 된다. 가령 일본의 근대국가 형성과정을 살피면서 마루야마 마사오(丸山眞男)는 근대국가의 양면성에 대하여 다음과 같이 지적한 바 있다. "개국이라는 의미에는 자신의 바깥, 즉 국제사회에 여는(開) 동시에 국제사회에 대해서 자신을 국가(國)=통일국가로 선을 긋는다(劃)는 양면성이 내포되어 있다." 해방을 맞은 조선이라고 해서 이러한 모순으로 인하여 빚어지는 문제로부터 자유로울 수는 없다. 구체적 사건들은 다르지만, '전통'사상과 '외래'사상이 전면적으로 맞부딪치는 양상은 일본의 개국(開國) 과정에서나 해방기 조선의 혼란상에서나 그리 큰 차이를 보이지는 않는다.

> 사상적 전통(중국에서의 유교와 같은)의 강력한 기축(基軸)을 결여하고 있다는 (일본의－논자) 사정에 기인하는 문제성이 바야흐로 폭발적으로 출현하지 않을 수 없었던 것이다. 영토, 국적, 대외적으로 국가를 대표하는 권력의 소재 등 자국과 타국을 구별해주는 제도적 표지가 성립하고, 천황을 정점으로 하는 집권적 국가(아직 실질적 집권력은 충분하지 않았다고 하지만)가 급속하게 정비되어 감과 동시에, 아니 그것보다 훨씬 더 빠른 속도와 양으로 구미의 사상문화가 열린 문을 통해서 물밀듯이 흘러들어왔기 때문에 국가생활의 통일적 질서화와 사상계에서의 '무질서'한 질풍노도가 선명한 대조를 이루었다. 더구나 양자가 문명개화의 기치 하에 흔히 대위법(對位法)의 합창을 계속했다.[6]

근대국가의 양면성 가운데 '국가(國)=통일국가'라는 측면을 강조한다면, 자국과 타국을 구별할 수 있는 제도적 표지의 확보로 나아가게 된다. 이 때 자국과 타국을 구별하는 지표를 하나로 요약하는 개념이 곧 '민족'이다. 즉, '국가(國)=통일국가'의 등식에서 통일된 의식을 불러일으키는 중심에 '민족(감정)'이 존재한다는 것이다. 근대국가가 민족이라는 단위를 바탕으로 하는 까닭은 여기에 있다. 반면, 근대국가의 이중성 가운데 국제사회에 대한 개방성에 무게중심을 둔다면, 자국과 타국을 구별하는 제도적 지표 대신 근대적 지표의 마련으로 방향을 잡아나가게 된다. 이런 경향은 뒤늦게 근대화의 흐름에 동참한 국가나 식민지를 경험한 국가일수록 강렬하게 나타날 것이다. '근대'라는 기준에 뒤떨어진다는 것은 곧 식민지로 전락할 위험에 노출된다는 사실을 깨닫고 있을 터이며, 다방면의 경쟁에서도 뒤쳐지리라는 사실 또한 절박하게 체감하고 있을 것이기 때문이다. '부르주아 민주주의'를 주장하든 '프롤레타리아 민주주의'를 주장하든 봉건성을 탈피하기 위한 노력이라는 점에서는 마찬가지다. 즉 추구하는 방향이 다를 뿐 근대적 지표를 마련하기 위한 노력이라는 점에서는 다를 바 없다는 것이다.

김동리(청문협)와 임화(문학가동맹)의 기본적인 차이는 바로 여기에서 빚어진다. 김동리에게 중요했던 것은 자국과 타국을 구별하는 제도적 지표의 구축이었다. 1940년 「新世代의 精神—文壇 '新生面'의 性格, 使命, 其他」(『文章』, 1940.5)를 썼던 김동리로서는 당연한 선택이라고 할 수 있다. 그 글에서 김동리는 서구의 근대가 다다른 한계를 지적하고 있었다. 그러니 서구 국가의 사례를 모델로 설정하기는 어려웠고, 그 한계를 뛰어넘기 위하여 어떤 식으로든 방편을 찾아 나가야 한다고 파악했던 것이다. 물론 서구가 다다른 한계와 맞설 수 있는 가능성

6) 마루야마 마사오(丸山眞男), 『일본의 사상』, 한길사, 1998, 60면.

은 우리의 전통에 있을 것이라 여겼고, 그렇기 때문에 김동리는 '국가=통일국가'라는 측면으로 기울어지게 되었다. 이런 입장에서 보자면, 임화(문학가동맹)가 주장하는 '민족문학'은 함량미달일 수밖에 없다. 민족이 똘똘 뭉쳐 통일국가로 나아가기에 임화(문학가동맹)는 그 통일의 기준을 오히려 훼손하고 있는 세력이기 때문이다.

반면, 임화(문학가동맹)는 마르크스주의자였다. 마르크스주의자가 민족의 특성보다 계급의 보편성을 우선 고려하는 것은 당연한 일이다. 다만, 계급의 보편성을 고려하더라도 '국가' 단위를 염두에 둔다면 계급 간의 세력 배치 상황이라든가 당면 과제가 다른 국가의 상황과 달라질 수 있다. 바로 이러한 지점에서 근대국가 만들기의 일환에서 모색된 것이 '인민민주주의 민족문학론'이었다. 그러니까 여기서 주장하는 '민족'이란 해방 당시 다른 '(민족)국가'와 변별되는 역사적・물질적 조건을 가리키는 개념인 것이다. 따라서 임화(문학가동맹)가 보기에 김동리(청문협)가 주장하는 '민족문학'이란 현실의 역사적・물질적 조건을 몰각한 공허한 주의・주장에 불과할 따름이다. 김동리(청문협)의 '민족문학'을 가리켜 국수주의로 흐르는 '민족주의문학'에 불과하다고 비판하는 여기는 여기에 있다.[7]

이렇게 파악한다면, 문학가동맹과 청문협은 결국 근대국가의 양면성 중 각각 하나의 측면에 중심을 두고 나름의 입장을 개진했다고 볼

---

7) 예컨대 김영석(金永錫)은 「民族文學論」에서 "民族은 民族이나(편집상의 실수인 듯함－인용자) 部族, 種族과 달라서 近代에 이르러서 만들어진 한 개 近代的인 概念이다"라고 비판하고 있다(『文學評論』, 1947.4, 7면). 즉 민족이란 근대에 발명된 상상의 공동체에 불과하다는 입장이다. 그러므로 여기서 주목하는 '민족'이란 단위는 정치, 경제적인 측면에서의 모순이 발생하고, 이와 관계된 정책이 만들어지는 지점이라 할 수 있다. 이러한 입장에서는 김동리(청문협)가 주장하는 '민족문학'에 대해 국수주의로 판단할 가능성이 농후할 수밖에 없다. 그래서 이명선(李明善)은 '민족문학'과 '민족주의문학'을 엄격하게 구별해야 한다고 주장하기도 했다. "民族主義의 文學은 國粹主義를 內包한 우리의 가장 警戒하여야 할 對象의 하나라는 것을 强調하는 바이다."(「民族文學과 民族主義文學」, 『新朝鮮』, 1947.2, 33면). 이원조(李源朝)의 「國粹主義 排擊의 意義」(『自由新聞』, 1946.1.3) 또한 같은 맥락에 놓이는 글이다.

수 있다. 그런데, 두 입장 가운데 보다 문제적인 입장은 김동리가 주도하였던 청문협쪽이다. 문학가동맹의 경우 자본주의냐 사회주의냐 하는 선택에서 점진적으로나마 사회주의로 기울어졌던 반면, 청문협의 경우는 모호하게 다가오기 때문이다. 즉, 김동리는 자본주의와 사회주의를 '근대'라는 하나의 틀로 묶고 '제3기 휴머니즘'이라 하여 근대의 초극을 주창(主唱)하였던 바, 제3기 휴머니즘의 상(象)뿐만 아니라 이를 옹호하는 '순수'의 개념이 지극히 모호했던 것이다. 이러한 문제로 인해 치열하게 벌어진 공방이 김동리와 김병규(金秉逵) · 김동석(金東錫)의 논쟁이다.

2. 김동리의 국제 정세 인식 수준

논쟁의 시발이 된 글은 『서울신문』 1946년 6월 30일자에 발표된 김남천(金南天)의 「純粹文學의 諸態」이다. 김남천은 이 글에서 청문협을 겨냥하여 직격탄을 날리고 있다. 그가 문제 삼은 것은 '순수의 개념'과 이를 통해 도달하게 되는 현실과의 착종 양상이다. 그는 먼저 조선의 문학계를 첫째, 신문학 수입 초기 둘째, 1925년 카프(KAPF) 결성 이후 10여 년 셋째, 1936 · 7년 무렵부터 8 · 15까지로 나누고 나서 다음과 같이 청문협을 비판하고 있다. "最終期間 中에 文壇에 나온 靑年作家들이 解放 뒤 政治와 文學의 關係를 嚴密한 具體的 歷史的 內容을 理解치 못하고 한낫 自身이 文壇에 나오는 時節의 習俗대로 理論上으론 文學의 純粹性을 지꺼리며 行動에 잇서는 反動勢力앞헤 跋扈하고 잇는 諸態는 文學精神의 傳統과 藝術家의 誠實性을 위하야 슬푼 現像

이라고 보지 안을 수 없다."[8)]

이에 맞서서 김동리가 발표한 글이 「純粹文學의 正義」(『民主日報』, 1946.7.11~12)이다. 그는 "純粹文學이란 것을 그 時代의 政治的 社會的 性格과 分離하려는 傾向의 文學인 것처럼 規定하고 있는데 이것이야말로 純粹文學의 小兒病的 認識錯誤라 할 것이다"라며 글을 풀어나가기 시작한다. 하지만, "氏들의 本意는 純粹文學이란 것을 이른바 象牙塔 속에 모라넣고 싶"어 하는 데 있으나 그것은 사실과 다르다는 주장만 나타나지, 그가 주장하는 순수문학이 어떻게 현실과 관련을 맺는가에 대해서는 별다른 논의가 없다. 이를 대신하는 것은 김남천과 그 주위 인물들의 식민지시대 행적을 언급하며 과연 누가 權力과 金力 앞에서 당당한가를 묻는 내용이다. 그러니 이 글은 논의의 초점을 이탈하고 있다는 인상을 남기게 된다.[9)]

이런 문제점을 스스로 인식했는지 김동리는 비슷한 제목의 평론 「純粹文學의 眞義—民族文學의 當面課題로서」(『서울신문』, 1946.9.15)를 다시 발표하여 미진한 부분을 채워나간다. 그런데, 이 글은 1940년 그가 『文章』 5월호에 발표했던 「新世代의 精神—文壇 '新生面'의 性格, 使命, 其他」의 축약재판(縮約再版)이라고 봐도 무방하다. 제1기 고대 휴머니즘이 소크라테스 · 플라톤 · 기독(예수)을 통해 고차원적 인간 생장(生長)의 인간 확립을 이루었다면, 르네상스로 가능해진 제2기의 휴머니즘은 신본주의(神本主義)에 대한 인본주의의 승리였는데, 이제 그 정신이 퇴색하여 새로운 현대의 우상인 과학이 인간의 자리를 빼앗았다는 현실 인식이 그대로 반복되고 있기 때문이다. 이에 따라 제3기 휴머니즘이 필요하고 자신의 순수문학이 바로 여기에 닿아있다는 주장 역시 마찬가지다. 다만, 주목을 해야 할 부분이 있는데, 그것은 당시의 상

8) 金南天, 「純粹文學의 諸態」, 『서울신문』, 1946.6.30.

9) 김동리, 「純粹文學의 正義」, 『民主日報』, 1946.7.11~12.

황을 과연 김동리가 어떻게 인식하고 있는가와 연관된 사항이다.

> 우리는 民族的으로 過去 半世紀 동안 異族의 抑壓과 侮蔑 속에 허덕이다가, 오랜 歷史에서 培養된 豪邁한 民族精神이 그 解放을 招來하여 오늘날의 民族精神 伸張의 歷史的 實現을 보게 되었거니와, 이것은 곳 데모크라씨-로써 標榜되는 世界史的 휴맨이즘의 連續的 必然性으로서 規定할 수 있는 것이다. 이와가치 民族精神을 民族 單位의 휴맨이즘으로 볼 때 휴맨이즘을 그 基本內容으로 하는 純粹文學과 民族精神이 基本되는 民族文學과의 關係란 벌서 本質的으로 별개의 것일 수 업다는 것을 알 수 잇다. 우리가 目的하는 民族文學이 世界文學의 一環으로서의 民族文學인 것처럼 우리의 民族精神이란 것도 世界史的 휴맨이즘의 一環인 民族 單位의 휴맨이즘으로서 規定될 것이며 이러한 民族 單位의 휴맨이즘을 世界史的 角度에서 內包하고 잇는 것이 오늘날 純粹文學의 文學精神인 것이다.[10]

해방이 된 마당이니 식민지시대 때와 똑같은 논리를 펼치더라도 시대와 밀착하는 방식은 다르게 나타날 수밖에 없다. 그런 점에서 본다면 "데모크라씨-로써 標榜되는 世界史的 휴맨이즘의 連續的 必然性"에 대한 김동리의 기대는 주목을 요할만한 대목이라 할 수 있다. "데모크라씨-로써 標榜되는 世界史的 휴맨이즘의 連續的 必然性"에 대한 믿음이 지나쳐서 하나의 민족이 다른 민족과 관계 맺는 방식에 대한 물음이 봉쇄되고 있기 때문이다. 정리하건대 "民族 單位의 휴맨이즘"은 곧장 "世界史的 휴맨이즘"으로 이월되고 있으며, "우리가 目的하는 民族文學"은 아무런 갈등 없이 "世界文學의 一環으로서의 民族文學"으로 자리를 잡아나가고 있다. 도대체 이러한 관점은 어떻게 성

10) 김동리, 「純粹文學의 眞義-民族文學의 當面課題로서」, 『서울신문』, 1946.9.15.

립할 수 있는가. 이를 이해하는 데 실마리를 제공하는 이가 바로 그의 정신적 지주 역할을 담당했던 범보다.

「國民倫理 特講」을 보면 범보는 민족국가 단계에서 역사가 멈출 것이라고 전망하고 있다. 제국주의 사이에 벌어졌던 전쟁은 "民族國家로서 완료하였는데 世界 開拓을 위하여 帝國主義 資本主義가 일어나서 世界 開拓을 하였으니 이제는 帝國主義가 退陣"해야 할 상황을 증명하는 사례가 된다. "國家는 民族國家로서 完了했습니다. 그런데 帝國主義가 崩壞한 다음에는 이미 完了된 民族國家가 남읍니다." 그럼에도 불구하고 민족 간의 분쟁이 일어난다면 어찌할 것인가. 이런 가능성에 대해 범부는 UN의 존재를 내세운다. UN이 민족국가 간의 분쟁을 해결할 조직이라는 것이다. 김동리의 경우 어떻게 "민족 단위의 휴맨이즘"이 곧장 "世界史的 휴맨이즘"으로 이어질 수 있는가 하는 문제도 이를 통해 짐작할 수 있다.

> 어떤 民族이나 어떤 國家나 남의 領土를 侵略하거나 이런 일은 없을 것입니다. 지금 UN은 歷史的으로 偉大한 實踐을 하고 있는데, UN 自身이 제가 歷史的으로 어떠한 地位에 있는지 모르고 있읍니다. 이를테면 列國軍들이 지금 여기에 와서 싸우고 있지 않읍니까? 다른 나라 사람들은 모르지만 美國 兵士들은 흔히 하는 모양인데 우리가 이 韓國에서 죽어야 할 이유가 무엇이냐고 자기네 政府에게 一線에서 편지를 쓴다고 합니다. 그러면 一律的으로 간단하게 '自由와 平和를 위하여 싸워라'하는 답변을 해 준다고 합니다. 自由와 平和를 위해서 싸우라, 이 이상 다른 말이 없을 것입니다. 그러면 이 위대한 實踐을 하고 있는 이 사람들을 만족하게 해 줄 수 있느냐 하면 그 준비를 할 여유가 없읍니다. 왜냐하면 理論보다 現實이 앞서 왔단 말입니다. 世界社會를 준비하기 위하여 이 UN이라는 것이 歷史的으로 중요한 지위에 있는데 이것은 어떤 사람의 好意로 되는 것이 아니고 歷

史的 現實이 오다가 오다가 여기까지 왔는데 그러므로 列國사람들이 여기에 와서 죽는 것은 누가 시켰다는 것보다, 만일 시킨 자가 있다면 그것은 歷史가 시킨 것입니다. 지금 UN軍이 실천하고 있는 이 行動은 有史 以來 처음 있는 行動입니다. 무슨 의미로서 처음 있는 行動이냐 하면, 가령 어떤 國家, 어떤 民族이 어떤 國家, 어떤 民族을 侵略할 때에 여러 나라가 合해서 世界公義로써 이 侵略을 방지하러 왔다는 것은 歷史上 처음입니다.11)

"列國사람들이 여기에 와서 죽는 것은 누가 시켰다는 것보다, 만일 시킨 자가 있다면 그것은 歷史가 시킨 것입니다"라고 범보가 주장할 때, 그 논리 위에 "데모크라씨-로써 標榜되는 世界史的 휴맨이즘의 連續的 必然性"에 대한 김동리의 믿음은 그대로 겹쳐진다. 그만큼 새로운 세계에 대한 범보와 김동리의 확신은 대단했던 것이다. 이렇게 본다면, 6·25를 통해 범보가 자신의 논리를 증명하는 데까지 나아가는 것은 어느 정도 이해할 수 있는 일이다. 소련의 팽창주의 정책에 제국주의의 요소가 가미되어 있었던 것은 분명한 사실이기 때문이다. "지금 領土를 가지려고 侵略政策을 취하고 있는 蘇聯共產主義는 完全히 沒落될 運命이 切迫했기 때문에 帝國主義 行動으로 轉落한 것입니다. 帝國主義는 沒落하지 않으면 안됩니다. 그러면 무엇이 남느냐 지금 몇 사람들이 UN이 하는 것이 불철저하다. 그러니 世界政府를 만들어 가지고 世界問題를 世界政府에서 處理하는 것이 좋지 않겠느냐 하지만 그것은 말이 되지 않습니다. 그것은 共產主義나 '코스머폴리타니즘'과 마찬가지의 '유토피아'입니다. 千萬가지 理論도 現實앞에서는 다 소용이 없습니다. 무엇이 남느냐 하면 國家가 남는데 民族國家로서 남을 것이다, 部族國家나 封建國家, 帝國主義國家가 남지 않

11) 金凡父, 「國民倫理 特講」, 『花郎外史』, 이문사, 1981, 198~199면.

고 民族國家로서 남을 것이다, 이렇게 말할 수 있읍니다."[12]

하지만, 이후 역사의 전개 과정에서 분명하게 증명되었듯이, 세계를 움직이는 힘은 "自由와 平和"에 대한 맹목적인 신념을 기반으로 하는 것이 아니라, 강대국의 패권적 경향과 이해관계에 따른 각국의 이합집산에서 발휘되었다. 뿐만 아니라, 군사력을 바탕으로 하여 침략을 꾀했던 고전적 제국주의는 자본과 문화를 매개로 정신적 식민지(新植民地)를 일구어 나가는 새로운 제국주의로 탈바꿈했을 뿐이다. 그러니 세계사회가 민족국가를 기본단위로 하여 움직일 것이며, 민족국가들 간에 일어나는 분쟁은 UN("데모크라씨—로써 標榜되는 世界史的 連續的 必然性")을 통해 해결될 것이라는 범보와 김동리의 현실 인식은 지나친 낙관론에 기반하고 있었다고 하겠다. 이처럼 "世界史的 휴맨이즘"이 시대를 잘못 파악한 데서 가능했던 주장이니 만큼, 결과론의 차원에서 보자면, 그 근간을 이루는 "民族 單位의 휴맨이즘" 또한 근거가 나약할 수밖에 없었다고 볼 수 있다. 그럼에도 불구하고, 해방기 김동리가 좌파와 맞설 수 있던 근거에는 '제3기 휴맨이즘'에 대한 믿음이 자리를 잡고 있었다. 이러한 사실은 김동리와 김병규 · 김동석의 논쟁을 이해하는 데 밑거름이 된다.

3. 김병규와의 대결 ①—사회주의는 근대의 연장인가 종언인가

「純粹文學의 眞義」를 발표하여 김남천이 쓴 「純粹文學의 諸態」를

12) 위의 글, 187~203면 참조.

공박했던 1946년 9월 15일, 김동리는 『民主日報』에도 「創造와 追隨—現文壇의 二大潮流」(1946.9.15)라는 글을 게재하였다. 이 글은 세 가지 사항에 걸쳐 좌익과 우익의 분명한 차이점을 제시하고 있다. 그 내용은 다음과 같다. 첫째, 세계관의 상이점인데, 전자가 헤겔에서 출발하여 포이에르 바하를 거쳐 맑스·엥겔스·레닌·부하린에 이르는 유물사관에 입각한 "科學主義的 機械主義的 合理主義的 公式主義的 世界觀"을 거점으로 삼고 있다면, 후자는 '유심'(唯心)·'무심'(無心)의 대립적 이원론을 동시에 초극하고 동양정신과 서양정신의 변증법적 지양을 통해 "第三期 휴맨이즘"을 지향한다. 둘째, 전자가 외래사조 체계에 추수적이라면, 후자는 '물'(物)·'심'(心)과 '동'·'서'의 이원적 대립의 창조적 지양의 기초를 닦아 나간다. 셋째, 전자가 볼세비즘으로 기울어져 있다면, 후자는 데모크라시 지향을 바탕에 깔고 있다.13)

이러한 김동리의 입장에 대해 반론을 제기하고 나선 이가 김병규(金秉逵)이다. 김병규는 1947년 『新天地』 1월호에 「'純粹'問題와 휴맨이즘」을 발표했고, 『新朝鮮』 2월호에는 「純粹文學과 政治」를 연이어 발표하며 논쟁을 이어나갔다. 「純粹文學과 第三世界觀—金秉逵氏에 答함」(『大潮』, 1947.8)을 통해 반론에 나선 김동리의 지적처럼 두 편 모두 흥미롭게 작성되기는 하였으나, "後者의 것은 前者의 것에 比하야 分明히 呼吸이 엳고 또 論旨의 重複性도 있"다.14) 따라서 논자 역시 「'純粹'問題와 휴맨이즘」을 중심으로 논쟁을 살펴보기로 하겠다. 김병규는 「'純粹'問題와 휴맨이즘」을 세 가지 항목으로 나누어 구성하고 있다. 一, '純粹'問題 二, 휴멘이즘 三, 現在의 課題. 이 가운데 '三, 現在의 課題'는 마르크스주의자 김병규와 민족주의자 김동리 사이에서는 결코 차이를 좁힐 수 없는 사항이었다. 사회주의를 근대의 연장으로

13) 金東里, 「創造와 追隨—現文壇의 二大 潮流」, 『民主日報』, 1946.9.15.

14) 金東里, 「純粹文學과 第三世界觀—金秉逵氏에 答함」, 『大潮』, 1947.8, 14면.

볼 것인가, 근대에 종언을 고하고 현대로 진입한 단계로 볼 것인가라는 신념에 관한 문제이기 때문이다. 그러니 먼저 이를 둘러싼 김병규와 김동리의 입장을 살펴보기로 한다.

'三, 現在의 課題'에서 김병규는 김동리가 「純粹文學의 眞義」에서 유물사관을 과학주의 기계관의 결정체로 꼽았던 데 대하여 다음과 같이 응수하였다. "唯物史觀은 勿論 氏가 말한 바와 같은 近代의 延長物은 아니다. …… 科學이라는 文字에 사로잡혀 唯物史觀이 과학적이라는데 近代科學과 同一한 範疇 안에 터러넣으려고 한다. 이와 反對로 우리는 文字나 概念을 떠나 社會 自體의 變轉으로써 現代를 區分지으려 한다. 封建社會에 對한 資本主義社會의 思想的 代辯으로 出發한 '루넷산스' 人本主義의 位置는 正히 資本主義社會에 對한 그 다음 社會의 思想的 代辯으로서의 唯物史觀의 位置와 對應하는 것이 아닐 수 없다."[15] 마르크스주의자가 파악하기에 근대는 곧 자본주의 사회를 의미한다. 따라서 마르크스주의에 입각한 유물사관이란 근대에 머무는 것이 아니라 근대 이후의 사회체제인 사회주의를 이끌어내는 인식론이라고 할 수 있다. 그러니 이러한 관점 아래에서는 유물사관이 단지 과학적이라는 이유만으로 "近代科學과 同一한 範疇 안에 터러넣으려고" 하는 시도가 용납될 수 없는 일이다. 그렇기 때문에 이 대목에서 김병규가 "社會 自體의 變轉으로써의 現代"를 내세우는 것은 당연하다고 볼 수 있다. 자본주의가 근대라면 사회주의는 현대라는 주장인 셈이다.

하지만, 김동리는 자본주의와 사회주의를 근대의 쌍생아로 파악하고 있다. 즉, 사회주의가 자본주의의 문제점을 날카롭게 해부・비판한다고 하더라도 그것은 결국 근대의 연장에 불과할 따름이라는 입장

15) 金秉逵, 「'純粹'問題와 휴맨이즘」, 『新天地』, 1947.1, 30면.

을 견지하는 것이다. 이러한 주장을 펼치는 가운데 나타나는 좌익문인들에 대한 "眞正한 意味에 있어서의 世界史的 課題의 全體的 把握이 없는 사람들이라 하지 않을 수 없다"라는 비판은 눈 여겨 볼만하다. 마르크스주의자 김병규가 자신의 사상에 대한 신념으로 가득 차 있는 만큼 김동리 역시 현재가 '제3기 휴맨이즘'을 확립해 나가야 할 시기라는 사실에 대해 조금도 의심하지 않는 형국이기 때문이다.

> 政治制度와 經濟機構와 '生活資料 産出方法'에 있어서의 가진 矛盾과 罪惡과 不合理, 不公平들을 科學的으로 具體的으로 痛烈히 解剖批判한 맑시즘 體系의 世界觀은 그 體系構成의 組織과 方法에 있어, 또 唯物論的 認識論的 態度에 있어 完全히 科學主義, 物質主義, 機械主義를 取하게 되었던 것이므로 그 社會觀에 있어서는 近代主義(資本主義社會)에 强硬히 抗拒하였음에 不拘하고 그 唯物論的 認識論的 本質에 있어서는 當然히 揚棄되어야 할 近代主義의 延長과 그 餘息의 凝結에 不過하게 되었던 것이니, 唯物史觀을 가르처 '다음 社會의 思想的 代辯'이라고 하는 것은 그 것의 一面的 妥當性에만 色盲이 된 남어지 唯物史觀과 '唯物史觀의 位置'를 混沌하고 '資本主義社會의 崩壞 즉 共産主義社會의 代行'이란 公式을 妄信하는 맑스學徒의 初年兵이 아니면 眞正한 意味에 있어서의 世界史的 課題의 全體的 把握이 없는 사람들이라 하지 않을 수 없다. 우에서도 屢屢히 말한 바과 같이 唯物史觀的 世界觀은 資本主義社會의 矛盾과 缺陷과 崩壞를 指摘한 點에 있어 一面的 妥當性을 가졌으나 다른 一面, 近代主義의 延長이란 意味에 있언 마땅히 止揚하여야 할 科學主義, 物質主義, 機械主義(메카니즘), 公式主義의 結晶體라고 볼 수밖에 없다는 것도 이것 때문이라 할 것이다.[16]

16) 金東里, 앞의 글, 22~23면.

자본주의와 사회주의를 근대의 쌍생아로 파악하고, 자본주의의 뒤에 나타나는 사회주의를 '근대의 연장'이라고 주장하는 김동리의 관점은 충분히 경청할 만하다.[17] 이제 현실사회주의의 실험이 실패로 판명된 마당에 김동리가 개진하는 입장은 그리 낯선 내용에 머무르는 것도 아니다. 하지만, 당대의 역사적・물질적 토대를 염두에 둔다면 이런 비판은 제대로 된 설득력을 획득하기가 어렵다. 예컨대 김동리는 "무릇 한 개의 偉大한 새로운 時代가 形成되려면 이에 相副(相符의 誤字-인용자)할 만한 偉大한 새로운 휴맨이즘이 提起되는 법이다"[18]라면서 유물사관이 '위대한 새로운 휴머니즘'에 미달하고 있음을 상세하고 비판하고 있으나, 그 비판의 날카로움에도 불구하고 그 자체가 "偉大한 새로운 휴맨이즘이 어떻게 偉大한 새로운 時代를 形成해낼 수 있는가"를 설명해내는 것은 아니다. 즉 자신이 주장하는 "偉大한 새로운 휴맨이즘"을 통한 "偉大한 새로운 時代"는 전혀 설명하지 못하고 있다는 것이다. 바로 이 지점에서 "민족 단위의 휴맨이즘"이 그대로 "세계사

---

17) 김윤식은 김동리가 주장하는 '제3세계관'을 김동리만의 사유방식인 것처럼 이해하고 있다. 즉 범보와도 변별되는 자질이라는 것이다. "저 조선중앙문화협회의 잡스러움에서 스스로를 구별하기 위해 그 자신이 중심이 되어 만든 조선청년문학가협회의 여러 사람들의 의견의 잡스러움과도 구별해 줄 필요가 있었다. 가령 조선중앙문화협회 소속의 박종화, 김광섭, 이헌구, 김범보(이 단체의 첫 인물이 범보 김정설이었음은 주목을 요한다) 등은 물론, 조연현, 조지훈, 정태용, 최태응, 곽종원 등의 견해와도 스스로를 구분 짓지 않으면 안 되었다. 그 방법론으로 제시된 것이 '제3세계관'이다."(김윤식, 『해방공간 문단의 내면 풍경』, 민음사, 1996, 229면)

하지만, 여기에 대해서는 면밀한 고려가 필요할 것이다. "해방 후 대부분의 지식인들이 좌익으로 기울 무렵 동리는 외로이 우익의 입장을 견지하였다. 이때 동리는 우익 쪽의 홍보를 혼자 맡다시피 하고 있었는데 원고를 항상 범부에게 읽어 드려 시정을 받았다고 한다."(김정숙, 『김동리 삶과 문학』, 집문당, 1996, 51면)라는 기록도 있고 보면, 그러한 평가를 쉽게 내릴 수 없다는 것이다. 그런 점에서 식민지시대 범보가 강조했던 화랑정신이 '나라 만들기'에도 그대로 이어진다는 점에 주목할 필요가 있다. 「國民倫理特講」(『花郎外史』, 이문사, 1981)이라든가 『凡父遺稿』의 제2장 「국민운동의 제전례(諸前例)」(이문출판사, 1986)를 보면 다른 나라의 국민운동이라든가 그 국가가 지닌 특징을 다양하게 분석해 놓고 있는데, 우리의 경우에 적합한 국민운동을 통해 민족국가로서의 특징을 잡아나갈 모델로 화랑정신을 주장하고 있다는 것이다.

18) 金東里, 앞의 글, 23면.

적 휴맨이즘"으로 이어지는 과정의 문제점은 은폐되고 있다.

결국 '三, 現實의 課題'를 둘러싼 논쟁은 각자의 신념이 그려내는 세계의 차이를 확인하는 데 머무르고 말았다고 할 수 있다. 김병규로서는 김동리로부터 "資本主義社會의 矛盾과 缺陷과 崩壞를 指摘한 點에 있어 一面的 妥當性"을 가졌다는 확인을 받은 셈이므로 일단 자본주의에 대한 사회주의의 우월성을 어느 정도 인정받은 셈이라고 볼 수 있다. 그렇다면 이제 김동리가 주장하는 제3세계관이 자본주의와는 어떻게 분리되는가를 따져 물으면 될 것이다. 반면, 김동리로서는 '자본주의 대 사회주의'라는 대립 속에 묶여 있는 좌익문인들을 뛰어넘은 곳에 자신이 설정하는 '제3휴머니즘'이 자리하고 있음을 당당하게 피력할 수 있었으니, 자신이 구상하는 세계를 이끌어갈 물질적인 토대라든가 방법 등을 해명하면 논점은 해소된다. 하지만, 논점의 해소와는 무관하게 그들 사이의 거리는 여전히 존재할 수밖에 없다. 사회주의를 근대의 연장으로 볼 것인가, 근대의 종언으로 볼 것인가는 사실의 문제가 아니라 신념의 문제이기 때문이다.

4. 김병규와의 대결 ②-문학의 층위와 '순수'의 의미

김동리와 김병규가 전면적으로 맞붙기 전 김동리의 「輪廻說」(『서울신문』, 1946.6.6~26)을 두고 이원조와 최태응 사이에 논쟁이 벌어진 바 있다. 이 논쟁은 이원조의 「虛構와 眞實-『서울신문』 短篇리레-를 읽고」로 인해 비롯되었다. 「虛構와 眞實」의 요지는 순수문학을 주장하는 김동리가 엄청난 정치소설을 썼는데, 정치소설도 쓰던 사람이 써야 어울리지 신출내기가 쓰다가는 망신만 당한다는 것이었다.19) 여기에 대해 대응에 나선 이가 최태응이었다. 최태응은 「批評의 倫理—李源朝氏의 假面을 말함」에서 「輪廻說」 같은 창작물을 파악할만한 능력이 이원조에게는 결여되어 있다고 혹평하는 한편, 이원조가 썼던 친일적인 글을 길게 인용하였다.20) 여기에서 드러나듯이, 이원조의 글과 최태응의 글은 다분히 감정적으로 전개되었고, 그 중심에는 '순수문학'에 대한 이해가 자리를 잡고 있다. 김병규가 쓴 「純粹文學과 政治」(『新朝鮮』, 1947.2)의 주된 내용 역시 '순수문학'에 대한 서구의 예를 바탕으로 한 김동리 공박으로 채워져 있다. 그러니 이 문제를 두고 첨예한 논리 대결이 벌어질 것은 당연한 일이었다.

먼저 김병규의 비판을 살펴보자. 그가 순수문학을 추구했던 사례로 꼽는 문학인은 '마라르메'와 '바레리—'이다. '마라르메'와 '바레리—'의 생활과 문학을 차분히 분석하고 난 후 그가 내세우는 주장은 이러하다. "現實에 對한 分析 現實에 對한 人間의 分析過程을 떠나는 方法은 아무리 人間問題로서 들고 나서드라도 現實이 없는 人間 人間一般을 方法의 대상으로 하게 되므로 論者의 主觀에 陶醉되여 終局 우리는 象牙塔流로 '誤認'하지 않을 수 없게 될 것이다." 이는 「純粹文學의 正意」에서 김동리가 "氏들의 本意는 純粹文學이란 것을 이른바 象牙塔 속에 모라넣고"자 하나 그것은 사실과 다르다고 강변했던 데 대한 비판일 것이다. 그런 다음 제기하는 것이 순수문학은 한 개의 문학관에 불과할 뿐 문학 전체가 될 수는 없다는 내용이다. "純粹文學만이 文學일 수 있고 이 以外에 것은 文學이 아니요 文學안에 드러온 政治요 科學이요 宗敎요 哲學이요 다시 말하면 不純物이라는 것인가. 그래야만 文學은 '自律性'을 保持할 수 있고 소위 '追隨'가 아닌 '創造'가

19) 李源朝, 「虛構와 眞實—『서울신문』 短篇리레—를 읽고」, 『서울신문』, 1946.9.1.
20) 崔泰應, 「批評의 倫理—李源朝氏의 假面을 말함」, 『民主日報』, 1946.9.8.

될 수 있다는 것인가. …… 純粹文學은 '마라르메' '바레리―'에서 보는 바와 같이 文學 가운데 한 개 文學觀으로서의 자리를 가질 수는 있을지언정 決코 文學 全體가 아니며 또한 전체가 될 수 없음을 알아야 할 것이다."[21]

여기에서 김병규의 "象牙塔流로 '誤認'" 운운은 수사적인 표현으로 파악해야만 한다. 누가 보더라도 「輪廻說」과 같은 작품은 말라르메나 발레리가 내세웠던 순수문학에서 현저히 동떨어져 있는 것이 분명하다. 그럼에도 불구하고 김동리가 주장하는 문학관은 순수문학이 아니었던가. 김병규는 그 차이를 꼬집기 위해 '誤認'이란 표현을 썼던 것이다. 또한, 「創造와 追隨」에 대한 반론으로 "純粹文學은 文學 가운데 한 개 文學觀으로서의 자리를 가질 수는 있을지언정 決코 文學 全體가 될 수 없다"라는 주장은 충분히 가능하다. 애초 「創造와 追隨」의 내용이 섣부른 이분법에 근거했을 뿐만 아니라 그 표현에서부터 '創造와 追隨'라는 식의 가치 판단이 함축된 단어를 사용하여 전개되었기 때문이다. 따라서 김동리의 순수문학에 대한 김병규의 비판은 적절하다고 하겠다.

그런데, 이에 맞서는 김동리의 논리는 순수문학에 대한 정의(定義)를 새롭게 내리는 데서부터 시작하고 있다. "나의 純粹文學論은 먼저 내 自身의 文學觀에서 오는 것이요, 따라서 그 性格과 使命은 내 自身이 規定할 일이지 남의 主張에 雷同하거나 누구의 命題를 盲目的으로 踏襲할 趣意는 없는 것이며 또, 그렇게 해서는 아니된다는 것이다." 이에 따른다면, 김동리가 사용하는 '순수문학'이란 '김동리의 순수문학'일 뿐 엄밀한 문학용어로서의 '순수문학'이 아닌 셈이 된다. 그렇다면, '오인'의 책임은 정확한 개념 규정 없이 '순수문학'이라는 용어를 사용했

21) 金秉逵, 앞의 글, 26~27면.

던 김동리 자신에게 돌아가야 하는 것이 아닐까. 하지만, 김동리는 그 책임을 "'純粹文學' 論議에서 犯한 氏의 '誤認'과 歪曲"이라는 식으로 떠넘기고 있으며, 말라르메, 발레리의 문학에 대해서도 역시 강렬하게 비판하고 나선다. "거기에는(마라르메와 바아레리들의 文學을 가르침) 純粹하고 潑剌한 人生과 自然이 缺如되어 있으며, 이것을 文學精神의 本領正系의 文學으로서 看做하기엔 너무나 操作的이요 機械的인 美의 細工에 흐르고 있다고 생각된다. …… 재차 씨에게 언명하거니와, 씨가 抱懷하고 있는 바와 같은 그러한 따위의 순수문학을 나는 경멸한다." 이러한 '순수문학' 비판을 통해 김동리가 만들어낸 표현이 바로 '본격문학'이다. "氏의 '誤認'이나 不滿이 純粹文學이란 標語에만 局限된 것이라면 或은 氏의 便益을 爲해서 이것을 '本格文學'이라던가 正統文學이라던가 하는 文字로 바꾸어놓아도 그만이다."

"純粹文學은 文學 가운데 한 개 文學觀으로서의 자리를 가질 수는 있을지언정 決코 文學 全體가 될 수 없다"라는 비판에 대한 대응에서도 김동리는 나름의 재기를 보여준다. 김병규의 지적에 동의를 하는 듯하지만, 여기에서 조금 더 나아가 '제일의적 문학', '제이의적 문학', '제삼의적 문학'이라는 구분과 이에 따른 가치 부여를 통해 주장의 근거를 잃지 않으려고 하기 때문이다. "文學 가운데는 純粹文學(或은 本格文學) 以外의 文學도 얼마던지 있을 수 있어, 例하면 가령, '黨의 文學' 傾向文學 , 하는 여러 가지 功利主義文學이라던가, 또는, 耽美主義, 藝術至上主義 하는 象牙塔流의 文學이라든가 하는 것들이 모다 그것이다. 그러므로 純粹文學(文學精神 本領正系의 文學)만이 文學이 아니요, 文學과 純粹文學이 同一한 것은 더구나 아니다. 要컨대 文學 가운데는 第一義的인 文學과 아울러 第二義的 或은 第三義的인 文學도 있는 것이며, 純粹文學이 第一義的 文學인 所以는 그것이 人間性의 全貌를 對象으로 삼으려는 文學精神 本領正系의 文學이기 때문이요,

여러 가지 功利主義文學 또는, 象牙塔流의 文學들이 第二義的 第三義的 文學으로밖에 認定받지 못하는 것은 나치스文學, 소聯邦主義文學, '大東亞戰爭文學', 하는 따위들과 같이 어떤 政治的 軍事的 國策的 目的에 依하야 그 對象이 이미 制限된 人間性을 前提하고 있기 때문이다."[22]

이로써 김동리는 그간 '순수문학'을 두고 제기되었던 논란을 넘어서며 '본격문학'이라는 개념의 창출로 나아가게 되었다. 하지만, 어떤 문학을 두고 '본격문학'이라고 지칭하는 순간, 다른 문학은 '본격적이지 못한 문학'으로 내몰릴 수밖에 없는 상황에 처하게 된다. 문학을 "第一義的·第二義的·第三義的 文學"을 나누어 서열화하는 방식 또한 마찬가지이다. 과연 이것이 다양한 문학관의 존재를 인정하는 태도인가는 회의적으로 이해할 필요가 있을 성싶다. "純粹文學(文學精神 本領正系의 文學)만이 文學이 아니요, 文學과 純粹文學이 同一한 것은 더구나 아니다"라면서 곧바로 이어서 이를 "要컨대 文學 가운데는 第一義的인 文學과 아울러 第二義的 或은 第三義的인 文學도 있는 것"이라고 정리해 내는 대목에 나타나는 그의 뚝심은 이후 「文學하는 것에 對한 私考－文學의 內容(思想性)的 基礎를 爲하여」(『白民』, 1948.3)를 펼치는 데까지 이어지게 된다.

22) 金東里, 앞의 글, 15~17면. 이후 김동리는 '순수문학'이라는 용어 대신 '본격문학'이라는 표현을 사용한다. 1947년 『大朝』 8월호에 발표될 당시 「純粹文學과 第三世界觀」이었던 이 글 역시 평론집 『文學과 人間』(白民文化社, 1948)으로 묶일 때에는 「本格文學과 第三世界觀의 展望」으로 제목이 바뀌었다.

5. 김병규와의 대결 ③–휴머니즘을 둘러싼 공방

김동리가 주장하는 휴머니즘에 대한 김병규의 비판은 두 가지 지점에서 가해지고 있다. "純粹文學을 象牙塔流의 文學으로 만들지 않기 爲하야 '휴멘니즘'에 끄러다 붙인 모양이나 두 가지 點에서 우리는 氏의 '휴멘니즘'을 억지라고 본다." 첫 번째 혐의는 '一, 純粹問題'에서 잠깐 제기했던 "現實에 對한 分析 現實에 對한 人間의 分析過程을 떠나는 方法은 아무리 人間問題로서 들고 나서드라도 現實이 없는 人間 人間一般을 方法의 대상으로 하게 되므로 論者의 主觀에 陶醉되여 終局 우리는 象牙塔流로 '誤認'하지 않을 수 없게 될 것이다"에서부터 비롯된다. "問題는 그 人間이 具體的으로 어떠한 型을 가지고 나타나느냐 하는 것이며 씨가 그리는 反動型이냐 '쇼토흐'가 그리는 進步型이냐 하는 것이 우리의 關心事가 아닐 수 없다. 이런 觀點에서 앞에 말한 所謂 純粹文學이 意圖하는 方向은 人間性의 抽象化를 指向하고 그 때문에 人間性의 描寫는커녕 人間性의 狹隘化, 貧困化를 招來할 따름이다. 그러므로 구지 氏가 純粹文學을 人間問題에 끄러다 붙이려면 그것은 純粹文學이라는 文學的 見地를 抛棄하든지 그렇지 않으면 人間問題를 그 貧困化로 이끄러 갈 때만 可能하다. 왜냐하면 人間一般이라는 命題는 文學에 있어서도 아무런 內容도 가질 수 없고 具體的 얼굴은 消滅되고 마는 때문이다."[23]

김병규의 이러한 비판을 김동리는 "人間性에 關하야 純粹文學만이 이를 擁護할 수 있다고 하였으나 가령 다른 文學은 어찌하야 이것을 擁護할 수 없는가"라는 물음으로 정리하여 수용하였다. 물론 이러한

---

23) 金秉逵, 앞의 글, 27~28면.

물음이 나오기는 하지만, 김병규가 가하는 비판의 주된 내용은 분명히 일반적이고 추상적인 인물 설정을 통해 구체적인 인간문제를 해명할 수 있는가의 여부이다. 따라서 막상 직면한 것은 추상과 구체의 연관 관계를 따지는 물음이지만, 김동리는 이를 순수문학이 과연 인간성을 옹호할 수 있는가의 문제로 돌려놓고 있는 것이다. 이렇게 논점을 바꿔놓는다면 일반적인 수준에서 '문학의 자율성'만 늘어놓으면 된다. 즉, 인간은 하나의 틀로 정형화되지 않는 끊임없이 자유로워지고자 노력하는 존재라는 사실과, 문학은 그러한 인간성을 옹호하는 데 근본적인 가치가 있다는 사실만 진술한다면, 김동리의 해명은 충분하다는 것이다. 물론 정치주의 문학은 그 반대편에서 특정한 목적 아래 인간성을 억압하고 왜곡하는 문학으로 전락하게 된다. 김동리의 논리는 이에 꼭 들어맞는다. 이런 전개를 바탕으로 하여 그는 "그러므로 文學에 있어서 文學의 自律性이란 말과 人間性의 擁護란 말은 表裏一體의 關係에 있고, 文學精神이 文學의 自律性을 本義로 한다는 것은 곧 人間性의 擁護를 意味한다는 것과 別個의 것일 수 없다"[24]라는 주장에 이르게 되었다.

하지만, '문학의 자율성'을 둘러싼 이와 같은 김동리의 주장은 근본적인 모순에 바탕하고 있다. 문학의 자율성이란 무엇에 대한, 무엇으로부터의 자율성이다. '정치주의 문학'이 감히 문학의 자율성을 논하지 못하는 이유는 (자본주의 질서를 지향하는)정치로부터의 자유를 주장하되 (사회주의 질서를 지향하는)정치 속에 갇혀있기 때문이다. 즉 정치에서 출발하여 정치로 수렴되기 때문에 문학의 자율성을 이야기하지 못하는 것이다. 다만, 전자의 정치에 비해 후자의 정치가 우월하다고 믿기 때문에 '정치주의 문학자'들은 그런 선택으로 기울어질 따름이다.

24) 金東里, 앞의 글, 18면.

그래서 김병규가 물었던 것은 일반적이고 추상적인 인물을 통해 구체적인 인간문제를 어떻게 해명할 수 있는가의 여부였다. 이는 곧 김동리가 주장하는 문학의 자율성이 무엇에 대한 자율성인가를 묻는 것이기도 하다. 만약 김동리 앞에 정치의 지독한 압박이 존재할 경우 이를 실례로 들이대면 문학의 자율성은 자연스럽게 설명된다. 하지만, 문학의 자율성을 주장하는 동시에 제3기 휴머니즘이라든가 제3세계관을 이야기할 때는 문제가 달라진다. 김동리는 제3기 휴머니즘에 입각하여 형상화한 인물이 어떻게 주위의 모든 조건들로부터 자유로워질 수 있는가를 증명해야만 하는 것이다. 만약 이를 증명하지 못한다면, 그것은 '근대와의 대결'을 통한 '제3휴머니즘' 혹은 '제3세계관'의 창출로 나아가는 것이 아니라, 자본주의와 사회주의라는 두 개의 근대 중 '사회주의와의 대결'로 귀결하게 되기 때문이다.

김동리가 김병규의 비판을 왜곡하여 수용했을 때 바로 이러한 문제가 은폐되었다. 어쩌면 김동리에게는 이러한 부분이 전혀 문제되지 않았을 수도 있다. 누가 뭐라고 하든, 당시 그가 지향했던 것은 분명히 '제3휴머니즘'·'제3세계관'이었고, 이것이야말로 "世界史的 課題의 全體的 把握" 위에 행해진다는 판단은 신념에 해당하는 사항이기 때문이다. 신념이란 애초에 논리의 세계로 쉽게 포섭되지 않는 법이다. 바로 이러한 신념으로 인해서 김동리에게는 자기만의 '순수문학'에 대한 정의가 필요했고, 이 정의를 바탕으로 하여 '본격문학'이라는 용어로 나아갈 수밖에 없지 않았던가. 하지만, 자기만의 순수문학을 '본격문학'이라는 용어로 정리해 내었듯이, 자신이 견지하고 있는 신념 '제3기 휴머니즘' 또한 어떤 식으로든 정리해 내어야만 김동리는 그 상을 가지고 논쟁에 제대로 임할 수 있다. 만약 정리해 내지 못했을 경우에는 휴머니즘을 둘러싼 논쟁이 벌어질 때마다 위태로운 언어의 곡예를 펼칠 수밖에 없을 것이다. 김병규의 휴머니즘에 대한 첫 번째 비판에서 그러했듯이, 김동리는 두 번째 비판에 대해서도 비슷한 글쓰기를 구사한다.

제3기 휴머니즘에 대한 김병규의 두 번째 비판은 가치의 판단 기준 부분이다. "神本主義가 가진 바 內容, 또 人本主義의 內容, 어째서 前者의 內容이 後者보다 世界觀에 있어서 低次元인가 이같은 次元의 人間的 高低를 最後로 決定한 基本原因이 어데서 오는가. 이러한 內容的 規定은 필연적으로 오늘날 世界史의 轉換에 있어 우리 世界觀을 規定하지는 않드라도 證明은 해 줄 수 있다."[25] 여기에는 물론 역사의 발전원리를 설명하는 마르크시즘의 판단기준이 내포되어 있다. 김병규가 파악하기에, 세계를 움직이는 힘은 생산력과 생산관계의 모순에서 빚어지는 계급투쟁에 있는 바, 역사의 발전이란 계급투쟁을 통해서 노예의 상태에서 점차적으로 자유의 영역을 넓혀온 과정이다. 따라서 김병규가 가치 판단의 기준을 문제 삼을 때 거기에는 당연히 '역사발전의 원동력은 무엇인가'라는 의미도 내포되어 있다고 이해해야 한다.

김동리는 김병규가 "'루네산스 휴맨이즘'을 '神本主義에 對한 反撥로서 始作된 人本主義의 勝利'라고 '常識的 規定'에서 出發했기 때문에 現代 휴맨이즘을 엉뚱한 方向으로 틀고 돌아갔다"라고 비판했던 것으로 요약했다. 이러한 정리는 다분히 전략적인 것이라고 볼 수 있다. 정작 김병규가 물었던 것은 역사를 움직이는 힘은 무엇이며, 이를 통해 가치 판단의 기준을 어떻게 세울 것인가의 문제였지만, 김동리는 여기에 대한 대답을 피해 갈 수 있게 되는 한편, '상식적인 것이 잘못된 것인가'라는 식의 항변을 할 수 있는 여지가 생기기 때문이다. 김동리는 상식적인 사건의 나열을 통해 나름의 정당성을 역설하면서 김병규의 목적론적

25) 金秉逵, 앞의 글, 29면.

역사관을 비판한다. "루네산스 휴맨이즘을 神과 戒律의 壓制와 隷屬에 對한 反撥로서 일어난 人間性의 擁護라고 보는 것이 無理고, 억지인가, 그보다 몇 世紀 뒤에 이러난 '新興市民階級'과 結付되려고 이러난 世界觀이라고 보는 것이 억지인가 하는 것은 이야말로 常識과 沒常識의 差異밖에 아닐 것이다"라는 문장이 함의하는 바는 바로 여기에 있다. 이런 식의 논리 구사에 따른다면 역사 발전의 원동력을 나름대로 설정하는 이는 반드시 억지를 부리는 부류로 묶일 수밖에 없게 된다. 모든 사건을 그러한 관점에 "結付되려고 이러난" 것으로 파악한다는 혐의로부터 자유로워질 수 없게 되는 것이다.

> '루네산스 휴맨이즘을 神本主義에 對한 人本主義의 勝利'란 것은 '常識的 規定'이어서 억지고, '新興市民階級과의 結付'란 것은 超常識的 或은 非常識的 規定이어서 떳떳하단 말인가, 또는 그와 反對란 말인가? 問題는 常識的 規定이 좋으냐 超常識的 規定이 어떠냐 하는 데 있지 않고 어떤 것이 떳떳하고 正當하며 어느 것이 억지이고 거즛이냐 하는 데 있어야 할 것이라면, 루네산스 휴맨이즘을 神과 戒律의 壓制와 隷屬에 對한 反撥로서 일어난 人間性의 擁護라고 보는 것이 無理고, 억지인가, 그보다 몇 世紀 뒤에 이러난 '新興市民階級'과 結付되려고 이러난 世界觀이라고 보는 것이 억지인가 하는 것은 이야말로 常識과 沒常識의 差異밖에 아닐 것이다. 루네산스 휴맨이즘과 '新興市民階級'과의 사이에는 적어도 『民約論』이 있고, 『富國論』이 있고, '蒸氣 發明'이 있는 것이다. '市民階級'이 먼저 있어서 '룻소오' '스미스' '왓트'들을 낳고, '룻소오' '스미스' '왓트'들에서 루네산스 휴맨이즘이 이러난 것이 아니라, 루네산스에서 『民約論』과 『富國論』과 '蒸氣 發明'이 이러나고, 『民約論』과 『富國論』과 '蒸氣 發明'에서 佛蘭西革命과 自由經濟와 近代工業이 이러났다는 主客을 顚倒시켜서는 아니 된다. 氏가 이와 같은 主客顚倒를 캄푸라-쥬 하기 爲해서 '結付'란 死語를 使用하게 된 것

은, 根本的으로, 唯物史觀的 視角에서 客觀的 條件에만 硬化된 남어지 歷史發展의 主體的 條件을 認識하지 못한 데 基因했던 것이다.[26]

이렇게 정리한다면, 김동리의 「純粹文學과 제3세계관」에 대해 김병규가 수긍했을 리 만무하다. 김동리가 제대로 답변을 한 것이 전혀 없기 때문이다. 김동리의 그 글은 '논쟁'이라는 방식을 통해 대화를 나누는 양상이라기보다는 오히려 '독백'에 가깝게 자신이 하고 싶은 말을 늘어놓은 꼴에 가깝다. 그래서 김병규는 재차 논점을 확인하고 재비판에 들어간다. 그 글이 바로 「獨善과 無知」[27]다. 김병규는 먼저 서구에서 전개되었던 순수문학의 역사를 길게 서술하고 난 후 "純粹文學을 그 本來의 意味대로 解釋하지 않고 '나의 純粹文學論은 먼저 내 自身의 文學觀에서 오는 것이요'"라는 방식으로 규정하는 것은 독선에 지나지 않는다고 지적하는 한편, 추상적인 휴머니즘을 내세워 "이것이냐 저것이냐 하는 따위의 稚劣한 手法으로 問題를 提起하지 않고 휴머니즘의 立場에서 唯物史觀을 보고 唯物史觀의 立場에서 휴머니즘을 보려는 것"이 자신들의 입장임을 피력한다. 그리고서 다시 "氏의 第三世界觀은 그 社會地盤으로 朝鮮의 反動層을 가지고 있지만 現代 휴머니즘의 어떠한 現實的 地盤이 資本主義社會에 代置할만한 것인가"라며 제3기 휴머니즘의 물질적 기반을 묻고 있다. 김병규가 이 글을 통해 마르크스주의자로서 대응할 수 있는 최상의 논리를 구사했던 반면, 김동리는 침묵으로 대응했다.

26) 金東里, 앞의 글, 21면.

27) 金秉逵, 「獨善과 無知」, 『文學』, 1948.8, 121~130면.

6. 김동석의 현란한 수사(修辭)에 맞서는 방식

—「毒爪文學의 本質」

김동리가 김병규의 비판에 대하여 「純粹文學과 第三世界觀—金秉逵氏에 答함」으로 응수함으로써 이들 사이의 논쟁은 일단락되었다. 그런데, 이런 김동리에게 논쟁을 걸어온 이는 「純粹의 正體」(『新天地』, 1947.11・12 合本號)를 앞세운 김동석(金東錫)이었다. 여기에 대해 김동리는 「生活과 文學의 核心—金東錫君의 本質에 對하야」(『新天地』, 1948.1)를 통해 대응에 나섰다. 조연현(趙演鉉)은 「無識의 暴露—金東錫氏의 「金東里論」을 駁함」(『救國』, 1948.1)으로써 김동리를 거들고 나섰다.

김병규의 비판이 논리적으로 치밀했다면, 김동석의 비판은 수사적 측면으로 상당히 기울어져 있다. 김윤식은 김동석의 이러한 글쓰기 방식을 정확히 꿰뚫어 보고 이렇게 설명한다. "수사법의 현란함이 지적될 것이다. 춘원, 현민 등의 재사를 일제에게 빼앗긴 것도 원통한데 김동리를 이제 또 '순수'라는 허무한 귀신에게 빼앗김이 애석하다는 이 수사학을 두고 현란함이라 부르지 않는다면 어떤 표현이 적절할까. 그것은 풍자라 보기 어렵지만 그렇다고 유머라 보기도 어려운데, 왜냐하면 이 수사학에 감도는 것은 글쓴이의 자기 쾌락과 그 도취에서 오는 자기 황홀증인 까닭이다."28) 여기에 대한 김동리의 대응 또한 다분히 수사적인 방식으로 나타나고 있다. "딱저구리(啄木鳥)는 그의 '빵'(벌레)을 求하기 爲하야 古木 둥지를 쫗고 있는 동안 별나게 그의 주둥이(啄)가 發達되고, 숫닭은 그의 生殖을 爲하야(或은 썩은 곡식알을

28) 金允植, 앞의 책, 293면. 신형기는 김동석의 글에 대해 "설령 김동석의 주장이 옳다 해도 이러한 식으로는 논쟁 자체가 성립될 수 없는 것이다"(신형기, 『해방직후의 문학운동론』, 화다, 1988, 165면)라고 단호하게 정리하고 있다.

찾기 爲하야) 땅을 허비는 동안 양쪽 발톱이 유달리 發達되었다는 現象”[29]을 언급하면서, 뒤늦게 유물론으로 돌아선 김동석과 딱다구리, 수탉을 동궤에 놓는 방식이 대표적이다. 김동석의 독설에 대해 연민을 가장한 독설로써 맞선 것이 김동리의 방식이었다고 하겠다.

그럼에도 불구하고 김동석의 수사 가운데 반복되는 야유의 지점은 눈 여겨 볼 필요가 있다. 김동석이 문제 삼고 있는 것은 단편집 『巫女圖』의 마지막 작품 「昏衢」의 끝 대목에 나타난 “가야 된다 가야 된다!”라는 문장이다. “가야 된다 가야 된다!”라는 문장을 여섯 번이나 인용하며 김동석이 비판하는 것은 김동리에게 ‘가야 된다!’는 의지는 있으나, 그 방향이 모호하다는 사실이다. 식민지시대에는 「昏衢」의 주인공 강치우(姜政佑)가 보여주는 그런 의지가 반항(無抵抗의 抵抗)일 수 있었다. 하지만, 해방이 된 후에는 상황이 달라진 만큼 응당 의식이 변해야 하는데, 강치우 즉 작가 김동리는 여전히 암중모색에 머무르고 있다는 것이 김동석의 판단이다. “―가야 된다 가야 된다! 姜政佑 아니, 金東里는 ‘이 한 가지 의식은 잠시도 잊을 수 없어 진흙에도 구을고 시궁창에도 빠지고 하면서’ 길을 찾고 있는 것은 事實일 게다. 그러나 어데로 가려는 것인가?”[30] 김동석이 암중모색하는 김동리를 비판하고 나선 까닭은 “純粹文學의 非純粹性은 이렇게 純粹치 못한 사람들에게 利用을 當하기가 쉽기 때문이다”[31]라는 대목에서 확인할 수 있을 것이다. 김동리가 지향하는 방향이 분명치 않다는 이러한 평가는 정확히 핵심을 찌르고 있는 것으로 판단할 수 있다. 다만, 화려한 수사가 내용을 압도했던 탓에 이런 부분이 가려져 있을 따름이다. 이

29) 金東里, 「生活과 文學의 核心―金東錫君의 本質에 對하야」, 『新天地』, 1947.12, 97면. 평론집 『文學과 人間』에 묶일 때 이 글의 제목은 「毒爪文學의 本質―金東錫의 生活의 正體를 究明함」으로 바뀌었다. 그만큼 감정의 대결로 기울었던 것이다.

30) 金東錫, 「純粹의 正體―金東里論」, 『新天地』, 1947.12, 196면.

31) 위의 글, 195면.

러한 비판은 김동석이었기에 가능했을 것이다. 논쟁의 상대인 김동리는 해방 이후 한동안 『象牙塔』을 만들면서 순수문학을 주장하던 당시 김동석 자신의 모습이기 때문이다.

제3자이기는 하지만, 「無識의 暴露－金東錫氏의 '金東里論'을 駁함」을 쓰고 있는 조연현(趙演鉉) 역시 감정적인 것은 마찬가지다. 먼저 제목에서부터 그러한 사실을 확인할 수 있고, "金東里氏같은 存在는 氏에게 있어서 永遠한 하늘일 것이다"라는 끝맺음도 이를 보여준다. 뿐만 아니라 "純粹가 反抗이라는 어느 辭典에도 어느 文學書 속에도 없는 氏의 第二創作은 勿論 「昏衢」를 第三路線이라는 第一의 創作 以上의 '넌센쓰'는 아닐지 모르나 또한 氏의 批評家로서의 無識을 멋지게 表白하고 말았다"[32]와 같은 대목에서는 조연현의 수준이 분명하게 드러나기도 한다. 김동리가 자기만의 '순수문학'을 '본격문학'이라 고쳐 부르며 '문학의 자율성' 개념을 끌어들일 때 이미 '순수로서의 반항' 정도는 충분히 설명되었던 바다. 그럼에도 불구하고 "어느 辭典에도 어느 文學書에도 없는 氏의 第二創作"이라고 주장하는 것은 김동리마저 비판해 넘어갔던 "마라르메와 바아레리들의 文學"에 머무르고 있는 형국이다. 즉 '문학의 자율성'이란 개념조차 파악하지 못하고 그저 김동리가 "그러한 따위의 순수문학을 나는 경멸한다"라는 세계를 조연현이 부여잡고 있다는 것이다. 또한, '第三路線' 운운도 문제가 있다. 그는 김동석에 대해 "左가 아니면 右요 右가 아니면 左요 左도 右도 아니면 第三路線이 있을 뿐이라는 機械主義的인 白痴化된 頭腦의 能力"이라며 "世界文學史上에 처음 보는 一大 '넌센쓰'"[33]라고 퍼붓고 있지만, 정작 김동리가 내건 표어가 '제3기 휴머니즘'과 이에 따른 '제3세계관'이었던 바, 이를 전혀 염두에 두지 못하고 있는 형편이기 때문

32) 趙演鉉, 「無識의 暴露－金東錫氏의 「金東里論」을 박함」, 『救國』, 1948.1, 76면.
33) 위의 글, 75면.

이다.

결국 김동석의 비판과 이에 대한 김동리, 조연현의 대응은 감정적인 차원에서만 그쳤을 뿐 어떤 대화의 여지도 마련하지 못했다고 하겠다. 그럼에도 불구하고 김동석이 화려한 수사 뒤에 깔고 있던 비판의 내용은 여전히 남아 있다. 김동리와 조연현이 여기에 대해 제대로 답변을 하지 않았기 때문이다. "純粹文學의 非純粹性은 이렇게 純粹치 못한 사람들에게 利用을 當하기가 쉽기 때문이다." 여기에 대해서는 「文學하는 것에 對한 사고」와 「文學的 思想의 主體와 그 環境」을 다루는 다음 절에서 논의하도록 한다.

7. '구경적(究竟的) 삶'을 추구하는 문학이 놓인 자리

김동리에게 평론은 과연 무엇이었던가. 이는 한 마디로 요약할 수 있다. "자신의 문학관을 구현하거나 옹호하기 위한 창작적 대리 형식이며, 따라서 그것은 적극적으로 대변할 수 있는 키워드 '순수'라는 한 마디에 집중되고 있다."[34] 김동리는 식민지시대 유진오와의 논쟁을 거쳐 해방기에는 김남천, 김병규, 김동석과 맞서면서 평론을 써 내려갔다. 그러니까 그에게 평론은 일종의 무기였던 셈이다. 이 무기를 통해 그가 옹호하고자 했던 것이 바로 '순수문학'이었다. 하지만, '순수문학론'의 한계야 이미 서양에서 뻔히 드러나지 않았던가. 그로 인해 김동리는 비판에 직면했을 때마다 "나의 純粹文學論은 다르다"라고

34) 송희복, 「순수문학의 비평적 소명—김동리론」, 『해방기 문학비평연구』, 문학과지성사, 1993, 239면.

누차 강조할 수밖에 없었다. 이러한 반복 끝에 나온 개념이 '본격문학'이다. 그럼에도 불구하고, 「純粹文學과 第三世界觀」에 나타난 설명은 퍽 조촐하다. "人間性의 全貌를 對象으로 삼으려는 文學精神 本領正系의 文學"이라는 것이 전부인데, 이와는 구별되는 "功利主義文學 또는, 象牙塔流의 文學들이 第二義的, 第三義的 文學으로밖에 認定받지 못하는 것은 …… 어떤 政治的 軍事的 國策的 目的에 依하야 그 對象이 이미 制限된 人間性을 提起하고 있기" 때문이라는 설명이 비교 대상으로 부기(附記)되었을 따름이었다.

이런 논법이 성립하려면 "本領正系의 文學"인 본격문학은 어떠한 목적으로도 규정되어서는 안 된다. 목적이란 곧 그가 비판해 마지않는 "第二義的, 第三義的 文學의 制限된 人間性"에 가 닿기 때문이다. 그런데, 김동리는 과연 이러한 주장을 바탕으로 하여, 「純粹文學과 第三世界觀」이라는 제목에 걸맞게, 자기만의 순수문학관과 제3세계관을 통일적으로 설명해 내었던가. 전혀 그렇지 못했음은 분명한데, '휴머니즘'이랄까 '제3세계관'에 대한 김병규의 집요한 물음에서 딴전을 피우는 대목이 이를 증명한다. 김동리로서는 그럴 수밖에 없던 것이, 자본주의와 사회주의를 한 데 묶어 뛰어넘을 수 있는 사회를 전제하는 이상, 그의 문학론은 그러한 사회의 성격이라든가 체제와 관련을 맺게 되고, 바로 이 순간 김동리의 '본격문학론'은 허구로 떨어지기 때문이다. 전면에 정치성을 내세우지 않을 뿐, 정치에 복무하는 김병규의 문학론처럼 김동리의 문학론 역시 그가 내세우는 사회 체제의 물질적 제약성으로 인해 "制限된 人間性"을 다루는 것으로 전락하는 상황인 것이다. 식민지시대에는 사회주의, 자본주의, 제3세계관 가운데 어느 것을 선택하든 그리 크게 문제 될 것이 없었다. 물질적 조건과 동떨어져서 어차피 논리의 수준에서 대결이 이루어졌기 때문이다. 이럴 경우 '민족'을 전면에 내세운 김동리의 논리는 다른 입장에 비해 강점을 가질 수 있었다. 하지만, 미국(자본주의)과 소련(사회주의)의 영향력이 절대적인 상황에서의 제3세계관이란 물질적 조건을 전혀 갖추지 못한 논리에 불과한 것 아닌가. 이러한 사실을 깨달았을 때 김동리가 써 내려간 평론이 1948년 『白民』 3월호에 발표한 「文學하는 것에 對한 私考－文學의 內容(思想性)的 基礎를 爲하여」이다.

김윤식은 「文學하는 것에 對한 私考」에 대해 다음과 같은 평가를 부여하고 있다. "'문학의 사상적 기초를 위하여'라는 부제를 단 「문학하는 것에 대한 사고(私考)」는, 그가 유진오와 논쟁하던 1939년에서 비롯, 해방공간에서의 김동석·김병규와의 논쟁을 거쳐 마침내 자기의 문학관을 최종적으로 정리했다는 점에서 김동리 문학론의 중요한 문건이자, 동시에 문협 정통파 이론의 확립이란 점에서 문학사적인 문건이라 할 것이다."[35] 이런 평가는 김동리가 "究竟的 生의 形式"을 내세웠기 때문에 가능해지는 것이 아니다. 그런 식으로 따지자면, 식민지시대 유진오와의 논쟁에서 승리를 확인하고 난 후, 김동리는 「新世代의 精神」을 써 내려가면서 이미 느낌표까지 붙여가며 "個性과 生命의 究竟 탐구!"[36]라고 강조한 바 있다. 「文學하는 것에 對한 私考」의 의미라면 자신이 주장하는 본격문학과 '제3기 휴머니즘'·'제3세계관'을 분리해낸 데 존재한다. 그것이 바로 「文學하는 것에 對한 私考」가 「新世代의 精神」, 「純粹文學과 第三世界觀」에 비해 확연히 다른 점이다.

「新世代의 精神」에서 김동리는 "十九世紀末 二十世紀 初頭에 결쳐 왼 世界를 風靡한 物質主義精神에 席捲되고 만" 근대의 '르네쌍스精神' 위에서 "個性과 生命의 究竟 탐구!"를 주장하고 있었다. 「純粹文學과 第三世界觀」에서도 이러한 입장은 여전히 이어졌다. 제목부터 그

35) 金允植, 「'구경적 삶의 형식'의 문학관 형성과정」, 『한국근대문학사상연구』, 아세아문화사, 1994, 70면.

36) 金東里, 「新世代의 精神－文壇 '新生面'의 性格, 使命, 其他」, 『文章』, 1940.5, 83면.

러할 뿐만 아니라, 김병규에 대해 "眞正한 意味에 있어서의 世界史的 課題의 全體的 把握이 없는 사람들이라 하지 않을 수 없다"라고 비판하면서 '루네산스 휴맨이즘'에 대한 확신까지 내비치고 있었다. 그런 김동리가 「文學하는 것에 對한 私考」에서는 '르네쌍스'에 대한 언급을 배제하고 나선 것이다. '르네쌍스'를 버림으로써 김동리는 문제의 틀을 바꿀 수 있었던 한편, 그가 주장하는 '본격문학'의 성격을 비로소 분명하게 정립할 수 있었다. 여기에 「文學하는 것에 對한 私考」의 의의가 존재한다. 그 내용을 살펴보자.

김동리는 「文學하는 것에 對한 私考」에서, '르네쌍스'에 대한 언급을 피하는 대신, 삶의 의미를 세 가지 층위에서 나누어 설명하고 있다. 첫째는 "生命現像으로서의 삶"인데, 이것은 "먹고 잠자고 生殖하고 노리하고 한다는 것"으로 "禽獸와 畜類에게도 있는 것"이다. 둘째는 "職業的 삶"이다. 이는 "生命現像으로서의 삶보다도 一層 高次元의 삶의 形態"이지만, "最高 理想이 무엇이냐 하면, 結局 좀더 公正한 秩序와, 均等的 所有와 科學에 依한 便益한 職業과 經濟的 潤澤과, 좀 더 많은 노리를 가저 보자는 데 끄친다." 셋째가 바로 "究竟的 삶(生)"이다. "우리는 우리들에게 賦與된 우리의 共通된 運命을 發見하고 이것의 展開에 志向하지 않으면 안 된다. 우리가 이 事業을 遂行하지 않는 限 우리는 永遠히 天地의 破片에 끄칠 따름이요, 우리가 天地의 分身임을 體驗할 수는 없는 것이며, 이 體驗을 갖지 않는 限 우리의 生은 天地에 同化될 수 없기 때문이다. 그리고 우리는 우리에게 賦與된 우리의 이 共通된 運命을 發見하고 이것의 打開에 노력하는 것, 이것을 가르처 究竟的 삶이라 부르는 것이다."[37] 이러한 견해에 따른다면, 그와 논쟁을 벌였던 김병규의 문학관은 '職業的 삶'의 세계를 따지는 데 머

37) 金東里, 「文學하는 것에 對한 私考—文學의 內容(思想性)的 基礎를 爲하여」, 『白民』, 1948.3, 43~45면.

무르게 된다. 현실 속에서 "公正한 秩序와, 均等的 所有와 科學에 依한 便益" 따위를 문제 삼는 것이 문학가동맹의 관심사항이기 때문이다. 이러한 세계에서는 '어떻게'라는 물음이 중요하게 제기된다. 즉 "公正한 秩序와, 均等的 所有와 科學에 依한 便益"을 '어떻게' 만들어 나갈 것인가가 문학론의 중심에 놓인다는 것이다. "目的에 依하야 그 對象이 이미 制限된 人間性을 提起"한다는 김동리의 혐의는 바로 이 '어떻게'라는 방법이 문제의 중심에 놓일 때 가능해지는 것이기도 하다. 그 동안 김동리에 대한 김병규나 김동석의 비판 또한 '어떻게'라는 방식에 집중되어 있는 것이었다. 예컨대 김병규가 "일반적이고 추상적인 인물을 통해 구체적인 인간문제를 해명할 수 있는가"를 묻는 것은 '어떻게' 가능한 것인가의 방법을 묻는 것이다. "'가야 된다!'는 의지는 있으나, 그 방향이 모호하다"는 김동석의 비판 또한 마찬가지다. 김동리가 주장하는 '제3기 휴머니즘'이란 세계의 상이 제대로 설명되지 않으며, 그 세계로 어떻게 이행해 나갈 것인지 방법은 드러나 있지 않으면서, 그저 "가야 된다!"는 의지만 충만해 있다는 야유가 비판의 내용이기 때문이다.

그런데, 김동리는 그 방법을 얘기하는 대신 "究竟的 삶(生)"을 들고 나왔다. "究竟的 삶"의 추구란 '왜 사는가'를 따지는 행위이다. 김동리가 "구경적 삶의 추구"를 주장하기 위해 "모든 文化的 生産은 生이 現有하는 데서만 可能하다면 '文學하는 것'도 이 原則에서 벗어날 수는 없는 것이다. 그러므로 '文學하는 것'은 먼저 '사는 것'이 아니어서는 안 된다"38)라고 전제했던 까닭은 여기에 있다. 그러니까 '어떻게'라는 방법에 대한 물음을 '왜'라는 의미 추구로 전환시키는 것이 「文學하는 것이 對한 私考」라는 평문이다. 김동리의 논리 변화는 바로 여기에

38) 위의 글, 43면.

놓인다. 아직 모호한 '제3기 휴머니즘' · '제3세계관'이란 개념을 표면에서 끌어내림으로써 문제를 둘러싼 틀은 한 순간에 뒤집어진다. '왜'라고 의미를 따지는 자에게 '어떻게'라는 방법은 부차적이거나 무의미하기 때문이다. '왜 살아야 하는가'라는 물음이 존재의 근거를 따지는 것이라면, '어떻게 살아야 하는가'라는 물음은 존재의 근거 위에서 나름의 방식을 찾아 나서는 양상이란 점을 떠올린다면 이해에 도움이 될 것이다. 그렇다면 문제를 둘러싼 틀을 바꿈으로써 김동리는 김병규 · 김동석의 비판을 우회하고 있는 것 아닌가.

「文學的 思想의 主體와 그 環境-本格文學의 內容的 基盤을 爲하야」(『白民』, 1948.7)는 「文學하는 것에 對한 私考」의 내용을 바탕으로 하여 공리주의(功利主義) 문학 비판을 개진하고 있는 글이다. 여기서 김동리가 밝히는 '문학적 사상의 주체'는 분명하다. "時代와 社會를 超越하여 人間이 永遠히 가지지 않을 수 없는 人間의 가장 普遍的이요 根本的인 問題에 對한 高度의 解釋이나 批評, 이것이 文學에 있어서의 참된 思想性 다시 말하면 文學的 思想의 主體가 되는 것이다."[39] 설명을 위해 예로 드는 작품은 톨스토이의 『안나 카레니나』다.

> 이 作品의 思想的 焦點이 어디 있는가를 생각해 보라. -그는 '愛慾의 究竟'을 그린 것이다. 그리고 人間生活의 그 어느 部面이던 '究竟'을 그린다는 것은 結局 神을 求하는 精神에 連結된다. 그러므로 톨스토이는 이 作品에서 愛慾의 究竟을 그림으로써 人間生活에 있어서의 神을 求한 것이다. 그리고 이것이 이 作品에 있어 思想性의 主體가 되는 것이다. 웨 그러냐 하면 愛慾의 究竟을 그린다는 것은 위에서 말한 '時代와 社會를 超越하여 人間이 永遠히 가지지 않을 수 없는, 人間의 가장 普遍的이요 根本的인 問題'의

39) 金東里, 「文學的 思想의 主體와 그 環境-本格文學의 內容的 基盤을 爲하야」, 『白民』, 1948.7, 9면.

하나가 되는 것이기 때문인 것이다. 그리고 톨스토이가, 愛慾으로써 人間生活의 肯定的 究竟을 삼지 않고 거기서 다시 求神의 길을 暗示한 것은 그의 人生에 對한 훌륭한 解釋과 批評이 되는 것이다. 그 作品에는 勿論 '時代的 社會的 意義'도 功利性도 다 들어 있다. 그러나 그것은 한 개 背景 或은 環境일 따름, 이 作品이 가진 思想性의 主體는 아닌 것이다. '時代的 社會的 意義'니 功利性이니 하는 것은 어디까지나 第二義的 附隨的 條件에 不過한 것이다."[40]

1948년 김동리는 「文學하는 것에 對한 私考」와 「文學的 思想의 主體와 그 環境」을 통해 나름의 문학관을 확립시켰다. 같은 해 8월 김병규가 「獨善과 無知」를 통해 "氏의 第三世界觀은 그 社會地盤으로 朝鮮의 反動層을 가지고 있지만 現代 휴머니즘의 어떠한 現實的 地盤이 資本主義社會에 代置할만한 것인가"라고 비판해 왔지만 무시할 수 있었던 이유도 여기에 있다. 이미 그는 제3세계관을 부여잡고 있지 않았다. 그러니 '어떻게' 그것이 가능한가라는 김병규의 물음에 굳이 답변할 필요를 못 느꼈던 것이다. 오히려 문제는 다른 데서 터져 나왔다. 「文學하는 것에 對한 私考」를 두고 종교와 철학과 문학의 경계가 분명치 않다고 조연현이 비판하고 나섰기 때문이다.[41] 애초 「文學하는 것에 對한 私考—文學의 內容(思想性)的 基礎를 爲하여」 '下' 부분에 모호하게 기술했던 종교와 문학의 차이를 분명하게 가다듬고 제목을 「文學하는 것에 對한 私考—나의 文學精神의 志向에 對하여」로 고쳐 평론집 『文學과 人間』(白民文化社, 1948)에 싣게 된 이유는 바로 여기에 있다.

---

40) 위의 글, 9~10면.

41) 趙演鉉, 「文學의 領域—宗教와 哲學과 文學의 基礎的 內容」, 『白民』, 1948.5, 74~77면.

8. 전근대와 착종하여 펼치지는 근대의 다양한 양상들

「文學하는 것에 對한 私考」 이후 '제3기 휴머니즘'에 대한 김동리의 내면을 들여다 볼 수는 없을까. 여기에 대한 직접적인 언급은 찾기가 어렵고, 김동리가 주간이 되어 1949년 8월 창간한 『文藝』의 기획과 『조선일보』에 연재했던 장편소설 『解放』의 한 장면을 통해 어느 정도 짐작은 가능하다. 『文藝』는 제2호부터 '現代思想講座'를 기획했는데, 여기서 살피고 있는 내용은 주로 근대 서구사상의 위기이다. 예를 들어 세 번째로 실린 「近代精神의 特徵」의 다음과 같은 대목은 이 기획의 성격을 어느 정도 드러내고 있다. "西洋의 現代는 그것이 歐羅巴的인 데서 여전히 西洋의 近代거니와 오늘의 歐羅巴는 어느 意味에서는 저무는 歐羅巴라고 할 수 있다. …… 저무는 近世 西洋 저무는 歐羅巴. 어떻게 생각하면 이 近世 西洋, 이 歐羅巴는 이미 世界史에 있어서 자기 할 일을 해 마쳤는 지도 모른다."[42] 마지막 네 번째 기획으로 실린 글의 제목은 「近代精神의 破綻」이다.[43] 창간 당시 주간이었고, 제2호 발간부터 편집고문으로 자리 잡으면서 『文藝』내 실력자로 군림했던 김동리의 의도가 이에 미치지 않았을 리 없다. 따라서 서구의 위기, 그러니까 근대의 위기에 대한 판단은 김동리에게 여전히 남아 있었다고 짐작할 수 있겠다.

하지만, 위기를 대체할 수 있는 '제3세계관'이라든가 '제3기 휴머니

42) 金基錫, 「近代精神의 特徵」, 『文藝』, 1949.12, 135면.

43) 참고적으로 『文藝』의 '現代思想講座' 연재순서를 밝히면 다음과 같다. 〈1회〉 朴鍾鴻, 「理解와 思惟—하이덱가—와 야스파스의 方法的 差異」(1949.9), 〈2회〉 李鍾雨, 「'듀우이'와 現代哲學」(1949.10), 〈3회〉 金基錫, 「現代精神의 特徵」(1949.12), 〈4회〉 吳宗植, 「近代精神의 破綻」(1950.1).

『文藝』의 연재에 앞서 '토요회' 회원이었던 조석동(趙石童)이 「近代에서 現代로」(『救國』, 1948.1)를 통해 "近代의 超克"을 주장하고 있다는 사실도 부기해 둔다.

즘'을 떠드는 일이 얼마만큼 공허한가 정도는 충분히 깨닫고 있었던 것 같다. 김동리 최초의 장편소설 『解放』에 드러난 이장우와 하윤철의 논쟁은 이를 보여준다. 진정석은 소설의 이 논쟁을 통해 "김동리의 운명적 현실관은 실상 지극히 '현실주의적'인 것이었음이 드러난다"[44]고 평가하고 있다. 김동리의 운명적 현실관이 처음부터 '지극히 현실주의적인 것'이었다는 데는 반대하지만, 김병규 · 김동석과의 논쟁을 치른 이후 '지극히 현실주의적인 것'으로 나아갔다는 주장에는 충분히 동의할 만하다.

> "자네가 말하는 좌익이니 우익이니 하는 것은 결국 이 두개의 세계를 의미 하는 거야. 그것이 단순히 우리 민족에 국한된 좌우익이 아니요 三八선만이 아닐세. (…중략…) 현실은 이와 같이 '두개의세계'의 싸움이란 것을 알아야 되. 우리가 정치를 한다는 것은 이 '두개의 세계'의싸움에 뛰어 드는것 뿐이야. 그어느 '한개의 세계'에 가담하여 다른 '한개의 세계'와 싸우는 것이야." "이 '두개의 세계'를 동시에 지양한 '제三의 세계'의출현을 상상할 수는 없는가?" "자네와 같은 이상이나 희망으로는 가능 하겠지. 그러나 가장 현실적이요 구체적인 방법은 그 어느 '한개의 세계'가 다른'한개의 세계'를 극복하는 길 밖에 없어."[45]

아마 이러한 김동리의 깨달음 위에서 그가 주장하였던 '민족문학론'의 성격을 다시 생각해 볼 수 있을 것이다. 자국과 타국을 구별하는 제도적 지표의 마련을 위해 그는 전근대(전통)로 거슬러 올라갔다. 그리고 이를 통해 근대와 맞서고자 하였다. 그것이 김동리의 '민족'이었고, '민족문학'이었다. 하지만, 전근대와 근대는 교묘하게 착종해있기

---

44) 진정석, 「김동리론—근대성 비판과 비평의 이데올로기」, 『한국 현대 비평가 연구』, 강, 1997, 52면.
45) 金東里, 『해방』 149회, 『동아일보』, 1950.2.9.

에 김동리로서는 결국 "제3세계의 출현"이 "이상이나 희망으로"만 가능하다고 토로하게 되었다. 이 순간 김동리의 '민족문학론'은 그 허약한 뿌리를 드러내고 만다. 이러한 김동리의 '민족문학론' 앞에서 다시 마주치게 되는 것이 마루야마 마사오(丸山眞男)의 주장이다. 김동리가 경험을 통해 깨달은 바를 마루야마 마사오는 논리로써 풀어내고 있지 않은가. "주의해두고 싶은 것은, 전통사상이 메이지 유신 이후 점점 더 단편적인 성격을 강화하여 다양한 새로운 사상을 내면에서 정리하거나 이질적인 사상과 단호하게 대결하는 그런 원리로서 기능하지 않았다는 것이다. 그리고 바로 거기에 개개의 사상 내용과 그것이 차지하는 지위의 거대한 차이에도 불구하고, 사상의 섭취나 외견적 대결 방식에서 '전근대'와 '근대'가 도리어 연속되는 결과를 낳았다는 점이다."[46] 물론 '전근대'와 '근대'의 연속은 "과거에서 오늘에 이르는 선(線)적인" 방식으로 존재하는 것이 아니라 "일종의 왜곡되고 전도된 시간성"으로 존재한다.[47]

그렇다면 사회주의의 위협이 사라지자 김동리는 남은 "한 개의 세계"에 대해 과연 어떠한 방식으로 맞설 수 있었던가. 여기까지 나아가기에 김동리의 의식은 너무도 허약했다. 그것이 아니라면 상대적으로 6・25체험은 그에게 너무도 강렬한 영향을 끼쳤다. "나의 가난하고 素朴한 말씀을 들어 주십시요"라고 애원하고 있는 시 「젊은 美國의 기빨―벤프리―트將軍에게 드리는 禮狀」은 이를 보여준다. 마흔 두 살 된 자신을 "쉰을 바라보는 韓國의 詩人"이라고 소개함으로써 "젊은 美國의 기빨"인 "벤프리트將軍"의 젊음을 상대적으로 높이면서까지 애원하고 있으니 미국(자본주의)과의 반성적・비판적 거리 두기는 이미 끝났다고 봐야 하지 않을까. 이후 김동리의 평론에서 인식의 발전이

46) 마루야마 마사오, 앞의 책, 61면.
47) 가라타니 고진(柄谷行人), 「풍경의 발견」, 『일본 근대문학의 기원』, 민음사, 1997, 28면.

나타나지 않는 이유는 여기에서 찾아야 할 것이다.

고맙습니다
벤프리트將軍, 밝은 별의 이름이여,
나는 祖國의 말을 아끼는, 그 밖에 아무런 職能도 없는
나이 쉰을 바라보는 韓國의 詩人이 올시다
나의 가난하고 素朴한 말씀을 들어 주십시요.

장군이 우리 나라 오실때, 나는 언제보다도
젊은 美國이 우리 곁으로 옴을 느꼈읍니다
젊은 美國의 얼굴과 목소리가—
그 빛나고 밝은 理想,
正義 人道에 대한 變함 없는 支持,
暗黑과 桎梏에 대한 烈火 같은 憤怒,
太平洋도 한숨에 건너 뛰는 그 機敏하고도 씩씩한 意氣,
아아, 젊은 美國의 旗빨이 가까이 옴을 보았읍니다.

이번에 韓國을 도와준 偉大한 恩人들
맥아더 릿쥬웨이 트루맨 아이젠하워 …… 等
그 수 많은 이름을 내맘은 기리 잊지 못할 것입니다.
그러나 당신처럼 내 가슴에 고동을 주고
내 목에 흐느낌을 일으킨 이는 많지 않을 것입니다.
친구가 친구의 원쑤를 미워하고
兄弟가 兄弟의 원쑤를 갚되
어느 義人이 또한 나의 首都를 당신같이
아끼며 사랑하며 지켜주었겠습니까

일찌기 韓國의 어느 港口에 들어 왔던 外人의 船舶에서도
당신의 아드님을 비롯한 당신의 많은 部下들이
이 고장에 뿌려 주신 鮮血에 比하여, 더 高貴한
빠이불과 十字架를 우리는 그 속에서 본적이 없었읍니다.

"多數敵 擊滅의 好機"
이것은 一九五一年 四月十六日 敵을 이미
발 아래 밟고 내려다보는 당신의 우렁찬 목소리 였읍니다.
壯快하고도 슬기로운 將軍이여
당신이 항상 不足하다고 本國을 向해 소리치던
大砲 迫擊砲 機關銃 M1 소총 탕크 彈丸 等은
저 熱病 같은 붉은 軍隊를 우리의 國土에서
驅逐하기에 充分한 것은 아니었지만
거리에서 彷徨하던 數千萬 韓國人이 이제는
위로와 희망을 품고 다시 집을 찾아 돌아갈 지팽이가 되기는 하였읍니다.

사람이 땅 위에 살아가면서
아름답고 참된 것을 잊을 날이 있겠읍니까
太平洋 푸른 물결, 하늘의 빛난 별,
어딜 向해 부른들 이제 당신의 목소리 들려오지
않을줄 있겠읍니까
벤프리드 장군, 밝은 별의 이름이여!
젊은 美國의 旗빨이여![48]

48) 金東里, 「젊은 美國의 기빨—벤프리—트將軍에게 드리는 禮狀」, 『文藝』, 1954.3, 136~ 139면.

【보론】 2

새로운 르네상스 기획이 좌초하는 과정

1. 언론인 김동리와 김구 노선의 흥망

해방기 김동리의 이념은 김구(金九, 1876~1949) 노선으로 기울어져 있었다. 이는 몇 개의 사실을 종합하여 판단해 보면 드러나는 바다. 우선 미당 서정주의 술회를 살펴보도록 하자. 1945년 말 혹은 1946년 초 편집부장 직함으로 『춘추(春秋)』를 발행하고 있던 미당은 김광주(金光洲, 1910~1973)로부터 걸려온 전화를 받고, 그가 일러준 장소로 찾아갔다. 그 곳은 임시정부 청사였고, 김광주는 임정 선전부에 관계하고 있었다. "그래, 우리는 당시의 財閥 崔昌學의 소유라는 이 臨時政府 廳舍에서 그 뒤 날마다 만나게 되었고, 그러다간 거기 韓國青年會라는 것이 결성되자, 나는 金光洲와 함께 아주 거기 머무르게 되었다. 글

쓰는 사람으론 우리 둘 외에 金東里, 李漢稷이 거기 같이 가담했고, 지금의 新民黨 議員 張俊河, 政友會인가의 金益俊 議員, 마라톤의 孫基禎, 大使 嚴堯燮 등이 이때 이 韓國靑年會의 幹部들이었다. (…중략…) 그 본부는 바로 臨時政府 廳舍 안에 있었으니만큼 臨時政府의 지도 아래 움직이게 되었던 것이다."[1] 여기서 알 수 있는 내용은 김동리가 임시정부 세력과 함께 활동을 벌여나갔다는 사실이다. 그렇다면 그는 임시정부 세력 가운데 누구의 노선을 따랐는가. 먼저 김동리가 임정 내부의 복잡하게 얽힌 입장 차이를 민감하게 파악하고 있었음은 다음과 같은 진술에서 드러난다.

> 당시의 사회를 한마디로 左右混戰시대라고밖에는 표현할 수 없을 것이다. 크게 보면 '左右混戰'이라 하겠지만, 같은 右翼 가운데서도 臨政系와 韓民黨系가 대립되어 있었고 臨政系 가운데서도 金 九 선생 계통과 金奎植 박사 계통이 같지 않았고, 게다가 李始榮, 趙素昻, 趙琬九, 趙경한, 申翼熙, 張建相, 柳 林, 嚴恒燮 제씨들도 반드시 金 九 선생과 金奎植 박사 둘로 갈라진 것이 아니라, 각각 정견과 이해가 같지 않았던 것이다. 이들 臨政要人들의 공통된 政見이라고 하면, 첫째 共産主義를 택할 수 없다는 일과, 韓民黨과 타협할 수 없다는 이 두 가지였다고 본다.[2]

김동리가 이 가운데 어떤 노선을 택하였는가는 『민주일보』의 진용 개편과 연관하여 추론할 수 있다. 1946년 6월 10일 창간된 『민주일보』는 우익 입장을 대변하는 신문이었고, 창간 주체는 임시정부 계열이었다고 할 수 있다. 그에 걸맞게 창간호 '本報創刊祝辭'에서 첫 번째를 차지한 글은 임정 세력을 대표하는 김구의 「建國에 貢獻하라」였

---

1) 徐廷柱, 『徐廷柱文學全集』 3, 일지사, 1972, 251면.

2) 金東里, 「'敦岩莊新聞'이라던 民衆日報 언저리」, 『言論秘話 50篇』, 한국신문연구소, 1978, 607~608면.

다. 「創刊辭」를 제외한다면 가장 앞자리에 게재된 셈이다. 왼쪽 하단에는 임정 부주석 출신 김규식(金奎植, 1881~1950)의 「自主獨立과 言論陣의 使命」이 상자 기사로 들어가 있는데, 여기서 『민주일보』의 명예사장이 김규식임을 알 수 있다. 사장은 임정에서 선전부장을 역임한 엄항섭(嚴恒燮, 1898~1962)이었다고 한다.[3] 제호 『민주일보』 아래에는 "編輯人 李軒求 發行人 金寅炫"이라는 활자가 인쇄되어 있다. 그런데 1946년 9월 1일자에서부터 제호 아래 제작 주체의 면모에서 변화가 나타난다. "編輯 兼 發行人 金寅炫 主筆 吳基永 編輯局長 李軒求". 이헌구의 서열이 한 순간 두 단계나 내려앉은 셈이다. 그리고 11월 14일부터는 아예 '李軒求'라는 이름이 빠져 있다.

이러한 변화가 나타날 수밖에 없었던 까닭은 당시 정치 상황의 흐름에서 찾을 수 있다. 1946년 2월 김구는 반탁 운동을 앞세워 우익 진영만으로 비상국민회의를 소집하였고, 여기에서 그는 의장으로 선출되었는데, 애초부터 좌우합작노선을 견지했던 김규식이 이를 비판하며 임정을 탈퇴하였다. 김구와 김규식의 결별은 『민주일보』 운영에서 주도권을 가졌던 김규식 노선이 임정을 탈퇴한 후 『민주일보』 편집진 개편하며 임정 세력 축출에 나섰다는 의미가 된다. 기실 '주필(主筆)'이란 명함으로 '편집국장(編輯局長)' 이헌구의 윗자리를 차지하고 들어온 오기영(1909~?)은 좌우합작 노선에 충실했던 인물이기도 하다. 그러니까 이헌구는 이러한 정치적인 격변의 와중에서 『민주일보』에서 쫓겨난 셈이 된다. 이때 『민주일보』에 관여했던 문학인들도 또한 대부분 짐을 쌀 수밖에 없었다. 『민주일보』의 기자를 역임하던 김동리 역시 이들과 함께 쫓겨나는 처지에 이를 수밖에 없었다.

---

3) 金東里, 「'敦岩莊新聞'이라던 民衆日報 언저리」(『言論秘話 50篇』); 趙演鉉, 「지금도 느끼는 新聞은 危險한 武器」(『言論秘話 50篇』) 등.

끝으로 附記할 것은 中央文化協會의 常任委員들이요, 文筆家協會의 總務陣營을 맡은 이들이 거의가 一九四六年 五月에 창간되는 民主日報(名譽社長 金奎植, 社長 嚴恒燮) 編輯陣營의 責任을 지고 入社하게 되었으며, 社員으로는 大部分 靑年文學家協會 中堅幹部였다. 이 日報에 있으면서 微弱한대로 文化 乃至 文學活動에 이바지했으며 이것이 다시 發展되어 一九四七年 四月에는 이 陣營 거의가 그대로 民衆日報로 옮겨 왔고, 文總을 中心으로 새로운 文化 乃至 文學活動을 피나는 努力으로 展開해왔다.[4)]

그렇지만 김동리와 '中央文化協會의 常任委員들이요, 文筆家協會의 總務陣營을 맡은 이들' 사이에 존재하는 노선의 차이를 무시하고 이들을 한데 묶어 이해해서는 곤란하겠다. 김동리가 김구 노선을 따랐던 반면, 후자의 인물들은 김구 노선과 한민당 노선 사이에서 그 선택이 불분명하였기 때문이다. 김동리는 다음과 같은 진술로써 자신과 그들 사이에서 변별되는 지점을 밝혀 놓았다. "내가 기억하는 바로는 편집국장이 李軒求씨였고, 정치부장이 吳宗植씨, 사회부장이 金珖燮씨, 문화부장이 安碩柱(多影)씨였는데, 이분들이 소위 右翼 문인들이었던 것은 사실이지만 그렇다고 특별히 臨政系統이라고 볼 수는 없었던 것이다. 그 당시 右翼문화인들이라고 하면 누구나 다 원칙적으로는 臨政의 존재를 높이 사고 있었지만 그렇다고 韓民黨에 대해서 반드시 비판적이거나 적대시할 처지는 못 되었던 것이다."[5)] 따라서 '中央文化協會의 常任委員들이요, 文筆家協會의 總務陣營을 맡은 이들'이 『민주일보』 편집진에서 쫓겨난 까닭은 김구 노선이었기 때문이라기보다는, 좌우합작 노선이 아닌 우익 노선이었기 때문이라고 보는 편이 보다 정확할 듯하다.

4) 李軒求, 「全朝鮮文筆家協會」, 『解放文學 20年』, 정음사, 1971, 139면.

5) 金東里, 앞의 글, 609면.

앞서 인용에서 나타났다시피 『민주일보』를 만들었던 대부분의 문인들은 『민중일보』로 자리를 옮겼다.[6] 윤보선(尹潽善, 1897~1990)이 『민중일보』를 인수하면서 가능해진 선택이었다. 그런데 그 동안 김구의 임정 세력이 위축된 반면 이승만・한민당 노선이 정국의 주도권을 장악하게 되었던 사정을 염두에 둘 필요가 있겠다. 1946년 6월 3일 이승만은 정읍에서 '反託=反蘇=單獨政府 수립'이라는 해괴한 발언을 해댔던 바, 이는 미국으로부터 전폭적인 지지를 이끌어내는 계기가 되었고, 이에 반비례하여 반탁운동을 통해 상반기 정국을 장악하였던 김구 노선은 점차 위축되기에 이르렀다는 것이다. "김구 세력은 즉각 독립을 열망하는 대중적 지지와 정의적 민족주의를 배경으로 탁치논쟁이 결렬하게 일어난 1946년 초반부에 정국의 주도권을 장악하게 되었다. 그러나 미군정과 이승만 세력이 반탁국면을 단독정부 수립으로 몰고 가는 데 반해 김구 세력은 근본적으로 자주통일노선에 입각해 있었기 때문에 단독정부 수립에서 배제되었다."[7] 미군정은 1946년 12월 입법의원을 구성하였고, 1947년 6월 남조선과도정부를 출범시켰다. 물론 이승만・한민당 노선은 이러한 방향에 철저하게 부응함으로써 세력을 굳힐 수 있었고, 남조선과도정부가 단독정부 수립의 예비기관으로 활용되었던 사실은 익히 알려진 바다.

『민주일보』를 만들었던 문인들이 나서서 『민중일보』를 만들었다고는 하지만, 그리고 두 신문 모두 우익 진영 옹호라는 성격을 띠었다

---

6) 『민중일보』가 창간된 날짜는 1945년 9월 22일로 알려져 있으나, 필자가 확인해 본 결과 9월 18일이었다. 윤보선이 이를 인수하여 재발행에 나선 때는 1947년 4월 6일이었고, 재발행 당시 제호 아래에는 "發行人 尹潽善 主筆 吳宗植 編輯局長 金珖燮"이라는 사실이 적시되어 있다. 한동안 이러한 표기가 이어져 가다가 1947년 9월 6일부터는 "編輯 兼 發行人 尹潽善 主筆 金珖燮 編輯局長 李軒求"로 바뀌었다. 「'敦岩莊新聞'이라던 民衆日報 언저리」에서 김동리는 자신이 오종식과 함께 『民衆日報』에서 『京鄕新聞』으로 자리를 옮겼다고 술회하고 있으니, 김동리는 이즈음 『민중일보』를 그만 두었다고 추정하게 된다.

7) 안진, 『미군정과 한국의 민주주의』, 도서출판 한울, 2005, 140면.

는 점에서는 그리 다를 바 없지만, 실제 기조에서 차이가 날 수밖에 없었던 까닭은 그러한 정세 변화와 관련이 있다. 김구 노선과 이승만·한민당 노선 사이에서 주판알을 튕기고 있던 김광섭, 이헌구 등 간부진들이 이승만 옹호를 분명하게 밝히고 나섰던 것이다. 『민중일보』의 성격은 문화부장을 역임했던 김동리의 다음 진술에서 분명하게 드러난다. "그때는 李承晩 박사가 敦岩莊에 계셨고, 李起鵬씨가 그 비서실장이었던 것으로 기억한다. 그런데 이 신문은 敦岩莊의 동정에 대해서는 어느 신문보다도 자세하고 신속했다. 그래서 사회에서는 이 신문을 가리켜 敦岩莊 新聞이라고도 했다."[8] 부끄러울 수밖에 없는 사실을 김동리가 이렇게 까발리고 있는 까닭은 자신이 '敦岩莊 新聞'으로 수렴하는 기조에 적극적으로 동의하지 않았기 때문일 것이다. 『민중일보』 문화부장이라는 이유로 당시 "형제같이 지내는 Y씨"로부터 '한민당의 앞잡이'라는 비난이 쏟아지자, 이를 부정하면서 "한민당이라는 델 아직 가 본 적도 없으니까"라고 일축하는 장면은 그러한 판단을 뒷받침하는 사실로 볼 수 있다.[9]

이후 김동리의 언론사 활동이 적극적이지 않았음은 분명하다. 식민지시대에 범보의 소개로 알게 된 후 형제처럼 지내던 정지용(鄭芝溶, 1902~1950)과 상의하여 그는 1946년 10월 6일 창간된 『경향신문』 편집부장으로 횡보 염상섭(廉想涉, 1897~1963)을 들어앉혔다. 그리고 자신은 시간이 조금 지난 뒤 문화부장으로 입사하였다. 그렇지만 정작 그 자신은 『경향신문』 문화부장으로 별다른 활동이 없었다고 술회하고 있다. 문화면 기조에 불만이 있었기 때문이다. "정치면은 그런대로 우익에 가까웠으나 문화면은 분명히 좌익에 기울어져 있었다. 뿐만 아니라, 정지용씨 자신이 신문을 시작하기 이전보다 완연히 그쪽으로 기울어져 버린

8) 金東里, 앞의 글, 610면.

9) 김동리, 「당의 문학이냐, 작가의 문학이냐」(『김동리 전집⑧—나를 찾아서』, 민음사, 1997) 참조.

것이다. 따라서 나와는 거리가 먼 신문이 되어 버렸다. 나는 일체 신문사에 가지 않았다."[10] 이어졌던 『민국일보』 편집국장으로서의 경력도 마찬가지다. "申翼熙씨를 받드는 분(조중서씨)이 건전하고 공정한 民族陣營 대변지를 내니 편집책임을 맡아 달라는 교섭을 나는 처음 내 본업이 언론이 아니고 文學이란 이유로 마땅히 사양을 했으나 강권에 못이겨 결국 그 자리를 맡게 그 자리를 맡게 되었던 것이다. (…중략…) 맘속으로는 곧 발을 뺄 생각이었지만 체면상 그럴 수가 없어서 4,5일 나오는 둥 마는 둥 하다가 아주 물러앉고 말았다."[11] 당시 신익희(申翼熙, 1894~1956)가, 임시정부 출신이기는 하나, 이승만 노선에 충실하였던 사실을 고려해야 할 것이다. 김동리에게는 벌써 『민중일보』 기자로 활동하면서 '한민당의 앞잡이'로 오해를 받았던 체험이 있었으니, '건전하고 공정한 民族陣營 대변지'란 약속이 있기는 하지만, 자신의 선택을 적극적으로 펼칠 수 없으리라는 판단 정도야 진작 내릴 수 있었을 것이다. 이것이 그가 『민국일보』 활동에 소극적이었던 까닭이다.

결국 김동리는 『민주일보』를 떠난 후 『문예』에 주간으로 정착할 때까지(1949.8) 자신이 선택한 노선에 따라 활동하지 못하였다고 정리할 수 있다. 또한 『문예』 주간으로 나아갈 즈음이라면 남한에 이미 이승만 세력이 권력을 잡아 국가를 세운 마당이니, 뿐만 아니라 김구가 피살되고 난 이후인 만큼, 기존의 이념을 그대로 이어갈 수 없음을 상기해야 한다. 이제 김동리가 자신이 견지해왔던 노선을 우익 이데올로기 안에서 희석시킬 수밖에 없었던 까닭은 여기서 비롯된다. 『문예』는 어떻게 만들어질 수 있었던가. 중앙문화협회 계열의 모윤숙(毛允淑, 1910~1990)이 발행인으로 나섰고, 청년문학가협회의 실질적 실력자 김동리가 주간으로

---

10) 金東里, 「橫步 선생의 追憶」, 『孤獨과 人生』, 백만사, 1977, 249~250면.

11) 金東里, 「'敦岩莊新聞'이라던 民衆日報 언저리」, 『言論秘話 50篇』, 한국신문연구소, 1978, 611~612면.

나섬으로써 정파의 이합집산이 가능해졌다. 여기에 중간파로 분류되었던 염상섭에게서 소설 「臨終」을 받아 창간호에 실을 수 있었으니 '국가 만들기'에 대응하는 '문학 담론 형성'의 근거는 갖춘 셈이다. 김동리가 써내려간 다음과 같은 「창간사」의 내용은 바로 그러한 정황에 닿아 있다. "本誌의 使命과 理想은 以上 말 한바에 있다. 卽 民族文學 建設의 第一步를 實踐하려는데 있다. 本誌가 모든 黨派나 그룹이나 情實을 超越하여 眞實로 文學에 忠實하려 함은 黨派나 그룹보다는 民族이 더 크고 情實이나 私感보다는 文學이 더 높은 것이기 때문이다. 民族文學 建設의 共同目的을 達成하기 위하여 모든 文人은 本誌를 通하여 그 빛나는 文學的 生命을 색여주기 바란다."[12]

이렇게 『문예』의 「창간사」를 펼쳐나가는 대목에 이르러 김동리가 내려놓을 수밖에 없었던 것은 무엇일까. 그것은 바로 그가 야심차게 펼쳐나갔던 새로운 르네상스 기획이었다. 이념을 추동할 만한 물질적인 기반을 깡그리 잃어버린 마당이니, 이러한 상황을 일단 인정하고 그 가운데서 새로운 방향을 모색해 나가야 했던 것이다.

2. 백범의 정치와 범보의 이념

김동리가 기획했던 새로운 르네상스의 좌초를 이념적인 맥락에서 살펴보기 위해서는 범보[凡父]와 백범(白凡) 김구(金九, 1876~1949)의 관계를 염두에 둘 필요가 있다. 주지하다시피 범보는 김동리의 사상적

12) 「創刊辭」, 『文藝』, 1949.8, 9면.

거점으로서 막강한 영향을 끼쳤으며, 해방기 범보의 이념이 현실 정치로 연결되는 고리에는 김구가 자리를 잡고 있기 때문이다. 백범과 범보 사이에 존재했던 백산(白山) 안희제(安熙濟, 1885~1943)를 염두에 두었을 때, 이러한 설정은 나름의 근거를 확보하게 된다. 우선 백산과 범보의 관계에 대하여 살펴보자. 백산이 백범을 통해 임시정부 운영 자금의 60% 이상을 제공하였다는 사실은 이미 널리 알려진 바이며, 백산은 '임정 36호'의 국내 책임자이기도 하였다. '임정 36호' 멤버로서 백산과 백범 사이를 연계했던 김형극의 진술에 주목한다면, 백산에 대한 백범의 신뢰가 어느 정도에까지 이르렀던가를 가늠할 수 있다. "내가 상해 동오대학을 졸업한 1939년에 나는 임시정부의 주석(主席) 백범(白凡) 김구(金九)의 밀명(密命)을 받고 임시정부의 행동 대원인 김정균(金貞均) 동지와 함께 국내로 잠입했다. 그 때 김구 주석은 독립 운동의 자금 조달이나 어려운 일이 있으면 백산 안희제 선생을 어버이처럼 믿고 만나 조력을 구하라고 말했다."[13] 그러니까 백산은 국내에서 백범의 대리인 격으로 독립운동에 개입했던 셈이다.

다음으로 범보와 백산의 관계에 대해서 살펴보도록 하자. 1915년 열아홉 살의 범보는 백산상회 장학생으로 일본 유학을 떠날 수 있었고, 1919년 백산상회가 주식회사로 전환할 즈음에는 백산주식회사의 주주들이 주축이 되어 결성한 기미육영회(己未育英會)로부터 장학금을 지원받은 바 있다. 귀국한 후 범보는 영남권의 인물들과 교류하며 활발한 활동을 벌였는데, 이는 백산의 활동 근거와 일치하기도 한다. 여기에 대해서는 졸고 「김동리 연구」(중앙대 박사학위논문, 2003)의 제Ⅱ장 「식민지시대의 행적」에 자세히 밝혀져 있다. 또한 1942년 범보가 효당(曉堂) 최범술(崔凡述, 1904~1979)과 함께 겪었던 일명 '해인사 사건'도

13) 김형극, 「항일 독립 운동의 거목—임정 첩보 36호책 백산과 나」, 『나라사랑』 제19집, 외솔회, 1975, 69면.

백산과 관련된 사건이다. '해인사 사건'이란 아직 책으로 묶이지 않은 신채호의 원고들을 감추어 보관하다가 일제에 잡혀 들어간 일을 가리키는데, 이 원고는 만주의 대종교(大倧教) 방면에서 은밀하게 들여온 것이며, 이극로(李克魯, 1893~1978) 등 조선어학회의 주요 간부들이 대종교와 관련했던 까닭에 1942년 벌어진 조선어학회 사건과 관련되기도 한다. 대종교의 입장에서는 조선과 만주에서 교주 이하 25명이 검거되었으니 '임오교변(壬午教變)'이라 이른다.[14] 백산이 일경에 검거된 것도 이 사건으로 인해서이며, 극심한 고문 끝에 삶을 마감한 때가 1943년 8월 3일이었다. 그러므로 백산과 백범의 관계를 한 축에 놓고, 다시 백산과 범보의 관계를 다른 한 축에 설정한 후, 이 두 관계를 묶는다면 하나의 연관을 도출할 수 있다는 것이다.

이러한 맥락에서 보자면, 백범이 전조선문필가협회의 결성 대회(YMCA, 1946.3.13)에 내빈으로 참석했던 것은 자연스러운 일이었다. 결성 준비위원의 맨 앞머리에 이름을 올린 이가 바로 범보였기 때문이다. "이날 大會에는 白凡 金九先生을 비롯한 內賓과 二百餘名의 文筆家와 滿堂의 傍聽客으로 一大盛況을 이루었으며, 이것으로 民族陣營에도 많은 文筆活動家가 嚴然히 存在함을 內外에 宣揚한 것이다."[15] 김동리를 실질적인 우두머리로 하는 청년문학가협회의 결성 대회(YMCA, 1946.4.4)에도 백범은 역시 내빈으로 참석하였다. "'청년문학가협회'가 그 발족총회를 갖는 식장에는 김구 선생을 위시한 당대의 정치적 거물들이 거의 빠짐없이 참석했고, 당시의 유력한 사회단체나 정당 간부들도 거의 빠짐없이 화환을 보냈거나 이 식장에 참석하거나 했다."[16] 김윤식은 『해방공간 문단의 내면 풍경』(민음사, 1996)의 제3장 「청년문학가협회의 결성

14) 강천봉, 「대종교와 백산 선생—종교 활동을 통한 구국 광복 운동」, 위의 책, 64면.
15) 李軒求, 「全朝鮮文筆家協會」, 『解放文學20年』, 정음사, 1971, 138면.
16) 조연현, 「문예시대」, 『문단 이면사』, 깊은샘, 1999, 363면.

과정」에서 전조선문필가협회, 청년문학가협회의 배경에 임시정부 선전부가 개입했던 측면을 밝혀놓은 바 있다. 따라서 다음과 같은 대목에서 확인할 수 있는 백범의 국가 이념이 범보가 「國民倫理 特講」에서 제시하는 국가 이념과 일치하는 양상은 결코 우연이 아니다.

> 나는 우리나라가 세계에서 가장 아름다운 나라가 되기를 원한다. 가장 부강한 나라가 되기를 원하는 것은 아니다. 내가 남의 침략에 가슴이 아팠으니 내 나라가 남을 침략하는 것을 원치 아니한다. 우리의 부력(富力)은 우리의 생활을 풍족히 할 만하고 우리의 강력(强力)은 남의 침략을 막을 만하면 족하다. 오직 한없이 가지고 싶은 것은 높은 문화의 힘이다. 문화의 힘은 우리 자신을 행복하게 하고 나아가서 남에게 행복을 주겠기 때문이다.
>
> 지금 인류에게 부족한 것은 무력도 아니요 경제력도 아니다. 자연과학의 힘은 아무리 많아도 좋으나, 인류 전체로 보면 현재의 자연과학만 가지고도 편안히 살아가기에 넉넉하다. 인류가 현재에 불행한 근본 이유는 인의가 부족하고 사랑이 부족한 때문이다. 이 마음만 발달이 되면 현재의 물질력으로 20억이 다 편안히 살아갈 수 있을 것이다. 인류의 이 정신을 배양하는 것은 오직 문화이다.
>
> 나는 우리나라가 남의 것을 모방하는 나라가 되지 말고 이러한 높고 새로운 문화의 근원이 되고 목표가 되고 모범이 되기를 원한다. 그래서 진정한 세계의 평화가 우리나라에서, 우리나라로 말미암아서 세계에 실현되기를 원한다. 홍익인간(弘益人間)이라는 우리 국조(國祖) 단군의 이상이 이것이라고 믿는다.[17)]

물론 김동리의 새로운 르네상스 기획 또한 이와 궤를 같이 한다. 김

17) 백범 김구, 「나의 소원」, 『백범 일지』, 하나미디어, 1992, 260~261면.

동리는 남조선과도정부가 출범할 즈음까지는 새로운 르네상스 기획을 호기롭게 주장할 수 있었다. 「純粹文學과 第三世界觀－金秉逵氏에 答함」(『大潮』, 1947.8)이 그 증거다. 하지만 그 이후로 그는 새로운 르네상스를 지칭하는 명시적인 표현, 예컨대 '루네산스 휴맨이즘'이라든가 '第三世界觀' 혹은 '第三期 휴맨이즘' 등의 용어 사용을 포기하게 된다. 이승만·한민당의 단독정부 수립이 확정되는 상황에 이르러 더 이상 이념의 지탱이 위태로워졌기 때문이다. "現代 휴머니즘의 어떠한 現實的 地盤이 資本主義社會에 代置할만한 것인가"라고 추궁하는 김병규의 「獨善과 無知」(『文學』, 1948.8) 앞에서 결국 침묵할 수밖에 없었던 까닭이 여기에 놓여 있다. 1947년 10월 5일 제2회 청년문학가협회 전국대회가 개최되었고, 임원진이 새롭게 구성되었으나, 초대회장을 역임한 김동리가 임원 명단에서 빠져 있던 상황도 이와 연관된다. 그러다가 모습을 드러낸 것이 1949년 8월 창간된 『문예』 주간으로서였다. 1949년 6월 26일 김구가 암살당하고 난 뒤이다.

주지하다시피 『문예』의 발행인은 모윤숙이었다. 모윤숙이 미국 공보원으로부터 용지(用紙)를 무상으로 지원받는 한편, 사비를 들여가며 만들어 나갔던 문학잡지라는 것이다. 이는 김동리가 '中央文化協會의 常任委員들이요, 文筆家協會의 總務陣營을 맡은 이들'과 공모해야만 문학제도 내에서 자신의 입지 세우기가 가능했고, 그 자신이 이를 수용하고 나섰다는 사실을 의미한다. 그렇다면 이렇게 선택을 해 나가는 김동리는 어떠한 논리로 스스로를 옹호해야 하였던가. 『해방』(『동아일보』, 1949.9.1~1950.2.16)에서 이를 확인할 수 있다. "난 자네가 그렇게 극우(極右)될 줄은 몰랐어"라는 비난에 대하여 김동리는 등장인물 '이장우'를 통해 "현실＝三八선"이라면서 다음과 같이 응수하고 나섰다.

"三八선이란 말일세 …… '두개의 세계'! 자네 이 '두개의 세계'란 무슨 뜻인지 아는가?"

"미국을 대표로 하는 자본주의 세계와 쏘련을 대표로 하는 공산주의 세계란 말인가?"

"그렇게 말해도 되지. 자네가 말하는 좌익이니 우익이니 하는 것은 결국 이 '두개의 세계'를 의미 하는 거야. 그것이 단순히 우리 민족에 국한된 좌우익이 아니요 三八선만이 아닐세. 이것은 지극히 평범하고 상식 적인 말 같지만 동시에 지극히 근본적이요 원측적인 판단이란 것을 알아야 하네. 왜그러냐 하면 이것이 현실이기 때문이야. 현실은 이와 같이 '두개의 세계'의 싸움이란 것을 알아야 되. 우리가 정치를 한다는 것은 이 '두개의 세계'의싸움에 뛰어 드는것 뿐이야. 그 어느 '한개의 세계'에 가담하여 다른 '한개의 세계'와 싸우는 것이야."

"이 '두개의 세계'를 동시에 지양한 '제三의 세계'의 출현을 상상할 수는 없는가?"

"자네와 같은 이상이나 희망으로는 가능 하겟지. 그러나 가장 현실적이요 구체적인 방법은 그 어느 '한개의 세계'가 다른 '한개의 세계'를 극복하는 길 밖에 없어. 이 '두개의 세계'에 가담하여 싸우고 있는 사람들이야 말로 가장 이 '두개의 세계'에 불만과 불평을 가지고 견딜 수 없는 사람들일세. 그들의 가슴 속에야 말로 각각 자네와 같은, 아니 자네 이상의 꿈과 희망과 도의를 가지고 있네. 그들은 그것의 실현을 위하여 우선 가능한 그 어느 '한개의 세계'에 가담하여 싸우고 있는 것일세."[18)]

'제三의 세계'란 「純粹文學과 第三世界觀」에 이르기까지 김동리 자신이 강력하게 주창해 왔던 내용이다. '루네산스 휴맨이즘'이니 '第三世界觀' 혹은 '第三期 휴맨이즘'과 같은 표현이 여기에 해당한다. 그런

18) 金東里, 『解放』 149회, 『동아일보』, 1950.2.9.

데 『解放』에 이르러서 그 동안 자신이 펼쳐왔던 노력이 부정되고 마는 상황을 목격하게 된다. 새로운 르네상스 기획이 "이상이나 희망으로는 가능"하겠지만, "현실적이요 구체적인 방법"이 될 수 없다는 방향으로 기울고 있기 때문이다. 이 순간 오롯이 남는 것은 "제三의 세계"가 아니라, "한개의 세계"에 가담하여 다른 "한개의 세계"와 격렬하게 맞서 싸우는 태도, 그러니까 극우의 입장이다. 기실 이후 김동리가 보여주었던 행보도 "한개의 세계"에 가담하여 다른 "한개의 세계"와 격렬하게 맞서 싸우는 방향이었다. 그렇다면 「純粹文學과 第三世界觀」 이후 김동리의 행보란 '새로운 르네상스 기획'이라는 이상이 현실의 막강한 벽에 부딪쳐 좌절해가는 과정으로 점철되었다고 정리할 수 있지 않을까. 이후 그의 '민족문학'이 그가 비판해왔던 '우익 민족주의문학'과 별반 변별성 없이 전개되었던 까닭도 여기서 찾을 수 있다.

그렇다면 범보의 경우는 어떠했던가. 그 역시 급변하는 시대의 조류 속에서 허우적거리는 나약한 인간일 수밖에 없었다. 분단이 고착될 상황에 이르러 그는 자신이 품었던 이상을 후대의 몫으로 돌리는 심회를 피력한다. 그가 심사를 털어놓은 상대는 미당이었다. "1957년이던가, 휴전조약 속의 소강상태의 어느날 광화문통의 어느 뒷골목을 지나다가 이미 고희 넘은 白首의 이 분(범보－인용자)을 우연히 만났는데, 이 분은 여전한 소년의 얼굴로 말하고 있었다. ―'여보게. 우리는 그냥 가네. 능력이 없어선가? 이 사람아! 그렇지만, 하여간 그냥 가네! 자네들이 우리를 알아 잘 해내야 돼!'"[19] 이후 한국문학사는 물론 한국사상사에서 새로운 르네상스를 기획하고자 하는 노력은 거의 절멸되고 만 형국이다. 김동리나 서정주는 물론 어느 다른 이들을 통해서도 범보의 이상이 제대로 이어지지 못한 셈이라고 할 수 있겠다.

19) 徐廷柱, 「凡夫 金鼎卨선생의 일」, 『未堂隨想錄』, 민음사, 1976, 219면.

6
이어령과의 실존성 논쟁

1. 문인 제조공장장 김동리와 이어령의 '저항의 문학'

김동리가 김우종(金宇鍾), 이어령(李御寧)과 벌인 이른바 '실존성 논쟁'[1]은 1959년에 일어난 사건이다. 1959년이라면 당시 '문인 제조공장'으로 불리던 서라벌 예대에서 김동리가 '공장장'을 맡고 있을 시기이다. 1953년 서라벌 예대가 초급대학으로 개교할 때부터 김동리는 강의를 담당하고 있었는데, 서라벌 예대의 황금기로 분류되는 1950년대 후반~1960년대 초반의 영광을 일궈낸 중심에 바로 김동리가 자리하고 있었다. 1958년 입학한 42명 가운데 93%에 육박하는 39명이 문

1) 李東夏, 「한국비평의 재조명 · 3－김동리와 '사회주의적 사실주의' 논쟁」, 『한국문학과 비판적 지성』, 새문사, 1996, 83면.

단에 진출했을 정도이니 서라벌 예대에 붙여졌던 '문인 제조 공장'이란 표현이 근거가 없었다고는 보기 어려울 듯하다. 따라서 당시 "서라벌 예술대학 문예창작학과에 입학하면 누구나 문인이 될 수 있다"라는 소문이 떠돌았던 것도 어느 정도 수긍되는 바 있는데, 이에 비례하여 문단 내에서 김동리의 위상이라든가 영향력이 한층 대단해졌으리라는 사실 또한 충분히 짐작할 수 있겠다.[2)]

문단에서 김동리가 차지하는 비중이 논쟁에 직접적으로 영향을 끼쳤다고 볼 정확한 근거는 없다. 하지만, 논쟁이 펼쳐지는 분위기를 감지하여 읽어 나간다면 논쟁에 임하는 논자들의 태도가 퍽 흥미롭게 다가온다. 직접적으로 논쟁의 빌미를 제공한 글은 김동리가 『서울신문』에 발표했던 「本格作品의 豊年期－不健全한 批評態度의 止揚 可期」(『서울신문』, 1959.1.9)이고, 김우종이 「中間小說을 批評함－金東里씨의 發言에 對하여」(『조선일보』, 1959.1.23)를 통해 비판에 나서면서 논쟁은 점화되었다. 김우종의 글 앞부분에 나타나는 "金東里씨는 이러한 本格文學의 豊作期에 있어서 스스로 發表하신 本格文學은 나로서는 한 篇도 찾아볼 수 없었다는 것이 무엇보다 섭섭한 일이었다. 東里씨는 그 동안에 딴 일을 하였다"[3)]에서 '딴 일'이란 물론 서라벌 예대의 교수직일 것이다. 그런데, 여기서 흥미로운 표현은 '發表하신 本格文學'이라는 존칭에 있다. 이 뿐만이 아니라 글 전반에서 "부끄러워하시지 않고 美化하시기 시작한 發言" 따위의 표현은 빈번하게 발견된다. 논쟁의 과정에서, 그것도 지면을 통해 논쟁이 펼쳐지는 마당에 논쟁의 상대에게 존칭을 쓰는 광경은 쉽게 볼 수 있는 상황이 아니다. 그만큼 김우종은 김동리의 권위에 이미 눌린 상태에서 논쟁에 나섰던 것이다.

---

2) 정규웅, 「미아리의 '문인 제조공장'」, 『글동네에서 생긴 일』, 문학세계사, 1999.

3) 金宇鍾, 「中間小說을 批評함－金東里씨의 發言에 對하여」, 『조선일보』, 1959.1.12.

더욱 흥미로운 것은 김동리의 태도이다. 김동리는 김우종의 이와 같은 태도를 긍정적으로 평가하고 있다. 김우종의 글에 대해 반론을 가했던 「論爭條件과 座標問題—金宇鍾氏의 所論과 關聯하여」(『조선일보』, 1959.2.1~2)를 보자. 김동리는 먼저 그 동안 논쟁에 휘말리지 않았던 이유를 밝히면서 글을 시작하고 있다. "이 七, 八年間 나를 非難하고 또는 나에게 不滿이나 是非를 걸어온 모든 新人들에 對하여 하나도 相對를 하지 않고 一律的으로 默殺을 繼續해 온 것은 그러한 論議에서 根本的으로 내가 배울 것이 없음을 보았기 때문인 것이다. '根本的으로'란 무엇인가. 사람의 智慧나 知識은 맞대어 보고 겨루어 봄으로써 그 深淺과 長短이 判明될 수도 있고 黑白이 가려질 수도 있지만 그 '맞대어 보고 겨루어 볼' 그만한 '座標(Coordinates)'가 成立되지 않았을 때는 맞대어 볼래야 맞대어 볼 수도 없는 것이 된다." 그렇다면, 김동리가 김우종에게 답변을 하고 있는 이유는 무엇인가. "그것은 '座標'에 準할만한 禮儀라도 갖추어 보려고 했기 때문인 것이다." 이 정도라면 논쟁에 임했던 김동리의 태도 또한 어느 정도 짐작할 수 있다. 47세인 그는 이미 원로의 자리에서 그만한 대우를 원하고 있었던 것이다.

이어령은, 김우종과는 달리, 구세대에 대해 무척이나 공격적이었다. 1965년 『抵抗의 文學』의 증보판을 내면서 덧붙이는 「後記—抵抗의 文學 增補新版을 내면서」에 그의 입장은 명확하게 드러나 있다. "이 너절한 時代 속에서 변변히 배우지 못한 우리의 눈으로 보더라도 老大家들은 확실히 아무 것도 아는 것이 없었던 것이다. 지금 같으면 同情을 했을 터이다. 그러나 그 때는 血氣가 앞섰다. 황무지에서 반란을 꿈꾸고 있었을 때이다. 舊世代의 作家나 批評家는 그 어려운 시절에 職務遺棄를 하고 있었다는 생각이 들었다. 불이 붙은 집에서 바둑을 두고 砲彈이 터지는 戰線에서 자장가를 노래하는 사람같이 보이기만 했다. 더구나 그 때는 젊은 世代란 말조차 제대로 등록되어 있지 않았다. 소위 新人이라고 하면 將校의 양말을 빨아주는 新兵처럼 생각하고 있었다."[4] 이런 판단을 하고 있던 이어령이 구세대를 향해 무차별적인 비판에 나섰던 것은 당연한 일이고,[5] 김동리는 이어령이 지목했던 구세대 중의 대표주자 한 사람이었던 셈이다. 따라서 그 어투가 무척이나 날카로워서 비판의 끝이 김동리를 향해 겨눠졌을 때, 나름의 권위에 젖어있던 김동리를 자극하기에 충분했으리라는 짐작 또

---

4) 이어령, 「後記－抵抗의 文學 增補新版을 내면서」, 『抵抗의 文學』, 예문관, 1965, 339면.

5) 방민호는 이어령이 구세대와 벌인 논쟁의 목록을 다음과 같이 정리하고 있다(「이어령 비평의 세대론적 의미에 관한 일고찰」, 생각의나무, 2001, 213면). 여기에 김동리의 「눈물의 意味」(『경향신문』, 1959.3.20~22)만 집어넣으면 당시 벌어졌던 논쟁 지형은 대략 정리된다고 볼 수 있을 것이다.

가. 조연현과의 논쟁

조연현, 「民族的 特性과 人類的 普遍性」, 『문학예술』, 1957.8.
이어령, 「土人과 生麥酒－傳統의 '터너미노로지'」, 『연합신문』, 1958.1.10~12.

나. 염상섭과의 논쟁

염상섭, 「文學도 함께 늙는가?」, 『동아일보』, 1958.6.1.
이어령, 「文學과 젊음－「문학도 함께 늙는가?」를 읽고」, 『경향신문』, 1958.6.21~22.
염상섭, 「小說과 人生－文學은 언제나 아름답고 젊어야 한다」, 『서울신문』, 1958.7.14.

다. 서정주와의 논쟁

이어령, 「鳥籠을 여시오－詩人 徐廷柱 先生님께」, 『경향신문』, 1958.10.15.
서정주, 「나와 詩의 新人들－이어령氏에게」, 『경향신문』, 1958.10.18.

라. 김동리와의 논쟁

이어령, 「1958年의 小說總評」, 『사상계』, 1958.12..
김동리, 「本格作品의 豊作期－不健全한 批評態度의 止揚 可期」, 『서울신문』, 1959.1.9.
김우종, 「中間小說論을 批評함－金東里 氏의 發言에 對하여」, 『조선일보』, 1959.1.23.
김동리, 「論爭條件과 座標問題－金宇鍾 氏의 所論과 關聯하여」, 『조선일보』, 1959.2.1~2.
이어령, 「永遠한 矛盾－金東里 氏에게 묻는다」, 『경향신문』, 1959.2.9~10.
원형갑, 「禁斷의 武器－李御寧 氏의 「永遠한 矛盾」을 읽고」, 『연합신문』, 1959.2.15~16.
김동리, 「座標 以前과 모래알과－李御寧 氏에게 答한다」, 『경향신문』, 1959.2.18~19.
이어령, 「못박힌 基督은 대답없다－다시 金東里 氏에게」, 『세계일보』, 1959.2.20~21.
이어령, 「論爭의 焦點－다시 金東里 氏에게」, 『경향신문』, 1959.2.25~28.
김동리, 「焦點, 離脫치 말라－批評의 倫理와 論理的 責任」, 『경향신문』, 1959.3.5~6.
이어령, 「喜劇을 願하는가?」, 『경향신문』, 1959.3.12~14.
박영준, 「文學批評의 倫理性－意識的인 個人感情을 버리라」, 『동아일보』, 1959.3.20.
이철범, 「言爭이냐 論爭이냐－金東里 氏와 李御寧 氏의 論爭을 보고」, 『세계일보』, 1959.3.28.
임철순, 「서글픈 蠻勇이 아니었기를－讀者로서 金東里·李御寧 兩氏에게 말한다」, 『경향신문』, 1959.3.30.

한 가능할 것이다.

이른바 1959년의 '실존성 논쟁' 을 이해하기 위해서는 김동리와 이어령의 이런 감정 상태를 염두에 둘 필요가 있다. 실상 이 논쟁은 김동리와 이어령 사이에 벌어진 논쟁이라고 정리해도 무방하다. 김우종은 논쟁의 촉매(觸媒) 역할을 했을 뿐 논점을 제대로 설정하지도 못했고[6], 그에 따라 논쟁의 성격은 김동리와 이어령의 대결에서 결정되고 있기 때문이다. 즉 논쟁이 정리될 즈음 박영준(朴榮濬)이 개입하여 "이해하려는 생각이 없이 판단부터 내리려는 평론가는 평론가로서의 자격이 없는 것이 아닐까 생각합니다."(「文學批評의 倫理性－意識的인 個人感情을 버리라」)라고 주장을 펴는 장면이라든지, 김동리의 「論爭條件과 座標問題－金宇鍾氏의 所論과 關聯하여」에 대해 "'신진평론가를 전부 비난한 語節은 빼고' 너무도 타당한 글"이었다는 이철범(李哲範)의 평가(「言爭이냐 論爭이냐－金東里씨와 李御寧씨의 論爭을 보고」)는 그러한 사실을 보여준다. 시간이 조금 지나서 김병익이 "치사한 인신공격"이니 "결말 없는 시비"라고 정리하게 되었던 것[7]도 같은 이유이다.

그렇다면, 하나의 물음이 가능하다. 김동리는 「論爭條件과 座標問題」를 써 내려가면서 왜 하필 신진평론가들을 전부 싸잡아 비난하고 나섰을까. 김우종의 글에 대한 답변으로만 끝냈던들 "치사한 인신공격"에 그친 논쟁에 휘말리지 않았을 터인데 말이다. 이는 이어령에게도 똑같이 적용된다. 박영준으로부터 "평론가로서의 자격이 없는 것이 아닐까 생각합니다"라는 평가를 받을 정도의 논쟁이라면 애당초 뛰어들지 말았어야 하는 것이 아닐까. 그럼에도 불구하고 그들은 논쟁에 전면적으로 뛰어들었다. 논쟁의 배경에는 제3회 동인문학상 수상작인 오상원의 「謀反」에 대한 상반된 평가가 존재한다. 즉 「謀反」

6) 방민호, 위의 글, 215면.

7) 김병익, 『한국문단사』, 일지사, 1973, 210면.

을 둘러싼 평가에서 생긴 서로에 대한 감정이 잠복해 있다가 김우종의 글을 매개로 하여 논쟁의 형식을 빌려 그 감정이 폭발했던 것이다.

2. 제3회 동인문학상 수상작 「謀反」을 평가하는 입장들

제3회 동인문학상 수상작은 오상원(吳尙源)의 「謀反」이다. 이 때 심사 대상이 된 작품은 1957년 8월부터 1958년 7월까지 발표된 단편소설들이고, 백철(白鐵)·황순원(黃順元)·김동리·안수길(安壽吉)·박남수(朴南秀)가 심사위원으로 참여했다. 다섯 명의 심사위원 중 오상원의 「謀反」을 추천한 사람은 백철·김동리·안수길이고, 박남수는 손창원(孫昌源)의 「孤獨한 英雄」을 밀었으며, 황순원은 "該當作 없음"이란 입장을 밝혔다. 심사과정에서 오상원의 「謀反」이 동인문학상 수상작으로 선정되는데 가장 논란이 되었던 사안은 '문장'이었다. 문장의 정확성을 두고 갑론을박이 이어졌던 것이다.

"이 작가의 특질이자 장점처럼 돼 있는, 허지만 내가 보기에는 결함의 하나인 관념적 어휘의 남용과 거기 따르는 추상적인 구성 등이 이 「謀反」에서는 퍽 가시어진 것도 사실이다. 그러나 아직 이 작품에 있어서도 군데군데 필요 이상의 흥분된 용어와 작자 취미의 과장된 대화 등이 눈에 거슬림을 어찌할 수가 없다"(황순원), "우리말의 語彙가 부족하고 따라서 우리말로서의 語感의 美에 試煉이 요망된다."(안수길), "文章面에 있어서 좀더 說得力이 있는 방향에로 飛躍하기를 바란다."(박남수), "言語에 대한 정확성, 文章의 간결성, 영화적인 '커트·빽'의 手法에 의한 이야기의 입체 조화적인 발전과 心理的인 복선에 의

한 새로운 구상 구성 등, 이 作品은 그처럼 진취적이다."(백철), "主人公의 行動的 基調에 휴매니티이가 있다는 점이다. 文章에 대해서는 曰可曰否가 있었지만 나로서는 역시 知性的인 文章으로 인정한다."(김동리)[8] 이렇듯 황순원이라든가 안수길, 박남수가 문장 구사의 수준에 문제를 제기하고 있다면, 백철과 김동리는 오상원의 문장을 철저하게 옹호하고 있다. 이런 논란에도 불구하고 오상원의 「謀反」은 제3회 동인문학상 수상작으로 뽑혔고, 이로써 논란은 일단 수면 밑으로 가라앉게 되었다.

그런데, 이어령은 「1958年의 小說 總評」(『思想界』, 1958.12)을 통해 이 논란에 뛰어들었다. 사실 「1958年의 小說 總評」은 오상원의 「謀反」을 다루기에 그리 적절치 않다. 「謀反」이 발표된 때는 1957년이고, 주제가 「1958年의 小說 總評」이니 만큼 이어령이 대상으로 삼아야 하는 작품들은 1958년에 발표된 것들로 한정되어야 하기 때문이다. 그런 이유로 하여 이어령은 "東仁文學賞 受賞作品의 꼬리표가 붙은 작품이다. 思想界에 다시 特載도 되었고 해서 今年의 作品評에 포함시켜 본다"[9]라고 단서를 달아야만 했다. 따라서 「謀反」을 둘러싼 이어령의 비판 의욕이 「1958年의 小說 總評」에서는 두드러질 수밖에 없었다.

구체적으로 대상을 밝히지는 않았지만, 휴머니즘이라든가 문장을 예로 들어 가하는 비판으로 본다면 그 대상이 김동리라는 것은 누가 봐도 쉽게 짐작할 수 있다. "난 現代의 휴매니스트가 투병하는 '어머니의 손'을 잡고 우는 것이라고는 믿기지 않는다. 그런 휴매니즘은 옛날에도 많았다"라는 대목이 김동리가 주장하는 '휴매니티'를 정면에서 비판하는 내용이라면, 「謀反」의 표현을 두고 "나는 '허공을 바라보고 있다가'와 '허공에 눈 주고 있다가'와 어떻게 다른 것인지 잘 모른다. 하필

---

8) 김동리 외, 「第三回東仁文學賞」, 『思想界』, 1958.10, 314~317면.

9) 李御寧, 「1958年의 小說 總評」, 『思想界』, 1958.12, 344면.

어색하게 본다는 말을 '눈 준다'고 하는 것인지 이해하기 어렵다"라고 비판하는 것은 "知性的인 文章"이라는 김동리의 가치 부여를 염두에 둔 것이다. "'혼돈된 갈등'이라는 말에서처럼 동일한 의미를 중복해 쓴 것"을 꼬집으며 "'갈등' 속에는 이미 혼돈이란 뜻이 내포되어 있는 것이다. 씨는 「피리어드」에서도 '고요한 沈默이 흘렀다'란 말을 쓰고 있는데 이 경우와 똑같은 예이다. '정돈된 갈등'이 없는 이상 시끄러운 침묵이 없는 이상 군이 같은 뜻을 겹쳐쓸 必要가 어디 있을까"라거나 "'무기니'니(이것은 日本말의 '無氣味'를 우리말로 그대로 쓴 것이다. 씨는 아내 보고 '女房'이라고 할는지!)" 또한 마찬가지 맥락에서 이해할 수 있다.[10]

「1958年의 小說 總評」에서 또 하나 주목을 할 부분은 글의 마지막 대목이다. 이어령이 소설가들을 한데 싸잡아서 비난하는 장면은 김동리가 「本格作品의 豊年期—不健全한 批評態度의 止揚 可期」(『서울신문』, 1959.1.9)와 「論爭條件과 座標問題」(『조선일보』, 1959.2.1~2)를 통해 "신진평론가들을 전부 비난"하는 대목의 원형처럼 존재하기 때문이다. "너무나 作家들은 無識하다. 어느 詩人이 자기를 키운 것은 八割이 '바람'이라고 한 일이 있었는데 우리 나라의 作家들을 키운 것은 八割이 無識이다. 常識이 키운 作家—생각만 해도 소름이 끼친다. 그러기에 나는 지금 땀을 흘리며 이 글을 쓴다. 솔직히 고백해서 억지로 이러한 글을 써야만 되는 우리의 처지도 그리 幸福한 것이 못 된다."[11] 분명하게 표방하지는 않았지만, 이어령의 「1958年의 小說 總評」에 대해 맞대응의 성격에서 기술된 글이 바로 김동리의 「本格作品의 豊年期—不健全한 批評態度의 止揚 可期」이다. 우선 맞대응의 양상이 드러나는 지점을 살펴보기로 하자.

「本格作品의 豊作期」는 1959년의 문단을 전망하며 써 내려간 글이

10) 李御寧, 위의 글, 345면.
11) 李御寧, 위의 글, 339면.

다. 이 때 「本格作品의 豊作期」라는 제목은 "우리 나라의 作家들을 키운 것은 八割이 無識이다"라는 이어령의 주장에 직접 맞서는 성격을 드러내고 있다. 부제로 삼은 '不健全한 批評態度의 止揚 可期'는 이를 증명한다. 작가의 위상에 한껏 힘을 싣는 반면, 비평가의 태도를 문제 삼으면서 이어령의 주장을 뒤집는 것이다. 김동리가 1959년을 '本格作品의 豊作期'로 전망하는 근거는 문예란의 안정적 지면 확보에 있다. "韓國文學은 一九五九년으로써 다섯해째 豊作期를 맞는다. 이것은 『現代文學』『自由文學』『文學藝術』(지금은 休刊中이지만) 『新文藝』 등 純文學誌의 繼續的인 發行과 『思想界』『思潮』『新太陽』『自由公論』等 綜合雜誌들이 文藝欄에다 많은 紙面을 提供하는데 基因하는 것이다."[12] 소설이나 시 분야에서 안정적 지면 확보를 통한 질적 발전이 가능하리라는 것이 김동리의 기본적인 입장이다. 하지만, '評壇 展望'에 대해서만은 부정적이다. "量에 있어서의 蕃盛은 評壇도 詩나 小說에 決코 뒤떨어지지 않을 만하다. 그러나 質的 水準에 있어서는 詩나 小說에도 훨씬 미치지 못한 것이 또한 評壇이 아닐까 생각된다."[13]

여기서 김동리가 평단의 후진성으로 꼽는 두 가지 근거는 이어령이 썼던 「1958年의 小說 總評」을 겨냥하면서 확보되고 있다. 신진비평가의 첫 번째 타락상은 작품 선별의 기준이 모호하다는 데 놓인다. "原則論에 있어 이렇다할 文章이 없는 것은 別途로 하더라도 …… 月評이나 總評을 쓰는 경우 原則的으로는 그 달의 作品 그 해의 作品 全體가 批判對象이 되어야 하지만 紙面關係로 그것이 不可能하다고 하더라도 그것의 取捨選擇엔 어떤 原則과 規準을 내세워야 할 터인데 아무런 前提도 없이 任意의 作品을 끌어내어 부당하게 깍이도 하고 추

12) 金東里, 「1959年 文壇 展望 : 本格作品의 豊作期－不健全한 批評態度의 止揚 可期」, 『서울신문』, 1959.1.9.

13) 같은 면.

기기도 하니 이것은 完全히 깍이 위해서 끌어냈다거나 추기고 싶어서 끌어냈다는 말밖에 되지 않는 것이요."[14] 이는 곧 「1958年의 小說 總評」을 쓰면서 왜 1957년 발표작인 오상원의 「謀反」을 다뤘는가 하는 데 따른 불쾌감의 표출로 이해할 수 있다.

신진평론가들에 대한 김동리의 두 번째 비판 지점은 다음과 같다. "둘째로 어떤 雜誌가 月評이나 總評같은 것을 委囑하면 그 委囑받은 該當誌의 作品에만 絶對的인 比重을 주어서 왈가왈부를 하니 이 또한 前者에 못지않은 批判精神의 타락이 아닐 수 없다."[15] 이러한 비판 역시 「1958年의 小說 總評」을 염두에 둔 것이라고 볼 수 있다. 즉, 『사상계』에 총평을 쓰면서 단지 "思想界에 다시 特載도 되었고 해서" 오상원의 「謀反」을 다루어도 되는 것인가를 비판하고 나선 것이다. 이러한 김동리의 비판은 이어령에 대한 감정적인 문제를 신인평론가 전반의 문제로 일반화시킨 것이다. 따라서 이에 대한 비판은 충분히 예상할 수 있다.

김우종은 「中間小說論을 批評함」의 마지막 부분에서 이를 잠깐 거론했다. "最近에 月評 總評 등은 李御寧씨나 尹炳魯씨나 柳星鎬씨가 主로 담당했는데 東里씨는 그들의 作品選擇이 어떤 一個雜誌에만 絶對的인 比重을 두고 있다고 根據없는 非難을 삼으시며 또한 局終的인 것을 誇張하여 新進評壇 全體를 墮落이라고 規定하시었다. 아실만한 분께서 이렇게 規定하시는 動機를 구태여 캐고싶지 않지만 어떤 作品을 '實存文學'이라고도 規定하고 '極限意識'이라고도 하고 李御寧씨가 正確히 指摘한 것처럼 '우리말도 잘 모르는 文章'을 '知性的'이라고 하신 最近 얼마 동안의 그 분의 傾向을 살펴보면 나로서도 너무나 그 분을 지금까지 尊敬해 왔으니 만큼 어떤 背信같은 데서 느끼는 설움도

14) 같은 면.
15) 같은 면.

너무나 큰 것이다."[16)]

김우종의 「中間小說論을 批評함」을 통해 이렇게 이어령의 이름이 언급되고 있다. 이어령의 실명이 언급된 이상 자존심 강한 김동리로서는 이어령을 피해나갈 수 없었다. 「中間小說論을 批評함」을 매개로 하여 김동리와 이어령의 논쟁은 전면적으로 펼쳐지기 시작한다. 김동리가 처음 이어령의 실명을 거론했던 글은 김우종에 대한 반박의 글 「論爭條件과 座標問題」이다.

3. 이어령이 설정한 세 가지 논점

사실, 이철범의 평가처럼, 김동리의 「本格作品의 豊作期」는 김우종으로부터 비판받을만한 수준의 글이 아니다. 특히 本格文學과 通俗文學이 "우리 나라와 같이 현격한 位置에서 對峙 되어 있는 것은 後進文壇의 不健全한 標栢에 지나지 않는 것"이라면서 이를 극복할 수 있는 분위기가 조성되고 있다면서 세 가지 사실에 주목하는 대목에서는 그의 안목을 느낄 수도 있다. 첫째, "世界文學全集이 活氣를 띠고 간행되고 있는 일"은 "本格小說의 讀者를 대폭적으로 增加시키는 役割을 하게 될 것"이고 둘째, "『小說界』『小說公園』 같은 中間小說을 指向하는 月刊誌가 활기를 띠고 발행되는 일"에서는 "通俗小說의 讀者를 本格小說 讀者로 이끌어 올리는 媒介役割을 할 수 있으리라는 점"을 기대하게 되며 셋째, "純文藝誌 綜合誌들이 中篇小說의 全載를 計劃하

16) 金宇鍾, 「中間小說論을 批評함—金東里씨의 發言에 대하여」, 『조선일보』, 1959.1.23.

고 있다하니 이 또한 直接的인 方法論 하나라 될 수 있으리라고 믿어지기 때문인 것이다."[17]

이에 비해 김우종이 정작 문제삼고 있는 것은 극히 지엽적인 사항이다. 그는 먼저 『小說界』와 『小說公園』에 대해 상업성의 혐의를 부여한다. "昨年度 後半期부터 發行되기 시작한 『小說界』나 『小說公園』의 작가들에게 廣範한 活動分野를 提供해 주었을 뿐만 아니라 『現代文學』이나 『自由文學』이나 『思想界』 또는 그 밖의 純文學誌의 것보다 두 곱 세 곱 네 곱의 稿料를 支拂함으로써 作家들에게 어떤 '기쁜 現象'을 이루어 주었다. 이런 機會에 나온 小說들을 東里씨는 中間小說이라고 指摘하시며 '이 亦是 通俗小說의 讀者를 本格文學의 讀者로 이끌어 올리는 媒介役割을 하리라는' 것이었다." 이런 잡지에 발표되는 글을 '중간소설'이라고 하면서 과연 긍정적으로 평가할 수 있는가 하는 것이 김우종의 김동리 비판의 핵심이다. "그런데 『小說界』 또는 『小說公園』 같은 月刊誌에 發表된 作品들은 大衆文學으로서도 不足하려니와 本格文學이나 純文學이라고 자랑할 수도 없는 참으로 安易하게 써진 作品들이었다. 다시 말하면 '힘도 안 들이고 良心家들로부터 욕도 안 듣고 稿料도 받을 수 있는 가장 技術的인 方法'으로써 진 것이었다. 이런 意味에서 東里씨가 말하는 '中間小說'이란 너무나 醜를 美化한 不當한 명칭이었다." 결국 본격소설에서 한 발 물러나서 통속소설・중간소설로 나름의 영역을 정한 후 이를 정당화하고 있다는 것이 김동리를 파악하는 김우종의 견해이다. "東里씨가 本格文學 活動에서 잠시 발을 빼고 安價한 作品만을 生産하기까지는 非良心的인 것은 아니었으나 그것을 부끄러워하시지 않고 美化하시기 시작한 發言은 決코 良心的인 發言이라고는 할 수 없다."[18]

---

17) 김동리, 앞의 글.

18) 김우종, 앞의 글.

김우종의 비판은 김동리의 「論爭條件과 座標問題—金宇鍾氏의 所論과 關聯하여」(『조선일보』, 1959.2.1~2)를 통해 여지없이 한계가 드러난다. 예를 들어 1958년 자신의 본격소설을 한 편도 읽지 못 했다는 김우종에게 김동리는 이렇게 추궁하고 있다. "氏가 萬若 내 앞에 있다면 나는 먼저 이렇게 물을 것이다. 氏는 昨年度의 文學作品을 읽은 일이 있느냐고. 그리고 自己의 良心에 비쳐서 小說을 안다고 스스로를 許諾하고 있느냐고. 내가 萬若 「江遊記」와 「당고개무당」과 「姉妹」와 「어떤 告白」을 『現代文學』誌 같은 데 發表했었던들 '金東里氏는 本格小說을 四篇밖에 發表하지 못했다'고 했을 것이 아닌가고. 金宇鍾氏는 通俗小說도 純文藝誌에 發表되면 本格小說이 되고 本格小說도 純文藝誌 以外의 機關에 發表되면 非本格小說이 되는 것으로 錯覺하고 있지 않은가고."[19] 이런 방식으로 김동리는 김우종의 비판은 조목조목 반박해 나간다. 사실 김동리가 처음부터 '중간소설론'을 주장한 것이 아니었던 만큼 김우종으로서는 김동리의 비판에 수긍할 수밖에 없는 형편에 내몰린다. 앞에서 "김우종은 논쟁의 촉매(觸媒) 역할을 했을 뿐 논점을 제대로 설정하지도 못했다"고 말한 것은 이러한 사실을 가리킨다. 따라서 김우종의 글에서 의미를 찾는다면, 수면 아래에 감정대결 양상으로 가라앉아 있던 이어령을 논쟁의 표면으로 이끌어냄으로써 이후 논쟁이 발발하는 데 기여한 바 있다는 정도가 될 것이다.

「論爭條件과 座標問題(上)」가 김우종에 대한 반박이라면, 『조선일보』 1959년 2월 2일자에 실린 「論爭條件과 座標問題(下)」는 신인평론가들에 대한 공박으로 채워져 있다. 그런데, 2월 1일자에 실은 (上)에

---

19) 金東里, 「論爭條件과 座標問題—金宇鍾氏의 所論과 關聯하여」, 『조선일보』, 1959.2.1.
이 글을 보면 「어떤 告白」이 1958년 발표되었음을 알 수 있다. 그런데, 민음사판 김동리전집에 따르면, 「어떤 告白」이 1960년에 발표되었고, 원발표지는 미확인으로 기재되어 있다. 당시의 『小說界』와 『小說公園』이 국내 도서관에 남아있지 않아서 원발표지는 확인할 수 없지만, 발표연도는 이 참에 바로잡아야 하겠다.

비해 이 부분의 반박은 논리 수준이 현격하게 떨어지는 양상으로 펼쳐졌다. 구체적인 사실을 제대로 적시하지 못하면서 누구나 다 아는 사실이라는 식으로 전개해 버렸기 때문이다. "내가 그 作品에 '實存性'을 指摘한 것은 韓末淑氏의 「神話의 斷崖」다. '極限意識'을 認定한 것은 秋湜氏의 『人間除隊』(作品集)와 柳周鉉氏의 「언덕을 향하여」에 對해서다. 그리고 '知性的' 吳尙源氏의 作風을 두고 한 말이다. 이것은 小說을 알고 이러한 用語들이 語義를 알고 여기 指摘한 作品들을 읽은 사람이라면 나의 判斷이 正確하고 正當하다는 것을 알게 될 것이다." 이러한 입장의 피력이 과연 적절한 대응일 수 있을까는 의문이다. "特定誌와 批評對象의 選擇問題"에 대해서도 마찬가지다. "根據없는 非難"이라는 김우종의 비판에 대해 김동리는 이렇게 응수한다. "'根據'를 提示할 資料가 山積해 있다. …… 이에 對해서는 내가 구태여 證據를 제시할 餘地도 없이 文壇에 關心을 가져온 사람이면 이미 다 알고 있는 事實이기도 한 것이다."[20]

'우리말도 모르는 文章'에 대해 어떻게 '知性的'이라는 평가가 가능한가에 대한 물음에 대해서도 김동리의 태도는 별로 다를 바 없다. 김동리는 어떤 관점에서 오상원의 소설이 '知性的'일 수 있는가를 설명하면 될 터인데, 이런 설명은 포기하고 오히려 신진평론가들의 문장이 정확하지 않다면서 논점을 이탈시키고 나서기 때문이다. 설령 신진평론가들의 문장에서 많은 문제점이 드러난다고 하더라도 오상원의 '知性的 作風'이 하나도 해명되지 않는다는 사실을 김동리는 과연 몰랐을까. "金宇鍾氏들이야말로 '우리말도 모르는' 評論家들일 것이다. 왜 그러냐 하면 이 사람들의 文章에야말로 '우리말도 서투른 生硬한 直譯體의' 것이 얼마든지 수두룩하기 때문이다. '우리말도 모르는 文章'으로

20) 金東里, 「論爭條件과 座標問題－金宇鍾氏의 所論과 關聯하여」, 『조선일보』, 1959.2.2.

評論家도 된다면 '우리말도 모르는 文章'이 어째서 '知性的'일 수는 없단 말인가. 내가 보기에는 評論이야말로 보다 더 直接的으로 '知性的'에 關聯된 것이다. 그리고 또 내가 보기에는 韓國의 어떠한 作家도 오늘의 이러한 新人評論家들 만큼 '우리말도 모르'지는 않은 것 같다. '우리말도 더 모르는 文章'이 '知性的'의 審判官도 될 수 있다면 '우리말도 덜 모르는 文章'이 '知性的'이어서 矛盾일 것은 없지 않은가."[21]

김동리 글의 이런 문제점에 대해 날카롭게 비판하고 나선 이가 바로 이어령이다. 「永遠한 矛盾－金東里氏에게 묻는다」(『京鄕新聞』, 1959.2.9~10)를 보면, 글의 앞부분에 다소 감각적인 재기가 필요 이상으로 앞서고 있으나 이를 뺀다면 나름의 논리를 일목요연하게 정리해 내고 있다. 감각적인 재기가 앞선다는 것은 「論爭條件과 座標問題」의 마지막 단락을 언급하면서 김동리를 논쟁의 한가운데로 재차 끌어내는 방식을 이른다. "'座標'로 成立 안 되는 '까십'이나 不定見에 일일이 응수하기엔 나의 시간이 너무나 귀하다.－이 장엄한 宣言 그것은 문듯 우리를 슬프게 한다. 그러나 時間은 東里氏에게만 貴한 것이 아니다. 물론 氏가 『小說公園』의 讀者들을 위하여 원고를 쓰고 그리고 한 잔의 茶를 마시는 그런 시각이 이십촉 희미한 전등 밑에서 책을 뒤지고 앉았는 우리의 지루한 時間보다는 貴重할는지도 모른다. 하지만 지금부터 내가 氏를 향해 글을 쓰는 까닭은 결코 나의 시간이 한가로와서가 아니다. 그러니 아쉬운 대로 나에 관련된 이야기만을 여기에 적어 氏의 高見을 다시 듣기로 한다."[22]

「永遠한 矛盾」을 통해 이어령이 재차 묻고 있는 것은 세 가지 내용이다. 첫째, "吳尙源氏의 文章은 과연 知性的인가?" 이어령은 "한 마디로 知性的인 文章이란 서술이 정확한 文章이다"라며 "'코노레이슌'이 아니라 '데코레이슌'"이라고 지성의 기준을 제시한다. 그러면서 다시

21) 김동리, 위의 글.

22) 李御寧, 「永遠한 矛盾－金東里氏에게 묻는다」, 『京鄕新聞』, 1959.2.9.

오상원 소설에 나타난 문장의 어색함을 몇 가지 나열하며 김동리의 대답을 촉구한다. 즉 "백 보 양보해서 東里氏의 그러한 말을 시인해 두자. 도둑이 잡아둔 도둑은 도둑이 아닌가? 누가 잡았든 도둑은 도둑이다"라는 주장은 논점을 회피하지 말라는 경고인 셈이다.[23] 둘째, 과연 '실존성'이란 말이 성립할 수 있는가. 이어령은 "나는 아직 '實在性'이라는 哲學用語를 들어본 일은 있어도 '實存性'이라는 用語는 東里氏로부터 처음 들었"다면서 다음과 같이 추궁한다. "'實存'과 '實存性'은 어떻게 다른가? '實存' 밑에 '性'을 붙일 수 있는가? 붙일 수 있다면 '原語'로는 어떻게 되느냐? 具體的으로 提示해주기 바란다." 셋째, "秋湜氏의 『人間除隊』에서 '極限意識'을 지적할 수 있다"고 했는데, 그 근거를 제시해 달라는 것이다. 극한의식은 "客觀的으로 파악하는 것이 아니라 存在에의 自覺으로써만이 느낄 수 있는 문제다. 그러므로 動物이나 日常的 生活에만 젖어있는 사람들에겐 '極限意識'이 있을 수 없다. 그런데 秋氏의 작품이 이런 極限意識을 나타낸 것이었던가? 그 主人公들은 하나도 存在의 자각으로 해서 괴로워하고 있는 것 같지 않다. 그들의 悲劇은 社會의 下層構造에서 일어나고 있는 것이기 때문이다. 그들에겐 職業을 주거나 먹을 양식을 주기만 하면 된다. 그들이 '極限意識'을 가지고 있다면 '存在하는 것은 무엇인가?' 하는 근원적인 물음 때문에 당연히 괴로워했어야 할 것이다."[24]

이어령이 설정한 논점은 이렇게 세 가지이다. 그런데, 이 지점에서 이어령이 요구하는 것이 모두 지식의 정확성으로 귀결하고 있음을 눈여겨 볼 필요가 있다. '知性的인 文章'을 언급할 때는 리차즈를 끌어들이며 "言語의 機能은 '情緖的 使用'과 '敍述的 使用'으로 나눌 수 있다"면

23) 같은 면. 참고적으로 밝힌다면, '데노레이숸'은 denotation이며, '코노레이숸'은 connotation을 이른다. 그 단어들은 논리에서 각각 외연과 내포의 뜻으로 사용된다.

24) 李御寧, 「永遠한 矛盾―金東里氏에게 묻는다」, 『京鄕新聞』, 1959.2.10.

서 왜 "'言語의 情緒的 使用'에다만 標準"을 두느냐고 묻는가 하면, '極限意識'을 이야기할 때는 '야스퍼스'의 실존철학을 논의의 바탕에 깔고 있다. '실존성'을 물을 때도 '原語'로 어떻게 되는가 하는 점이다. 방민호는 '실존성 논쟁'이 지루한 감정 대결로 흐를 수밖에 없었던 까닭을 여기에서 찾고 있다. "김동리가 한국어 문장을 문제 삼은 것에 지식의 정확성으로 맞선 것이다. 이 대립 속에 주체성과 보편성이라는 신구세대 문학인들의 대립구조가 내재해 있음은 물론이다. (…중략…) 비평이 한국어 문장에 미흡하다는 김동리의 비판에 지식의 정확성으로 대응한 탓에, 이후의 논쟁은 신구세대의 본질적 차이를 드러내지 못한 채 용어를 둘러싼 지리한 공방과 감정 대립으로 치달을 수밖에 없었다."[25]

4. 김동리의 세 가지 답변 방식

김동리에 앞서서 이어령의 글에 반론을 제기한 이는 원형갑(元亨甲)이다. 「禁斷의 武器-李御寧氏의 「永遠한 矛盾」을 읽고」(『연합신문』, 1959.2.15~16)를 통해 나름의 입장을 개진하고는 있지만, 이어령에 대한 정확한 대응이라고 보기 어렵다. 먼저, 지성적인 문장에 대한 원형갑의 논리를 보자. "'테노테이숀'이 正確하다는 것은 마치 잘 닦아진 유리병처럼 맑게 들여다보기 위해서이다. 먼저 있어야 할 것은 內包로서의 知性인 것이다. 知性이 보다 貧困한 作家 詩人 中에서도 言語의 '데노테이숀'이 不足한 사람이라도 그 '코노테이숀'에 있어 知性的인

25) 방민호, 앞의 글, 217~219면.

사람을 우리는 數없이 본다." 애초의 논쟁의 발단은 오상원의 제3회 동인문학상 수상에 있었고, 당시 문제가 되었던 것은 분명 '데노테이슌(denotation)'으로서의 문장의 완성도였다. 즉, '데노테이슌'으로서의 문장의 완성도가 논란이 되는 상황에서 김동리는 '지성적'이란 의미 부여를 했다는 것이다. 그런데 과연 이 순간에 "먼저 있어야 할 것은 內包로서의 知性인 것이다"라고 주장하는 것이 설득력을 확보할 수 있을는지는 의문이다.[26)]

둘째, 그는 '존재성'이란 단어를 "하이덱가-의 어디선가에서 보았다고 記憶한다"라고 밝히고는 있지만, 정확하게 제시하지는 못 하고 있다. 그러면서 '존재성'의 개념에 그리 매달릴 필요가 없다는 태도를 내보인다. "말하자면 내던저져 있다는 그리고 스스로가 내던지는 自由에서 存在한다는 그런 氣分의 狀態를 意味할 것이다. 設或 '存在性'이란 單語가 없다 하더라도 남이 만드는 말을 金東里氏가 못 만들 것은 없다."[27)] 셋째, "우리들은 어떻게도 할 수 없는 壁에 둘러싸여 存在의 限界에 直面한다는 意識 이것이 '야스파스'의 極限狀況의 一般的規定性이다. 그러나 다시 '야스파스'는 特殊的 規定性으로서의 極限狀況을 내어놓고 있다. 죽음, 괴로움, 싸움, 責任感 等이 그것이다."[28)] 이 경우에도 논점이 희석되기는 마찬가지이다. 아무리 "特殊的 規定性으로서의 限界狀況"을 내세운다고 하더라도 거기에는 반드시 환경의 조건에 따르는 의식의 문제가 동반되어야만 한기 때문이다. 만약 그러하지 않을 경우, 예컨대 계급투쟁을 선동하는 작품과 야스퍼스의 주장 사이에는 별반 변별성이 사라질 수밖에 없지 않은가.

원형갑의 비판에 대한 이어령의 반론이 「못 박힌 基督은 대답 없다

26) 元亨甲, 「禁斷의 武器-李御寧氏의 「永遠한 矛盾」을 읽고」, 『연합신문』, 1959.2.15

27) 같은 면.

28) 元亨甲, 「禁斷의 武器-李御寧氏의 「永遠한 矛盾」을 읽고」, 『연합신문』, 1959.2.16.

—다시 金東里氏에게」(『세계일보』, 1959.2.20~21)이다. 부제를 '다시 金東里氏에게'라고 한 것은 다분히 전략적이라고 볼 수 있다. 원형갑을 통해 대리전을 하지 말고 직접 논쟁에 나서라는 촉구인 셈인데, 제목에 나타나는 '못 박힌 基督' 역시 김동리를 가리키는 표현이다. 이 글에서 이어령은 원형갑을 "聖베드로와 같은 성실한 使徒"로 규정하는 한편, "이 베드로도 내가 글을 쓰기도 전에 세 번 다 金東里氏를 否定하고 있다"고 결론 내리고 있다. 즉, 자신이 설정한 세 가지 논점에서 모두 한계만 명확히 드러냈다는 조롱이다. 이어령의 반박을 요약하면 다음과 같다. 첫째, "'吳尙源氏의 '文章'이 과연 知性的인가?'하는 나의 反論을 '吳尙源씨의 '小說'은 과연 知性的인가?'라는 다른 물음으로 바꿔 놓았기 때문이다. '文章'이 知性的이냐 아니냐 하는 것이 東里氏와 나와의 論點이었다." 둘째, "그 聖衣(實存性이란 말)가 과연 主 金東里氏의 것인지 그는 證言하지 못하고 있다. …… 어디선가 본 기억이 있다는 정도다. …… 造作語냐? 或은 引用語냐? 주사위는 던져졌다. 그 중 아무 것이나 골라잡아라."[29] 셋째, "이쯤 되면 이야기는 이제 끝나야 된다. 그러한 意味에서라면 極限意識이 없는 作者란 한 사람도 있을 수 없기 때문이다. …… 그의 使徒는 정당하다. 그의 主 東里氏의 말이 정당해지기 위해선 모든 作品이 實存主義 作品이 되어야 하는 것처럼 모든 작품이 極限意識의 소산이어야 한다."[30]

이어령이 「못 박힌 基督은 대답 없다」를 발표하기 바로 직전 김동리는 「座標 以前과 모래알과—李御寧氏에게 答한다」(『京鄕新聞』, 1959.2.18~19)를 선보였다. 그러니까 「못 박힌 基督은 대답 없다」는 김동리의 글을 보지 못한 상태에서 『세계일보』로 원고가 넘어갔던 것이라고 추정할 수 있다. 김동리가 이어령과 맞서는 방식은 원형갑과는 다르다. 원형갑이 이어령

29) 李御寧, 「못 박힌 基督은 대답 없다—다시 金東里氏에게」, 『세계일보』, 1959.2.20.
30) 李御寧, 「못 박힌 基督은 대답 없다—다시 金東里氏에게」, 『세계일보』, 1959.2.21.

이 설정한 틀에 맞춰 비판을 가했던 반면, 김동리는 퍽 다양한 방식으로 이어령에게 답변하고 있다. 정면에서 맞서는 양상으로 드러나는 답변은 '실존성'에 대한 내용이다. 그만큼 김동리는 자신이 있었던 것이다. "'實存性'이란 말은 나의 造作語가 아니고 '하이덱가'의 主著『存在와 時間』에 나오는 哲學術語다. 獨逸語 原語로는 'ExistenZialität(Den Zusammenhang dieser Strukturen nennen wir die ExistenZialitäts-s. 12. 1935年版)'라 하며 實存哲學을 입에 담는 사람으로서 이 말이 있느니 없느니 한다면 어이가 없어서 그 사람의 얼굴을 뻔히 쳐다보게 된다."[31] 이로써 김동리는 이어령이 제기한 두 번째 물음 '실존성'이란 용어가 과연 있는가에 대한 문제를 깨끗하게 해결하였다.

그런데, 첫 번째 물음과 두 번째 물음에 대해서 김동리는 명쾌한 답변을 제시하지 못하고 있다. 첫 번째 물음에 대한 답변을 보자. "나는 吳尙源氏의 作風이 '知性的'이라고 말했다. 이에 對하여 氏는 吳尙源氏의 作品 속에서 生硬한(直譯的인) 用語 몇 개를 찾아내 놓고 '우리말도 모르는 文章'을 어떻게 '知性的'이라고 하느냐고 나왔다." 이후 김동리는 이어령이 쓴 「사반나의 風景」과 「綠色寓話集」에 나타난 표현을 여러 개 언급하며 이어령에 대한 역공에 나선다.[32] 이런 방식으로는 도저히 답변이 될 수가 없다. 동인문학상을 심사하면서 분명하게 "文章에 대해서는 曰可曰否가 있었지만 나로서는 역시 知性的인 文章으로 인정한다"라고 기술해 놓고는 "오상원씨의 '作風'에 대한 것이었다"라고 주장하는 것은 억지에 지나지 않는다. 또한, 이어령에 대한 비판도 그러하다. 이어령은 이미 "백 보 양보해서 東里氏의 그러한 말을 시인해 두자. 도둑이 잡아둔 도둑은 도둑이 아닌가? 누가 잡았든 도둑은 도둑이다"라고 주장하고 나선 마당이다. 그런데도 공세의 수

31) 金東里, 「座標 以前과 모래알과—李御寧氏에 答한다」, 『京鄕新聞』, 1959.2.19.
32) 金東里, 「座標 以前과 모래알과—李御寧氏에게 答한다」, 『京鄕新聞』, 1959.2.18.

위만 높이는 것은 결국 격한 감정의 토로에 지나지 않는다.

세 번째 물음에 대한 답변은 다소 애매하게 다가온다. 먼저 김동리는 이어령의 물음에 대해 단서를 붙이면서나마 수긍하고 있다. "내가 氏의 이번 글에서 '모래알만한 根據나 理致'라도 認定할 點이 있었다는 것은 秋湜氏의 『人間除隊』(創作集)와 極限意識에 關한 問題다. 氏는 秋湜氏의 「浮浪兒」, 「人間除隊」에서 '社會의 壁'과 '社會의 어둠'은 認定할 수 있으나 그것은 極限意識의 產物은 아니라는 것이다." 하지만, 김동리는 "韓國的인 極限意識"이라는 다소 불분명한 용어를 동원하여 스스로를 정당화시킨다. "'야스파스'와 '말로' 사이에 '말로'와 '까뮈' 사이에 極限意識의 差異가 있는 것처럼 그보다 좀더 秋湜氏와의 사이엔 差異가 있어 마땅하다. 「浮浪兒」의 따라지 少年들이나 「人間除隊」의 막다른 골목(나)은 氏의 말대로 職業이나 食糧으로써 于先解決될는지 모르나 그러한 極限的인 끝끝(따라지와 막다른 골목)에서 人生을 對決하는 秋氏의 內的 體驗 속에 韓國的인(柳씨의 경우 비슷하게—柳周鉉—인용자) 그리고 秋氏的인 極限意識이 도사리고 있는 것이다."[33] '韓國的인 極限意識', '秋氏的인 極限意識'이라는 김동리의 주장을 이어령이 수용할 리 만무하다. 그러니 논쟁은 쉽게 정리되지 못한다.

이렇게 본다면, 「座標 以前과 모래알과」를 통해 김동리는 세 가지 답변을 세 가지 방식으로 전개했다고 할 수 있다. 먼저, '어색한 문장이 어떻게 지성적일 수 있는가'라는 물음에 대해서는 '작풍을 두고 지성적이라고 평했다'고 답변함으로써 애초의 논점을 뒤바꾸고자 하는 모습을 드러내었다. 논점의 왜곡인 셈이다. 둘째, '실존성'을 둘러싼 논쟁에 대해서는 정면에서 맞닥뜨리고 있다. 왈가왈부할 여지를 이어령에게 남겨 두지 않을 만큼 자신 있었던 것이다. 셋째, '極限意識'에

33) 金東里, 「座標 以前과 모래알과—李御寧氏에게 答한다」, 『京鄉新聞』, 1959.2.19.

대해서는 논점을 흐리는 방식으로 대응하고 있다. 엄밀한 용어의 정의가 필요한 마당에 '韓國的인 極限意識', '秋氏的인 極限意識'이라는 식의 자의적인 수식을 통해 나름의 정당성을 강변하는 것은 그다지 설득력을 확보할 수 있는 태도가 아니다. 이는 "그러한 意味에서라면 極限意識이 없는 作者란 한 사람도 있을 수 없다"라는 원형갑을 비판하며 이어령이 구사했던 논리에서 조금도 비껴날 수 없게 된다.

이제 이어령이 김동리에게 동의할 수 없는 문제는 두 가지로 줄어들었다. 논점을 왜곡하고 있는 첫 번째 사항과 논점을 흐리는 세 번째 사항이다. 그렇기 때문에 이를 추궁하는 이어령의 글은 제목이 「論爭의 焦點－다시 金東里氏에게」(『京鄕新聞』, 1959.2.25~28)이다.

5. 논쟁의 이전투구 양상

논쟁은 이어령의 「論爭의 焦點」, 김동리의 「焦點, 離脫치 말라－批評의 倫理와 論理的 責任」(『京鄕新聞』, 1959.3.5~6), 이어령의 「喜劇을 願하는가?」(『경향신문』, 1959.3.12~14), 김동리의 「눈물의 意味」(『경향신문』, 1959.3.20~22)로 이어진다. 하지만, 그 과정은 논쟁이라기보다는 점차 인신공격에 가까운 모습에 근접하고 있다. 「論爭의 焦點」에서 그나마 논리적인 부분이라면 오상원의 문장을 두고 '지성적'이라고 했던 근거를 재차 촉구하는 방식이다. 이어령이 요구하는 내용은 이러하다. "(a) 내가 생각하는 知性的인 文章과 金東里氏가 생각하고 있는 '知性的인 文章'과의 개념적 차이 (b) 金東里氏의 그러한 개념과 吳尙源氏의 文章과의 관계－實證 (c) 그러므로 그의 文章을 知性的이라는 말로 合理

化하게 된 氏의 意圖와 그 根據."[34] 이는 김동리가 분명하게 답변을 해야 할 내용이라고 할 수 있다. 그래야만 문제가 해소되기 때문이다.

하지만, 나머지 두 부분에 대해서 이어령은 냉소로 대응하는 모습이다. 응당 자신의 잘못을 인정해야 할 '실존성'에 대해서조차도 그러하다. "實存舞적 實存主義(造作語)가 아니라 '하이뎃거'의 哲學을 배경으로 한 것이다. 問題는 아주 좁아졌고 또 具體化되었다. 이제 氏에게 남은 마지막 문제는 韓末淑氏의 小說(神話의 斷崖)에 '하이뎃거'의 實存哲學(하이뎃거 自身은 '現象學的 實存論'이라고 부르지만)을 適用시키는 일이다. 그런데 이렇게 하려면 아무래도 '바그닷드'의 妖術이 必要할 것 같다. 그래서 '하이뎃거'氏는 지금 슬프게도 포주가 되어야 하는 것이다. 金東里氏가 하이뎃거의 實存이라고 한 '眞英'은 娼婦의 그것과 조금도 다름이 없기 때문이다."[35] 하나의 문제를 풀었더니 또 다른 문제를 다시 풀어보라고 제시하는 꼴이다. 그러니 김동리가 이를 수긍할 리 만무하다.

'極限意識 問題'에 대해서도 이어령은 비유를 통해 간단히 정리해 버린다. "이 問題는 氏도 솔직히 자기 잘못을 인정하고 있는 것 같기에 다음과 같은 비유로 끝내려 한다. …… 어떤 새장수가 '잉꼬'를 '앵무새'라고 해서 팔았다. 며칠 후 그 손님은 '잉꼬'를 들고 와서 이것은 '앵무새'가 아니라 '잉꼬'라 하는데 어떻게 된 셈이냐고 따져댄다. 그러나 그 새장수는 태연히 말한다. '잉꼬도 앵무새과에 속한답니다. 나는 그런 意味에서 앵무새라고 한 것이니까요.' 이래도 안 되면 새 장수는 또 말할 것이다. '앵무새와 잉꼬는 별 차이도 없는데 뭘 그렇게 요란스럽게 ……'"[36] 여기에는 '韓國的 極限意識'이라든가 '秋氏的 極限意識'

34) 李御寧, 「論爭의 焦點-다시 金東里氏에게」, 『京鄕新聞』, 1959.2.25.
35) 李御寧, 「論爭의 焦點-다시 金東里氏에게」, 『京鄕新聞』, 1959.2.26.
36) 李御寧, 「論爭의 焦點-다시 金東里氏에게」, 『京鄕新聞』, 1959.2.28.

에 대한 김동리의 설명이 개입할 여지가 전혀 없다. 따라서 이 문제 역시 김동리가 순순히 동의하기는 어렵다고 봐야만 한다. 이어령과 김동리의 전면적인 감정싸움은 여기에서부터 본격화되었다.

예컨대 「焦點, 離脫치 말라—批評의 倫理와 論理的 責任」에서 김동리는 이어령에게 다음과 같은 인신공격을 쏟아 붓는다. 문장이 어색하다는 자신의 비판에 이어령이 학생 시절에 발표한 소설이라서 그렇다고 응수한 데 대한 공격이다. "氏는 '學生時節에 發表한' '小說'이란 理由로 변명을 하였다. 그러나 그 '小說'이 發表된 것은 一九五六年 七月과 一九五七年 七月로 되어 있고 氏의 卒業은 一九五六년 三月로 되어 있는데 어째서 그것을 '學生時節'이라고 거짓말을 하는지 알 수 없으며, 설령 그것을 눈감아 준다 하더라도 一九五六年 봄부터 數個 新聞에 文壇時評을 썼고, 그해 가을에는 推薦도 받았고, 五七年 二月에는 五六年度 總評까지 썼으니 이 어찌 文壇 參加를 하기 前이라고 거짓말을 한단 말인가."[37] 이어령이 「喜劇을 願하는가?」를 통해 응수하는 모습도 별반 다를 바 없다. "氏의 추천을 받은 鄭某에게 氏는 實存性이란 말이 原語로 있는가 調査해 달라고 부탁하였다. 鄭某는 그래서 8大學 圖書館으로 가고 實物을 찾아오듯이 'ExistenZialität'란 말과 함께 그 '하이뎃'의 原文 破片을 提供해 주었다. 그것을 씨는 마치 미리 알고나 있었던 것처럼 기세도 당당하게 내밀고 호령을 한다."[38]

김동리와 이어령 사이에 벌어졌던 '실존성 논쟁'은 이런 분위기 속에서 결말을 맞게 되었다. 논쟁이 "치사한 인신공격"이니 "결말 없는 시비"라고 평가받는 까닭은 여기에서 기인한다. 실상 논쟁의 내용을 따져 보더라도 '실존성'이라는 단어를 하이데거가 사용했다는 정도의 확인 이외에는 남는 것이 거의 없다. 굳이 긍정적으로 의미를 부여하

37) 金東里, 「焦點, 離脫치 말라—批評의 倫理와 論理的 責任」, 『京鄕新聞』, 1959.3.6.
38) 李御寧, 「喜劇을 願하는가?」, 『京鄕新聞』, 1959.3.12~13.

자면, 작가·시인들이 중심을 이루고 있던 한국 문단에서 평론가의 존재를 새삼 일깨웠고, 이로부터 이른바 '4·19세대 평론가'들이 등장하게 되는 예비적 시기가 조성되기 시작했다고 할 수 있을까. 하지만, 이는 문학과 교육 제도의 연관성('강단평론')이라든가 외국문학 전공자의 평론계 유입 현상 따위와 함께 복합적으로 살펴봐야만 그 면모가 분명하게 확인될 것이다.

6. 논쟁의 한계가 선명하게 나타났던 까닭

논쟁이 왜 감정싸움으로 끝날 수밖에 없었을까. 여기에는 먼저 당시 이어령이 가했던 비판 방식의 문제점을 꼽을 수 있다. 이어령이 당시 발표했던 글들은 화려한 수사를 동반한다는 내용을 특징으로 한다. 그런데 여기서 주목해야 할 사항은 모든 글들이 철저하게 반명제(反命題, anti-these)로만 일관한다는 점이다. 즉, 자신의 세계관이랄까 정체성 규정은 없이 '비판을 위한 비판'으로만 나아갔다는 것이다. 방민호는 이러한 이어령의 한계를 적절하게 지적하고 있다. "이어령의 구세대 비판은 그 도전적이고 신랄한 태도에도 불구하고, 스스로의 결핍(정체성에 대한 사유)으로 말미암아, 구세대의 결핍(보편성에 대한 사유)에 대한 직접적인 반정립으로서만 기능했다. 이후 그가 '신인의 패배'(「敗北한 新人들」, 『동아일보』, 1959.6.30~7.1)를 선언하지 않을 수 없었음은 바로 이 때문이었다. 정체성의 문제에 관한 사유 없이는 구세대문학의 진정한 극복이란 불가능했다."[39] 이는 김우종 또한 마찬가지였다고 할 수 있다.

이어령의 태도에 대해 '자객 논법'이라고 부를 수 있었던 만큼 김동리는 그 문제점을 충분히 인지하고 있었다. 그래서 줄곧 '좌표'의 설정을 요구했던 것이다. 김우종의 비판에 대한 반론의 제목이 「論爭條件과 座標問題」였고, 이어령을 처음 상대했던 글의 제목은 「座標 以前과 모래알과」이었다. 먼저 좌표를 설정하고 난 후 논쟁에 나서라는 김동리의 요구가 분명하게 나타나는 셈이다. 그럼에도 불구하고 논쟁이 김동리의 잘못에서부터 비롯되었던 것은 명백하다. 설령 세계관의 문제에까지 이르지 않는, 그에 비해 상대적으로 사소한 문제라고 하더라도 이는 엄연한 사실이다. 그러니, '실존성'이란 단어의 문제는 차치하고서라도, 오상원의 소설 문장에 대하여 '知性的'이라고 평한 대목이라든가 추식의 『人間除隊』에 대하여 '極限意識'이라고 규정한 것은 김동리가 마땅히 자신의 잘못을 인정해야만 하지 않았을까. 그럼에도 불구하고, 권위에 젖어있던 김동리는 그 대신 성난 목소리를 높였다. 논점의 해결보다는 감정적인 대결의 방식을 취한 것이다. 이어령은 김동리의 그 '사소한' 문제점만을 비판하고자 했고, 김동리는 '실존성'이란 단어의 존재 여부를 전면에 내세우고자 했다. 이러한 차이로 인해 결국 논쟁은 감정 대결로 치닫게 되었던 것이다.

'실존성' 논쟁에 이르러 파악되는 김동리의 모습은 예전의 논쟁에서 드러난 것과 비교하여 한결 수준이 떨어져 보인다. 이어령의 방식에 문제가 있었다고도 말할 수 있겠지만, 비슷한 방식을 구사했던 김동석에게 김동리가 어떻게 대응했던가를 떠올린다면 이러한 사실에 수긍할 수 있을 것이다. 감정의 표출에도 불구하고 김동석에 대한 반론의 경우 김동리는 김동석의 문학관이 놓인 자리에 대한 이해를 전제하고 있었던 반면, 이어령에 대해서는 인신공격으로 이를 대체하고

39) 방민호, 앞의 글, 212면.

있기 때문이다. 왜 이런 일이 벌어졌을까. 여기서 문제는 다시 처음으로 돌아간다. 이제 김동리는 문단을 좌지우지 할 수 있는 실력자로 안정적 지위를 차지한 존재가 된 상태였다. 그러니 논쟁의 상대는 더 이상 선배나 동료 뻘의 문인들이 아니라 한참 아래 후배들로 바뀐 것이 당연하다. 여기에 개입할 수 있는 것이 권위주의이다. 논쟁에서 자신의 논리에 허점이 드러났을 때 교정하는 대신 권위로 눌러 버리고자 하는 행위, 이를 권위주의라 부를 수 있는 것 아닐까. 이어령과의 '실존성' 논쟁에서 김동리는 그러한 방식을 택했다. 김병규・김동석과의 논쟁 과정에서 스스로의 입장을 변화, 발전시켜 나간 것과 비교하면 그 차이는 분명하다고 하겠다.

7

해방 이후 소설의 변화 양상

1. 조울증 징후와 김동리의 글쓰기 방식

김동리의 조울증 징후는 제1장, 제2장에서 분석한 바 있다. 이를 다시 구체적으로 분석, 정리하면 다음과 같다. 먼저 주목해야 할 사실은 김동리의 유년기 체험이다. 아버지가 먹인 술로 인해 김동리는 두 살 때부터 동네에 '술 먹는 아이'로 소문이 났을 정도였다. 자아의 자신감을 형성하는 시기(항문기)에 한낱 구경거리로 전락함으로써 김동리는 성격 형성에서 자신감을 결여하게 되었다. 또한, 끊임없이 이어졌던 아버지의 폭음과 폭행은 김동리의 이러한 성향을 부추기는 요소로 작용하였다. 이에 따라 김동리의 무의식 세계에는 두 가지 감정이 공존하게 되었다. 먼저 나타나는 감정은 자신에게 위협을 가하는 아버지에 대한 저주와 분노의 감정이며, 이에 뒤따르는 것은 그러한 감정에 대한 죄의식과 무의식적으로 스스로에게 가하는 단죄(斷罪)이다. 이 두 가지 감정이 교차하며 반복되어 나타나는 것이 바로 조울증(양극성장애, bipolar disorder)의 징후이다.

얼핏 생각하기에 조증(躁症, mania)과 울증(鬱症)은 정반대의 성격을 띠는 것처럼 보이지만, 동일한 핵심갈등이 내부로 향하는가(울증) 외부로 향하는가(조증)에 따라 두 갈래로 나뉘는 것일 따름이다. 따라서 뿌리가 같기 때문에 울증과 조증은 함께 나타나기도 한다.[1] 술을 마시고 행패를 부리는 아버지에 대한 유년기 김동리의 맹렬한 적의는 다음과 같은 기술에서 선명하게 나타난다. "나는 차츰 아버지가 무섭고 밉고 원망스럽기만 했고, 그 아버지에게 곤욕을 겪어야 하는 어머니가 한없이 애처롭고 분하고 억울하게만 여겨졌다. 그때의 무서움, 불안, 전율, 비분(悲憤). 그 저주스러움을 전할 수 있는 말이 나에겐 없다."[2] 이러한 적의가 어떤 원망으로 이어질 것인가는 분명하다. 하지만, 앞서 말했듯이, 이런 방어 기제는 우울증을 낳는 원인이 된다. "조증적 방어 자세의 본질적인 한 가지 측면으로 종종 부모에게 승리를 거둠으로써 아동-부모관계를 역전시키고자 하는 소원을 들 수 있다. 이러한 승리의 욕구는 그 다음에 죄책감과 우울증을 초래한다."[3] 김동리의 자아는 이러한 틀 위에서 형성되기 시작했다.

김동리의 이런 심리 상태를 현실로 이끌어낸 사건이 '선이의 죽음'(5세)과 '남순이 누나의 죽음'(9세)이다. 김동리는 선이의 죽음에 자신을 투사(投射, projection)함으로써 스스로를 방어하고자 하는 모습을 드러낸다. 자신의 죄책감에 대한 아버지의 상상적인 징벌이 그만큼 무의식적으로 억압했던 것이다. 선이의 죽음에 얼마만큼 다가가 있던지 김동

---

1) 조용래, 『양극성장애』, 학지사, 2002, 82면.

2) 김동리, 「나의 어머니」, 『나를 찾아서』, 민음사, 1997, 53면.

3) 조용래, 앞의 책, 83면.

리는 선이를 첫사랑이라고 기록하고 있다. 하지만 이는 '죽음'을 매개로 한 동일화라고 보는 편이 타당하다. "선이의 죽음이 그렇게도 나의 어린 가슴을 눈물로 멍들게 한 것은 죽음의 손길이 너무나 뜻밖에 나를 때렸기 때문일까. 그보다는 나는 그 애를 이미 사랑했기 때문이 아니었을까. 그렇다면 그것이 나의 첫 번째 연애 감정이라 할 수 있을 것이다."[4)]

남순이 누나는 김동리에게 둘째 고모의 막내딸이 되는데, 김동리는 두 번째 연애감정의 대상이라고 밝히고 있다. 선이와는 달리, 김동리는 남순이 누나에 대한 집착을 보여주는 것으로 나타난다. 따라서 남순이 누나의 죽음은 "우울증은 어린 시절에 중요한 타인을 상실하여 무력감을 느꼈던 심리적 반영 또는 재발"[5)]이라는 정신분석학적인 견해에 근접하는 것으로 파악할 수 있겠다. 이 경우 역시 김동리에게 큰 영향을 끼치게 되었다. "나는 열아홉 살 나던 해 혼자서 잡지를 꾸몄는데, 거기다 「누나의 추억」이란 소설을 썼다. 물론 남순이 누나에 대한 이야기였다. 그러니까 꼭 10년이 지나도록 나는 그 누나를 잊지 못하고 있었던 것이다."[6)]

선이의 죽음, 남순이 누나의 죽음 뿐 아니라 김동리를 둘러싼 가정환경까지도 상당히 부정적인 영향을 끼쳤다. 유년기의 심리적 충격이 불우한 환경으로 인해 '자동적 사고'[7)]를 낳아 청년기까지 그대로 이어지게 되기 때문이다. 대구의 계성중학교 시절, 서울의 경신학교 시절

4) 김동리, 「소꿉동무 선이의 죽음」, 앞의 책, 33면.

5) 권석만, 『우울증』, 학지사, 2003, 64~65면.

6) 김동리, 「마음과 몸을 앓다」, 위의 책, 37면.

7) 정신분석학의 인지이론(cognitive theory of depression)에는 '자동적 사고'라는 개념이 있다. "어떤 생각을 자꾸 반복하게 되면 습관화되어 의식적 자각 없이 자동적으로 진행되어 흘러가게 된다. 벡은 이러한 사소 과정을 매우 중요하게 여겨 '자동적 사고'(automatic thoughts)라고 불렀다."(권석만, 위의 책, 84면)

의 지독한 절망과 우울은 이를 증명한다.[8] 소중하게 의미를 부여하는 존재가 자신을 떠날 것이라는 두려움이 커지고, 이에 따라 스스로에 대한 열등감이 증폭하는 것도 마찬가지이다. 짝사랑하는 여자를 떠올릴 때의 김동리는 이런 상황을 여실히 보여준다. 『조선일보』 신춘문예 시 부문 입선, 『조선중앙일보』 신춘문예 소설부문 당선조차도 약점으로 치부하고 있을 정도이다. "R양의 집은 부자[大地主]가 많은 경주에서도 손꼽히는 대지주의 하나다. R양은 그때까지 내가 본 모든 여성 가운데 가장 뛰어난 미모와 체격과 덕성을 가졌을 뿐만 아니라 학력도 나보다 나을 것이다. 여기에 나 자신을 돌아볼 때 학교는 중학 4학년에서 중퇴를 했고, 용돈은 없고, 글 쓰는 재능이 다소 있다 하더라도, 그런 것은 그 당시 경주에서는 문학을 한다거나 소설 당선이 되었다거나 하는 따위를 무직자로 놀고먹는 것보다 더 나쁜 짓이나 하는 몹쓸 놈쯤으로 보는 판이었으니, 그것을 자격이라고 내세울 계제(階梯)도 되지 못했다."[9] 여기 등장하는 'R양'은 1937년 『조광』 8월호에 발표된 「率居」에서 주인공 '재호'와 사랑했던 사이로 나타나는 모델이기도 하다. 'R양' 뿐만이 아니라 여자들 앞에서 김동리는 언제나 그런 식이었다. 자전적 기록 곳곳에 나타나는 김동리의 모습을 보자면 술집에 나오는 여성들 앞에서도 상황은 그리 다를 바 없다.[10]

상당한 절망감과 죽음의식에 사로잡혀 있던 김동리가 외부세계와 관계를 맺는 것은 큰형 범보를 통해서였다. 식민지시대 내내 김동리

---

8) 이 책의 제1장 참조.

9) 김동리, 「길 난 데로 간다」, 앞의 책, 134면.

10) 까페 여급 진숙이를 보며 "저렇게 신선하게 생긴 여자가 웬걸 나같이 키도 작고 돈 없는 청년을 좋아하랴 싶었다."라고 생각하다가 결국 파국에 이르게 된 일을 예로 들 수 있다. "그녀와 나의 관계는 나의 이러한 바보・멍텅구리・촌뜨기 같은 무의지(無意志)・무행동(無行動)으로 말미암아 넌센스로 끝나고 말았다. 나는 그런 지 일주일이 채 못 되어 혼자 고향으로 돌아오고 말았던 것이다." (김동리, 「바보, 멍텅구리, 촌뜨기」, 위의 책)

는 범보가 거처를 옮기면 그를 찾아 쫓아다니면서 생활의 터전을 마련해 나갔다. 그 중 두 가지 사실만 정리하자면, 범보가 서울 선학원에서 활동할 때 김동리는 상경해서 바로 선학원에서 평생의 친구 서정주를 만나게 되었다. 범보의 소개로 『조선중앙일보』에 찾아간 김동리가 이태준을 만나 자신이 쓴 소설의 문제점을 지적받은 것도 이때의 일이다. 불교계에서 경남 삼본산(慶南三本山－해인사, 범어사, 통도사)이 주도권을 상실함에 따라 범보가 해인사의 말사인 다솔사로 옮기자 김동리 역시 소문을 듣고 다솔사로 찾아 들어가서 식민지시대를 견디었다. 이때 범보가 머무르는 다솔사를 벗어났을 때 김동리가 절박한 우울감에 시달렸던 반면, 범보의 주위에 머무르면서 안정적인 생활과 창작 활동을 전개할 수 있었다는 점은 주목을 요하는 대목이다.

범보와 김동리의 관계 또한 조울증의 징후를 통해 이해가 가능하다. 조울증의 징후를 가진 사람은 스스로에 대한 자신감 결여로 인하여 세계와 자신 사이를 매개하는 인물을 설정함으로써 나름의 돌파구를 마련해 나간다. 이 때 우울증 징후를 보이는 사람과 외부세계를 매개하는 인물은 우울증 징후를 드러내는 사람에게 보호막 구실을 하게 된다. 김동리가 범보를 기독(基督)과 공자와 같은 '반신적(半神的) 존재'로까지 받아들인 심리 정황은 이를 통해 설명할 수 있다. 김동리의 평론이라든가 작품 세계를 이해하는데 범보를 파악하는 일이 중요한 까닭도 여기에 놓인다. 김동리는 범보를 정신적인 모델로 하여 자신의 정체성을 형성해 나갔다. 그리고 범부의 승인에 의하여 지지감(支持感)을 느꼈던 한편, 범보의 정신적 유산을 계승하고 발전시키기 위해 부단히 노력하였다.

제3장 '식민지시대의 소설 세계'와 제4장 '1930년대 문학 제도의 변모 양상과 신세대논쟁', 제5장 '해방기 평론에 나타난 문학관의 변모 양상'에서 전개했던 내용들을 살펴보면, 김동리의 논리가 음양론에

뿌리를 두고 있는 범보에게 얼마나 크게 기대고 있는가는 쉽게 드러난다. 예를 들어 김동리는 주관과 객관을 대립적으로 파악하여 리얼리즘(객관)을 강조하는 기성세대의 평론가들에 맞서서 주관과 객관의 통일을 주장하고 나섰다. 이는 관념론과 유물론을 대립시키는 서구의 이항 대립적 사고 체계를 비판하는 범보의 논리와 관련을 맺고 있다. 또한, 과학 중심주의로 인해 서구 르네상스 정신이 부딪친 한계를 비판하는 논리도 범보와 김동리에게 그대로 일치하는 사항이다. 데카르트의 '절대개인'을 비판하며 범보가 '지정'(至情)을 내세웠다는 점을 고려해 본다면, 김동리의 소설세계의 창작원리가 지정에서 빚어지고 있는 사실도 쉽게 수긍할 수 있을 것이다. 범보가 철저한 민족주의자였기 때문에 그 영향 아래 있던 김동리는 친일 행위와는 철저하게 거리를 둘 수 있었던 것도 눈여겨 볼 대목이라고 하겠다.

글쓰기의 내용(사상) 뿐만이 아니라 습관과 형식에서도 김동리의 조울증 징후는 여러 가지 측면에서 나타난다. 식민지시대의 신세대논쟁, 해방기 좌파와의 논쟁에서 이론의 보편성을 비판하며 구체적 사실의 개별성, 특수성을 꾸준히 강조했던 것은 하나의 사례가 된다. 조울증 징후로 인한 자기 부전감(自己不全感)이 원인이 되어 이론의 보편성(완결성)을 부정하게 되었던 것이다.[11] 많은 작품들을 장시간에 걸쳐 끊임없이 수정했던 김동리의 글쓰기 습관도 마찬가지 맥락에서 이해할 수 있다. 창작한 작품을 가만히 놔두기에는 뭔가 미진한 느낌이 이어지기 때문에 몇 번에 걸친 개작에 나서게 되었던 것이다. 개작의 결과는 더러 실패로 나타나기도 했는데, 이러한 상황은 당시 주위를 둘러싼 상황에 쉽게 반응하는 심리적 경향 탓이라고 볼 수 있다. 또한 스스로에 대해 갖는 불충분한 감정은 자기의 문장에 삽입구와 각주를

11) 이이다 신(飯田 眞) · 나까이 히사오(中井久夫), 『天才의 精神病理』(전파과학사, 1984) 참조.

많이 붙이는 특징을 낳기도 한다. 가령 「等身佛」의 다음 대목을 보자.

> 방문이 열리더니 한 스무 살이나 될락말락한 젊은 중이 얼굴을 내밀며 알은 체를 한다. 둘이서 (젊은이는 방문 앞에 서고 경암은 뜰 아래 선 채) 한참 동안 말을 주고받고 한 끝에 경암이 나를 데리고 집 안으로 들어갔다. ……
> 뿐만 아니라, 다른 스님들을 따라 산에 가 약도 캐고 식량 준비도 거들었다(이 절에서도 전쟁 관계로 식량이 딸렸으므로 산중의 스님들은 여름부터 식용이 될만한 풀잎과 나무 뿌리 같은 것들을 캐러 산으로 가곤 했다). 일을 마치고 돌아오면 손발을 깨끗이 씻고 내 방에 꿇어앉아 불경을 읽거나 그렇지 않으면 청운에게 불경을 배웠다(이것은 나의 열성에다 청운의 호의가 곁들어서 그런지 의외로 빨리 진척이 되어 사흘 만에 이미 간단한 말로—물론 몇 마디씩이지만—대화하는 흉내까지 낼 수 있게 되었다).[12]

이렇게 파악한다면, 김동리에게서 조울증 징후를 읽어내는 작업이 그리 어려운 일이 아님을 알 수 있을 것이다. "창의적인 사람들 중에는 일반 사람들보다 양극성 장애를 가진 사람의 비율이 더 높다고 한다. …… 조증 상태에서는 기분이 고양되고, 에너지가 증가하고, 사고가 빨라지고, 얼핏 봐서는 무관한 생각들을 연결시키는 뛰어난 능력을 나타내는 식으로 창의성이 발휘되는 것으로 보인다"[13]라고 하니 김동리의 조울증 징후를 부정적으로만 이해할 필요는 없으리라고 생각된다. 김동리는 해방 이후부터 자신에게 내재해 있는 조울증 징후로부터 벗어나기 위한 적극적인 노력을 기울이기 시작한다. 따라서 이번 장에서는 해방기 이후 소설의 분석을 통해 김동리의 그러한 노력을 분석해 보기로 한다.

---

12) 김동리, 「等身佛」, 『金東里代表作選集 1—短篇選集』, 삼성출판사, 1967, 60~61면.
13) 조용래, 앞의 책, 55면.

2. '구경적 삶의 형식' 탐구의 의미

김동리에게서 조울증의 징후가 나타난다는 사실 자체에만 논의를 맞춰서 그의 소설을 분석하는 것은 그리 현명한 일이 아니다. 사실 누구나 다 어느 정도는 이상심리(abnormal psychology)를 가지고 있으며, 이를 통해 유형에 따른 부류로 묶어서 설명할 수도 있다. 차이가 있다면 현실 생활을 무리 없이 감당할 수 있는가 하는 정도의 문제일 텐데, 김동리의 사회현실 적응 정도를 따지는 것이 이 글의 목적은 아니다. 따라서 김동리에게 나타나는 조울증 징후를 전제하되, 그가 과연 조울증 징후와 어떻게 맞서고 있는가를 살피는 일이 중요할 것이다. 통계적으로 파악했을 때 '조울증 징후를 드러내는 이가 더욱 창의적이다'라고 말할 수 있다고 해서 조울증 증세를 겪는 모든 사람이 창의적인 것은 아니다. 그러한 증세를 극복하기 위해 노력하는 사람만이 바람직한 전망을 가질 수 있을 따름이다. 김동리의 소설에 의미가 있다면 바로 그러한 지점에 놓인다. 즉 자신의 심리에 잠복한 조울증의 경향과 맞서면서 그 산물로써 세상에 내놓은 것이 바로 소설이라는 사실이다. 김동리의 소설을 통해 분석해야 할 것은 그러한 대결을 통해 김동리 자신이 어떻게 변모해 나갔는가 하는 과정이다.

이를 위해 먼저 전제해야 할 사실이 있다. 이데올로기적인 대립이 두드러지는 소설은 분석의 대상에서 제외해야 한다는 것이다. 이데올로기가 강하게 드러나는 작품을 통해서는 김동리의 이념적 편향만 드러날 뿐 엄격한 상황 분석은 기대하기 어려울 수밖에 없다. 앞에서 전제했던 것처럼, 김동리는 조울증 징후를 두드러지게 나타내고 있으며, 이러한 경향을 내보이는 사람은 흑백논리를 바탕으로 설정하기 쉽기 때문이다. 예를 들어 「지연기(紙鳶記)」(『동아일보』, 1946.12.1~19)에 대한 이동하의 평가를 보자. "상당한 당혹감을 느끼지 않을 수 없었다. 왜냐하면 설령 김정운처럼 친일의 전력과 개인적인 비리로 인한 곤경에서 벗어나기 위하여 좌익에 접근한 사람이 그 당시에 존재했던 것은 사실일지 모르나 그것은 지극히 소수에 불과하며, 그와 같은 처지에 놓였던 대부분의 사람은 오히려 정반대로 우익에 가담함으로써 과거의 모든 죄과에 대한 처벌을 면제받았다고 하는 것이 엄연한 역사적 진실이기 때문이다."[14] 이러한 관점에서 이동하는 「혈거부족」(『白民』, 1947.3), 「형제」(『白民』, 1949.3), 「흥남철수」(『현대문학』, 1955.1)에 대해서도 여전히 같은 평가를 내리고 있다. 따라서 이데올로기가 강하게 드러나는 작품을 분석해 보아야 김동리의 조울증 징후를 재차 확인할 수 있을 따름이다. 그러니 이데올로기와 연관된 소설은 분석의 대상에서 제외하고자 한다.

또한, 일상을 대상으로 하여 삶의 세목을 펼쳐 보이는 작품들 또한 그리 중요한 의미를 획득하기가 어렵다. 물론 전통적인 의미에서의 리얼리즘에 충실한 작가라면 이러한 작품들을 분석하는 것이 무척 중요할 것이다. 삶을 둘러싼 사회의 구조를 어떻게 파악하는가가 드러나기 때문이다. 하지만, 김동리는 이러한 경우에 해당되지 않는다. 조울증 징후의 영향 탓으로 하여 그에게 중요했던 물음은, '사회의 구조를 어떻게 파악할 것인가'가 아니라, '삶을 왜 긍정해야 하는가'로 나타났기 때문이다.[15] 김동리는 김병규와의 논쟁을 통해 결국 「文學하는 것에

14) 李東夏, 앞의 책, 76면.

15) 만약 김동리가 사회의 구조 파악에 좀 더 관심을 기울였다면 「偶然性의 硏究」로 나아가지는 않았을 것이다. 논리적으로 파악되지 않는 그 무엇이 삶에 내재해 있고, 이는 '운명'이라고 불러야 할 성격의 문제이기에 여기에 접근하는 방식을 살핀 결과가 「偶然性의 硏究」로 나타났다는 말이다. 김윤식은 「偶然性의 硏究」에 대해 다음과 같은 견해를 밝히고 있다. "이 운명이란, 우연성으로만 이루어진다는 것, 그 때문에 우연성이란 '운명'이란 말을 가운데 둔 필연성이 아닐 수 없다는 것, 그 때문에 우연성 · 운명 · 필연성의 등위관계랄까 균형감각이 성립되었던 게 아닐까. 소설 창작에서 플롯과 인물(성격)에 최대의 비중을 둔 김동리가, 그러니까 플롯의 본질을 필연성이라 본 그가,

對한 私考—文學의 內容(思想性)的 基礎를 爲하여」(『白民』, 1948.3)에 이르게 되었는데, 이는 '삶을 왜 긍정해야 하는가'를 중심으로 하는 자신의 문학관 정립 과정을 논리적으로 보여준 평론이다. 즉, '어떻게'라는 물음보다 '왜'라는 물음이 보다 근원적이며, 그에 따라 '본격문학'이 추구해야 할 내용이 '구경(究竟)적 삶[生]'의 탐구라고 김동리가 주장할 때, 이것은 자신의 양극성 장애의 영향과 논리적으로 맞서면서 극복해 나가는 형국인 것이다. 이와 마찬가지의 대결이 소설에서도 나타날 터인데, 삶의 세목들에 따라 펼쳐지는 소설에서는 이러한 정신의 고투를 찾아내기가 어려울 수밖에 없다. 이러한 성격의 소설들은 이미 삶의 긍정을 배면에 깔고 있는 것으로, 양극성 장애로부터 어느 정도 자유로워졌을 경우 창작이 가능해지기 때문이다.[16)]

그렇다면, 어떤 성격의 작품들이 분석의 대상으로 남게 되는가. 먼저 '구경적인 생의 형식' 탐구를 형상화해낸 소설들을 꼽을 수 있다. 기실 김동리의 대표작으로 꼽히는 작품들은 대부분 여기에 속한다. 예컨대 식민지시대 발표한 「바위」(『신동아』, 1936.5), 「巫女圖」(『중앙』, 1936.5), 「黃土記」(『문장』, 1939.5)를 보자. '문둥이'라는 천형(天刑)을 선고받은 이도 나름대로 삶을 이어가면서 기원하는 바가 있는데, 그것은 손돌로 복바위를 끊임없이 갈아대는 행동으로 형상화된다. 삶의 의미

「우연성의 연구」(『신사조』, 1950.1)를 구상하지 않을 수 없었던 것은 이 사정과 관련된다."(김윤식, 「'구경적 삶의 형식'의 문학관 형성과정」, 『김윤식선집①—문학사상사』, 솔, 1996, 571면)

16) 소설의 성격상 본문의 내용에 포함시키기 어려우므로 각주를 통해 「절 한 번」(『평화신문』, 1948.8.6~8.12)의 내용을 소개하고자 한다. 이제껏 논의가 되지 않은 새롭게 발굴된 자료이기 때문이다. 「절 한 번」은 '納凉短篇릴레—' 중 하나로 발표된 작품이다. 김동인의 「주춧돌」, 최태응의 「病者戀愛」, 김송의 「殺母蛇」, 최태응의 「洞房記」 등이 이 때 발표된 작품들이다. 6회에 걸쳐 실린 「절 한 번」의 내용은 퍽 단순하다. 세 아이의 아버지이며 33살 된 아내의 남편인 '종수'는 가족을 고향에 남겨두고 서울에서 교사 생활을 하고 있다. 그런데, 이러한 '종수'는 미혼인 동료교사 '명순'과 사랑하는 사이이다. 결국 어찌 할 수 없이 헤어졌다가 육 년 후에 그 둘은 우연히 만나 스쳐 지나치게 된다. 「이맛살」(『文化』, 1947.10)은 「절 한 번」에 비해 상대적으로 어느 정도의 수준에는 도달한 작품이므로 다른 지면을 통해 소개하도록 하겠다.

는 바로 그 행위와 함께 한다(「바위」). 천황에게 여의주를 빼앗겨서 자신의 원망(願望)을 결코 이룰 수 없는 두 마리의 용처럼 존재하는 두 장사가 있다. 넘쳐나는 힘을 주체하지 못하는 그들은 격렬한 싸움을 통해 나름의 존재 방식을 찾아나간다. 그 싸움이야말로 자신들에게 부여된 운명을 끌어안고 삶의 의미를 찾아 나서는 방식인 것이다(「黃土記」). 김동리가 삶의 질서를 뛰어넘어 무속(종교)의 세계로 나아갈 수밖에 없었던 까닭 또한 마찬가지이다. 일상생활의 논리로는 결코 포착하지 못할 인간의 면면이 존재하는 바, 무속을 통해 나름의 '구경적 생의 형식'을 보여줌으로써 그 가려진 측면을 보여주겠다는 것이 바로 「巫女圖」이다.

김동리의 이런 세계를 정확하게 포착한 비평가는 김동리와 함께 남한 문단의 질서를 구축해 나갔던 조연현이다. 조연현은 「黃土記」, 「玩味說」, 「驛馬」, 「찔레꽃」, 「庭園」, 「달」, 「穴居部族」, 「바위」를 허무에 대한 세 가지 도전 방식으로 분류하며 이런 추측을 남기고 있다. "허무가 人類의 運命이라면 이것을 타개하는 것은 人類의 課題가 아닐 수 없다. 氏는 이 課題를 해결하기 위하여 허무를 受諾하고 복종하기도 했고 이에 抗拒하여 도전하기도 했고 또한 이를 超克하는 방법도 시험해 본 것일까."[17] 6・25 이후에 발표된 소설에 대해서도 마찬가지이다. '허무'라는 단어 대신 '비극'이라는 말로 바꿔 놓고는 있지만, 소포클레스의 「오이디푸스」・셰익스피어의 『햄릿』과 『로미오와 줄리엣』・카뮈의 『이방인』을 환기시키면서 김동리의 「松楸에서」・「까치소리」・「等身佛」의 세계에 접근하는 조연현의 분석은 앞의 작품을 이해하는 방식과 상당히 유사하다. 조연현은 "人間의 어떤 極限狀態란 人間의 가장 압축된 悲劇性을 가장 많이 表象해" 준다고 전제하면서 세 작품의 성격

17) 趙演鉉, 「韓國現代作家論－金東里①」, 『趙演鉉文學全集⑥－韓國現代作家論』, 어문각, 1977, 19면.

요인을 이렇게 꼽고 있다. "옛날이나 지금이나 가장 本格的인 文學은 그러한 人間의 悲劇을 추구해온 것이 아닐까. 悲劇優位論은 결코 낡은 古典的 原理로만 화해 버린 것이 아니라 現代에도 文學은 古代에서처럼 人間의 悲劇을 여전히 추구해가고 있는 것이 아닐까. 그렇다면 그 作品이 어떤 문제를 다루었건 人間의 悲劇이 어떻게 表現되어져 있는가 하는 것이 先決問題이어야 하며, 그것의 表現은 먼저 讀者에게 悲痛의 衝激을 주는 데 있을 것이다. 이런 점에서 前揭한 金東里의 세 作品은 稀有하게 성공한 作品에 속한다."[18]

두 번째로는 영웅적 면모가 드러나는 소설들이 중요한 분석의 대상으로 떠오른다. '타인의 사랑과 인정을 지나치게 갈구하는 경향'은 양극성 장애를 드러내는 특징 가운데 하나이다. 김동리의 경우 사랑과 인정을 갈구하는 타인은 범보로 집중되어 나타났다. 이는 김동리가 당당한 주체로 홀로 서기가 어려웠던 사정을 드러낸다. 따라서 "동리는 작가가 되어서도 형을 만나야만 글이 잘 써지는 듯했고 항상 큰형 가까이 있고 싶어했다"[19]라는 지적은 보다 심각하게 고려해 볼 필요가 있다. 예컨대 범보를 '반신적(半神的) 인간'으로 믿고 따를 정도의 김동리가 "나는 백씨가 지상에 있었던 두드러진 천재의 한 사람이라고 믿고 있다. 그에게 만약 그의 천재를 뒷받침할 만한 건강과 의지와 그리고 기회가 주어졌던들 공자나 기독에 준하는 일이라도 할 수 있지 않았을까 생각한다"[20]라고 말하는 것은, 이를테면 청소년기의 인간이 어떤 영웅상을 만들어 놓고 영웅과 현실의 자신 사이의 거리 설정을 제대로 못하는 무의식의 단계와 비슷하다고 볼 수 있다. 건강한 자아는 자신이 만들어낸 영웅상과 현실의 왜소한 자신 사이에서 벌어지는

---

18) 趙演鉉, 「作家와 作品—金東里와 成佛의 美學」, 위의 책, 298~299면.
19) 김정숙, 『김동리 삶과 문학』, 집문당, 1996, 51면.
20) 김동리, 「백씨 범부 선생 이야기」, 『나를 찾아서』, 421면.

긴장의 통과제의를 거쳐 탄생한다.[21] 양극성 장애의 경향을 드러냈던 김동리 역시 그가 만들어낸 영웅상인 '반신적 인간' 범부로부터 떨어져서 홀로 어떻게 자립할 수 있는가는 중요한 문제일 수밖에 없다. 이럴 경우 꿈이라든가 소설에서는 그런 긴장을 둘러싼 내적 갈등이 종종 드러난다. 김동리의 작품들 가운데 영웅의 면모가 부각되는 소설들이 상당수 존재하는 이유는 바로 여기에서 기인한다. 따라서 영웅적 면모가 드러나는 소설을 통해서도 자신에게 내재해 있는 양극성 장애 경향과 맞서면서 변화하는 김동리의 세계를 파악할 수 있을 것이다.

3. 해방기 소설의 변화 양상—「驛馬」와 「人間同意」를 중심으로

식민지시대 김동리의 소설에서 영웅적인 면모가 그려진 대표적 작품은 「黃土記」(『文章』, 1939.5)이다. 여기 등장하는 장사 '득보'와 '억쇠'의 운명은 풍수지리설과 아기장수 설화와 결부되어 있다. 먼저 풍수지리설을 보자면 황토골의 쌍룡설, 절맥설에 주목해야 한다. 쌍룡설이란 상제(上帝)에게 여의주를 빼앗겨서 승천하지 못하게 된 황룡 한 쌍의 이야기이며, 절맥설이란 당나라 어느 장수가 중원을 범할 장사의 탄생을 두려워하여 지맥(地脈)을 잘라 그때 흐른 피로 인해 일대가 황토지대로 변했다는 내용이다. 그리고 황토골에 장사가 태어나면 역적이 된다고 하여 넘쳐나는 힘을 숨겨야만 했던 억쇠의 삶은 분명 아기장수 설화와 일치한다. 「黃土記」의 이러한 전제들은 억쇠와 득보의

21) 칼G.융 외, 『인간과 상징』, 열린책들, 1996.

삶을 미리 결정하고 있다. 즉 억쇠와 득보의 삶은 그 저주받은 운명을 확인하는 과정으로서만 의미를 가지게 되며, 이에 따라 그들의 엄청난 힘(능력)은 그저 서로의 싸움을 통해서만, 그러니까 승천하지 못하는 이무기의 한으로서만 확인될 따름이다. 비유컨대 「오이디푸스왕」에서 주인공이 아무리 버둥거렸어도 결국 그의 삶은 신탁(神託)의 완성을 향해 나아가는데 불과했던 것처럼 비극적인 운명만이 부각되는 양상이라고 할 수 있다.

해방이 된 이후에도 얼마간에도 이런 경향은 그대로 반복되고 있다. 그러니까 비극으로 채워진 삶이지만 어쩔 수 없이 수용할 수밖에 없는 것이 삶이라는 인식이 여전히 이어지고 있다는 것이다. 예컨대 「이무기」라는 시를 보면 「黃土記」에 나타나는 삶에 대한 인식 방식을 발견할 수 있다. "앞내 소에 / 앞내 소 이무기 산다 / 소낙비에도 / 다시 나는 햇빛에도 / 하늘 내음 어림인가 / 쉰 길 물속에서 / 이무기는 몸을 뒤친다."[22] 「後記」를 통해 "30대의 것"[23]이라고 밝히고 있으니 대략 이 시기 즈음 씌어졌다고 추정할 수 있다.

소설에서 이런 경향을 보이는 작품으로는 「未遂」(『白民』, 1946.12)와 「달」(『문화』, 1947.4)을 꼽을 수 있다. 여기 등장하는 인물들은 도대체 삶 속에서 벌어지는 일들에 대해 아무런 버둥거림이 없다. 속신(俗信)이라든가 죽음의 유혹에 대해 아무런 저항감이 없이 그대로 이끌리는 것이다. 먼저 「未遂」를 보면, 딸이 죽고 난 후 다른 여자에게 재가한 사위의 집에 얹혀사는 노파가 등장한다. 자식은 물론 일가친척 하나 남아있지 않은 이 노파의 걱정은 자신의 제사를 지내줄 이가 아무도 없다는 사실이다. 즉, "사람이 살어서야 여간고생을 하더라도 죽은 뒤의 복을 타야지, 한해 한번씩 떳떳이 제사 지내줄 사람도 없다면 그

22) 김동리, 「이무기」, 『바위』, 일지사, 1973, 8면.
23) 김동리, 「後記」, 위의 책, 132면.

무궁한 세월을 또 어떻게 굶주리며 도라 다닌단 말인가"[24]라는 속신(俗信)을 노파는 철저하게 믿고 있는 것이다. 그렇지만 노파는 어찌 할 도리가 없다. 그래서 복어의 알을 먹으며 자살을 시도하는데, 이는 실패에 이르고 만다. 일이 이렇게 전개되었을 때 가장 불리한 입장에 놓이는 것은 사위가 새로 맞이한 아내 '윤성이네'일 수밖에 없다. 내막을 잘 모르는 주변사람들로서야 윤성이네가 노파를 얼마나 괴롭혔으면 자살을 시도했을까 수군거릴 것이 분명하기 때문이다. 그럼에도 불구하고 윤성이네는 그저 자신의 팔자소관으로만 돌릴 뿐 아무런 변명도 시도하지 않는다.

> '누구를 원망해 소용 있나, 모도가 이년의 팔짜 소관인걸.'
>
> 어느듯 두개째 피어문 담배 연기를 후— 내불며 윤성이네는 혼자ㅅ말로 이렇게 중얼거렸다. 그는 지금까지 자기가 노파에게 그다지 몹쓸짓을 했다고는 생각하지 않는것이며, 그보다는 금년 신수에 구설수에 들었던가부다고 그러니 모든것이 결국은 자기의 팔자 소관이라고 생각 하는것이며, 그러므로 한 시 바삐 덮어놓고 잊는것만 같지 못하다고, 그래 언제나 하는 버릇으로 두눈을 지긋이 내리 감으며 후—하고 담배 연기를 내부는 것이었다.[25]

「달」 또한 마찬가지이다. '달이'(達伊, 達得이라고도 함)와 '정국'(貞菊)은 서로 사랑하는 사이다. 정국은 달이가 다니는 서당 훈장의 딸인데, 그녀는 달이를 처음 봤을 때부터 자신이 죽으리라는 느낌을 갖게 된다. 이유는 없다. "저절로 알아졌다"라고 밝힐 따름이다. 이후 달이와 정국의 사이가 알려지자 정국은 물속에 몸을 던져 자살을 했으니

24) 金東里, 「未遂」, 『白民』, 1946.12, 81면.
25) 위의 글, 89면.

그 느낌은 그대로 맞아 떨어졌다고 볼 수 있다. 느낌의 주술성(절대성)에 모든 것을 내맡긴 형국이다. 한 해 정도 지나 달이 또한 정국의 뒤를 물 속에 몸을 던지는데, 이때에도 죽음에 대한 친화력은 절대적인 것처럼 느껴진다.

> 열일헷 달이 거진 하늘 한 가운데나 돌았을 때였다. 숙히는 어두운 숲그늘을 타고 강가를 오르나리고 있었다. 강물 위에는 달득이가 적은 배우에서 조용히 노를 젓고 있었다. 그의 얼굴은 달빛에 반사하야 거울같이 희고 둥글며 아름다워 뵈였다. 그는 빙글 빙글 웃는 얼굴로 물 속에 비친 달을 들여다 보며 무어라 중얼중얼 혼자서 중얼거리고 있었다. 흡사 누구와 무슨 정다운 이야기를 하고 있는 듯 하였다. 달이 시방 꿈을 꾸고 있는 것인지도 모른다고 숙히는 생각 하였다. 꿈 속에서 정국이와 만나 저렇게 즐겁게 이야기를 하고 있는 겐지도 모른다고, 숙히는 생각 하였다.
>
> 달이는 물을 들여다 보고 무엇을 묻고 있는 모양 이었다. 그리고 고개를 끄덕거리는 것이었다. 바로 그러는 순간이었다. 달이는 배에서 물 속으로 떠러지며 있는 것이었다. 숙히는 마치 꿈 속에서와 같이 소리를 지르려고 무진 애를 쓰는 것이었다.[26)]

정국이와 달이가 죽음에 맹목적으로 이끌리고 있다는 사실은 김동리의 심리가 어떤 쪽으로 흐르고 있는가를 보여준다. 어떤 원인도 없이 그저 죽음-의식에 노출된 것이 바로 「달」을 쓸 즈음 김동리의 상태였던 것이다. 물론 둘의 관계가 알려졌다고는 하지만, 이를 둘러싼 갈등은 소설의 어느 부분에도 나타나지 않는다. 예를 들어 『等身佛』에 실린 「한내마을의 傳說」(원발표지 미확인, 1950)과 비교해 보면 이

26) 金東里, 「달」, 『文化』, 1947.4, 58~59면.

러한 성격은 선명하게 드러난다. 「한내마을의 傳說」에서도 상황은 이와 비슷하다. 그런데, 여기서 부각되는 것은 신분상의 차이로 인해 빚어지는 인물들 내면의 갈등이며, 결국 임신한 명숙이와 상수는 그 차이를 극복하고 결혼에 이르게 된다. 결말의 차이를 떠나더라도 「달」에서는 이런 갈등이 완전히 배제되어 있고 오로지 죽음에 대한 예감(정국)과 이끌림(달이)만이 전면적으로 펼쳐지고 있다. 그러니 「달」을 썼을 당시에는 소설의 사건을 직조해 내지 못할 정도로 죽음의식에 사로잡혀 있었다고 이해해도 무방할 것이다.

김동리의 이러한 심리 상태가 조금씩 바뀌어 나가는 모습이 나타나기 시작하는 작품이 바로 「驛馬」(『白民』, 1948.1)이다. 「驛馬」에도 물론 한 인간의 삶을 좌지우지할만한 운명적인 장치들은 나타난다. 먼저 '화개장터'라는 공간적 배경과 등장인물들의 삶이 근본적으로 일치하고 있다는 사실은 풍수지리설을 떠올리게 한다.[27] "젊은 남사당의 진양조 가락에 반하야 옥화를 배게 된 할머니나, 구름같이 떠 돌아 다니는 중과 인연을 맺어서 성기를 가지게 된 옥화나 다 같이 화개장터 주막 집에 태어났던 그들"[28]이라는 점은 이를 보여준다. 그리고 이와 함께 중요하게 부각되는 것이 사주(四柱)이다. 주인공 '성기'의 사주에는 시천역(時天驛, 驛馬煞)이 들어 있다. 이러한 살을 때우기 위해 그의 할머니와 어머니 옥화는 성기에게 중질을 시키기도 하고, 책장사를 시키려고도 한다. 그런데, 이러한 운명은 주인공을 비극으로 이끌지 않는다. 즉, 「황토기」라든가 「未遂」, 「달」에서와는 달리 성기를 둘러싼 이러한 풍수지리적 내용, 사주는 오히려 성기를 해방시키는 방향으로 작용하고 있다. 바로 이 점에서 「驛馬」는 이전 작품들과 변별점을 가

27) 최시한, 『현대소설의 구조시학적 연구—김동리 소설을 중심으로』, 서강대 석사학위논문, 1980; 李東夏, 앞의 글, 87~89면.

28) 金東里, 「驛馬」, 『白民』, 1948.1, 62면.

지게 되는 것이다. 따라서 그러한 사실들에 주목할 필요가 있다.

먼저 성기의 할머니나 어머니 옥화만 하더라도 성기를 사주에 그대로 내맡기려 하지 않고 있다. 그들 나름대로 주어진 운명에 맞서고자 노력을 기울이고 있다는 점은 「未遂」나 「달」에서는 볼 수 없던 모습이다. 물론 이들의 노력은 '역마살'이라는 성기의 운명 앞에서 수포로 돌아간다. 하지만, 그 내용을 살핀다면 오히려 그러한 노력의 실패가 성기에게는 긍정적으로 작용하고 있다는 것을 알게 된다. '계연'을 사랑했지만, 자신의 이모뻘임을 알고 그녀를 떠나보낼 수밖에 없었던 성기가 다시 계연을 찾아 길을 나설 수 있게 하는 의지의 확인으로 작용하고 있기 때문이다. 이 대목에서 「驛馬」가 발표된 지 얼마 지나지 않아서 「文學하는 것에 對한 私考—文學의 內容(思想性)的 基礎를 爲하여」(『白民』, 1948.3)가 발표되었다는 사실을 떠올릴 필요가 있다. "여기서 우리는 김동리가 「문학하는 것에 대한 사고」에서 '우리는 우리들에게 부여된 우리의 공통된 운명을 발견하고 이것의 전개에 지향하지 않으면 안 된다'라고 주장했던 것을 떠올릴 수 있거니와, 그 운명의 모습이 여기서는 바로 사주라고 하는 전통적 민간신앙의 차원으로 나타나고 있는 셈이다."[29]

성기가 자신의 운명을 발견하고 이에 순응하는 마음가짐이 얼마나 희망적인가는 작품의 마지막 장면을 보면 명확하게 드러난다. 인연에 대한 믿음이 너무도 깊어서 굳이 계연이가 떠난 구례 쪽을 보고 길을 나서지 않을 정도이다. 한 걸음 한 걸음 내디딜 때마다 마음은 가벼워져 어느 새 육자배기 가락으로 노래를 흥얼거리게 되는 성기를 보라.

> 그의 발 앞에는 물과 함께 갈리어 길도 세 갈래로 나 있었으나 화갯골 쪽엔 처음 부터 등을 지고 있었다. 동남으로 난 길은 하동, 서남으로 난 길

29) 李東夏, 앞의 글, 88면.

이 구례, 작년 이만때도 지나 계연이가 한나절이나 얼골을 대이고 울고 갔다는 늙은 소나무는 올해도 비스듬히 고개져 돌아간 구렛길 산 모롱이에 그냥 서 있었다. 그러나 그 소나무를 한참동안 바라 보고 있던 성기는 어느듯 몸을 도리켜 하동 쪽을 향해 발을 떼어 놓았다.

한 거름 한 거름 발을 옮겨 놓을수록 그의 마음은 행결 경쾌하여져, 멀리 버드나무 사이에서 그의 뒷 모양을 바라보고 서 있을 그의 어머니의 주막이 그의 시야에서 완전히 사라져 갈 무렵 하여서는, 육자바기 가락으로 제법 콧 노래까지 흥얼거리며 가고 있는 것이었다.[30]

「驛馬」를 보면, 분명히 어떤 개인에게 드리운 운명이란 비극적인 것이 아니다. 이는 비극성에도 불구하고 어쩔 수 없이 끌어안고 감당해야 하는 것이 삶이라는 지금까지 김동리의 인생관과는 상당히 다른 내용이라고 할 수 있다. 「驛馬」에 나타나는 운명에 대한 이러한 긍정은 이 시기에 이르러 자신의 양극성 장애 경향으로부터 어느 정도 벗어나고 있다는 단서라고 하겠다. 이후 씌어진 자전소설 「心情」(『學風』, 1949.3, 「觀親記」로 改題하여 『等身佛』 수록)과 「人間同意」(『문예』, 1950.5)를 보면, 「驛馬」에 나타난 인생에 대한 긍정성이 어떻게 자신의 삶을 끌어안는 데로 나아가게 되는가를 보여준다. 예컨대 예술(저 건너 '산')과 삶의 질서('결혼', '마을')를 대립적으로 파악하며 식민지시대에 써 내려갔던 자전소설 「佛畵」 3부작(「率居」, 「剩餘說」, 「玩味說」)과 비교했을 때 그 의미는 더욱 분명해진다.

「心情」은 자신이 나이든 어머니를 직접 모시지 못하는 안타까움으로 시작한다. "'어머니가 일흔만 살면 내가 마음껏 한번 모셔 보지.' 그의 어머니가 회갑이 되던 해, 균은 혼자 속으로 이렇게 생각했던 것이

30) 金東里, 「驛馬」, 앞의 책, 75면.

다. 그 때 그의 나이 열 여섯이었다. 십년. 그러나 허사였다. '이제 다섯 해만 더 참으시면 내가 힘껏 한 번 모셔 보지.' 그 다섯 해가 또 지났다. 그것이 바로 一九四五년, 저 八·一五의 해방이 되던 해였다."[31] 안타까움이 그다지 긍정적인 감정은 아니지만, 큰형 댁에 머무르고 계시는 어머니를 직접 모시고자 하는 마음가짐은 생활에 발을 담그려는 의지를 간접적으로 보여주는 것이다. 또한, 후경(後景)처럼 존재하는 소설의 세부 사실들도 구체적으로 제시되어 있다. 동래(東萊)에 목욕을 할 만한 수준의 숙박시설이 없다느니, 『민족문화의 근본 내용』을 강의하는 방식 따위는 막연한 감정에 휩싸인 것이 아니라 작가가 생활의 질감을 가지고자 했기 때문에 표현이 가능해지는 것이다. 「佛畵」 3부작에서 확보하지 못했던 자전소설로서의 성격을 「心情」이 확실하게 내보일 수 있는 까닭은 여기에 있다.

「人間同意」는 「佛畵」 3부작의 후일담이라고 볼 수 있다. 「佛畵」 3부작의 마지막 작품 「玩味說」(『文章』, 1939.11)에서 김동리는 주인공 재호로 하여금 애 못 낳는 늙은 기생을 결혼상대로 선택하게 설정함으로써 결혼의 불모성을 암시하고 있었다. 「人間同意」에서 가장 부각되는 내용은 부인 경선(景善)에 대한 못마땅한 감정이다. 이는 이즈음 갑자기 생겨난 것이 아니라 결혼한 지 얼마 지나지 않아서부터 계속 누적되어 왔던 것이다. 결혼한 지 달포가 지나면서부터 시작되었던 말다툼은 「人間同意」의 주인공 장익(張翊)과 경선의 결혼 생활이 어떠했던가를 짐작하게 한다. 결국 그 감정이 쌓이고 쌓여 해방을 맞고 다시 몇 년이 지나 이즈음에 이르렀을 때 익은 아내에게 다음과 같은 언사를 쏟아 붓게 된다.

---

31) 金東里, 「心情」, 『學風』, 1949.3, 101~102면.

> 우리 싸움은 성질이 달랐어. 당신은 나더러 국민학교 소사 노릇이나 하라고, 무슨 자격이 있느냐고 이런 말을 했을 때 내 인격 전부가 당신한테서 완전히 떠나고 말았어. 맘으로 그렇게 생각한 것이 아니라 내 핏줄에, 혈구(血球)에 그렇게 맺히고 말았어, 당신이 내가 써내는 시나 평론 같은 것을 한번 거들떠보려고 하지 않는 것을 나는 탄하지 않아. 그것은 처음부터 각오한 거야. 나는 처음부터 당신에게 내가 하는 일을 이해해 주고 도와주고 하는 것까지 바라지도 않았어. 그러나 내 하는 일이 그 시절에 맞지 않고 돈이 되지 않는다고 해서 내 인격까지를 도외시하는 데서 아마 우리는 그렇게 싸울 때마다 극도로 미워하고 저주하게 되었던가 봐. 지금 생각하면 물론 내 잘못도 많아. 그 뒤 당신이 나와 아이들을 위하여 꾸준히 고생해 온 것을 보면, 그때 나에게 소사 노릇이나 하라고 한 것도 우리는 남이 아니라고, 자기 자신이라고 생각하고 말한 걸 거야. 그걸 모르는 건 아니지만 이제 와서는 내 가슴이 얼어붙고 말았어. 영원히 당신을 향해서는 풀리지 않을 거야.[32)]

"당신이 내가 써내는 시나 평론 같은 것을 한번 거들떠보려고 하지 않은 것을 나는 탄하지 않아. 그것은 처음부터 각오한 거야. 나는 처음부터 당신에게 내가 하는 일을 이해해 주고 도와주고 하는 것까지 바라지도 않았어"라며 '처음부터'를 두 번이나 강조하는 대목에 주목한다면, 「佛畵」 3부작을 써 내려갈 때 김동리가 왜 그렇게 극단적으로 예술과 생활을 대립시킬 수밖에 없었는가를 추측할 수 있게 된다. 양극성 장애의 경향 탓에 김동리는 본래부터 예술과 생활의 관계에 대해 통일적 사고보다는 대립적 사고를 전개할 개연성이 많았다. 그런데, 문학에 전혀 관심이 없던 첫 번째 아내 김월계(金月桂)와의 결혼은 그런

---

32) 김동리, 「인간 동의」, 『김동리 전집② — 역마 · 밀다원 시대』, 민음사, 1995, 187면.

가능성을 굳어지게 하는 계기로 작용했던 것이다. 결혼 이후 익의 아내 경선(김월계)이 원했던 생활의 방편이라면 친일로 기울 가능성이 다분했으니[33] 김동리로서는 그런 대립을 고착화시키며 스스로의 태도에 대해 논리적으로 정당성을 부여하기에도 아무런 문제가 없었다.

"부부간 의사소통 기술이 우울증에 매우 중요하다"[34]라는 사실은 이미 널리 입증된 바다. 김월계와의 생활 동안 부부 관계뿐만 아니라 김동리를 둘러싼 거의 모든 환경 또한 부정적으로 펼쳐지고 있었다. 1937년부터 무던히 공을 쏟았던 광명학원이 1941년 6월 일제에 의해 강압적으로 폐쇄 당했고, 1940년 즈음 『文章』에 보낸 「下弦」과 『人文評論』에 보낸 「少女」가 전문 삭제되기도 했다. 이는 1941년 『文章』 2월호에 「少年」을 발표한 이후 절필하는 데까지 이어진다. 1941년과 1942년에는 그의 정신적인 지주였던 범보가 두 차례에 걸쳐 구속되었고, 첫 번째 아들 진아(晋兒)와 사별한 것도 이 즈음이다. 그러니 김동리의 양극성 장애 경향이 현실화되어 극에 달했으리라는 자명한 일이다.[35] 김동리는 이후 동네 망나니들과 어울렸다고 기술하고 있다. 범보의 구속에 따라 신체 생리적 증상까지 나타났다는 사실도 이와 함께 생각할 수 있을 것이다. "형님이 경기도 경찰국으로 잡혀간 뒤부터, 나는 가슴에 담(痰)이 붙고, 소화불량증이 생겼다. 무언지 식도에서 목구멍으로 곧장 내다보는 듯한 꺼림직한 것이 가셔지지 않았다. …… 나의 체증은 조금도 나아지지 않았다. 오른쪽 갈비뼈 밑이 찌릿

33) 예컨대 익과 경선의 다음과 같은 대화는 이를 보여준다. "왜놈의 종질하는 게 기센가?" / "당신은 종질할 자격이나 있소?" / "없지" / "없는 게 그렇게 기센가?" / "당연하지" / "흥, 자기는 소사질 할 자격도 없으면서 ……" / "그래"(위의 책, 181~182면)

34) 조용래, 앞의 책, 106면.

35) "우울증의 인지이론은 기본적으로 인지적 취약성–스트레스 모형(cognitive vulnerability-stress model)에 기초한다. 즉 우울증이 유발되기 위해서는 두 가지 요인이 필요한데, 하나는 환경적 요인인 부정적인 생활 스트레스이고 다른 하나는 개인적 요인인 우울증에 대한 취약성이다."(권석만, 앞의 책, 105~106면)

하게 아프고, 목구멍에 무엇이 치밀어 올라오다 걸려 있는 듯한, 야릇한 증세는 차츰 기침까지 곁들이기 시작했다."[36]

「人間同意」에서 아내 경선의 반대편에 존재하는 이가 바로 이지애(李知愛)이다. 물론 지애의 모델은 훗날 그의 두 번째 부인이 된 손소희(孫素熙)이다. 김동리의 두 번째 아들 김재홍의 증언에 따르면, 두 사람은 "구체적인 소설 지도를 받고 싶어하는 손소희를 한무숙이 김동리에게 가 보라고 소개"[37]해서 만나게 되었다. 손소희는 1948년 이른 봄 플라워다방에서 예술출판사 여기자 이은희와 함께 김동리를 만났다고 기술하고 있는데, "그 날의 김동리의 목소리는 몹시 감격적이었고 경향신문사에서 낸 달력 한 권씩을 선물로 받은 것으로 기억한다"[38]라고 적고 있으니 「驛馬」, 「文學하는 것에 對한 私考」가 발표될 시기와 일치한다고 보면 되겠다. 당시 『한성일보』 편집국장 심영택의 부인이었음에도 불구하고, 손소희가 1948년 '마돈나' 다방과 잡지 『혜성』을 시작하면서 두 사람은 급격하게 가까워지기 시작했다.

지애(손소희)가 경선(김월계)과 얼마나 다른가는 김동리의 또 다른 자전소설 「故友」(『新太陽』, 1958.10)를 보면 분명하게 드러난다. 「故友」의 화자 '균(均)'은 가난에 허덕이던 가운데 기업체의 사장으로 성공한 계성학교 동창 '석종수'를 만났다. 석종수는 소설가 균에게 도움을 주리라는 심사로 출판업을 맡기고자 했다. 이에 들떠있는 균에게 아내는 아래와 같이 말하고 있다. "인간관계에서도 상대방이 나를 사랑하는가 혹은 미워하는가 둘 중 하나로 보며, 부정한 경험을 한 번이라도 하면 그 관계는 전체적으로 부정적인 것이라고 결론 내리고 만다"라는 양극성 장애자의 경향을 염두에 둔다면, 「人間同意」를 쓸 당시 경

36) 김동리, 「自傳記」, 앞의 책, 332면.

37) 김정숙, 앞의 책, 223면.

38) 孫素熙, 「韓國文壇人間史⑧-理想이 높아 슬픈 詩人」, 『文學思想』, 1979.11, 190면.

선(김월계)에 대한 김동리의 거부감이 얼마나 심했을 것이며, 이에 반비례하여 지애(손소희)가 얼마나 긍정적으로 다가갔을 것인가를 충분히 짐작할 수 있을 것이다.

> 당신 성격에 친구 돈 가지고 일 시작해 놓면 자기 돈보다도 더 책임을 느끼고 거기 매달릴 거에요. 그러면 문학은 자연 뒷전이 되잖아요? …… 전 그게 무서워요. 당분간이라고는 하지만 일에 한번 손을 대어놓면 어디 맘대로 되겠어요? 지금 당신 나이에, 제일 중요한 시기를 사업에다 바쳐 버리면 어떻게 되겠어요? …… 저는 밤 새도록 자리에 누어서 그 일만 생각 했어요. 처음엔 너무 기쁘고도 놀라워서 잠이 오지 않더니 나중 자꾸 생각을 하는 사이에 문득 그런 생각이 들었어요. 그것은 당신이나 제가 다 함께 결심하고 출발 했던 일에 배치 되는 길이라고요. …… 저도 그이가 진정으로 당신을 도울려고 하고 있다는 것은 알 수 있어요. 그이는 당신을 도울 수 있는 가장 합리적이며 현실적인 방법이라고 생각하고 당신에게 그 일을 맡기려 하고 있다는 것도 믿을 수 있어요. 그렇지만 지금의 당신 나이에는 문학 이외의 일을 맡긴다는 것은 금이 쏟아지는 일이라도 도움이라고 할 수 없어요. 차라리 다른 방법으로 도와 주신다면 모르지만 그렇게 해서는 안 될 것 같아요.[39]

이렇게 파악한다면, 1948년이 시작되면서부터 김동리의 심리 세계는 이전과는 다르게 변모하고 있다고 말할 수 있겠다. 소설 「驛馬」(『白民』, 1948.1)에서는 각 개인에게 부여된 운명이 비극적이기만 한 것이 아니라는 인식이 드러나며, 평론 「文學하는 것에 對한 私考—文學의 內容(思想性)的 基礎를 爲하여」(『白民』, 1948.3)는 이를 논리적으로 뒷받

39) 김동리, 「故友」, 『신태양』, 1958.10, 277~278면.

침하고 있다. 뿐만 아니라 이즈음부터 만나 급격하게 가까워진 손소희는 이러한 인식을 생활 속에서 확인시켜 줄 수 있는 가능성으로 다가가고 있었다. 그러한 가능성을 향해 한 발 한 발 다가서다가 마침내 쓸 수밖에 없었던 작품이 자전소설 「人間同意」(『문예』, 1950.5)인 셈이다. 그런데, 「人間同意」에 나타난 개인사적인 일들이 매듭을 보기도 전에 그들은 한 바탕 격류에 휩싸이게 된다. 6・25가 발발한 것이다.

4. 6・25체험이 나타나는 양상－「蜜茶苑時代」와 「實存舞」를 중심으로

최택균(崔宅均)은 박사학위 논문 「金東里 小說 硏究－초월성과 현실성을 중심으로」에서 김동리의 6・25 체험에 대해 다음과 같이 말하고 있다. "이 시기 김동리 소설이 다루는 가장 중요한 문제의식은 인간의 운명을 主宰하는 '존재'의 탐구에 초점이 맞추어진다. 김동리에게 인간의 삶과 행동을 지배하는 알 수 없는 힘의 정체에 대한 문학적 탐구는 크게 두 가지 방향으로 나아가는데, 첫째는 인간의 실존적 삶의 비극성과 인간의 욕망의 좌절을 야기하는 전쟁의 실체와 의미에 대한 탐구와, 둘째 인간의 삶에 작용하는 운명으로서의 '신(자연)'의 탐구가 그것이다."40)

과연 이 시기 김동리의 소설을 '인간의 삶과 행동을 지배하는 알 수 없는 힘의 정체에 대한 문학적 탐구'에 맞춰서 분석이 가능한가는 두 가지 이유로 하여 의문이 든다. 첫째, 전쟁 체험을 소재로 한 소설들과 신, 영

40) 崔宅均, 「金東里 小說 硏究」, 성균관대 박사논문, 1998, 153면.

웅의 요소가 나타나는 소설들이 쓰인 시기는 뒤섞여 있는 것이 아니라 시기적으로 나뉘어 있다. 예컨대 발표순으로 대표적 작품들을 나열해 보면 이는 손쉽게 파악된다. 「歸還壯丁」(『신조』, 1951.6), 「相面」(원발표지 미확인, 1951, 「어떤 相逢」으로 改題하여 『꽃이 지는 이야기』에 수록), 「살벌한 황혼」(원발표지 미확인, 1954), 「興南 撤收」(『현대문학』, 1955.1), 「靑磁」(『신태양』, 1955.2), 「蜜茶苑時代」(『현대문학』, 1955.4), 「龍」(『새벽』, 1955.5), 「實存舞」(『문학과예술』, 1955.6), 『사반의 十字架』(『현대문학』, 1955.11~1957.4), 『春秋』(『평화신문』, 1956.4~1957.2), 「樂聖」(발표지 미확인, 1956). 이처럼 작품의 창작・발표가 시기적으로 분명하게 나뉘는데 이를 한데 묶어도 무방한가는 의문이다. 따라서 필자는 이번 절에서 김동리의 전쟁 체험만을 다루고자 한다.

둘째, 전쟁의 비극적 실체와 삶에 대한 비극적 인식을 제대로 구분하지 못하고 있다. 전쟁이란 이미 그 자체로 비극적인 것이다. 그러므로 전쟁을 배경으로 제시되는 상황은 비극적인 색채를 띨 수밖에 없다. 그런데 비극적인 상황의 제시에서 그쳐 버리고, 그 상황과 맞대면한 작가의 의식이 제대로 나타나지 않을 경우 이를 두고 '삶에 대한 비극적 인식'으로까지 끌고 갈 수 있는가는 의문이다. 특히 김동리의 경우 이는 섬세하게 다가가야만 한다. 애당초 죽음-의식을 배면에 깔고 있었기 때문에 그 양상이 어떻게 달라지고 있는가를 살피기 위해서는 응당 그래야 할 것이다. 그렇다면, 김동리는 전쟁을 배경으로 쓴 작품을 통해 과연 '허무' 혹은 '비극적 운명'과 맞대면하고 있는가. 이러한 물음 앞에서 '실존적 삶의 비극성' 운운은 설득력을 획득하기 어렵다.

예컨대 「歸還壯丁」에 나름의 의미를 부여할 수 있다면 '국민방위군 사건'을 소재로 삼았다는 데 있을 뿐이지, 이를 통해 '삶이란 무엇인가'라는 물음에 김동리 나름의 시각이 제시된 것은 아니다. 「相面」의 경우도 마찬가지다. 고향을 떠난 적이 없는 농사꾼 '석규(錫圭)'가 전쟁이 벌어지는 와중에 군인으로 나간 아들 '봉호'(鳳浩)를 찾아 육백 리를 떠나 드디어 만나고 있는 과정에서 부각되는 것은 전쟁의 비극성이 아니라 훈훈한 부자(父子)의 정이라고 봐야 한다. 「살벌한 黃昏」이 소품에 불과한 까닭도 단지 소재만 취한 데 머물렀을 따름이다. 그리고 「青磁」는 현실 감각은 완전히 배제된 채 오로지 완상(玩賞)의 대상으로 예술품('청자')에만 매달리는 이의 비극적 현실을 그려낸 작품이다. 작품의 완성도에서 보자면 이들 보다 한 단계 위에서 평가되겠지만, 「興南 撤收」 또한 여기에 속하게 된다. 흥남철수작전을 배경으로 박진감 있게 전개되고 있는 이 작품이 이야기하고자 하는 바는 결국 가족의 절대성이기 때문이다. 남한으로 내려가서 살고 싶어 하는 윤시정(尹時貞)과 간질병 환자인 그의 언니 수정(壽貞), 그리고 그들의 아비가 수정의 발작으로 인해 모두 남하에 실패하는 절박한 장면이 이를 보여준다. 따라서 전쟁의 비극적 실체에도 불구하고 전쟁 이전 긍정적인 방향으로 나아가기 시작했던 김동리의 심리 상태는 비극적, 허무적으로 역전되지 않았다고 파악하는 것이 타당할 것이다.

이렇게 파악한다면, 이 시기 소설들 가운데 분석의 대상으로 남는 작품은 「蜜茶苑時代」, 「實存舞」 정도가 남는다. 이 두 작품의 공통점이라면 피난지 부산을 배경으로 삼고 있다는 사실이다. 먼저 「蜜茶苑時代」를 보자. 논자들이 이 소설에 대해서 가장 주목하는 부분은 '땅끝의식'인데, 이러한 관점의 대표적인 연구자가 김윤식이다. 김윤식이 관심을 기울이는 사실은 소설의 다음과 같은 대목이다. "중구의 머리 속은 줄곧 어떤 '땅끝'이라는 상념으로만 차 있는 듯했다. '끝의 끝', '막다른 끝' 거기서는 한걸음도 더 나아갈 수 없는, 한걸음만 더 내디디면 바다에 빠지거나 '허무의 공간'으로 떨어지고 마는 그러한 '최후의 점(點)' 같은 것에 중구의 의식은 완전히 사로잡혀 있는 듯했다."[41] 여기에 대해 김윤식은 이렇게 의미를 부여하고 있다. "소설가 이중구가 1·4후퇴의 마지막 피난열차에 실려 임시수도 항도 부산에 닿는 순간의 절망감이 '땅끝의식'으로 손에 잡힐 듯이 형상화되어 있는 이 작품에서 작가 김동리가 보여주고자 한 것은 '땅끝의식'의 극복과정도, 그것에 체념해 가는 과정도 아닌 '땅끝의식' 자체이다. 다방 '밀다원'에서 유서 「고별」을 써놓고 자살한 시인 박운삼의 작품 「등대」에서 드러나듯 '땅끝의식'이란 '마음 드디어 견딜 수 없음'의 다른 표현이 아니었던가."[42]

하지만, 소설가 이중구(李重九)의 '땅끝의식'을 제대로 파악하기 위해서는 주위 사람들에 대해서 가지는 모종의 동류의식 또한 동시에 고려할 수 있어야 할 것이다. '땅끝의식'에 젖어있던 이중구는 기차에서 내린 이천 명이 넘는 사람들을 보며 나름의 '공동운명체' 의식, '동지' 의식을 다음과 같이 보여주고 있다.

> 적어도 그들은 오십 일년 일월삼일이라는 최후의 시간까지 자유의 수도를 지킨, 같은 겨레의 같은 시민들이요, 같은 시간에 같은 차로 같은 목적지에 내린, 같은 '운명체'가 아닌가. 그들의 살벌한 얼굴에도, 위엄 있는 얼굴에도, 아부 적인 웃음을 띠는 얼굴에도, 그들이 아직 '호옴'에서 발을 옮기고 있는 동안에는 다 같이 '동지'는 살아 있었다. …… 그들은 모다 어디로 가는 것일까. 어찌하여 그들은 출찰구를 빠져 나오자 마자 그렇게 쓱 쓱 찾아갈 곳이 있단 말인가. 어찌하여 그들은 한순간에 '동지'에서 벗어나 그렇게 용감하게 자유를 행동할 수 있단 말인가. 그들은 이 부산이 '끝의 끝' '막다른 끝'이란 것을 모른단 말인가. 이 '끝의 끝' '막다른 끝'에서 한 발자욱이라도 옮기면 바다에 빠지거나 허무의 공간으로 떨어진다는

---

41) 金東里, 「蜜茶苑時代」, 『현대문학』, 1955.4, 94면.

42) 김윤식, 「6·25와 그 초극」, 『한국근대문학사상연구 2―문협정통파의 사상구조』, 아세아문화사, 1994, 164면.

것을 잊었단 말인가. 그렇지도 않다면 정녕 이 '끝의 끝' '막다른 끝'까지 온 사람은 중구 자신뿐이란 말인가.[43)]

이중구의 '공동운명체' 의식, '동지' 의식은 「蜜茶苑時代」의 곳곳에서 발견할 수 있다. 끊임없이 '밀다원 다방'으로 나와 있을 수밖에 없는 심리가 이를 보여주며, 부산 토박이 작가 오정수(吳楨洙)가 제공해 주는 편안한 침식 여건을 도망치듯 빠져 나와서 비평가 조현식(趙賢植) 집의 구차한 '오시레'(벽장) 속의 잠자리로 찾아드는 행위가 이를 증명한다. 이보다 더욱 확실한 것은 길선득(吉善得) 여사의 제안을 두고 이중구가 생각하는 장면이다. 길 여사의 제안은 "마침 교회 관계로 제주도 가는 배가 한척 있는데 사오일 이내로 떠날 예정이다. 자기가 부탁하면 십여명은 더 탈 수 있게 되겠다. 조현식과 중구가 찬성한다면 그렇게 추진시켜보겠다—하는 이런 내용이었다."[44)] 이런 제안에 대해 같이 앉았던 조현식은 "가서 무얼 먹고 사나?", "생활 근거가 너무 없이야 너무 막연해서" 따위의 얘기를 하며 나름의 계산을 전개해 나갔다. 이 때 침묵하고 있던 이중구는 과연 무슨 생각을 했던가.

조현식과 길여사가 문답을 계속하고 있는 동안, 중구는 중구대로, 전날 밤, 오정수의 집에서 맛 본 고독의 무서움을 맘 속으로 생각하고 있었다. 그는 어떠한 조건에서든지 '밀다원'이 있는 곳에서 멀리 떠나갈 수는 없다고 생각했다. 그는 최후까지 '밀다원'에 남아 있는 다른 모든 친구들과 행동을 같이 하리라 생각했다. 그것이 설사 바다에 뛰어드는 길이라고 하드라도, 그는 혼자 별개 행동을 취할 용기는 나지 않았다. 꿀벌은 꿀벌 떼 속에, 갈매기는 갈매기 떼 속에, 하고, 그는 입에 내어 중얼거릴번 했다.[45)]

---

43) 김동리, 「밀다원 시대」, 『현대문학』, 1955.4, 95~96면.
44) 위의 글, 115면.

"꿀벌은 꿀벌 떼 속에, 갈매기는 갈매기 떼 속에"라고 판단하는 것이 '땅끝의식'에 맞서는 이중구의 방식이라면, 다른 사람들은 '땅끝의식'을 조장하는 환경 속에서 과연 어떠한 태도를 취하고 있는가. 이를 따지는 것은 무척 중요한데, 「蜜茶苑時代」란 결국 '땅끝의식'(극한의식)을 자아내는 상황에 처한 이들의 대응 방식을 통해 "사람이란 무엇일까요"[46]라는 물음 앞에서 작가 김동리가 보여주는 하나의 풍경이기 때문이다. 작가의 분신인 이중구가 '공동체의식'을 선택하는 태도를 (ㄱ)이라고 했을 때, 제주도로의 탈출과 그 이후 생활의 전개 가능성을 타진하고 있는 조현식과 길 여사는 (ㄴ) '현실적 태도'라고 볼 수 있겠다. 김윤식은 "가서 무얼 먹고 사나요?"라는 조현식의 물음에 대해 길 여사가 "목숨이 첫째요, 먹는 것은 둘째입니다"라고 답하는 대목을 두고 길 여사를 '낭만적인 안이한 태도'라고 파악하고 있지만, 이는 단지 조현식에 비해 용의주도함이 떨어진다는 데 머무를 뿐 낭만적 태도라고 파악할 근거는 되기 어렵다.[47]

'땅끝의식'에 대해 (ㄷ) '죽음'(자살)이란 방식을 선택하는 사람은 시인 박운삼(朴雲森)이다. 그는 "미리 준비하고 있었던 페노발비탈 육십 알과 새콜사나듐 다섯 알을 한꺼번에" 먹고 밀다원의 구석에서 조용히 생을 마감했던 것이다.[48] 이러한 상황에서도 권력을 추구하는 인물은 존재하는데, (ㄹ) '문단 주도권'(권력) 장악을 위해 발 빠르게 움직이는

45) 위의 글, 115~116면.

46) 위의 글, 100면.

47) 김윤식, 위의 논문, 164~170면.

48) 김윤식은 박운삼의 실제 인물로 전봉래를 꼽고 있으나 이는 사실과 다르다. 시인 박운삼의 모델은 시인 정운삼이다. 전봉래 또한 피난지 부산에서 자살을 했지만, 그는 다량의 수면제를 먹고 소주 한 컵을 들이마신 다음 국제시장을 걷다가 쓰러져 동사하였다. 참고적으로 작중인물의 모델을 밝힌다면, 조현식은 조연현, 오정수는 오영수, 길 여사는 김말봉이다.(최하림, 「부산 피난 시절의 문학동네 · 1—시인과 자살」과 「부산 피난 시절의 문학동네 · 2—말봉댁의 파티」, 『시인을 찾아서』, 프레스21, 1999, 69~76면)

전필업(全弼業)이 이에 해당한다. "지금까지는 서울 있는 놈들이 문단을 리이드 해 왔지마는 지금부터는 부산이 수도로 됐으니까 재부(在釜) 문인들이 문단을 주도권을 잡아야 한대, 그래서 이번에는 중앙문인들이 재부문인들 앞에 머리를 수그리고 나와 문안을 드릴 때까지 이쪽에서는 버티어줄 작정이라는 거야. …… 전필업이가 내는 『항도문학』이란 주간신문을 좀 보시요, 거기, 중앙서 내려온 문인으로서 글줄이나 바로 쓰는 현역 가운데 벌써욕 먹지 않은 사람이 몇이나 있는가, 그 위에다 좀 더 유력한 문인에 대해서는, 문전취식을 했다느니, '문총' 공금을 착복 했다느니, 입에 담을 수도 없는 거짓말로 갖은 인신 공격을 다하고 있으니까."[49]

「蜜茶苑時代」를 이렇게 파악한다면 자연스럽게 관심을 기울이게 되는 것은 김동리의 관찰자적인 시선이다. 박운삼의 자살에 주목하여 "그들이 신봉하던 순수문학에 대한 종언에 관련된 한가지 상징이 아닐 수 없다"라며 「蜜茶苑時代」의 의미를 "문협정통파가 기대고 있던 '문학하기'의 종언하기에 다름 아니라는 데 있다고 할 것이다"[50]라는 견해도 있지만, 이는 박운삼의 자살에 대한 과도한 의미 부여일 뿐만 아니라 「蜜茶苑時代」를 관통하는 김동리의 관찰자적인 시선을 파악하지 못한 소치이다. 「蜜茶苑時代」를 경험하는 김동리는 (ㄷ) 박운삼의 방식에 동조하고 있지 않다. 물론 (ㄴ) 현실적 태도나 (ㄹ) 문단 주도권 장악으로 나아가고 있는 것도 아니다. 다만, (ㄱ) 공동체의식을 바탕에 깔고 그 공동체의 면면을 관찰하고 있을 따름이며, 그 관찰의 결과가 「蜜茶苑時代」로 탄생한 것이다. 따라서 「蜜茶苑時代」는 「文學하는 것에 對한 私考—文學의 內容(思想性)的 基礎를 爲하여」라든가 「文學的 思想의 主體와 그 環境—本格文學의 內容的 基盤을 爲하야」에서 주장하

49) 김동리, 「밀다원 시대」, 『현대문학』, 1955.4, 105~106면.

50) 김윤식, 「6 · 25와 그 초극」, 앞의 책, 169~170면.

던 바와 그리 멀리 떨어진 것이라고 보기 어렵다. 톨스토이의 『안나 카레니나』를 예로 들며 "愛慾의 究竟을 그린다는 것은 위에서 말한 '時代와 社會를 超越하여 人間이 永遠히 가지지 않을 수 없는, 人間의 가장 普遍的이요 根本的인 問題'의 하나가 되는 것"51)이라던 김동리의 주장을 기억한다면 아마 충분히 수긍할 수 있을 것이다. 반복하건대, 「蜜茶苑時代」는 '땅끝의식'(극한의식)을 자아내는 상황에 처한 이들의 대응 방식을 보여줌으로써 "사람이란 무엇일까요"라는 물음에 대해 김동리가 나름의 답변을 보여주는 작품이기 때문이다.

「實存舞」에서 주목할 부분은 단연 '실존주의'에 대한 김진억(金鎭億)의 다음과 같은 발언이다. "자네는 나가 연극이나 놀게, 실존주의는 무슨 말라빠진 실존주의야, 생의 목적이 없다면 한껏해야 니힐리즘이나, 페시미즘이겠는데 그 따우는 누구나 중학 시절에 한 번씩 다 치른 거지 뭐야?"52) 이동하는 김진억의 이러한 발언을 "서구 추종주의자들에 대한 김동리의 신랄한 비판"으로 파악하여 "김동리와 대립 관계에 놓이는 서양 추종파, 즉 모더니티 지향성을 대표하는 유파가 제2기의 좌익문학인들에서 이제는 실존주의니 모더니즘이니 하는 것들을 들먹이는 이른바 전후파로 바뀌었다는 점이다"53)라고 주장한다. 반면 김윤식은 현실과 사상은 무관하다는 절망적 상황 인식을 끄집어낸다. 김진억이 주장하는 '생의 목적'보다도 이영구(李瑛求)의 "사상의 빈곤이야 사상의 빈곤! 사상이 빈곤한 자는 알콜의 힘이라도 빌어야 하는 거야!"(387면)라는 주장이 우위에 서고 있다고 판단하기 때문이다. "박운삼의 죽음과 같이 기성의 윤리도덕관(철학)의 파산이 선언된 것은 사실로 인정되지만 그 대안으로 제기된 실존주의란, 실상은 아무런

---

51) 金東里, 「文學的 思想의 主體와 그 環境—本格文學의 內容的 基盤을 爲하야」, 『白民』, 1948.7, 9면.
52) 김동리, 『김동리전집②—역마 · 밀다원 시대』, 민음사, 1995, 374면.
53) 이동하, 앞의 책, 93~94면.

대안도 될 수 없는 한갓 허무주의 아니면 찰나주의에 지나지 않는 것인 만큼 진정한 새출발의 대안일 수 없다는 것이다."[54]

그런데, 과연 김동리가 실존주의의 한계를 공박하고 있는가는 깊이 따져볼 필요가 있다. 왜냐하면, 김진억의 발언은 실존주의 일반에 대한 거부감이라기보다는 이영구가 이해하는 실존주의 수준의 한계를 지적하는 것으로도 읽을 수 있기 때문이다. 즉, 유행으로서의 실존주의 혹은 도저한 허무주의로서의 실존주의 이해에 대한 비판으로 해석할 수 있다는 것이다. 이를 살피기 위해서는 김진욱의 반대편에 놓이는 이영구의 입장을 먼저 이해해야 할 것이다. 피곤할 정도로 현학적(衒學的) 태도를 취하는 이영구의 외양은 이러하다. "이마와 관골까지는 정수리에서 콱 눌린 것처럼 가로 퍼졌는데 관골에서 아래턱까지 팽이 끝처럼 날카롭게 쪽 빠져서 학생 적부터 팽이니 삼각형이니 하는 별명으로 불리어온 터이지만, 게다가 양쪽 눈알이 불거져 나오고 입술이 얇아서 어딘지 재기(才氣)에 날리는 듯한, 소위 경박재자(輕薄才子)를 연상시키는 얼굴이었다."[55] 외양의 묘사에서부터 이영구에 대한 작가의 호오(好惡)를 짐작할 수 있다.

그런 이영구가 이야기하는 실존주의란 겨우 다음과 같은 수준에 불과하다. "극작가란 철학이나 시나 소설을 다 알아야 하는 직업이기 때문에 나는 항상 현대철학에 대해서 관심을 가지는 사람입니다마는, 현대철학에 와서는 과거와 미래가 없습니다. 오직 있는 것은 현재뿐입니다. 이것이 과거 철학과 근본적으로 판이한 점입니다. …… 찰나주의는 어디까지나 순간적인 향락을 추구하는 사상이지마는 실존주의는 순간이고 행복이고 그런 문제가 아닙니다. 그것은 어디서나 우리 인간의 존재를 기준으로 해서 우리 인간의 의지와 판단과 행동 그

54) 김윤식, 앞의 논문, 177~182면.

55) 김동리, 『김동리전집②-역마 · 밀다원 시대』, 민음사, 1995, 351면.

자체에다 절대적인 의미를 두는 겁니다. 찰나주의보다 열 배나 심각하고 엄숙한 사상입니다."[56] '절대적 의미'라든가 '심각하고 엄숙한 사상'을 주장하고는 있으나, 그 실체는 전혀 드러나 있지 않다. 뿐만 아니라 이영구가 늘어놓는 '심각하고 엄숙한 사상'이 한낱 수사(修辭)에 불과하다는 것은 그의 생활이 증명하고 있다. 두 여자에게 청혼하여 둘 중 아무나 허락하는 사람을 취하여 결혼을 하는 행위라든가, 결혼한 지 일 년 남짓밖에 되지 않은 그의 아내와 이혼하는 과정이 이에 해당한다. 따라서 이영구가 주장하는 이러한 실존주의에 대한 비판을 실존주의 일반에 대한 비판으로 이해하여 서구사상과의 대결로 이해하는 것은 무리라고 할 수 있다. 그렇다면 이에 맞서서 김동리가 내세우는 실존주의는 어떤 것인가. 이를 위해서는 먼저 김진억이 주장하는 '생의 목적'을 이해할 수 있어야만 한다.

김진억이 주장하는 '생의 목적'이란 운명처럼 신비하게 이미 부여되어 있는 미지의 어떤 것이 아니다. "그럼 너 대답해 봐라. 너는 지금 생의 목적을 인정한다고 했지? 그렇다면 너는 지금 무슨 목적으로 여기 앉아 있니?"라고 따지는 영구에게 여유작작한 부드러운 목소리로 "그럼 자네는 무슨 목적으로 우리를 여기 초대했는가?"라고 응수하는 대목이 이를 보여준다. 의미란 끊임없이 생성되는 것인 동시에 그렇게 끊임없이 생성되는 의미는 제(주체) 나름대로 설정한 어떤 목적 속에서 흐름을 가지며 통일되는 것. 이를테면, 장계숙(張季淑)에 대한 은근한 애정으로 인해 그 자리에 나와서 앉아있고, 언감생심 그녀와의 결합을 기대하고 있는 김진억의 경우 '생의 목적'이란 그 순간 생성되는 것과 동시에 나름의 흐름을 가지고 있다고 말할 수 있다. 바로 거기에 삶의 의미를 둔 형국이기 때문이다. 그러니 김진욱의 「實存舞」

56) 위의 책, 373면.

가 경쾌하고 발랄하게, 혹은 화려하게 펼쳐질 수는 없는 노릇이다. 실존주의가 그처럼 '심각하고 엄숙한 사상'이고 여기에 '절대적 의미'가 깃들여 있다면, 그것은 응당 고독한 결단의 순간에 대한 대결의 상황 위에서 얻었을 때만이 빛을 발하지 않겠는가.

「實存舞」의 마지막 장면은 그러한 선택의 순간을 의미한다. 김진억은 장계숙과 결혼하여 이미 자식까지 두었다. 그런데, 이북에 두고 떠나온 아내가 자식들을 이끌고 김진억 앞에 나타났다. 이 선택의 순간 이영구로서는 "사상의 빈곤이야, 사상의 빈곤! 사상이 빈곤한 자는 알코르 힘이라도 빌려야 사는 거야!"라고 말할 수밖에 없다. 그의 실존주의란 한낱 유행에 머물러 깊이가 없기 때문에 그런 상황과 직면했을 때 어찌할 바를 모르는 것이 당연한 일인 것이다. 그런데, '생의 목적'을 인정했던 김진억이 이와 똑같을 수는 없다. 비록 갑작스러운 상황의 충격으로 인해 실신하고 말았으나, 그런 상황을 헤쳐나가면서 '생의 목적'이랄까 '의미'가 획득된다는 사실을 이미 알고 있기 때문이다. 「實存舞」란 그렇게 절박한 상황과의 대결을 통해 펼쳐지는 것이다.

소설에 나타난 김동리의 6·25체험을 이렇게 파악한다면, 비극적인 인식으로 후퇴했다기보다는 오히려 삶의 질서로 뛰어드는 태도가 한결 강화되었다고 볼 수 있다. 예컨대 이전 시기에 쓴 「驛馬」와 「實存舞」 이후에 발표한 「까치 소리」(『현대문학』, 1966.10)와 비교해 보면 이는 분명하게 감지된다. 「驛馬」에서는 삶을 긍정하도록 만드는 운명(時天驛, 驛馬煞)이 필요했지만, 「實存舞」에서는 이러한 장치는 필요가 없고 단지 '생의 목적'이란 지향점이 불거지고 있다. 이전에 자신과 약혼한 사이였는데, 전쟁터에서 돌아와 보니 남의 아내가 되어 있는 정순에게 "결심하면 돼. 그밖엔 길이 없어"57)라며 함께 도망가자고 권유

57) 金東里, 「까치 소리」, 『까치 소리』, 일지사, 1973, 265면.

하는 「까치 소리」의 봉수는 이보다 한 발자국 더 나간 형세이다. 운명이란 결국 스스로 만들어나가는 것이라는 인식으로까지 진행되었기 때문이다. 주위의 감시로 인해 도망갈 수 없다는 정순이의 편지를 받고 봉수는 이렇게 생각하고 있다. "나는 편지를 두 번이나 되풀이해 읽었다. 내용이 복잡하다거나 이해하기 힘든 말이 들어 있었기 때문이 아니었다. 무언지 정순이의 운명 같은 것이 거기서 느껴졌기 때문이다. '정순이는 이런 여자였어. 참되고 총명하고 다정하고 신의 있는. 그러나 강철같이 굳센 여자는 아니었어. 순한 데가 있었지. 환경에 순응하는. 물론 지금도 그녀가 나에게 거짓말을 하거나 자기자신을 속이고 있는 것은 아니야. 그러나 환경에 순응하고 있는 거야. 그녀를 결정하는 것은 그녀 자신의 의지라기보다 그녀를 에워싼 그녀의 환경이겠지.'"[58] 그러므로 「驛馬」에서 「實存舞」로, 「實存舞」에서 「까치 소리」로 나아가는 과정은 김동리가 점차 운명론으로부터 벗어나 인간 사회의 질서 속으로 진입해 들어오는 양상을 내보인다고 정리할 수 있다. 이는 곧 김동리가 양극성 장애의 경향으로부터 조금씩 자유로워지는 양상이라고 이해할 수 있을 것이다.

김동리가 「蜜茶苑時代」, 「實存舞」의 세계를 펼칠 수 있던 배경에는 손소희라는 존재가 큰 역할을 했다. 즉 6·25가 발발하기 이전 새로운 세계를 함께 할 가능성으로 자리했던 손소희가 전쟁의 와중에서도 꾸준히 김동리의 곁에서 '생의 목적'으로 존재해 나갔기 때문에 그러한 심리 혹은 인식의 견지가 가능했다는 것이다. 김동리의 아들 김재홍은 부산 피난 시절에 있었던 사건을 다음과 같이 기술하고 있다. 어머니 김월계를 따라갔다가 목격한 것이라고 한다. "그 당시 서대신동에 부인과 가족들과 함께 머물면서 동리는 손소희와 따로 살림방을 하나

58) 위의 글, 268면.

마련하기도 했는데, 한무숙이 그 살림집을 본부인에게 알려 주어 본부인 김월계는 '동네 사람 한 사람을 데리고 가서 그 집 가제도구를 부수고 손 선생을 마구 때리고 폰즈크림 통으로 이마를 때리고 …… 그 집 가제도구를 피난민들에게 모두 나누어 주어 버렸다'고 한다. 그것을 계기로 이들의 관계가 동네에 소문이 나게 되었고 기자들이 달려가서 취재를 하는 사태까지 벌어졌다. 이 일은 당시 『부산중앙일보』의 특종기사가 되었다."[59] 손소희와 김동리와 김월계. 김동리가 처한 이러한 상황은 「實存舞」에서 김진억이 맞닥뜨린 처지와 다를 바 없다. 다만, 다른 점이 있다면, 실제 김동리의 경우 김월계와 손소희 사이에서 얽히는 관계를 인식하고 있으면서도 '생의 목적'(손소희)을 분명히 하고 상황과의 대결을 감수해 나갔다는 데 있다. 그만큼 이 시기의 김동리에게 손소희의 의미는 각별했던 것이다. 그러했기 때문에 「實存舞」를 쓸 수 있었다고 봐도 무방하겠다.

5. 범보의 그림자와 맞서는 양상
─『사반의 十字架』와 「山祭」 개작 그리고 「等身佛」

「蜜茶苑時代」와 「實存舞」를 발표하는 중간에 김동리는 「龍」(『새벽』, 1955.5)이란 작품을 세상에 내놓았다. 여든이 될 때까지 큰 뜻을 펼칠 때만 기다리다가 드디어 세상으로 나가 성공을 성취했던 자아(子牙,

59) 김정숙, 앞의 책, 244면. 김동리와 손소희가 동거하던 방은 "메리놀 병원에서 내려오는 길인 옛날 부산방송국－영선고개－에 있던 자리"에 있었다고 한다.

姜太公)를 소재로 한 이 소설은 제목부터 심상치 않게 파악된다. 역사물이라고는 하나, 식민지시대 내내 승천하지 못하는 '이무기'의 운명을 환기시키던 김동리의 세계와는 현격하게 다르기 때문이다. 현실과 연계될만한 단서가 전혀 나타나지 않기에 그 '용'이 누구를 의미하는가는 전혀 알 수가 없다. 예컨대 때를 잘못 만나 자신의 뜻을 펼치지 못한다는 까닭에 매월당(梅月堂)에 곧잘 비유되던 범보가 승천할 기회를 잡았다는 뜻인지, 아니면 손소희와 함께 살게 된 김동리 자신을 이르는 것인지 도저히 알 도리가 없다.[60)]

해방 이후 범보와 김동리는, 사상의 발판을 제대로 구축하지 못한 바만 제외한다면, 원하는 바를 하나하나 이뤄가고 있었다. 1945년이 되자 범보는 자신의 주위에 모여들던 곽상훈(국회의장 역임), 김법린(동국대 총장 및 문교부장관 역임), 박희창(朴熙昌), 오종식(吳宗植–언론인), 이시목(李時穆), 이기주(李基周) 등과 함께 부산에서 일오구락부(一五俱樂部)를 조직하여 건국방책에 관한 강좌를 열었다. 1948년 서울에서는 경세학회(經世學會)를 조직하여 건국이념에 대한 연구 및 강의를 전개했던 한편, 제자인 시인 조진흠(趙進欽)에게는 『花郎外史』를 준비시키고 구술(口述)하기도 했다. 부산 피난시절 『花郎外史』는 당시 해군 정훈감(海軍政訓監)으로 있던 김건(金鍵)의 주선으로 국군장병들을 위한 교양독본으로 출간되었다. 1950년에는 동래구에서 제2대 민의원으로 당선되었고, 1955년에 이르러서는 경주 계림대학(鷄林大學) 초대학장으로 취임하기도 했다.[61)] 한편, 김동리는, 김월계와 이혼한 것은 1966

60) 김동리는 '이무기'에 대하여 다음과 같이 말한 바 있다. "나는 처음 내 백씨가 천재를 타고 났으면서도 때를 만나지 못하여 그것을 제대로 한번 발휘해 보지도 못한 채 늙어간다는 비통한 운명에서 이무기를 느꼈는데 그것이 어느덧 내 자신의 것처럼 내 가슴속에 도사리게 되고 말았던 것이다."(김동리 외, 『소설작법』, 문명사, 1982, 25면, 손상화의 『金東里 小說에 나타난 죽음意識』(경북대 석사논문, 1983) 73면에서 재인용)

61) 진교훈, 「동방사상의 중흥조–범부(凡父) 김정설(金鼎卨)」, 『대중불교』, 1992.4, 27~28면.

년이지만, 1951년부터 손소희와 함께 살게 되었다. "6·25를 겪고 1953년 7월경 서울로 돌아온 동리는 서울 성북구 돈암동 210번지 13호에 아이들과 부인을 두고, 자신은 따로 나와서 손소희와 함께 살게 된다. 1951년 부산 식민지에서부터 사실상 아이들 및 부인과는 별거 상태였다."[62)]

김동리와 손소희의 만남에 대해 범보는 달갑지 않게 생각하였던 듯하다. 문하생으로 들어가서 범보를 바로 옆에서 모셨던 안상률이 이 일로 인해 김동리가 범보로부터 심한 꾸지람을 들었다고 증언하고 있기 때문이다.[63)] 범보의 반대를 김동리가 어떻게 넘어섰는가는 관심을 가질만한 사항이다. 경주 R양에 대한 짝사랑이 실패로 돌아갔을 때 김동리가 찾아갔던 이가 범보였고, 편지를 통해 키워가던 김 아무개에 대한 애정이 수포로 돌아갔을 때 김동리가 찾아 나섰던 대상도 범보였다. 세상을 파악하는 것도 범보를 통해서 가능했고, 그런 범보가 일제에 잡혀가자 육체상의 심한 고통이 나타났을 정도로 김동리는 범보와의 동일화 상태에 머물러 있었다. 따라서 범보의 반대를 무릅쓰고 손소희에게로 나아간다는 것은 김동리 나름대로 범보와의 의식적이면서 동시에 무의식적인 결별이 이루어져야 함을 의미한다. 즉 김

참고로 밝히면 이후 범보의 행적은 다음과 같다. "1958년, 건국대학교에서 정치철학 강좌를 담당하면서 동시에 동 대학교 부설 동방사상연구소 소장으로 취임, 역학(易學) 및 한국 사상의 특유한 오행사상(五行思想)과 음양론(陰陽論)의 대의(大義)를 3년간 강설(講說)하였다. 이 때의 수강자로는 오종식, 이대위(李大偉), 이종익(李鍾益), 황산덕(黃山德), 이항녕(李恒寧), 이종후(李鍾厚), 신소송(申小松), 한태수, 이종규 등 수십 명이 있었다. 1962년 1월부터 4월까지 동래에 칩거하고 『건국정치의 이념』을 저술했다. 1962년 9월부터 동양의학대학(이 대학이 나중에 경희대학교 한의학 대학의 모체가 됨)에서 동방(東方) 사상 강좌를 가졌다. 1963년에 오월동지회(五月同志會)의 부회장으로 취임하였고 박정희 대통령에게 국정 자문을 하기도 했다. 1966년 12월 10일, 향년 70세를 일기로 간암으로 영면하였다. 영결식(永訣式)은 조계사에서 거행되었으며 장지는 수유리로 결정됐다."

62) 김정숙, 앞의 책, 249면.

63) 김정숙, 위의 책, 225면.

동리가 부여했던 반신적(半神的) 인간으로서의 범보에게 드리운 아우라를 걷어낼 수 있을 때 비로소 김동리는 성숙한 개체로 설 수 있다는 것이다.

이제껏 살펴왔던 것처럼 「黃土記」, 「未遂」, 「달」에서 「驛馬」, 「人間同意」를 거쳐 「蜜茶苑時代」, 「實存舞」에 도달하는 과정은 김동리가 점차 조울증 징후로부터 자유로워지는 과정이었다. 물론 유년기의 외상이 남아있기 때문에 주변 환경이 자극적으로 주어지면 다시 조울증 징후를 내보이겠지만, 이때까지의 김동리는 분명 시간이 지날수록 삶의 질서 속으로 깊숙이 들어오고 있다. 결국 이러한 과정의 완성은 범보와의 관계를 독립적으로 설정할 수 있는가에 달려있는 만큼 김동리가 어떤 식으로든 범보의 아우라와 맞서는 것은 당연한 수순이다. 이러한 흔적을 드러내는 작품이 바로 『사반의 十字架』이고, 이를 중심에 두고 「山祭」의 개작을 살피면 그 의미는 비로소 선명하게 드러난다.

『사반의 十字架』(『현대문학』, 1955.11~1957.4)가 흥미로운 점은 영웅소설임에도 불구하고 재래의 영웅소설과는 상이한 면모를 보여준다는 사실이다. 이동하는 이에 주목하여 "이 작품의 주인공 사반은 옛날 영웅소설의 주인공들과는 달리 패배자가 되어 십자가에 못 박혀 죽으며, 이 작품 속의 고승 혹은 도사에 해당하는 인물들도 옛날 영웅소설 속의 고승이나 도사와는 달리 영웅에게 아무런 도움도 베풀 생각을 하지 않고 방치하거나(예수) 틀린 점괘를 계속 내놓다가 적대자의 손에 붙잡히기나 할 뿐 자기가 지지하는 영웅을 위해 아무런 힘도 돼 주지 못하고 만다(하닷)"[64]라고 지적하고 있다. 1982년 홍성사에서 개작판(改作版)을 낼 때 덧붙인 「改作에 붙여」의 다음 구절 또한 이와 관련하여 흥미를 끈다. 마치 샤머니즘의 한계를 승인하는 꼴이기 때문이

64) 李東夏, 「대결의 문학—김동리의 『사반의 십자가』」, 『한국문학과 비판적 지성』, 새문사, 1996, 150면.

다. "이 작품에 나오는 예수의 이적(異蹟)에 관한 이야기나 하닷의 점성술은 나의 다른 작품에서 다루어지는 샤머니즘과도 일치함을 밝혀둔다."[65] 이는 자신이 지탱해왔던 세계에 회의가 깃들었다는 의미로 해석할 수도 있지 않은가.

왜 김동리는 이러한 영웅소설을 쓸 수밖에 없었을까. 더군다나 한계가 명확한 예수의 이적이나 하닷의 점성술이 그가 기반하고 있던 샤머니즘과 일치한다고 굳이 밝혔던 이유는 무엇인가. 그 이유로 꼽을 수 있는 것은 우선, 조울증 징후로부터 자유로워졌기 때문에 자신을 옥죄고 있었던 환각(hallucination)으로부터 벗어날 수 있는 근거가 형성되었다는 사실을 꼽을 수 있다. 주체(subject)가 강화될수록 환상의 약화가 동반되는 것은 당연한 일인데, 이에 따라 세상이나 특정인물, 사물에 부여된 신성(神性)이라든가 신비가 점차 걷혀나가고 이에 따라 종교 혹은 밀교(密教), 샤머니즘 따위의 한계가 나타나게 되었다는 것이다. 해방 이후 소설 세계의 변화는 이런 가능성을 뒷받침한다. 다음으로 김동리 자신과의 문제를 꼽을 수 있겠는데, 『사반의 十字架』는 그의 정신세계·심리 세계에 절대적 영향력을 행사하는 범보와의 의식적·무의식적 대결을 통한 홀로서기의 성격이 짙다는 것이 이에 해당한다. 식민지시대 김동리의 소설을 분석하면서 살폈던 바, 범보의 사상적 지향은 풍류 정신에 놓여 있었고, 이의 실체화가 화랑도였으며, 화랑도의 성격 가운데 범보가 가장 크게 의미를 부여하던 것이 바로 샤머니즘적 요소였다. 김동리가 「巫女圖」로 상징되는 세계로 빨려 들어가게 되었던 것도 바로 범보의 그러한 사상이 배경으로 작용하기 때문이었다. 그러니 한계가 뻔히 노출되는 예수의 이적과 하닷의 점성술을 한데 묶어 김동리 자신의 샤머니즘으로 묶는 것은

---

65) 김동리, 「改作에 붙여」, 『사반의 十字架』, 홍성사, 1982, 397면.

바로 자신에게 드리운 범보와의 대결을 의미한다고 할 것이다.

하닷에게 드리운 범보의 면모는 그 대결을 한층 명료하게 이해하도록 도와준다. 요컨대 점성술사 하닷을 통해 인간으로서의 한계를 확인하려는 노력은 '반신적(半神的) 인간' 범보에게서 '신'의 요소를 배제해 내려는 김동리의 의식적・무의식적 결과이다. 범보의 큰딸 김옥영은 범보에 대해 다음과 같은 일화를 들려준다. 김옥영은 김동리보다 세 살 아래로 유년기를 김동리와 함께 보냈으니 김동리 또한 이러한 이야기를 들으며 자랐을 것이라고 추정할 수 있다. "범부 선생이 열세 살 되던 해 우리 나라가 일제에 의해 강제 합방이 되었다. 나라가 망하고 나서 처음 닥치는 추석이 되었을 때 범부는 좋은 것도 없고, 송편을 만들어도 먹고 싶지 않고 울고만 싶더랍니다. 그래서 열여섯 살에는 외동면 치술령산 굴 속에 들어가서 동지를 10명쯤 모아서 독립운동 한다고 늘 구상을 하고 독립운동을 했습니다."[66] 이를 둘러싼 사실 여부는 중요하지 않다. 중요한 점은 김정숙이 지적하는 것처럼 "범부가 굴속에서 보낸 몇 년간의 생활에 대해서는 동리의 소설『사반의 십자가』중 '하닷'의 모습에 잘 드러나 있다"라는 사실이다.[67] 범보로서의 하닷을 이렇게 파악하는 마당에 김동리로서의 사반의 모습이 온전하게 감춰질 리 만무하다. 범보와 떨어지면 심리적 안정을 얻지 못하던 김동리 자신의 모습이 하닷과 떨어지면 안절부절 못 하는 사반의 모습 위에 그대로 겹쳐져 나타나기 때문이다.

하닷의 한계 노정에 따라 예수 또한 무력함을 드러내게 된다.「巫女圖」에서 조선의 샤머니즘과 대결했던 기독교였던 탓에 그 관계 설정 역시 새롭게 요구되었던 바, 김동리가 하닷의 점성술과 더불어 기독교 또한 샤머니즘의 세계로 묶어버렸기 때문이다. 즉, 소설 밖에서 모

66) 같은 면.

67) 김정숙, 앞의 책, 43면.

화의 세계를 지탱해주던 하닷(범보)이 신성을 잃은 인간으로 내려앉았기에, 이 반대편에 자리하는 욱이의 하나님 또한 검토의 대상이 될 수밖에 없었고, 이에 따라 하나님의 인간적 현현(顯現)인 예수를 연구한 끝에 김동리는 예수 또한 반신적 인간에서 신성의 제거로 나아갔다는 것이다. "나는 백씨가 지상에 있었던 두드러진 천재의 한 사람이라고 믿고 있다. 그에게 만약 그의 천재를 뒷받침할 만한 건강과 의지와 그리고 기회가 주어졌던들 공자나 기독에 준하는 일이라도 할 수 있지 않을까 생각한다"[68]라는 언급은 김동리가 범보를 예수(기독)의 수준에서 파악하고 있었음을 드러내는 단서가 되기도 한다.

하닷과 예수, 그러니까 범부와 예수에게서 신성을 제거하기 위해 김동리가 얼마나 노력을 기울였는가는 예수를 두고 써 내려간 「마리아의 懷胎」(『靑春別冊』, 1955.2), 「木工 요셉」(『사상계』, 1957.7), 「復活」(『사상계』, 1962.11)을 보면 가히 짐작할 만하다. 『사반의 十字架』를 써 내려가기 전에 발표한 「마리아의 懷胎」에서는 마리아의 무염잉태(無染孕胎)가 의심받고는 있으나 '하늘의 목소리'를 통해 갈등이 해소되는 양상이다.[69] 그런데, 「木工 요셉」에서는 마리아의 무염잉태에 대한 불신은 더욱 깊어지고 있으며, 「復活」에 이르러서는 예수의 부활이 부정되고 있다. 죽었다가 다시 살아난 것이 아니라 죽음의 경계까지 가기는 했으나 신체의 특성으로 상처라든가 고통이 치유되었다고 보는 것이니 이때의 예수는 완전하게 사람으로 형상화되어 있다고 봐도 무방하다. 「復活」의 이러한 내용은 1982년 『사반의 십자가』의 개정본을 낼 때 삽입되기도 했다.

이처럼 『사반의 十字架』가 범부의 아우라를 걷어내기 위한 노력이

68) 김동리, 「백씨 범부 선생 이야기」, 『김동리 전집⑧ : 자전에세이―나를 찾아서』, 민음사, 1997, 421면.

69) 「마리아의 懷胎」는 김윤식이 발굴하여 『문학사상』 2001년 3월호에 게재하였다.

었던 탓에 『사반의 十字架』를 쓰기 전과 쓴 다음의 김동리는 다를 수 밖에 없다. 「山祭」의 개작을 둘러싸고 확인할 수 있는 김동리의 변화는 그래서 주목을 요한다.[70] 「山祭」는 원래 1936년 『中央』 9월호에 발표된 작품인데, 1947년 『民主警察』(제3권4호)에 실리면서 「山이야기」로 개제(改題) · 개작(改作)되었고, 『等身佛』(정음사, 1963)에 실릴 때 다시 「먼산바라기」로 개제 · 개작되어 발표되었다. 이 연작에서 등장하는 태평이(「먼산바라기」에서는 먼산바라기)는 무위자연(無爲自然)의 상징이다. 이를테면 "길가에 누운 바위나, 여기저기서 문득 쭉 뽑은듯한 포프라를 한 나무씩 보는거와도같이 그저 나의 두 눈동자에 비취어졌던것이다"[71]라거나 "보아도 보는것같지 않고 보고도 본것같지 않은것이 태평이를 본 인상이라고해서 태평이를 못본 사람에게 태평이의 모습이 전해질리도 만무하지만 다시 또 어쩔 도리도 없는것이 그와 매일 만나 인사를하고 지내는 내 자신도 돌아서면 언제나 아무런 기억도 남지 않는것이었다"[72]라고 말할 정도이다. 이런 태평이(먼산바라기)가 하는 일이라곤 산의 곳곳을 돌아다니며 변을 보는 행위 정도이다. 대체 이것이 무슨 의미를 가지는가. 「山祭」에 등장하는 '바람쟁이 아저씨'는 "우리 동양 사람이란, 더구나 조선 사람이란 헐수없이 다르네, 우리의 고향은 천당도 아니요, 지옥도 아니요 역시 산천일세"[73]라며 태평이의 면모가 조선 정신에 닿아있음을 암시해 준다. 이런 바람쟁이 아저씨의 비중은 「山이야기」에 가서 더욱 커진다. 「山祭」에서와 마찬가지로 작중화자와 태평이의 사이를 매개할 뿐만이 아니라, "태평이가 산신이요 모랭이 무당은 용신(龍神)"[74]이라며 태평이의 상징적 의미를 명확히

70) 여기에 대한 선행연구로는 김윤식의 「「무녀도」계와 「산제」계의 대비」(『미당의 어법과 김동리의 문법』)가 있다.

71) 金東里, 「山祭」, 『中央』, 1936.9, 10면.

72) 위의 글, 16면.

73) 위의 글, 27면.

잡아주고, 나아가서는 산제(山祭)를 지낼 제주(祭主)로 태평이를 천거하기도 한다. 여기서 "서울로 동경으로 다니며 신식 학문을 닦았"으나 "몇 해동안 한적을 뒤지고 있다가 또 절간으로도 가끔 다니고 하는 동안 신학문과 거리가 먼 선(禪)과 선(仙)에서 주로 바람이"[75] 든 바람쟁이 아저씨의 모델은 분명하다. 바로 범보인 것이다.

「먼산바라기」에서는 바람쟁이 아저씨가 전혀 등장하지 않는다. 작중화자 자신, 그러니까 김동리가 직접 먼산바라기를 상대하는 양상이 펼쳐지는 것이다. 이러한 시도는 『사반의 十字架』를 쓴 이후이기 때문에 가능했던 것으로 보인다. 「먼산바라기」는, 『사반의 十字架』를 통해 범보의 그림자로부터 벗어나기를 시도한 이후, 범보의 흔적을 지우면서 개작에 임한 경우에 해당되기 때문이다. 그런데, 그 성패는 어떠하였던가. 무위자연의 세계를 논리적으로 재단했을 때 어떤 결과가 빚어지겠는가를 떠올리면 그 해답이 된다. 김동리는 시종일관 논리로 무장하고 무위자연의 세계에 다가가고 있다. 예컨대 "그의 조카되는 벙어리 노처녀가 없었던들 그가 어떻게 되었을지는 의문이다. 그가 먹고 입는 것은 전적으로 이 벙어리 노처녀의 신세를 지고 있었으니까 말이다."[76] "나는 그 때까지의 가장 중요한 의문 한 가지를 풀은 동시에 새로운 의문을 또 다시 짊어지게 되었다"[77]라는 식이다. 결과적으로 본다면, 「山이야기」를 개작하여 「먼산바라기」로 만든 것은 명백한 실패이다. 하지만, 「먼산바라기」의 실패 하나를 가지고 김동리의 홀로 서기 결과를 판단하기는 어려울 것이다. 「먼산바라기」의 실패 맞은편에는 「等身佛」의 성공이 마주하고 있기 때문이다.[78]

---

74) 金東里, 「山이야기」, 『民主警察』, 제3권4호(총15), 120면.
75) 위의 글, 129~130면.
76) 김동리, 「먼산바라기」, 『等身佛』, 정음사, 1964, 320면.
77) 위의 글, 309면.

「等身佛」(『사상계』, 1961.11)은 인간의 구원 문제를 다루고 있다. 1938년 다솔사(多率寺)에서 만해 한용운과 범보, 주지 최범술(崔凡述)이 이야기를 나누는 말석에 끼어 있다가 들은 소신공양(燒身供養)을 소재로 취한 작품이다. "소신공양이 뭡니까?"하고 물었다가 "부처님을 향해 합장하고 앉아야지. 머리 위에 불덩어리 든 향로나 그런 걸 갖다 씌워야지"라는 설명을 듣게 되자 아래턱을 달달달 떨면서 그 자리를 뜰 수밖에 없었던 김동리이다.[79] 그런 김동리가 1961년에 이르러 「等身佛」을 쓸 수 있었던 것은 신성이 제거된 인간이 어떻게 구원에 이를 수 있는가를 고민할 수 있었기 때문이다. 『사반의 十字架』를 쓰면서 범보에게서마저, 예수에게서마저 신성의 흔적을 지워버렸으니 이제 김동리에게 남은 것은 세상에 내던져진 고독한 인간뿐이 아니었겠는가. 그러한 인간이야 '땅끝의식'(극한의식)을 불러일으키는 상황에 놓였을 때 여러 갈래의 가능성 가운데 무거운 고뇌 속에서 고통스럽게 하나의 선택을 내리고 힘들게 한 발 앞으로 내디딜 수밖에 없는 존재가 아닌가. 그러니까 범보라든가 예수는 김동리 자신이 「蜜茶苑時代」나 「實存舞」를 통해 파악했던 그런 인간 중 하나에 불과한 존재였던 것이다. 이러한 상황에서 응당 김동리에게 새롭게 부각되었던 숙제는 인간 구원의 문제일 수밖에 없었고, 『사반의 十字架』의 연재를 마칠

---

78) '우륵'을 대상으로 창작한 「樂聖」(발표지 미확인, 1956) 또한 범보의 그림자로부터 벗어나기 위한 김동리의 노력으로 이해할 수 있다. "사람들은 아버님을 두고 『花郎外史』에 나오는 百結先生을 연상하기도 하고, 또 梅月堂을 연상"(秦敎勳, 「風流精神 간행에 즈음하여」, 『풍류정신』, 1987, 페이지 없음)하고 있는데, 김동리는 『사반의 십자가』를 써 내려가면서 '우륵'을 내세우는 모습이다. 신라 시대 음악이 다스림의 하나의 원리로 이해되었고, 범보나 김동리가 이를 깨닫고 있었던 만큼 이는 쉽게 보아 넘길 일이 아니다. 또한, 최치원을 다룬 「旅愁」(발표지 미확인, 1957)와 강수를 다룬 「鶴亭記」(발표지 미확인, 1959)를 제외한 신라 시대의 역사물들이 1977년 『金東里 歷史小說』(智炤林)을 통해 일제히 모습을 드러냈던 사실을 염두에 둘 수도 있다. 정신적 귀향의 첫 머리에 마주친 대상이 바로 우륵이었던 것이다. 「樂聖」은 「于勒」이란 제목으로, 「旅愁」는 「崔致遠」이란 이름으로 『金東里 歷史小說』에 묶여 있다.

79) 김동리, 「만해 선생과 「등신불」」, 『김동리 전집⑧ : 자전에세이―나를 찾아서』, 민음사, 1997.

즈음 그 동안 미루어 두었던 '소신공양'이라는 소재를 향해 낡은 노트를 뒤적이는 데로 나아가게 되었다.[80]

대체, 보는 순간 전율과 공포로 화할 정도로 상당한 경악과 충격으로 다가와서 '저건 부처님도 아니다! 불상도 아니다!'라고 생각이 들되, 목구멍이 얼어붙은 듯 아무런 말도 새어나올 수조차 없게 만들어 버린[81] "인간의 고뇌와 슬픔을 아로새긴 부처님(등신불)"[82]은 어떤 형상을 하고 있었던가.

> 나는 그가 문을 여는 순간부터 미묘한 충격에 사로 잡힌 채 그가 합장을 올릴 때도 그냥 멍하니 불상만 바라보고 서 있었다. 우선 내가 예상한 대로 좀 두텁게 도금을 입힌 불상임에는 틀림이 없었다. 그러나 그것은 전혀 내가 미리 예상했던 그러한 어떤 불상이 아니었다. 머리 위에 향로를 이고, 두 손을 합장한, 고개와 등이 앞으로 좀 숙으러진, 입도 조금 헤벌어진, 그것은 불상이라고 할 수도 없는, 형편없이 초라한, 그러면서도 무언지 보는 사람의 가슴을 쥐어짜는 듯한, 사무치게 애절한 느낌을 주는 등신대(等身大)의 결가부좌상(結跏趺坐像)이었다. 그렇게 정연하고 단아하게 석대를 쌓고 추녀와 현판에 금물을 입힌 금불각 속에 안치되어 있음직한, 아름답고 거룩하고 존엄성 있는 그러한 불상과는 하늘과 땅사이라고나 할까, 너무도 거리가 먼, 어이가 없는, 허리도 제대로 펴고 앉지 못한, 머리 위에 조그만 향로를 얹은 채 우는 듯한, 웃는 듯한, 찡그린 듯한, 오뇌와 비원(悲願)이 서린 듯한, 그러면서 무어라고 형언할 수 없는 슬픔이

---

80) "1957,8년경이었다. 나는 기어이 단편 소설 한 편을 써야 할 형편에 부딪히게 되었다. 나는 나의 소재 노트를 뒤적이다가 이 소신공양이란 말을 발견하게 되었다. 그와 동시에 20년 전의 충격을 되새겨보았다. 옛날의 충격은 다시금 내 의욕의 심지에 불을 붙였다. 그것이 오늘의 「등신불」이다."(위의 글, 182면)

81) 김동리, 「等身佛」, 『等身佛』, 정음사, 1964, 270면.

82) 같은 글, 281면.

랄까 아픔같은 것이 보는 사람의 가슴을 꽉 움켜잡는 듯한, 일찌기 본 적 도 상상한 적도 없는 그러한 어떤 가부좌상이었다.[83]

등신불의 내력은 이러하다. 법명이 만적(萬寂)이고, 속명은 조기(曹耆)의 어머니 장씨는 사구(謝仇)라는 이에게 개가를 했는데, 사구에게는 신(信)이라는 아들이 있었다. 조기의 어머니는 조기에게 재산이 돌아가도록 하기 위하여 사신의 밥에 독약을 섞었고, 조기와 사신은 이 사실을 알게 되었다. 이로 인해 사신은 집을 떠나 자취를 감추었으며, 조기는 사신을 찾아 집을 나섰다. 십 년이 지난 후 중이 되어 생활하던 조기(만적)는 우연히 문둥병에 걸린 사신을 만났고, 이후 진작부터 생각해오던 소신공양을 감행하기에 이르렀다. 등신불은 만적의 타다가 굳어진 몸에 금을 씌운 것이다. 널리 알려진 「等身佛」의 이러한 내용은 두 가지에서 문제적이다. 첫째, 만적은 그 어머니의 죄를 대속(代贖)하고 있다. 범위를 좁게 보자면 자기 어머니를 대신한 죄 값 치르기이지만, 넓게 보자면 생활을 움직여 나가는 인간의 욕망으로 인해 생겨나는 죄를 대신하여 스스로 몸에 불을 붙인 것이라고 해석할 수도 있다. 이는 절대자 하나님과 인간 사이에서 스스로 십자가에 못 박힌 반신적(半神的) 존재 예수의 경우와 비교할 만한 것이다. 절대자 하나님과 예수의 신성(神性)을 배제하고 난 뒤의 구원 문제를 김동리 식으로 보여주는 장면이기 때문이다.

둘째, 등신불의 형상은 인간의 모든 감정을 고스란히 담고 있다. 구원을 향해 나아가는 등신불에서 발견할 수 있는 감정, 그러니까 "우는 듯한, 웃는 듯한, 찡그린 듯한, 오뇌와 비원(悲願)이 서린 듯한, 그러면서도 무어라고 형언할 수 없는 슬픔이랄까 아픔"은 「등신불」의 세계

83) 위의 책, 270면.

가 「實存舞」의 그 무겁고 어지러운 스텝보다 근원적이고 본질적인 차원에 놓여 있음을 보여주는 상징이라고 파악할 수 있다. 등신불의 표정이 보여주듯이, 인간의 구원은 인간의 모든 감정 속에서, 모든 감정을 끌어안고 펼쳐지는 탓에 "거룩하고 원만한 것의 상징인 듯한 부처님의 상호"처럼 그저 성(聖)스럽게 진행되지 못한다. 90년대 중반 유행했던 식으로 얘기하자면 "초월(超越)이 아니라 포월(包越)"84)이라는 것이다. 「實存舞」에서 김진억(김동리)은 기껏해야 이영구의 가벼운 실존주의(유행으로서의 실존주의)를 비판하는 한편 두 여자 사이에서 실존의 무게를 절감하는 모습을 내보이는 데 그쳤지만, 「等身佛」에 이르러서 만적(김동리)은 이처럼 인류 보편의 문제로까지 성큼 앞으로 나아가 삶을 끌어안고 있다. 「等身佛」의 이러한 폭과 깊이를 김동리는 자신의 영혼에 깊이 뿌리 내린 범보 그림자와의 대결을 통해 성취할 수 있었다. 그만큼 김동리에게 범보는 거대한 존재였던 것이다.

6. 신라의 역사 속으로 되돌아가는 문턱
—「늪」과 「松湫에서」를 중심으로

1964년 발표한 「天使」(『현대문학』, 1964.4)에서도 인간의 구원 문제는 우회적으로 언급된다. 교회에서 천사로 통하고, 실상 그렇게 느껴지는 미망인 '안 선생'(安先生)이 결국 육욕(肉慾)에 매여 있을 수밖에 없다는 내용은 천사와 인간의 차이를 빚어내는 육체의 무게를 떠올리게

84) 김진석, 『초월에서 포월로』(솔, 1994) 참조.

한다. 인간의 구원은 그처럼 지난한 일이다. 하지만, 「等身佛」에서 정점에 이르렀던 이러한 관심은 「늪」(『문학춘추』, 1964.9)에서부터 변화를 보이기 시작한다. 이제 52세에 이른 작가 김동리가 자신의 늙음을 느끼면서 이에 따라서 한동안 잠복해 있던 죽음의식이 서서히 의식의 수면 위로 떠오르기 시작했기 때문이다. 이는 결국 인간의 구원이 김동리의 주된 관심사로 유지될 수 없었음을 가리킨다. 만적의 길을 따르기에 그는 너무도 연약한 인간이었기에 다시 자기 자신의 노쇠와 이로 야기될 죽음에 대해 되돌아오게 되었다는 것이다.

「늪」의 분위기라든가 작가 의식은 1947년 발표했던 「달」과 흡사하다.[85] 「달」의 정국이나 달이가 아무런 이유도 없이 죽음에 이끌리듯이, 「늪」의 '석' 또한 "알 수 없는 야릇한 기대와 호기심"으로 인해 '늪' 건너편의 세계로 자꾸 나아가고 있다.[86] 늪을 경계로 이쪽과 저 쪽으로 나뉜 경계는 김동리의 소설이라든가 평론에서 익히 보아오던 설정이다. 예컨대 「佛畵」 3부작에서는 생활(마을=이 쪽)과 예술(산, 솔거=저 쪽)로 나타난 바 있으며, 「靑山과의 거리—金素月論」에서도 김소월의 시 「山有花」에 나타나는 도달할 수 없는 거리 '저만치'로 나타낸 적이 있다. 김동리가 양극성 장애의 경향으로부터 어느 정도 자유로운 모습을 보이던 시기에는 이런 설정이 거의 드러나지 않았었는데, 「늪」에서 다시 이런 구도가 지배적으로 나타나고 있음은 주목할 필요가 있을 것이다. 물론 늪은 죽음을 의미하기 때문에 석(김동리)으로서는 도저히 건널 수 없다. 그런데, "늪을 건널 수 없다는 것을 뻔히 알면서 그 '야릇한 기대와 호기심'은 어디서 온단 말인가."[87]

---

85) 실제로 김동리는 「달」을 개작한 「달 이야기」라는 소설을 써서 『늪』(문리사, 1977)에 싣기도 했다.

86) 金東里, 「늪」, 『늪』, 문리사, 1977, 52면.

87) 위의 글, 55면.

그것은 아마도 작가 김동리가 자신의 나이를 늙었다고 의식하여 이제 돌아가야 할 때라고 마음먹고 있기 때문일 것이다. 작품의 마지막 부분에서 석과 분이(紛伊)가 늪으로 빨려 들어가 죽음에 이르고 있고, 석이 세 살인가 네 살 때의 체험이라고 하면서 늪 건너편의 세계가 환각처럼 신비하게 펼쳐지고 있으니, 그 두 세계를 나란히 병치시켜 파악한다면 「늪」이 놓인 자리는 보다 분명하게 이해할 수 있으리라고 생각된다. 스스로 노년에 이르렀음을 의식하는 김동리는 죽음(늪)과 죽음 건너편의 세계를 이렇게 표현하고 있다.

> ㉠ 늪 속엔 무엇이 살고 있을까?
>
> 수면(水面)은 언제나 파란 물파래로 덮여 있지만 이따금 불쑥뿔쑥 솟아오르는 것이 있는가 하면 어떤 때는 하얀 왕방울(수은으로 된) 같은 것이 물속에서부터 쑥 꿰어져 올라와 물파래를 동그랗게 헤치며 팡 소리를 내고는 도로 퐁퐁퐁퐁 아래로 내려가 버리기도 한다. 이것은 아마 늪 속에서도 제일 여러 해 묵은 무서운 벌레가 방귀를 뀌는 것이리라. 그리고 저 물위에 꽉 덮인 물파래는 배암밥이란 말이 있으니, 늪 속엔 얼마나 많은 독사와 구렁이들이 우글거리고 있는지 모를 일이다.
>
> 언젠가는 두꺼비도, 늙어서 아래턱이 축 처지고 두 눈에 금테를 두른 놈이 수렁 위로 엉금 엉금 기어 나오더니 불룩불룩 독 뿜는 시늉을 하고는 도로 들어가 버리지 않았는가.
>
> 거머리도 지렁이만큼 큰 놈은 예사라고 한다. 만약 이런 놈이 한번 사람의 몸에 붙기만 하면 잠깐동안에 뼈속까지 파고들어간다고 한다.
>
> 그러나 석은 이 밖에도 더 무서운 벌레들이 늪속에 들어 있는지 모른다고 생각한다.
>
> 석은 그것을 아버지에게도 물어 보았지만, 아버지 역시 잘 모른다고 했다. 다만, 거기는 독사와 무서운 벌레들이 많고 수렁이 있어서 아무도 가

지 않는 곳이라고 누나가 하는 말대로 일러주었을 뿐이었다.[88)]

㉡ 할아버지는 이튿날도 아침을 먹자 이내 숲 속으로 들어가더니 저녁 때나 되어 역시 어제께와 같은 열매들을 어저께보다 더 많이 더 잘 익은 것으로만 바구니에 하나 가득 담아 왔다.

석은 할아버지를 따라 숲속 깊이 가보려고 했으나 어머니가 붙잡아서 가지 못했다. 그 대신 석은 어머니와 함께 집에서 멀지 않은 곳으로 다니며 여러 가지 꽃을 꺾었다. 파랑 꽃, 흰 꽃, 붉은 꽃, 지금껏 보지 못하던 여러 가지 아름다운 꽃들이었으나, 석은 물론, 어머니도 그 이름을 알지는 못했다.

새들도 마을에서 보지 못하던 아름다운 빛깔과 울음소리로 이 나무 저 나무를 날아다녔으나 꽃같이 손에 잡아볼 수는 없었다.

"엄마, 저 꼬리가 길고 날개가 붉은 새 한 마리만 잡아 줘."

석이 말했으나 어머니는 고개를 옆으로 가로 저으며

"내가 새같이 날아다닐 수 있니?"

했다.

석은 자기 힘으로 붉은 새를 잡아 보려고 한나절 동안 숲속을 헤매었으나 허탕을 치고 맥이 풀려서 돌아왔다.

할아버지께 그 얘기를 했더니 할아버지는 또 그 검은 수염 속에서 붉은 입술을 드러내 보이며, 밑도 끝도 없이

"너도 숲속에서 살렴."

했다.

석은 그 붉은 새를 마음대로 잡을 수 있다면 숲속에서 살아도 좋겠다고 생각했다.[89)]

---

88) 위의 글, 53~54면.

89) 위의 글, 58~59면.

늙음과 죽음에 대한 김동리의 감회는 「松湫에서」(『현대문학』, 1966.1)를 통해 보다 분명하게 확인할 수 있다. 「松湫에서」는 조연현의 설명처럼 "50代의 이 主人公이 지닌 그 절박한 사랑의 슬픔"과 "그 슬픔을 조용히 忍耐해가려는 이 主人公의 斷腸의 비통"[90]을 그리고 있는 작품이다. 자전소설에 속하는 이 글에서 작가이자 교수인 작중화자 '나'는 시종일관 자신의 나이를 의식하는 모습으로 나타난다. 여제자들이 주위에 앉자 얼굴이 뜨뜻해지며 "이들과 나는 사제관계요, 내 나이 중로(中老)에 들어있건만 역시 아직 인간으로서 탈피하지 못한 그 무엇이 있기 때문일까"[91]라고 생각하는 장면, "박군은 내 아들만치 젊으니까 내가 먼저 죽을 거야, 그게 자연의 이치거든…… 내 말 들어, 그때 만약 박군이 내 이웃에 살거든, 나를 이 근처 어디메다 묻도록 힘써주게"[92]라고 제자에게 부탁하는 대목이 이에 해당한다. 그러니 이제 대학교를 졸업한지 겨우 석 달밖에 지나지 않은 어린 연인 지희 앞에 서라면 그러한 의식이 더욱 불거지게 마련이다. 어린 연인 지희의 장래를 생각하며 "남자와 여자가 다르고, 또 나이 관계도 너무나 틀리니까……"[93]라고 말해야만 할 때의 감정이라든가 "이제 내 인생도 단풍들 나이거든"[94]이라고 토로할 때의 느낌이 얼마나 절박한가 하는 것은 "어쩌면 이렇게도 주체할 수 없는 흐느낌이 나를 사로잡는 것일까. 지희, 너와 나는 무엇일까. 너는 나에게 있어, 나는 너에게 있어, 서로 아무것도, 아닌 귓전을 스쳐가는 바람결에 지나지 않았던가."[95]

90) 趙演鉉, 「作家와 作品－金東里와 成佛의 美學」, 『趙演鉉文學全集⑥－韓國現代作家論』, 어문각, 298면.

91) 金東里, 「松湫에서」, 『현대문학』, 1966.1, 95면.

92) 위의 글, 101면.

93) 위의 글, 104면.

94) 위의 글, 108면. 소설의 제목에서 '다하다', '바닥나다'의 뜻을 가진 '湫'의 의미는 이러한 인식을 드러내기 위한 장치이다.

95) 위의 글, 106면.

라는 작중화자의 내면을 위에서 한층 절실하게 울려 퍼진다.

물론 나이 어린 애인을 사귀는 입장이라면 연인과의 커다란 나이 차이를 시종 신경 쓰는 것은 당연한 일이다. 하지만, 자신이 처한 늙음의 반대편에 있다는 의식적・무의식적 이유로 하여 젊은 애인을 선택한 경우라면 논리의 구성은 달라질 수 있다. 이럴 경우 중심에 놓이는 것은 '어린 연인 지희'가 아니라 작중화자 나(김동리)의 '늙음'이라는 사실이랄까 의식이 되어야 하기 때문이다. 즉 자신의 늙음을 상쇄하여 보상받으려는 심리가 여기에 가장 비중 있게 자리한다는 것이다. 이 시기에 이른 김동리를 이해하자면 이러한 점을 분명히 할 필요가 있겠다. 그만큼 늙음과 죽음에 관한 김동리의 심리를 주목하기 위해서이다. 실제 생활에 있어서도 어린 여자에 대한 김동리의 가치 부여가 남달랐다는 사실은 이와 연관된다. 웃음을 유발하기 위한 성격이 가미되어 있지만, "少女를 좋아하는 男性으로서 金東里씨가 一等當選이 되었다"는 최정희의 기록은 이를 보여준다. 그녀는 소녀 취향의 여성 선호를 김동리의 첫 번째 취미로 꼽고 있다.

> 金東里씨는 男子친구보다 女子 친구를 좋아한다.
>
> "남자친구는 손가락 한마디쯤 가슴이 뛴다면 여자친구는 손가락 두마디가 뛰지."
>
> 이것이 金東里씨의 말이다. 그러니까 男子친구보다 女子친구가 두배나 즐겁다는 말이 되는 것이다. ―단 젊은 女子다. 젊기보다는 어리다는 편이 옳겠다.
>
> 몇해 전 嶺南地方을 같이 여행했을 때 우리 一行은 그곳 어느 川邊에 천막을 치고 손님을 부르는 곡마단을 구경한 일이 있다. 三十세를 바라보는 아주 잘생긴 美女가 있어서 내가 "저 여자 참 좋다"고 말하니까 "뭐? 그건 못써. 그 다음 다음의 것이 좋은데" 하고 내가 말한 美女를 밀어제치고 그

다음 다음의 少女를 金東里씨는 들고 나섰다.

그다음 다음 것이라는 少女는 닭으로 친다면 병아리를 금방 벗어난 영계라고나 할까 한, 열 七, 八세 가량의 이런女子였다.

어느 雜誌社에서 조사(?)해 본 결과 少女를 좋아하는 男性으로서 金東里씨가 一等當選이 되었다던가.[96)]

1966년 김월계와 이혼한지 얼마 지나지 않아 김동리가 서영은과 열애에 빠지게 된 맥락 또한 이로써 이해할 수 있게 된다. 즉 김월계와의 이혼이 손소희와의 안정된 생활로 이어진 것이 아니라, 김동리가 보기에 '젊기보다는 어리다는 편'에 가까운 24세의 또 다른 여자 서영은과의 관계 진척으로 이어진 것은 김동리의 심리 경향으로 파악할 수 있다는 것이다. 「松湫에서」가 자전적 성격을 강하게 띠고 있음에 비추어 지희의 모델이 실제로 존재할 가능성은 크다. "당시 동리는 서라벌 예술대학 주임교수 시절이었는데, 「松湫에서」라는 그의 작품에 서영은의 존재가 어렴풋이 그려지고 있다"[97)]라고 김정숙은 이야기하고 있으나, 이는 시기적으로 맞지 않는다. 서영은이 김동리와 만난 것은 박경리의 소개를 통해서이다. 김정숙 자신은 서영은과의 대담 내용을 이렇게 정리하고 있다. "서영은은 강원도 출신의 작가로 24살에 문예대학에서 박경리의 가르침을 받게 된 작가 지망생이었다. 그녀가 『사상계』를 정기구독하고 문학에 대한 관심으로 「교」라는 소설을 쓴 것이 박경리의 눈에 띄게 되었고, 박경리의 소개로 김동리를 찾아가게 된 것이다. 그리고 두 사람은 얼마 되지 않은 시기에 이미 너무 가까워져 버려 실제로 문학적 지도를 받을 수 없게 되었다."[98)] 1967년 초겨울 김동리의 신당

96) 崔貞熙, 「東里의 趣味」, 『서라벌文學 8輯—東里文學硏究』, 서라벌예술대학, 1973, 189면.
97) 김정숙, 앞의 책, 254면.
98) 위의 책, 256면.

동 집으로 찾아가서 처음 원고를 보여주었고 두 번째 원고를 완성했을 때 이미 원고 얘기를 하기에는 겸연쩍고 쑥스러운 사이가 되어 있었다는 서영은의 기록을 참고하거나,[99] 이즈음 서영은이 선물로 받았다는 『김동리 대표작선집』(전5권, 三省出版社, 1967)의 간행 연도를 꼽아보더라도 지희의 실제모델이 서영은이 아니라는 점은 확인할 수 있다.

늙음에 대한 김동리의 과도한 집착은 탈시간적(脫時間的)이고 탈논리적(脫論理的)인 경향을 띠어 점차 전설이라든가 민담으로 근접할 가능성을 동반하게 된다. 시간의 흐름에 대한 무의식적 대응이라고 할 수 있겠다. 시간의 흐름이 멈춘 세계 위에 김동리가 먼저 펼쳐놓은 작품은 「유혼설(遊魂說)」(『사상계』, 1964.11)로 「松湫에서」보다 두 달 먼저 발표되었다. '어릴 적 도깨비불을 경험한 이야기'와 '물에 빠져 죽은 시간에 저의 어머니 앞에 나타난 아들의 이야기' 둘을 병렬적으로 보여준 데서 알 수 있듯이 김동리는 이 작품에서 완성도에 집착하지 않았다. 단지 그 세계를 보여주고 했을 따름이다. 시간적으로 조금 떨어져 있기는 하지만, 「눈 내리는 저녁때」(『월간 중앙』, 1969.4)도 마찬가지이다. 작중화자의 딸 여중생 윤득희(尹得熙)가 알 수 없는 힘에 이끌려 전생에 자신이 살던 장소로 와서는 백 년 전에 있었던 지형지물과 사물들, 사건들을 정확히 끄집어낸다는 내용이기 때문이다. 「유혼설(遊魂說)」의 화자와 「눈 내리는 저녁때」의 화자는 모두 의사이니, 김동리는 과학적 세계에 맞서 탈시간적 · 탈논리적 세계를 강조하고자 했다고 볼 수 있다. 「염주」(발표지 미확인, 1966)에 등장하는 공간 '칠불' 또한 이러한 분위기를 동반한다. 마치 「늪」에 등장하는 늪 건너편의 세계를 연상시킬 정도의 분위기를 동반하고 있기 때문이다. "아냐, 그런게 아니고, 무언지 꿈 같은……. 저승이라고 하면 지옥이나 극락을

99) 서영은, 『한 남자를 사랑했네』, 미학사, 1993, 24~26면.

생각하게 되나요? 막연히, 이승 아닌 저승이죠. 그러나 우리의 칠불의 경우는 어떤 편이냐 하면 극락에 가까운 저승이었어. 거친 나무 빛깔들이 이상하잖아요? 아니, 이상한 나무들이 많았다고 해야지. 이승에선 좀체 볼 수 없는 굉장히 큰 대추나무가 있었지. 거기다 염주나무, 은행나무 들이 모두 특이했고, 그런 해맑은 잎새들이 햇빛에 반짝반짝하는데, 들리는 건 나직한 새소리뿐이었고……. 사람의 그림자는 볼 수도 없고, 버스 소리, 라디오 소리, 아이 울음 소리, 개·닭 소리 같은 것도 전혀 들리지 않고 ……"100)

이러한 경향은 정신적 귀향(歸鄕)이자 역사 속으로의 퇴행을 통해 마무리 짓게 된다. 『金東里 歷史小說』(智炤林, 1977)이 그 도달점이다.101) 탈시간적·탈논리적 경향이 『金東里 歷史小說』로 나아가는 과정에는 두 편의 소설이 놓여 있다. 먼저, 자전소설 「꽃 피는 아침」(『월간중앙』, 1968.4)의 존재. 김동리는 노름을 하느라 밤을 새고 집으로 돌아가다가 우연히 아기의 주검을 실어 나르는 영구차를 목격하고 네 살에 죽은 아들 진아(晋兒)를 떠올려 이 작품을 썼다. 두 번째, 자전소설 「선도산」(『한국문학』, 1976.10). 문학 행사차 경주로 내려갔던 김동리는 젊은 날 짝사랑했던 'R양'을 만나 삼십오 년의 시간을 뛰어넘어 당시를 회상하게 되었다. 프로포즈의 편지를 건네받은 뒤의 이야기가 바로 이 소설에서 펼쳐지는 것이다. 이 두 편의 소설은 그의 삶에서 숙제처럼 밀려두었던 이야기를 풀어내고 있다. 그 숙제가 만들어지고 풀어지는 곳이 그의 고향 경주임은 분명하다. 이 두 편의 소설을 징검다리 삼아 김동리는 천년 고도 신라 천년의 시간으로 넘어 들어간다.

---

100) 김동리, 「염주」, 『김동리 전집③—등신불·까치소리』, 민음사, 1995, 356면.

101) 김동리가 남긴 최초의 역사소설은 1949년 5월 15일부터 27일까지 『연합신문』에 9회에 걸쳐 연재된 「劍君」이다. 발굴되지 않았던 까닭에 이 작품에 대한 논의는 그동안 이루어지지 않았다. 책의 뒤에 부록2로 덧붙였으니 참고하기 바란다.

그리고 이제 죽음이 얼마 남지 않는 노승이 몇 십 년 동안 미뤄 두었던 자신의 인연을 찾아 어디론가 사라졌다는 내용의 「저승새」(『한국문학』, 1977.12)는 그러한 세계의 옆에 놓여 있다.

7. 「까치 소리」와 『乙火』가 놓인 자리

「늪」을 즈음하여 김동리의 소설은 다시 현실로부터 한 발 떨어지는 세계를 향해 나아갔다. 애초에 그가 출발했던 자리였던 곳이 그러한 세계였던 만큼 정신적 귀향(歸鄕)이라고 불러도 무방할 것이다. 김동리 자신도 『金東里 歷史小說－新羅編』의 「自序」에서 그러한 사실을 분명히 밝히고 있다. "이 책에 수록된 열 여섯 편은, 전체적으로, 신라 사람들의 생활과 감정과 의지와 지혜와 이상과, 그리고 그 사랑, 그 죽음의 현장을 찾아보려는 나의 종래의 계획에 따라 만들어진 완전히 동일한 기조의 작품들이다. 그것을 굳이 한 마디로 표현한다면 '신라혼의 탐구'랄까 '신라혼의 재현'이랄까 그런 성질의 것이다. …… 이 책을, 나의 사랑, 나의 꿈의 요람인 신라의 모토(母土) 경주에 바친다."[102]

이 대목에서 기억해야 할 소설이 바로 「까치 소리」(『현대문학』, 1966.10)와 『乙火』(『文學思想』, 1978.4)이다. 이 두 작품은 노년의 김동리가 한 동안 전면에 드러나지 않았던 서구문학과의 대결을 표방하며 선보인 것이다. 그러니까, 정신적인 귀향과 함께 젊은 날 그가 강렬하게 추구했던 서구문학과의 대결의지가 다시 불붙은 셈이다. 김동리는 이 두 작품

102) 金東里, 「自序」, 『金東里 歷史小說』, 지소림, 1977, 3~4면.

을 통해 한국문학을 당당한 세계문학의 일원으로 끌어올리고자 했다. 이를 위해 작가가 공을 들인 부분은 응당 우리 민족 재래의 정서일 터, 「까치 소리」에서는 까치 소리에 얽힌 우리 민족의 오래된 관념이 이에 해당한다. 뿐만 아니라, 김동리는 이를 불교의 화엄사상으로까지 확장시키면서 그 중심에 인간의 심리를 배치하고 나섰다. 까치가 울 때마다 어머니는 기침을 하며 견디지 못할 고통에 허덕이며, 그 고통의 순간 불현듯 솟아나는 봉수의 어머니의 목을 눌러 주었으면 하는 심리의 연관성은 이를 향해 있다.[103] 그리고 『乙火』에서는 삶과 죽음의 경계 혹은 인간과 신의 경계를 넘나드는 내용의 강화로 나아갔는데, 오구굿의 묘사와 태주의 도입이 이를 보여준다. 여기에 대해서는 김윤식이 적절하게 지적하고 있다.

> 주 묘사와 설명이 많아진 것도 물론 장편(중편)이 요구하는 부분이긴 하지만 근본적인 것은 구성에 있습니다. 「무녀도」와 크게 구분되는 「을화」의 구성상의 특징은 무엇인가. 이 물음에는 다음 두 가지 대답을 해 볼 수 있습니다.
>
> 하나는 을화의 오구굿(정 부잣집)으로 하여 작품이 앞과 뒤로 갈라진다는 점. 클라이맥스가 바로 그 오구굿 속에 있습니다. 그러니까 제 안목으로는 3부작으로 구성된 셈이지요.
>
> 제1부가 무녀 을화의 내력과 그 현주소라면, 제2부는 무녀의 진면목이

103) 李宣侚의 『金東里의 「까치 소리」 研究－持續的 時間體驗과 自我現實』(서강대 석사학위논문, 1980)은 베르그송의 '持續의 개념인 時間'을 해석에 적용한다는 측면에서 흥미를 가질만한 논문이다. 김동리와 함께 다솔사 생활을 했던 김범린이 베르그송의 제자인 데다가, 범보 또한 베르그송에 관심을 가져 서구 철학자들 가운데 그나마 긍정적으로 파악했기 때문이다. 필자는 화엄사상과 베르그송 사이에서 공유되는 어떤 사항이 이런 친화성을 끌어냈을 것이라고 본다. 덧붙인다면, 화엄사상과 김정숙과의 대담에서 「까치소리」를 설명하고 있는 내용을 볼 때 김동리의 화엄사상 이해는 그리 깊지 않다는 것을 파악할 수 있다(김정숙, 『김동리 삶과 문학』, 집문당, 1996, 272~273면).

랄까 그 기능과 그 미학까지를 한꺼번에 보여주는 그 화려하기 짝이 없는 오구굿이겠지요.

"베리데기 아바니 오구 대왕이시고 베리데기 어머니는 오구 부인이신데 혼인한 지 이태 삼 년이 지나도록 ……"

이렇게 시작되는 베리데기 본풀이가 무려 20쪽에 걸쳐 실려 있지 않겠는가.

베리데기 무가란, 한국 구비문학의 백미 아닙니까. 무당의 조상이랄까 그 시조랄까 내력을 읊은 이 베리데기 공주의 일대기야말로 이승과 저승 사이에 걸린 등불이거나 꽃이라고나 할까. 이승 저승을 한꺼번에 울리는 방울 소리라고나 할까. 좌우간 대단한 장면이지요. 제3부는 굿 이후 을화의 몰락이라 할 것입니다.

객 다른 하나는요?

주 태주 또는 명도(冥途)의 도입을 지적하겠습니다. 마마를 앓다가 죽은 어린 계집아이의 귀신 혹은 마마 질병 기타 참변으로 죽은 아이의 귀신이 여자들에게 지피어 여러 가지 점을 치게 하는 것을 태주라 부르거니와, 『을화』에는 이 태주가 커다란 얼굴로 등장하고 있습니다. 어떤 도사의 시중 들던 못된 여인이 아이를 죽여 그 귀신을 불러서 점치는 행위를 해 왔다는 것.

이 악독한 태주 할미의 죄악상이 폭로되어 마지 않습니다.

객 그러한 그로테스크한 장면을 도입한 것은 태주의 존재가 무녀의 기능과 얼마나 다른가를 극명하게 드러내기 위한 방편 아닙니까. 태주가 한갓 미신이라면, 무녀(샤머니즘)란 그렇지 않다는 것.[104]

대결의 정신은 저승의 세계로 넘어가기 전에만 가능하다. 소설이란

104) 김윤식, 「『을화』론—이승과 저승 사이에 걸린 등불 하나」, 『김동리 전집⑥—을화』, 민음사, 1995, 209~210면.

'宇宙의 魂'을 읊는 시와는 달리 '社會參與'에 본질이 있기 때문이다. 달리 말해서 소설은 '肉體를 갖춘 生命'이므로 '肉體를 거세한 靈魂'으로 나아갔을 때 거기에서는 시의 세계가 펼쳐지고 만다. 거기에는 오로지 '巫呪(陰影—陰)'만 남아있기 때문이다. 김동리 또한 이러한 사실을 익히 잘 알고 있는 바 아니었던가.[105] 「까치 소리」와 『乙火』는 자신의 정신적 고향에 귀의하다가 잠깐 만난 세계이므로 여기에 나타났던 대결의 의식은 오래 지속되거나 여러 번 반복되지 못 한다. 그러므로 『을화』를 통해 '이승과 저승 사이에 하나의 등불'을 걸어놓았던 김동리는 점차 저승의 세계로 기울어진 것은 당연하다고 하겠다. 우물에 비친 제 얼굴을 보며 죽은 '선이'를 떠올리던 다섯 살의 체험에서 현재의 자신을 떠올리고자 하고(「우물 속의 얼굴」, 『한국문학』, 1979.6), 어린 시절 제 동네에 살던 무당을 회상하며 「曼字銅鏡」(『문학사상』, 1979.10)을 쓰고 나서 결국 김동리는 마치 '우물' 속으로 뛰어들 듯 혹은 '구리거울' 속으로 빠져들 듯 육체를 벗고 시의 세계로 넘어가 버렸다. 1998년 『문학사상』 7월호에 발표된 유고시 30편은 그렇게 하여 남게 된 것이다.[106]

105) 김동리, 『바위』의 「後記」(일지사, 1973) 참조.

106) "사실상 절필 상태에 들어간 것은 1979년 10월 『문학사상』에 단편 「만자동경(曼字銅鏡)」을 발표한 직후부터이다. …… 그러니까 김동리 선생은 『문학사상』에 최후의 소설 작품을 발표한 후 의식을 잃기 전인 10년 간을 포함하여, 15년 간 작품을 발표하지 않았고, 역시 『문학사상』에 마지막 평론을 발표한 후, 의식을 잃기 전인 4년간을 포함한 9년 간 마지막 평론도 내놓지 못한 채 세상을 떠나고 만 것이다."(임홍빈, 「김동리 선생이 남겨두고 가신 유작시 30편」, 『문학사상』, 1998.7)

8

문학제도의 구축과 문단 주도권의 향방[1)]

1. 문학을 바라보는 김동리의 이중성

문학제도의 관점에서 김동리(金東里)를 이해하는 일은 난감할 수밖에 없다. 문학의 범주에 대한 김동리의 입장이 일관되지 못한 까닭이다. 먼저 해방기에 벌어졌던 조연현(趙演鉉)의 김동리 비판과 이에 대한 김동리의 대응을 살펴보자. 조연현은 1948년 『백민(白民)』 5월호에 발표한 「문학(文學)의 영역(領域)－종교(宗敎)와 철학(哲學)과 문학(文學)의 기초적(基礎的) 내용(內容)」을 통해 다음과 같이 김동리를 비판한 적이 있다. "金東里氏는 究竟의 生의 形式에 對한 共同의 意慾을 갖었다는 同一한

1) 이 글은 『근대를 넘어서려는 모험들』(소명출판)에 「김동리와 조연현－문학권력」이라는 글로 실려 있습니다.

目的意識에 眩惑되어 觀念과 信仰을 思想과 混同함으로써 文學을 宗敎나 哲學의 領域에까지 誘導해 가고 있지 않은가."[2] 김동리가 문학(사상)과 종교(신앙)와 철학(관념)의 영역을 혼동하고 있다는 내용의 비판이다. 이에 대해 김동리는 「문학(文學)하는 것에 대(對)한 사고(私考)」(『文學과 人間』, 1948)를 통해 자신의 입장을 이렇게 정리하고 나섰다.

> 내가 '문학하는 것'을 '구경적 생의 형식'으로 보는 것이 문학의 자율성을 침해하지 않음은 이상과 같거니와 여기서 특히 내가 한 가지 경고하고자 하는 것은 서양인의 관념적 체계가, 그것도 더구나 근대에 와서 문학이니 철학이니 종교니 정치니 과학이니 수학이니 하는 것을 너무나 직업적으로 분업화 내지 분열화시켰다는 사실이다. 우리는 그 어느 부문도 다른 부문에 의하여 예속되고 지배됨을 용인할 수 없는 동시 또 그 어떠한 부문도 그 구심적 위치에 '구경적 생'을 거부해서는 안 된다고 생각하는 것이다.[3]

김동리의 대응 방식은 한 문장에 집약되어 있다. "내가 한 가지 경고하고자 하는 것은 서양인의 관념적 체계가, 그것도 더구나 근대에 와서 문학이니 철학이니 종교니 정치니 과학이니 수학이니 하는 것을 너무나 직업적으로 분업화 내지 분열화시켰다는 사실이다." 여기에는 근대주의에 맞서고자 하는 김동리의 기획이 드러나 있다. 이 기획에 따르면, "문학(사상)과 종교(신앙)와 철학(관념)의 영역을 혼동하고 있다"라는 조연현의 비판은 서양 근대주의의 분업화·분열화 경향에 오염되었기 때문에 가능해지는 것일 따름이다. 이를 통해 김동리는 조연현이 비판했던 "구경적 생의 형식에 대한 공동의 의욕"을 한 번 더 강

---

2) 조연현, 「文學의 領域—宗敎와 哲學과 文學의 基礎的 內容」, 『白民』, 1948.5, 77면.
3) 김동리, 「문학하는 것에 대한 사고」, 『문학과 인간』, 민음사, 1997, 74면.

조하는 데로까지 나아가고 있다. 따라서 「문학하는 것에 대한 사고」를 통해 파악한다면, 김동리는 '문학'을 한 개 독립된 영역으로 따로 떨어뜨려 생각하는 입장에 반대한다고 생각할 수 있을 것이다.

하지만, 김윤식의 「김동리의 유고 「미정고」론」[4]을 읽어 보면 문제가 그렇게 단순하지 않다는 사실을 깨닫게 된다. 「김동리의 유고 「미정고」론」에서 김윤식은 "해방 후의 첫 작품인 「윤회설」(『서울신문』, 1946.6.6~26)의 경우는 문학사적 개입을 가능케 할 만큼 사건성을 띤 것이기도 하였다"라는 평가를 내리고 있다. 그런데 여기에는 "어떤 이유인지 김동리는 이 해방 후의 첫 작품이자 신예 경연작인 「윤회설」을 그의 어떤 창작집에도 수습하지 않고 버렸던 것이다"[5]라는 의문이 뒤따른다. 그러니까 김윤식은 「윤회설」은 문학사적인 의미가 충분한 작품인데, 작가가 그것을 버렸을 때에는 나름의 어떤 이유가 있지 않겠느냐고 물음을 던지는 것이다. 문학가동맹 서기장 이원조의 비판[6]과 구카프계의 비평가 홍효민의 평가[7]를 염두에 두고, 김윤식은 다른 글에서 그 이유를 이렇게 추론한 바 있다. "마르크스주의에 대한 그 빈정댐이라든가 시국 문제가 깃든 국민대회 등을 제거한 자리에서 쓰여진 김동리의 작품이 있다면, 그러니까 김동리 문학의 본령이 송두리째 드러난 작품이 출현한다면 그때 비로소 이른바 순수문학의 강점이 좌익측 문학의 강점과 어느 수준에서 공평하게 비교될 수 있을 것이다. 김동리의 창작은 과연 그런 쪽으로 열렸던가. 물을 것도 없이 부정적이다."[8]

하지만, 「윤회설」에 대해 "엄청난 정치소설을 썼다"라는 이원조의

---

4) 김윤식, 『미당의 어법과 김동리의 문법』, 서울대 출판부, 2002.

5) 김윤식, 「김동리 문법의 존재방식—숭고의 정체」, 위의 책, 57~58면.

6) 李源朝, 「虛構와 眞實」, 『서울신문』, 1946.9.1.

7) 洪曉民, 「解放以後 小說界의 回顧와 展望」, 『新文學』 4호.

8) 김윤식, 『해방 공간 문단의 내면 풍경』, 민음사, 1996, 185면.

주장은 다소 과장된 바 있다. 김윤식이 적절하게 정리하였듯이, 발표되었을 당시의 평가는 "김동리의 「윤회설」이 '정치소설'과 '문학적 소설'의 중간 형태로 제시되었던 것으로 요약할 수 있"기 때문이다.[9] 이러한 평가는 민간설화에 나오는 '두꺼비 설화'의 차용에 힘입은 바 크다. 설화를 소설 창작의 모티프로 끌어들이는 김동리의 장점이 이 대목에서도 여전히 빛을 발하는 것이다. 그리고 그 설화는 어떤 측면에서 보자면 김동리가 꾸준히 다뤄온 운명 타개의 주제에 속한다. 그렇다면 김동리가 굳이 「윤회설」을 버려야 할 까닭은 없는 것이 아닐까. 「두꺼비」(1939)의 연작으로 '운명 타개'에 대한 탐구가 어느 정도는 녹아 있기에, 근대주의에 맞서는 김동리의 입장에서라면, '정치소설'이냐 '문학적 소설'이냐 하는 논란은 부차적일 수밖에 없기 때문이다. 더군다나 당시는 "문학 행위는 곧 정치 행위요 정치 행위는 곧 문학 행위라는 사실"[10]이 선명하게 드러나는 시대였다. "정치소설이냐 문학적 소설이냐" 하는 논란은 근대주의에 오염된 이들이나 할 수 있는 것에 불과하다. '김동리 문학의 본령', '이른바 순수문학의 강점'을 중심에 두고 추론하는 김윤식의 입장도 마찬가지이다. 이는 문학과 정치를 별개로 나누었을 때에야 비로소 성립되는 관점이다. 이것은 "근대에 와서 문학이니 철학이니 종교니 정치니 과학이니 수학이니 하는 것을 너무나 직업적으로 분업화 내지 분열화시켰다"고 판단하는 입장에서 보자면 수긍하기 힘든 비판이라고 볼 수 있다.

그런데 김동리가 「문학하는 것에 대한 사고」에서 밝혔던 문학관을 꾸준히 유지했던 것은 아니다. 「윤회설」을 둘러싸고 논쟁이 벌어진 지 삼십여 년이 지난 뒤 발표된 김동리의 에세이를 보면 알 수 있다. 윤리적 충동과 미적 충동을 대립적으로 파악하는 관점이 이를 보여 준다.

9) 위의 책, 184면.

10) 「문제적 시대와 개인의 재능」, 위의 책, 5면.

작가가 작품을 쓴다는 것은 작품 속에 자아를 투입하는 일이다. 사회를 대상으로 자아를 개방한다는 것은 작가가 작가임을 포기하는 거나 같은 행위가 아닌가. 왜냐하면 작가가 사회를 대상으로 참회를 한다는 것은 심한 윤리적(倫理的)인 충동의 발로라고 보아야 하는데, 윤리적 충동으로 쏠린 작가의 자아가 미적 충동이란 이중 임무(二重任務)를 겸행한다는 것은 원칙에 있어 모순된 일이며, 가능하다 하더라도 예외적인 일이며 부차적인 것이라고 볼 수밖에 없는 것이다.[11)]

이러한 관점에 따르면 김동리의 평론 행위는 한낱 "예외적인 일이며 부차적인 것"에 머무를 뿐이다. 해방기에 그가 펼친 평론 활동은 좌파와 맞서면서 우파의 입지를 마련하는 행위로 귀결될 터인데, 이는 결국 자신이 옳다고 믿었던 세계를 향해 나아가는 '윤리적 충동'에서 기원하기 때문이다. 더군다나 평론에 대한 이러한 평가도 '가능하다 하더라도'라는 조건 아래서만 비로소 성립한다는 사실에 주목해야 할 것이다. 김동리는 평론을 문학(작가)의 범주에서 생각할 수 없다는 쪽으로 나아갔던 것일까. 이러한 변화는 「문학하는 것에 대한 사고」에서 보여 주었던 근대와의 대결 의지를 철회했을 때만이 가능해진다고 봐야 한다. '윤리(선 · 정치)'와 '미(예술)'를 나누어 생각하는 것은 진 / 선 / 미 영역을 기계적으로 나누어 접근하고자 하는 근대적 사고의 결과임이 명백하기 때문이다. 따라서 이 순간 "내가 한 가지 경고하고자 하는 것은 서양인의 관념적 체계가, 그것도 더구나 근대에 와서 문학이니 철학이니 종교니 정치니 과학이니 수학이니 하는 것을 너무나 직업적으로 분업화 내지 분열화 시켰다는 사실이다"라는 진술은 허공 속으로 사라져 버리는 형국이라고 볼 수 있다.

---

11) 김동리, 「聖者도 神도 아닌 것을」, 『끝나지 않는 氷河—孤獨의 에세이』, 진문출판사, 1976, 73면.

그렇다면, 다시 물을 수 있다. 김동리는 과연 서구가 주도하는 근대와의 대결을 포기했던가. 불교의 화엄사상을 집어넣어 형상화시킨 「까치 소리」(『현대문학』, 1966.10)와 무속을 통해 서구 기독교와 맞서고자 했던 『을화(乙火)』(『문학사상』, 1978.4)의 존재에서 알 수 있듯이 김동리가 그러한 대결의식을 포기했던 것은 결코 아니다. 그러면 대체 이를 어떻게 이해해야 할까. 여기에 대한 해답은 다시 김동리가 '윤리적 충동'과 '미적 충동'을 변별하여 대립시키는 지점으로 되돌아가야 얻을 수 있다. 즉 「까치 소리」나 『을화』를 미적 충동의 결과물로 본 김동리는 이로써 서구와의 대결을 이어나가되, 윤리적 충동이라든가 여타의 영역들은 도저히 미적인 범주에 다가갈 수 없는 것으로 묶어 대결이 불가능한 부분으로 이해해 버렸던 것이다. 이에 따라 미적 충동에서 빚어지는 소설과 시 정도가 김동리의 관심의 대상으로 온전히 남게 되었고, 문학정신과 사회를 매개하는 평론을 포함한 문학제도는 고려의 대상에서 제외되었다.

근대를 중심에 두고 보자면, 김동리가 파악한 문학정신과 문학제도의 관계는 극단적으로 분열되어 대립하는 양상으로 드러난다. 「문학하는 것에 대한 사고」를 쓸 당시 김동리로서는 문학정신과 문학제도에 대한 고민을 할 필요가 전혀 없었다. 자본주의와 사회주의를 '근대주의'로 한데 묶어 내심 그 이후를 모색하고 있었기 때문이다. 이럴 때 문학정신의 추구도 문학제도의 구축도 근대 너머를 지향하는 방향에서 하나로 통합될 것은 당연하다. 하지만, 자본주의와 사회주의를 '근대주의'로 한데 묶을 수 없을 때라면 문제가 달라진다. 자본주의냐 사회주의냐의 선택 위에서 문학제도는 구축될 것이고, 문학정신은 그러한 제도와 어떤 방식으로 관계를 정립해야 할 것인가라는 문제에 직면하는 것이다. 김동리가 「문학하는 것에 대한 사고」에서 나타내었던 문학관을 그대로 가져갈 수 없었던 까닭은 여기에 존재한다.

이러한 상황에서 김동리가 택한 방식은 무엇이었던가. 바로 문학정신과 문학제도의 대립적 규정이다. 즉 문학정신을 이전부터 자신이 추구해 오던 '문학'으로 파악하는 한편, 자본주의와 맞댈 수밖에 없는 문학제도는 '문학 밖'의 영역으로 규정하기에 이른 것이다. 이를테면 근대의 틀 내에서 근대주의와 맞서는 김동리 나름의 방식인 셈이다. 문학정신과 문학제도에 대한 김동리의 대립적 사고를 간략히 정리하면 다음과 같다.

김동리는 문학을 통해 근대주의와 맞서는 세계를 꾸준히 지향하였다. 이를 충족시키는 문학을 가리켜서 김동리가 내세운 것이 바로 '순수문학(본격문학)'이다. 이때 '구경적 생의 형식' 탐구가 순수문학의 중심에 놓이는 것은 주지의 사실이고, 김동리가 구경적 생의 형식 탐구를 주장했던 까닭은 '제3휴머니즘'을 창출하기 위해서였다. 따라서 김동리가 평생 순수문학을 주장하고 지향했다는 사실은 문학정신(창작)의 차원에서 끊임없이 근대주의와 맞서고 있었다는 증거가 된다.

그런데 제3휴머니즘이 "자본주의 사회의 모순과 결함을 근본적으로 시정하는 일방 마르크시즘 체계의 획일적 공식적 메카니즘을 지양"[12] 하는 지점에서 비로소 가능해진다는 사실은 눈 여겨봐야 한다. (문학)정신적으로만 따진다면야 그러한 지양이 가능할 수 있다. 하지만 문학제도는 자본주의와 사회주의를 극복한 데서 구축될 수는 없는 일이었다. '자본주의 / 사회주의'라는 근대의 쌍생아 중 하나의 체제를 선택한 위에 비로소 문학제도는 그 물질성을 획득할 수 있기 때문이다. 그러한 사실로 인해 문학제도는 근대주의에 맞서고자 하는 김동리의 기획에서 배제될 수밖에 없다. 김동리가 문학정신과 문학제도를 대립적으로 파악한 이유가 여기에 있다. 평론이 김동리에게 "예외적인 일이며

12) 김동리, 「본격문학과 제3세계관의 전망」, 『문학과 인간』, 민음사, 1997, 93면.

부차적인 것"으로 남게 되는 까닭도 문학제도의 흔적을 떨쳐낼 수 없는 장르인 탓이다. 이렇듯 근대주의와의 대결을 포기하지 않는 한 문학제도는 그에게 문학 이외의 영역으로 치부될 따름이었다.

김동리가 순수문학 혹은 본격문학을 주장할 때 그것은 오로지 창작의 영역에만 해당한다. 평론이라든가 문학제도 속에서의 활동(문단 활동)은 그가 말하는 문학의 범주에 포함되지 않는다. 이러한 사실을 바탕에 깔고 남한에서 문학제도의 구축되는 과정을 김동리를 통해 살펴보고, 이와 함께 발생하는 문단 주도권의 향방을 추적해보고자 한다.

2. 한국문학가협회의 양 날개 『문예』와 『신천지』

해방기 김동리의 활동은 상당 부분 저널리즘과 관련이 있다. 정치적 혼란기였던 탓에 누구든 나름의 입장을 천명하기 위해서는 저널리즘을 이용하지 않을 수 없었을 것이다. "1945년 말까지 창간된 신문만도 40종 이상이 되었다. 1947년 미군정의 발표에 따르면 일간지 85개(서울에 40개), 주간지 68개, 격주간지 12개, 월간지 154개에 이르렀다."[13] 김동리의 근거도 이러한 상황과 무관하지 않았다. 『민주일보』·『민중일보』·『민국일보』에서 일을 보거나 1947년 『경향신문』 문예부 차장에 취임했던 이력은 그러한 맥락에서 이해할 수 있다.

하지만, 『문예(文藝)』의 주간·편집고문 경력이나 『서울신문』에 몸을 담았던 일들은 그렇게 단순하게 이해하고 넘어가기에는 너무도 중

13) 강준만, 『카멜레온과 하이에나-한국 언론 115년사』, 인물과사상사, 1998, 106~107면.

요한 사항이다. 이 두 가지 사실은 남한의 문학제도 형성에 커다란 영향을 끼치고 있기 때문이다. 예컨대 『문예』는 훗날 한국문학사의 한 축을 담당하는 『현대문학』의 모태가 된다. 조연현이 실질적으로 움직였던 『현대문학』은 잡지가 표방하는 바나 조직의 운영 방식은 『문예』의 예와 동일했으며, 김동리 역시 이러한 사실로 인해 『현대문학』을 『문예』의 후신으로 인정하고 있다.14)

> 『현대문학』이 출발했을 때 많은 사람들은 『문예』의 후신이라 했다. 그럴만한 이유가 있었다. 『문예』와 『현대문학』의 발행인은 달라도 문예지의 성격은 거의 같았다. 『문예』에서 내걸었던 순수 문학 지향, 민족주의 문학 표방이 같았고, 편집 책임자가 바로 『문예』를 이끌던 조연현 선생이기 때문이다. 조연현 선생이 실제로 한국 문학가 협회의 중추적인 역할을 했기 때문에 자연 모여든 문인들도 그러하였다. 또 여기에다 『문예』의 추천 심사 위원들이 『현대문학』 추천 심사 위원을 그대로 맡은 데에서도 그러한 말을 듣게 되었다.15)

『서울신문』은 『매일신문』을 전신으로 한다. 해방 후 『매일신문』이 좌익 계열과 밀접한 관계를 가진 데 따라 미군정은 1945년 11월 10일 정간 명령을 내렸고, 이에 대응하는 방편으로 『매일신보』는 11월 23일부터 제호를 『서울신문』으로 바꾸게 된 것이다. 이러한 『서울신문』이 정부의 기관지로 변질되어 친이승만계로 자리하게 되는 계기는 1949년의 정간 처분을 통해서 마련되었다. "우익지라도 정부에 대해 비판적인 신문은 용납되지 않았다. 1949년 5월 3일 정부는 뚜렷한 이유 없이, 이승만에 대해 비판적인 『서울신문』에 대해 정간 처분을

14) 김동리, 「新人推薦二〇年記」, 『思索과 人生』, 일지사, 1973, 118면.

15) 이성교, 「1950년대 『현대문학』 출신들과 명동 풍경」, 『文壇遺事』, 월간문학 출판부, 2002, 72면.

내렸다. 6월 20일 속간시 간부를 친이승만계로 바꾸었는데, 서울신문 주식의 48.8%가 귀속재산이었으므로 그러한 인사로 『서울신문』은 사실상 정부의 기관지로 변신하게 되었다."[16] 변신을 이룬 『서울신문』의 사장으로 들어선 이가 월탄 박종화(1949.6.15~1954.4.18 사장 재임)다. 박종화 사장 체제에서 김동리는 『문예』 주간이란 자리를 버리고 『서울신문』 출판국 차장으로 들어가게 된다. 『문예』의 주간과 『서울신문』의 출판국 차장 자리를 두고 볼 때 김동리와 조연현의 위상 차이는 두드러지게 표가 난다.[17]

『문예』는 1949년 8월 창간된 월간지이다. 발행인 모윤숙은 건물과 자금을 대는 한편 미국공보원으로부터 용지의 무상 지원을 끌어들이면서 나름의 역할을 톡톡히 해 낸다. 발행 당시 주간은 김동리였으며, 편집장은 조연현이었다. 이에 따라 창간호의 「편집후기」는 모윤숙 · 김동리 · 조연현의 차례로 실려 있다. 김동리가 조연현보다 한 단계 위에 자리한 격이다. 『문예』 9월호가 나올 때부터 조연현은 주간의 자리로 올라앉게 된다. 김동리가 『서울신문』으로 자리를 옮겼기 때문이다. 이후 김동리는 '편집고문'이라는 직함을 통해 『문예』와의 관계를

---

16) 강준만, 앞의 책, 116면.

17) 좌파와의 대립 구도가 해소될 무렵부터 조연현은 김동리를 의식하고 공격적으로 분석해 나아간다. 대표적인 평론이 앞에서 살폈던 「文學의 領域-宗敎와 哲學과 文學의 基礎的 內容」(『白民』, 1948.5)과 「枯渴한 批判精神-眞正한 價値判斷을 爲하여」(『白民』, 1948.3)이다. 「枯渴한 批判精神」에서 조연현은 "나는 元來 評論이라는 한 개의 文學形式에 對하여 不信任해 온 者다. 그것은 評論이라는 것이 正確해 보이면서도 至極히 曖昧한 論理라는 方法에 依據해 있을 뿐 아니라 評論이란 創作과 달라 作者가 얼마든지 그 곳에서 自己를 속일 수 있게 마련되어 있기 때문이다. 그러므로 最近에 가장 많이 活動하고 있는 金東里氏의 여하간 評論的 文字도 나에겐 氏의 가장 低劣한 作品의 어느 한 句節보다도 無價値하게 생각되는 것이다"라고까지 써 나가고 있다.

한편, 김동리는 평론집 『문학과 인간』에 실은 「문학하는 것에 대한 사고」를 통해 답변에 나섰다. 김동리가 『백민』 1948년 3월호에 실린 「文學하는 것에 對한 私考-文學의 內容的(思想的) 基礎를 爲하여」를 평론집에 묶으면서 '나의 문학 정신의 지향에 대하여'로 부제를 바꾼 것은 조연현을 의식했기 때문이다. 또한 내용을 가다듬어서 "서양인의 분업적 관념 체계"를 비판하는 데 주안점을 두었던 것도 영역을 따져 물었던 조연현에게 반박하기 위한 장치였다.

유지하게 된다.

김동리는 『문예』 창간호의 「편집후기」를 통해 "解放以後 四年間 내가 하루같이 되풀이하여 온 口號는 '權威있는 純文藝誌를 發行해야 한다'는 것이었다"라고 말하고 있다. 그런 그가 『문예』의 주간 자리를 버리고 『서울신문』의 출판국 차장으로 옮기게 되었던 까닭은 무엇일까. 『서울신문』에는 출판국에서 발행하는 문학 중심의 종합지 『신천지』가 있었기 때문이다. 즉, 『문예』 외에도 몇 개의 잡지를 통해 우익의 영향력을 확보하는 것이 나으리라는 판단이 개입했던 것이다. 상황이 그러했으므로 '『신천지』의 실질적 책임을 맡기에 누가 적임자인가' 하는 문제는 김동리 개인의 판단 수준을 넘어선 곳에 자리하게 된다. 이를테면 문단 구조의 정착에 관련이 있는 이들의 관심사로 떠올랐던 사안이었던 셈이다. 이 대목에서 김동리와 조연현은 경합을 벌이게 되며, 이번에도 역시 김동리의 승리로 끝난다.

> 『신천지』의 실질적 책임자를 누구로 정할 것인가. 신념이 강하고 배짱도 두둑한 인물이어야 한다는 중론에 따라 김동리가 내정됨으로써 이 문제는 일단락 지어졌다. 곧 김동리는 『문예』지의 편집 고문으로 조연현이 편집인(주간)으로 되어 5권 2호로 마감될 때까지 그 소임을 다하였다. 『신천지』냐 『문예』지냐의 선택 앞에 노출된 김동리, 조연현 두 사람 중 결국 김동리가 『신천지』 쪽으로 기울었다는 것은 어떤 의미를 갖고 있을까. "다른 유능한 사람들이 그 당시에도 우리 주변에 많이 있었지만 웬일인지 그때의 분위기는 김동리씨나 나나 둘 중의 누가 맡지 않으면 안 된다는 방향으로 고정되어 있었다"고 조연현이 말해 놓았지만 결과는, 김동리가 선택된 것이라면 우익 저널리즘의 문단적 · 문학적 세력의 정상에 김동리가 올라섰음을 단적으로 말해주는 사건이라 하는 것이다. 이로써 정부 수립과 더불어, 우익 문단의 기틀이 완전히 잡혔으며, 그 실세의 정

상에 김동리가 군림하였음이 확연히 드러난다.[18)]

『문예』와 『신천지』를 바탕으로 하여 청문협은 조직의 외연 확장으로까지 나아간다. 1949년 12월 창립된 한국문학가협회가 그것이다. 김윤식은 그러한 사실을 이렇게 정리하고 있다. "문협의 창립총회는 1949년 12월 17일이었고(김동리 · 조연현의 기록은 9일이나 이는 착오이다), 회장에 박종화, 부회장에 김진섭, 소설 분과 위원장에 김동리, 시 분과 위원장에 서정주, 희곡에 유치진, 평론에 백철, 아동문학에 윤석중, 외국문학에 김광섭, 고전문학에 양주동, 사무국장에 박목월이었다. 이 인원구성으로 보면 청년문학가협회가 중심권이었음이 일목요연하게 드러난다. 『서울신문』을 장악한 세력이 그 실세였던 셈이다. 훗날 중앙문화협의회 측이 문총을 지속시키면서 김동리를 제명하는 사건을 일으키게 되어 문총파와 문협파로 갈라지는 것도 이로써 어느 정도 설명될 수 있다.[19)]

『문예』의 폐간으로 이어지는 문총파와 문협파의 대립은 '예술원 파동'을 계기로 불거졌다. 1952년 8월 부산에서 '문화보호법'이 통과되었고, 이에 따라 1954년 3월 25일 예술원이 창설되었다. 이때 예술원 회원으로 뽑힌 문학계 인사는 염상섭 · 박종화 · 오상순 · 유치환 · 윤백남 · 김동리 · 서정주 · 조연현 등이다. 40대 초반, 30대 중반의 김동리 · 서정주 · 조연현이 뽑혔던 데 반해 김광섭 · 이헌구 · 이하윤 · 박계주 · 모윤숙 등 문단의 원로급 인사들이 탈락해 있는 사실이 특징적이다. 이런 결과가 나타난 배후에는 김법린(金法麟)[20)]과 김동리가 존

18) 김윤식, 『해방 공간 문단의 내면 풍경』, 민음사, 1996, 172~173면.

19) 위의 책, 219면.

20) 프랑스 소르본에서 베르그송의 지도로 공부를 마친 김법린은 귀국 후 동국대학교 전신인 중앙전문(中央專門)의 교수로 있다가 다솔사로 내려가서 생활한 바 있다. 김법린 역시 김동리와 마찬가지로 '해인사 학파'의 일원인 것이다. 서정주가 김법린과 관련을 맺은 것도 1936년 봄, 여름 해인사(다솔사)에서였다.

재한다. "문교부 장관 김법린과 김동리 둘이 짜고, 예술원 회원을 선거한 예술가들의 인선까지도 모두 김동리 가까운 사람들로만 등록해 놓았기 때문에 그게 자기들의 낙선의 원인이라고 분개하고 있다."[21] 그러니 예술원 회원 선거에서 탈락한 문단의 원로급 인사들이 반발했던 것은 당연하며, 김동리를 주된 공격 대상으로 삼았던 것도 이해할 수 있는 일이다. "예술원 선거 바로 다음에 있는 전국문화단체 총연합회(지금의 예술문화단체 총연합회의 전신) 그 총회에서 한바탕 되게는 벌인 일인데, …… 제일 많이 공격의 대상이 된 건 김동리씨였다. '문단에 섹트(sect)를 구성해서 정실로 자파의 이익만을 일삼은 사람—모모를 핀셋으로 집어내라!'"[22]

김동리가 '문단에 구성한 섹트'는 당연히 문협파를 가리키는 것이다. 따라서 이런 갈등은 '예술원 회원'이라는 명예직의 선출 문제를 넘어 문단 주권 쟁탈전으로까지 확대하게 되었다. "문총을 장악하고 있던 이들은 예술원 회원이 된 현제명을 친일파로 규정하고 김동리를 제명하는 한편 문협을 문총 산하단체에서 제명하고 예술원 회원 선거 결과에 강력하게 저항하였다. 언론도 이들 '문총계' 입장에 동정적이었다. 조연현이나 김동리 등의 입장에서 보면 이러한 김광섭 등의 저항이 합법적 선거 결과를 거부하고 민주적 절차를 무시한 폭거였겠으나 '문총계'의 입장에서 보면 이는 단순히 예술원 구성이라는 문제를 넘어서는 보다 근원적인 위기, 즉 문단 내에서의 주도권의 결정적 박탈이라는 위기의 명백한 현실화였다."[23]

이러한 갈등을 겪으면서 문단의 주도권은 김동리 · 조연현 · 서정

21) 서정주, 「명천옥 시대」, 『미당자서전』 2, 민음사, 1994, 349면.

22) 위의 책, 348면.

23) 김명인, 앞의 책, 88면.
필자는 '문단내 주도권'이란 관점에서 접근하는 김명인의 관점에 동의하지만, 과연 조연현이나 김동리가 '합법적 선거 결과'와 '민주적 절차'를 내세울만한가에 대해서는 이견이 있다.

주 등의 문협파에게로 넘어간다. 김광섭 · 이헌구 · 이하윤 · 모윤숙 등 문총계 인사들이 문협을 탈퇴하여 1955년 6월 자유문학자협회(자유문협)을 결성하는 과정은 이를 보여 준다. 이로써 문총파와 문협파는 대립하게 되는데, 그 결과 모윤숙의 지원에 의해 발행되던 『문예』가 폐간으로 이어진 것은 당연하다고 하겠다. 『문예』의 폐간 이후 문협파는 『현대문학』을 통해 결집하고, 문총파는 『자유문학』을 통해 자신들의 목소리를 내게 된다. 『현대문학』이 창간되는 때는 1955년 1월이고, 『자유문학』은 1956년 5월부터 발행되기 시작하였다.

3. 『현대문학』과 『자유문학』의 대결

조연현이 혜화전문 동창생인 김영태(金永泰)로부터 자금을 빌려 『예술부락』을 창간했던 것은 1946년 1월이고, 『문예』의 주간으로 올라선 때는 1949년 9월이다. 그리고 1955년 1월에는 『현대문학』 창간호를 만들었다. 대한교과서주식회사 사장이자 문화당출판사 사장인 우석 김기오(愚石 金琪午)로부터 후원을 받아내고, 창간 후 2년 동안 미국의 '아세아재단(亞細亞財團)'으로부터 무상용지 지원 약속을 이끌어 내면서 『현대문학』은 든든한 물적 토대를 마련했다. 『현대문학』의 전권은 단연 조연현에게 있었다. 잡지 창간에 앞서 "한 가지 청이 있습니다. 모든 일은 제 마음대로 하게 해 주시는 것입니다"라고 조연현은 부탁을 했고, 이에 대해 김기오는 "일을 하는 데에는 그러한 氣槪와 責任이 있어야 한다"면서 "좋소. 죽이 되든, 밥이 되든 마음대로 하시오. 큰일은 그래야만 성공하오. 나도 어느 편이냐 하면 그런 태도를 좋아합니다"라고 수락함으로써 가능해진 것이다.[24] 『현대문학』이 『문예』의 후신이었던 만큼 '문협파'가 이를 통해 결집했던 것은 당연한 현상이다.

이즈음까지만 해도 문협파의 대표를 김동리로 파악해도 무방할 듯하다. '예술원 파동'의 와중에 김동리가 문총에서 제명당하고, 문협 역시 문총 산하단체에서 제명당하는 데서 '문협 대표=김동리'라는 상징성이 명확히 드러나기 때문이다. 문협 내부에서도 그러한 분위기는 포착된다. 1955년 제5차 정기총회를 통해 종전의 위원장제가 집단지도 체제로 바뀌는데, 상징적으로 존재하는 수석대표위원 박종화를 제외한다면, 김동리가 가장 윗자리를 차지하고 있는 것이다. 당시 개편된 임원진은 다음과 같은데, 사무국장이 곽종원에서 박용구와 이종환으로 바뀐다는 사실만 제외하고는 1961년 5월 15일까지 그대로 유임되었다.

수석대표위원 : 박종화
대표위원 : 김동리, 서정주, 황순원
시 분과 위원장 : 박두진
소설 분과 위원장 : 오영수
희곡 분과 위원장 : 이광래
아동 분과 위원장 : 강소천
평론 분과 위원장 : 조연현
외국문학 분과 위원장 : 원응서
고전 분과 위원장 : 구자균
사무국장 : 곽종원

『현대문학』이라는 매체를 거느리게 된 조연현은 상당한 의욕에 넘쳤던 듯하다. 세계를 파악하는 인식은 물론 작품을 평가하는 기준까

24) 조연현, 「내가 살아온 韓國文壇」, 『趙演鉉文學全集』 1, 어문각, 1977, 317~331면.

지 현격하게 달라졌기 때문이다. 비극적인 세계관에서 낙관적인 의식의 고취로 나아갔으니 정반대로 바뀌었다고 해도 무방할 정도이다. 김명인은 그 변화를 이렇게 정리하고 있다. "1948년에서 1950년까지 쓰여진 글들과 전쟁이 끝난 이후인 1955년 무렵부터 쓴 글들 사이에는 그의 문학에 대한 두드러진 단층이 엿보인다. 즉 전자에 속한 글들이 전반적으로 비극적인 정조가 두드러진 세계인식 속에서 근대의 초극이라든가 인간의 구원이라는 주제를 다루고 있는 데 반하여 후자에 속한 글들은 비극적 세계인식의 흔적이 말끔히 가신 상태에서 작가들에게 부단히 건전하고 낙관적인 의식을 요구하고 있다."[25] 그만큼 『현대문학』은 조연현에게 각별한 의미로 다가섰던 것이다.

이러한 비평관의 변화는 김동리에 대한 평가의 변모까지 동반하게 된다. 이를 보여 주는 평론이 『현대문학』 1958년 6월호에 발표한 「무대의 확대와 사상의 심화—김동리 제4창작집 『실존무(實存舞)』」이다. 1948년 나름의 비평관 정립기가 지난 후 조연현은 「허무에의 의지—『황토기(黃土記)』를 통해 본 김동리」(『국제신문』, 1949.1.30)를 발표한 바 있다. 조연현은 이 글에서 "허무가 人類의 運命이라면 이것을 타개하는 것은 人類의 課題"라고 주장하며, 김동리는 종교가 허무를 해결하는데 가장 유력한 능력을 담당해 온 사실을 알았기 때문에 자신의 문학을 허무를 해결하려는 인간의 노력 표현으로 자처했다고 보았다. 여기서 더 나아가 허무에 대한 김동리의 의지는 강렬한 정신에서 유래된 것이기에 서구의 니힐리즘이나 노자의 허무주의와는 근본적으로 다른 것이라고까지 주장하고 있다.[26]

그런데 「무대의 확대와 사상의 심화」에 이르면 논리는 정반대로 바뀐다. 동일한 대상의 인물군에 대하여 "非生産的인 落伍者(黃進士)거

25) 김명인, 앞의 책, 113~114면.

26) 조연현, 「김동리 ①」, 『趙演鉉文學全集』 6, 어문각, 1977, 16~20면.

나 無教養한 耽欲者(宋且祥)거나 삶의 보람을 쏟을 때가 없는 虛無的 群像(득보나 억쇠)들이거나 그렇지 않으면 자기가 낳은 아이를 빼앗기고 살아야 하는, 혹은 수탉 한 마리를 안고 친정어머니 생일에 가는 것이 유일한 즐거움인 순녀(「洞口앞길」)와 같은 인생이다. …… 非生產的인 것은 결코 創造的인 것이 못 된다"라고 평가하는 것이다. 이는 해방 이후 "虛無的 絶望的 色調가 意志的 樂觀的인 방향으로" 바뀐 김동리의 세계를 옹호하기 위한 포석이다.[27] 굳이 조연현의 이러한 변화가 없더라도 김동리의 작품세계 변모에 대한 긍정은 충분히 가능하다. 비슷한 인식의 변모를 보이고 있는 그 시기 발표된 조연현의 다른 평문들도 마찬가지이다. 따라서 이는 『현대문학』이란 막강한 매체를 장악한 조연현이 그만큼 세상을 낙관적으로 보고 싶어 했던 흔적이라고 파악할 수 있다. 김명인은 그 변화에 대해 "갑자기 많은 사회적 특권과 기득권이 주어지고 문단에서의 위치도 공고해지고 유수한 문예잡지의 주간이 되고 하면서 그는 절망과 비극을 사는 문학인의 위치에서 기득권을 유지해야 하는 지배집단의 지식귀족의 위치로 옮겨간 것이다"라고 분석하고 있는데, 이 외에는 조연현의 변모에 대한 다른 설명이 힘들 듯하다.[28]

『현대문학』의 반대편에는 '자유문협'의 『자유문학』이 존재했다. 1956년 5월 창간되어 1963년 폐간된 『자유문학』은 시인 김광섭의 주도로 운영되었다. 김광섭은 정부 수립 후 초대 대통령 공보비서를 역임했으며, 『자유문학』 발간 당시 자유당 서울시 위원장, 경희대 교수, 문총 대표 최고위원, 자유문협 위원장, 세계일보 사장을 겸임하고 있었다. 김광섭의 막강한 정치적 배경과 사회적 지위, 문단에서의 영향력을 바탕으로 하여 『자유문학』은 『현대문학』과 팽팽한 긴장 관계를 유

27) 조연현, 「김동리 ②」, 위의 책, 21~24면.

28) 김명인, 앞의 책, 126면.

지할 수 있는 정도에 이르렀다. "대한교과서라는 인쇄 매체를 배경으로 간행되는 『현대문학』(주간 조연현)에 비해 『자유문학』의 생존 자구책은 가히 필사적이었다고 할 만했다. 창간 3년만에 1만2천 부를 자랑하던 『현대문학』 발행 부수를 따라잡는 것만으로도 그 노력을 짐작할 만하다."[29] 『현대문학』이 문협이라는 조직을 배경으로 하고 있었다면, 『자유문학』은 기관지로 창간되었던 만큼 자유문협과 분리하여 생각할 수는 없다. 문협에 맞서 1955년 4월 1백 32명의 명의로 발기 대회가 열린 후 출범한 자유문협의 임원진은 다음과 같다.

위원장 : 김광섭

부위원장 : 이무영, 백철

시 분과 위원장 : 모윤숙

소설 분과 위원장 : 김팔봉

희곡 시나리오 분과 위원장 : 서항석

평론 분과 위원장 : 이헌구

외국문학 분과 위원장 : 이하윤

아동문학 분과 위원장 : 정홍교

『현대문학』과 『자유문학』의 문단 양분 체제는 1960년 4월혁명을 계기로 붕괴하게 된다. 잡지를 운영하였던 조연현 · 김광섭이 이승만 정권으로부터 자유롭지 않았으며, 이들에 대한 비판이 4월혁명 이후에 거세게 제기되었기 때문이다. 단적인 예를 들자면 조연현의 경우 1958년 12월 국가보안법 개악이 논의되자 국회 공청회에 나가 보안법 개정지지 연설을 했는가 하면, 이기붕을 지지하는 원고지 8매 분량의

29) 김시철, 「『자유문학』과 김광섭 시인」, 『文壇遺事』, 월간문학 출판부, 2002, 211~212면.

글을 써서 당시로서는 거금인 5만 원의 원고료를 받기도 했다. 그러니 4·19혁명으로 불어 닥친 변화의 분위기 속에서 조연현이 느꼈을 두려움은 충분히 짐작할 수 있다. 박정희의 5·16쿠데타를 어둠 속 한 줄기 빛처럼 파악했던 것은 바로 그 때문이 아닌가.

> 5월 16일 새벽, 朴正熙 將軍의 指揮로 한강을 넘어온 一群의 軍隊는 무능과 혼란 속에서 어디로 가고 있는지도 알 수 없는 위험한 우리의 祖國과 現實 앞에 하나의 秩序와 方向을 던져 주는 신호가 되었다. 革命의 성공으로 祖國의 새로운 建設은 촉진하게 되었고, 混亂은 秩序를, 分裂은 統一을 가져왔다. 이것이 비록 軍에 의한 他律的 要素가 더 많이 개입된 결과라 할지라도 그렇게 될수밖에는 다른 도리가 없을 정도로 4·19 이후 過政民主黨執權 등을 겪는 동안의 이 나라의 모든 형편은 모든 分野가 위험한 混亂 속에 있었던 것이다. 革命의 成功에 의한 이러한 새로운 現實的 條件은 다른 모든 분야에 있어서도 그러했던 것처럼 文壇에도 새로운 질서를 가져오게 했다. 그 새로운 질서란 文化界의 모든 派閥과 英雄主義를 해소시키는 各分野別 單一團體의 구성이었다."30)

물론 4·19혁명 이후 『현대문학』과 『자유문학』이 폐간된 것은 아니다. 『현대문학』은 지금까지도 발간되고 있으니 더 이상 말할 필요가 없겠고, 『자유문학』은 1963년까지 발간되었다. 하지만 4·19혁명 이후의 『자유문학』은 별다른 의미를 갖지 못한다. 권력으로부터 밀려난 김광섭 개인의 문학지에 불과하기 때문이다. 『자유문학』의 제3대 편집장을 역임했던 김시철의 진술은 이를 증명한다. "『자유문학』 초대 주간은 김용호 시인이고, 편집장은 소설가 박연희, 2대 주간은 소설가 김송, 편집

30) 조연현, 「내가 살아온 韓國文壇」, 『趙演鉉文學全集』 1, 어문각, 1977, 342~343면.

장은 시인 한무학, 3대 편집은 필자(김시철)가 맡았는데, 사실상 『자유문학』 전성 시대는 김광섭 발행인에 김송 주간, 김시철 편집장이 맡은 4년간이었다. …… 필자가 손 뗀 후 그러니까 4·19 직후 자유문협이 문총의 자진 해체와 더불어 해산된 후 『자유문학』은 자유 문협 기관지에서 벗어나 순전히 김광섭 개인 문학지가 된 것이다."[31] 반면, 『현대문학』은 문협이란 조직적 힘을 배경으로 하여 5·16쿠데타가 성공할 때까지 버티어 냈기 때문에 생명력을 유지할 수 있었다.[32]

5·16쿠데타로 정권을 잡은 군사정부는 1961년 6월 17일 포고령 제6호를 공포하여 기존의 모든 정치·경제·사회·문화·예술 단체들을 해산시켰다. 그러고 나서 12월 5일 공보부와 문교부 초청으로 해체 이전의 각 단체 대표 30여 명을 불러 모아 문화예술 단체의 단일화를 강력하게 촉구한다. 이러한 과정을 거쳐 12월 30일 수도여자사범대학(현 세종호텔 자리) 강당에서 한국문인협회의 결성대회를 개최하게 되었다. 이 자리에서 선출된 임원진은 다음과 같다.

이사장 : 전영택

부이사장 : 김광섭, 이희승, 김동리

상임이사 : 이종환

시분과 회장 : 서정주

소설분과 회장 : 황순원

---

31) 김시철, 앞의 글, 211~212면.

32) "'문학 단체는 전부 해체되어야 한다'는 여론이 우리 문단에 큰 파장을 일으켰다. 그 여파로 자유문협은 해산을 즉각 단행했고 한국 문협도 그러한 여론에 의해 임시 총회를 소집하기에 이르렀다. 한국 문협의 임원진은 사의를 표명하고 단체의 해산을 표명했다. 그러나 총회에 참석한 회원 다수는 '해산을 해야 할 아무런 이유가 없다'고 단정하고, 임원진이 제출한 사표를 반려하고 한국 문협을 그대로 존속시키기로 의결했다."(윤병로, 「한국문인협회가 창립되기까지」, 『文壇遺事』, 월간문학 출판부, 2002, 171면) 덧붙이자면, 자유문협이 총회를 소집하여 해체를 결의한 날은 1961년 5월 21일이었다.

희곡분과 회장 : 이광래
평론분과 회장 : 이철범
아동분과 회장 : 김영일
수필분과 회장 : 조경희
번역분과 회장 : 이하윤

이미 문단을 떠나 문단 파벌과 무관한 76세의 고령목사 전영택이 이사장을 맡고, 자유문학자협회 회장이던 김광섭과 한국문학가협회 대표위원 김동리가 부이사장에 선출된 대목이 눈에 뜨인다. 한국문인협회는 혁명정부가 내건 통합의 취지에 이끌려서 기계적으로 결합한 문인단체였던 까닭이다. 또 한 명의 부이사장 이희승은 정치색 짙은 문단을 비판적으로 바라보며 학문에만 전념하던 상태였다. 이러한 이희승은 문협 부이사장직 취임을 강력하게 거부하여 마지막까지 문학제도에 거리를 두었기에 문단 권력으로부터 거리를 유지할 수 있었다. 하지만, 1964년 3대 임원진 구성에서부터는 한국문학가협회 출신의 세력이 한국문인협회 전체를 장악하고 있음을 확인할 수 있다. 바야흐로 문협이 문단을 주도하는 시대가 도래한 것이다.

4. 이사장 박종화가 물러난 이후 한국문인협회의 지형도

김동리는 자신이 서정주나 조연현보다 앞서 있다고 생각했던 듯하다. 문단정치로부터 비교적 초연했다고 평가받는 김현승은 김동리에 관한 이런 에피소드를 남기고 있다. 김현승은 전체적인 문맥에서 '생리적 연령', '문단의 연조(年條)' 따위를 제시하며 김동리의 합리성을 부각시키고 있으나, 그 이면에서 짙게 배어 나오는 것은 서정주・조연현에 대한 김동리의 우월감이다.

> 내가 朝鮮大學校에 있을 때의 일이었다. 당시 서울에서 著名한 文人들을 招請하여 學生들의 士氣를 북돋아 주기 위하여 서울에서 金東里씨와 徐廷柱씨 그리고 趙演鉉씨를 招聘하여 왔다. 어느 地方에서고 그러하거니와 이 특별한 손님들을 特別招請하여 光州의 名門校인 全南女子高等學校에서 文學講演會가 開催되었다. 講演에 들어가기 전에 한 文學擔當教師가, 演士로 나와 앉은 세 文人을 紹介하고 있었다. 맨 먼저 詩人 徐廷柱씨를 소개하고 다음은 金東里씨를 紹介할 차례였다. 그러나 金東里씨는 의자에 앉은 채로 일어나지도 않고 演壇으로 나가려 하지도 않았다. 얼굴에는 氣分이 좋지 않은 表情이 역력하였다. 나는 그 순간 누구보다도 그러한 그분의 氣分을 直感하고 있었다. 찬물을 마시는데도 위아래가 있다는 우리네 俗談과 같이 演士를 紹介할 바에는 生理的 年齡으로 보나 文壇의 年條로 보나 세文人중에는 金東里씨가 으뜸인데, 그 전날밤 세文人의 市中講演 때에도 司會者의 不察로 徐廷柱씨를 먼저 紹介하여 버렸는데 이번에도 같은 司會者의 不察로 紹介의 順序가 뒤바뀌었으므로 金東里씨의 自尊心은 傷하고 말았던 것이다. 당시 光州에는 서울文壇의 事情을 잘 아는 사람은 나 밖에 달리 없었는데 그것은 文壇에 어두운 無知가 낳은 失手였었다.[33)]

1934년 시 「백로(白鷺)」를 통해 『조선일보』로 등단하고, 이듬해에는 『조선중앙일보』에 소설 「화랑(花郞)의 후예(後裔)」가 당선했으며, 1936년에는 소설 「산화(山火)」로 『동아일보』 신춘문예를 장악한 김동리로

33) 金顯承, 「내가 아는 人間 金東里」, 『서라벌文學』 8집, 서라벌예술대학, 1973, 194면.

서는 그럴 만도 하다. 당시 3대 민간신문을 모두 석권했을 뿐만 아니라, 등단연도로 보아도 서정주보다 2년 앞서며, 조연현과는 비교조차 할 수 없을 정도이기 때문이다. 나이로 보더라도 1913년생인 김동리는 1915년 출생의 서정주나 1920년 태어난 조연현보다도 앞서는 양상이다. 하지만, 이러한 사실 외에도 이러한 자존심의 배경에는 문단 내 영향력도 한몫 했을 것이다.

해방 이후 문단 내 김동리의 영향력은 날이 갈수록 확대되는 양상이었다. 이를 살피기 위해서는 먼저 김동리의 매체 장악력에 관심을 기울일 필요가 있다. 주지하다시피 『신천지(新天地)』, 『서울신문』, 『주간 서울』, 『문예』, 『현대문학(現代文學)』 등 굵직한 매체를 쥐고 있었던 만큼 신인의 심사·추천을 통한 영향력의 확대가 가능했기 때문이다. 김동리가 남긴 「신인추천이십년기(新人推薦二○年記)」[34]를 보면 신인 추천에 대한 그의 영향력이 어느 정도였는가를 짐작할 수 있다. 이 글은 "내가 문단(文壇)에 신인(新人)을 천거하기 시작했던 것은, 一九四七년부터가 아닌가 기억된다. 그러므로 그것은 지금으로부터 十九년 전의 일이 된다"로 시작된다. 그러니까 대략 1966년까지의 추천 상황이 이 글에 나타나는 셈이다. 구구절절한 사연을 접고 김동리를 통해 등단한 사람의 면면만 정리한다면 다음과 같다. 참고적으로 덧붙인다면, 1961년 한국문인협회가 '사회단체등록신청서'를 제출했을 때 임원진 10명을 제외한 회원 수는 3백 7명이었다.

시 : 김윤성(金潤成), 김춘수(金春洙), 김구용(金丘庸)

소설 : 홍구범(洪九範), 이상필(李相弼), 강신재(康信哉), 오영수(吳永壽), 정한숙(鄭漢淑), 정지삼(鄭芝三), 김성한(金聲翰), 권선근(權善根),장

34) 김동리, 「新人推薦二○年記」, 『思索과 人生』, 일지사, 1973, 109~119면.

용학(張龍鶴), 서근배(徐槿培), 임상순(任相淳), 박신오(朴信吾), 손창섭(孫昌涉), 정병우(鄭炳禹), 박상지(朴常志), 이범선(李範宣), 추식(秋湜), 정구창(鄭求昌), 박경리(朴景利), 한말숙(韓末淑), 손장순(孫章純), 송숙영(宋肅瑛), 최미나(崔美娜), 오지영(吳知英), 백인빈(白寅斌), 이문희(李文熙), 이채우(李彩雨), 이광숙(李光淑), 오영석(吳榮錫), 정종화(鄭鍾和), 천승세(千勝世), 곽학송, 최일남(崔一男)

김동리의 문단 영향력을 다른 한 축에서 담당했던 것은 '문인 제조 공장'으로 불렸던 서라벌예술대학 문예창작과(이하 문창과)다. 1953년 초급대학으로 신입생을 선발했던 서라벌예대 문창과는 당시 서울시 미아리에 위치해 있었으며, 1964년 4년제 예술대학으로 발전하였고, 1972년 6월 서울시 흑석동에 자리 잡고 있던 중앙대와 합병함으로써 정규 4년제로 개편되어 발전적 기반을 마련하였다. 1982년에는 흑석동 시대를 마감하고 안성군 대덕면으로 옮겼고, 그 역사가 오늘에 이른다. 2002년 12월 현재까지 서라벌예대·중앙대 문창과 출신의 문인들은 어림잡아 4백 20명으로 알려져 있다. 매년 평균 7~8명씩 문인을 배출한 셈이다. 서울 흑석동에서 안성으로 캠퍼스가 이전한 뒤 문인의 배출이 다소 느슨해졌다는 점을 염두에 둔다면, 1980년대 이전 그 영향력은 더욱 대단했으리라 짐작할 수 있다.[35]

서라벌예대, 중앙대 문창과의 혁혁한 전통 가운데 1950년대 후반~1960년대 초반은 서라벌예술대학 문창과의 분위기가 절정에 이르렀던 시기이다. 당시 '서라벌예술대학 문예창작과에 입학만 하면 누구나 문인이 될 수 있다'는 소문이 나돌 정도였다. 그만큼 서라벌예대 문창과의 활약은 대단했던 것이다. 예를 들어 당시 서라벌예술대학 문예창작과

35) 신승철, 「49년 전통의 문예창작과의 효시-'서라벌예대'의 맥을 이은 중앙대」, 『문학사상』, 2003.1.

교수진의 대표격이었던 김동리의 회고에 따르면 58년 입학생 42명 가운데 무려 93%에 육박하는 39명이 문단에 진출했다고 한다. 소설의 유현종(劉賢鍾) · 천승세(千勝世) · 김문수(金文洙) · 송상옥(宋相玉) · 김주영 · 오찬식(吳贊植), 시의 박경용(朴敬用) · 이근배(李根培) · 박이도(朴利道) · 김사림(金思林) · 김민부(金敏夫) · 조상기(趙商箕), 평론의 홍기삼(洪起三), 희곡의 윤혁민(尹赫民), 아동문학의 조장희(趙壯熙) 등이 그 면면이다.[36] 1953년 개교 당시부터 강의를 담당했던 김동리가 바로 이 '문인제조공장'의 공장장 격이었으니 서라벌예대를 거느리고 있던 그의 문단 영향력은 가히 짐작할 만하다.

김동리의 「신인추천이십년기」(1966)의 반대편에서 묘하게 비교 욕망을 일으키는 글은 조연현의 「『현대문학(現代文學)』의 기적(奇蹟)」[37]이다. 『현대문학』의 역사를 정리하고 있지만, 어찌 보면 『현대문학』의 세 과시라는 느낌도 들기 때문이다. 창간한 지 "14년째 들어서고 있다"라는 문장에 따른다면 이 글은 1969년 상반기에 쓰였을 것이다. 『월간문학』이 『현대문학』에 맞서 창간된 것이 1968년 11월이니 「『현대문학』의 기적」에서 세 과시가 느껴지는 것도 무리는 아닐 것이다. 「『현대문학』의 기적」은 제목 그대로 "『現代文學』은 하나의 기적을 이루어 놓았다"라고 주장하는 평론이다. 이런 주장은 "한때 '라인江의 奇蹟'이라는 말이 성행했었다"라는 사실 위에 포개진다. 조연현은 열 가지 사항에 걸쳐 『현대문학』의 기적을 설명하고 있다.

그 가운데 가장 관심을 끄는 것은 네 번째 부분 "다수의 新人을 文壇에 등장시킨 사실과 매년 新人文學賞을 施賞해 온 사실"을 강조하는 내용이다. 이 대목은 김동리가 쓴 「신인추천이십년기」에 정면으로 맞서는 형국으로 다가온다. 이 부분만 놓고 따진다면 조연현의 위세가 「신

36) 정규웅, 「미아리의 '문인 제조공장」, 『글동네에서 생긴 일』, 문학세계사, 1999.
37) 조연현, 『조연현전집』 1, 어문각, 1977, 359~365면.

인추천이십년기」의 김동리에 비해 한층 두드러진 모양을 하고 있다. "지금까지 通卷 160여 호가 나오는 동안 詩에 105명, 小說에 45명, 評論에 30명, 戱曲에 4명, 총 184명의 새로운 新人을 발굴하여 文壇에 내보냈으며, 每年 1,2명 내지 3,4명에게 新人文學賞을 施賞한 것이 이미 34명에 달하고 있다"라며 조연현은 그 위세를 자랑하고 난 후, 열병식을 하듯 분야별로 나누어 그 명단을 하나하나 나열한다. 이쯤 되면 『현대문학』이란 매체 하나를 가지고 조연현이 어떠한 영향력을 행사할 수 있었는가를 짐작하게 된다. 1970년대에 이르러서도 조연현은 『현대문학』을 통해 자신의 영향력을 확대재생산 시킨다. 예컨대, 1978년에 이르러 『현대문학』의 추천을 통해 등단한 문인들은 오유권을 비롯한 소설가 78명, 김관식을 비롯한 시인 196명, 김양수를 비롯한 비평가 43명이며, 신인문학상을 수상한 작가도 손창섭 등 66명으로 늘어나는 상황은 이를 드러낸다.[38] 서라벌예대, 중앙대 문창과를 통해 김동리가 문단 영향력을 줄기차게 이어가는 장면에 포개어 바라볼 수 있는 사실이다.

1960년대 후반에 이르러 문단의 실력자는 단연 김동리와 조연현으로 압축된다. 이러한 사실은 김동리와 조연현의 대결 상황이 언젠가 도래할 것을 암시한다. 1964년부터 문협의 이사장으로 피선되었던 박종화는 다분히 상징적인 의미를 획득하고 있었다. 연령이나 문단 경력으로 파악했을 때 박종화는 한국문단의 최고원로였으며, 당시의 문인들은 이를 존중했던 것이다. 따라서 상징적인 존재 박종화의 퇴장 시기가 임박하면 그 자리를 누가 차지하게 되는가는 상당 수 문인들의 관심사일 수박에 없었다. 그러한 관심은 수면 아래서 세력을 가다듬던 양상의 '김동리 사단'과 '조연현 사단'의 수장들에게 쏠리는 분위기로 표출되었다. 그러한 대결 가능성이 현실로 드러난 것은 1968년

38) 조연현, 「현대문학 출신 문인들」, 『남기고 싶은 이야기들』, 부름, 1981, 211~212면.

이다. 1월 27일 열린 한국문인협회 제7차 총회에서 힘겨루기가 벌어졌던 것이다. 상징적으로만 존재하던 문협 이사장을 대신하여 모든 실무를 담당하던 부이사장단의 구성을 둘러싸고 사건은 터지기 시작하였다.

5. 1968년 한국문인협회 제7차 정기총회

당시 사건의 발단 원인과 전개 과정에 대해서는 진술들이 엇갈린다. 먼저, 김명인은 '김동리 사단'과 '조연현 사단'의 대결을 이렇게 요약하고 있다. "1967년 문협 사무국에서 공금유용 사건이 발생하여 일부 젊은 문인들이 문협지도부를 탄핵하기에 이른 일이 있었다. 그 결과 1968년 이사장 선거에서는 반박종화 계열의 대표인 김동리가 당선되고 친박종화 계열, 즉 조연현 계열에서 내세운 서정주가 낙선하였다. 이때 선거결과에 불만을 품은 조연현과 그 일파들은 문협을 탈퇴하기에 이른다."[39]

김동리 사단의 일선에서 활동했던 김상일의 회고는 김명인이 정리하는 바와 상당 부분 다르다. "당시 작품 발표지는 『현대문학』밖에 없었다. 주간은 유명한 조연현 선생이다. 유명하다는 뜻은 몇 가지 있지만, 하나만 소개하면, 문인들의 생사 여탈권(!)을 장악하고 있는 염라대왕의 위력을 가지고 있지 않았는가 싶다. 그도 그럴 것이 선생 눈에서 벗어나기라도 하면 원고 발표 기회는 영원히 소실될 것이기 때문

---

39) 김명인, 앞의 글, 142~143면.

이다. 그러한 조연현 선생께서 월탄 이사장을 지지하고 나선 것이다. 사정이 이렇게 되고 보니 우리들 7인(이동주 · 이형기 · 송영택 · 성춘복 · 이성교 · 김상일 · 실명씨—인용자 주)은 바야흐로 광대무변한 황야에서 모진 황사를 한 몸에 받으며 전전긍긍하지 않을 수 없었던 것이다. 우리는 동리 선생을 업었지만(새 이사장으로) 외로웠다. 천하는 조연현 주간이 몽땅 장악하고 있었으니 우리는 고전 분투하지 않을 수 없었다. 그런데 이게 어찌된 영문이냐. 선거전에서 우리가 이긴 것이다. 5백 명쯤 되는 문협 회원이 겉으로는 『현대문학』 주간에게 굽신굽신했지만 속으로는 염라 대왕이 아주 미웠지 뭐야."[40]

김명인의 논문에 따르면, 김동리는 이사장 선거에서 서정주와 맞서 승리한 것이 된다. 여기에는 조연현이 문협 이사장 후보로 서정주를 내세웠다는 전제가 깔리고 있다. 반면, 김상일은 당시 이사장 선거를 김동리와 박종화의 경합으로 회상한다. 조연현이 박종화를 지지했다는 것이다. 하지만 여러 자료를 종합해 보면, 1968년 문협 이사장으로 선출된 이는 박종화이고, 김동리는 부이사장으로 맨 앞머리에 이름이 올라 있다. 그러므로 이사장 선거에 관한 부분은 김명인의 정리나 김상일의 회고가 부정확하다고 할 수 있겠다. 그리고 문협 사무국의 '공금유용 사건'이 문협에서 전면적으로 불거진 것은 1968년 3월 3일 개최된 임시총회를 통해서이다. 임시총회에서 이를 폭로한 사람은 제7차 정기총회에서 부이사장으로 선출된 서정주였고, 이를 밝혀낸 이는 '황야의 7인' 중 한 사람인 김동리 계열의 새로운 상임이사 이형기이다. 그러니 조연현과 서정주가 손을 잡았다기보다는 김동리와 서정주가 연대했다고 접근하는 것이 올바른 판단이라고 생각된다. 이러한 관점에서 당시 상황을 기술하는 이는 『중앙일보』 기자를 역임했던 정

40) 김상일, 「황야의 7인과 『월간문학』의 창간」, 『文壇遺事』, 월간문학 출판부, 2002, 175~176면.

규웅이다. 정규웅의 『글동네에서 생긴 일』의 「한국문인협회의 주도권 다툼」을 바탕으로 당시의 상황을 정리하면 다음과 같다.

김동리 사단과 조연현 사단의 대결은 문협 부이사장 선출을 둘러싸고 야기되었다. 조연현 계열의 문인들이 평론분과 회장이던 조연현을 부이사장으로 추대하기 위해 안간힘을 썼으나, 김동리 · 서정주 계열의 반대로 무산되었던 것이다. 선거 결과 박종화 이사장은 유임되고, 부이사장으로는 김동리 · 서정주 · 모윤숙이 선출되었으며, 분과회장으로는 시에 이동주, 소설에 황순원, 평론에 곽종원, 희곡에 이광래, 아동문학에 장수철, 수필에 조경희, 외국문학에 양원달이 뽑혔다. 이사장단 선거에서 수적 우세를 확인한 김동리 · 서정주 계열의 문인들은 운영상의 이유를 몇 가지 들어 상임이사의 선임 방식의 규약을 개정하기에까지 이르렀다. 종래 이사회 선출 방식에서 총회 선출 방식으로 바꾼 것이다. 이렇게 하여 조연현의 가까운 측근이자 상임이사인 이종환이 물러나고 김동리 계열의 이형기가 새로운 상임이사로 들어서게 되었다. 제7차 문협 정기총회는 이렇게 막을 내렸다.

정기총회가 끝난 후 조연현 계열은 그 결과에 반발하여 이를 무효화시키고자 세 규합에 나선다. 무효화의 근거는 다음 세 가지였다. 첫째, 규약개정은 참석인원의 3분의 2의 찬동을 얻어야 하는 것이 통상관례인데 과반수로 통과시켰다는 점, 둘째 회원 아닌 사람들이 회의에 많이 참석했고 이사에 선출되기까지 했다는 점, 셋째 이사 수를 늘리자는 동의가 두 번이나 폐기되었음에도 불구하고 억지로 이사의 수를 배나 늘렸다는 점. 조연현 계열의 방기환 · 이종환 · 문덕수 · 김우종 · 윤병로 · 원형갑 등 중견문인들이 주도하여 이런 움직임을 이끌었다. 조연현은 이들의 권유를 받아들여 임시총회 소집을 호소하는 연판장을 돌려 소기의 목적에 달성한다.

하지만, 3월 3일 열린 임시총회 역시 김동리 · 서정주 계열에 의해

진행이 주도되었다. 인수인계 과정에서 전상임이사 이종환이 공금 50만 원을 횡령한 사실을 신임 상임이사 이형기가 발견했고, 이 사실을 부이사장 서정주가 임시총회에서 폭로하였기 때문이다. 김동리·서정주 계열의 이러한 계산이 주효하여 임시총회는 혼란을 거듭하게 되었는데, 이때 박종화 이사장이 절충안을 제시하기에 이르렀다. "지난번 정기총회에서 상임이사 선출 방식을 총회 직선으로 바꾼 것을 종전대로 환원, 이사회에서 선출토록 한다"는 것이 절충안의 내용이다. 이에 따라 상임이사 이형기의 총회 선출은 무효로 처리되고, 대신 곽종원이 상임이사로 새롭게 선출되었다.

임시총회는 이렇게 어렵게 폐회에 이르렀지만, 조연현 사단의 문인들이 그 결과에 승복한 것은 아니었다. 정태용·원형갑·최일수·문덕수·김우종·신동한·장백일·윤병로 등 20여 명 비평가들이 문협을 탈퇴하여 '비평문학연구회'를 발족시킨 사건은 단적인 예이다. 당시 비평문학연구회의 발족은 문협의 한 분과가 이탈한 것으로 간주될 정도의 충격을 몰고 왔었다. 조연현의 『현대문학』 역시 민감한 반응을 보였음은 물론이다. 『현대문학』 4월호에 실린 「무소속문인(無所屬文人) 정담(鼎談)」, 5월호의 좌담회 「문학활동과 단체활동」, 김현승의 「문학단체 무용론」, 그즈음 연재된 조연현의 「세월의 앙금」 따위를 대표적 사례로 꼽을 수 있다.[41] 하지만, 이런 분란에도 불구하고 조금 시간이 지나자 탈퇴 문인들은 슬그머니 문협 내부에 주저앉았고, 문협 내에서의 주도권 획득을 위한 동면에 들어가게 된다. 동면에서 깨어나 조연현이

41) 정규웅, 「한국문인협회의 주도권 다툼」, 앞의 책, 256~269면.
임시총회를 전후하여 문협 사무실에 탈퇴서를 제출했다고 하여 모두 조연현 계열로 보기는 어려울 것이다. 문협의 조직 생리에 거부감을 느꼈던 인사도 있을 수 있기 때문이다. 또한 당시 『현대문학』 주최의 좌담회에 참석했거나 문학단체 비판 글을 게재했다고 해서 조연현 계열로 보기도 어렵다. 조연현이 문단 정치에 초연한 이들에게 『현대문학』의 지면을 제공하여 문협 비판의 분위기를 조성한 혐의도 뚜렷하기 때문이다.

문협 이사장에 오르게 되었던 때는 1973년이었다.[42)]

덧붙여서, 세부적 사실의 이해를 돕기 위해 문협의 역대 이사장과 부이사장단의 명단을 정리하면 다음과 같다.

1961~1963년(1~2대) : 전영택, 김광섭, 김동리

1964~1969년(3~8대) : 박종화, 김동리, 모윤숙, 서정주

1970년(9대) : 김동리, 김현승, 모윤숙, 서정주

1971년(10대) : 김동리, 조연현, 김현승, 서정주

1973년(11대) : 조연현, 김현승, 김요섭, 조병화

1975년(12대) : 조연현, 김요섭, 문덕수, 이동주

1977년(13대) : 서정주, 이동주, 김요섭, 박양균

1979년(14대) : 조연현, 이원섭, 조경희, 이범선, 박양균

1981년(15대) : 조연현(작고로 조경희 직무대행), 곽학송, 박양균, 황명

1983년(16대) : 김동리, 조경희, 김윤성, 황명, 이근배

1986년(17대) : 김동리, 조병화, 서정범, 구인환, 황명, 김양수

---

42) 조연현이 김동리를 이길 수 있었던 것은 치밀한 준비가 뒷받침되었기 때문이다. 여기에 대해서는 이근배의 기록을 참고할 수 있다.

"그(조연현—필자)의 선거 급수는 9단쯤이 아니었던가 싶다. 왜냐하면 그가 73년 김동리와 대회전을 치루기 위해서 71년부터 포석(布石)을 하고 있었던 것을 김동리는 까맣게 몰랐기 때문이다. 조연현은 정초 이석, 문덕수, 신세훈을 불러 시인 단체를 새로 만들라고 한다. 1957년 한국시인협회가 결성되어 잘 해오고 있는 터에 문예지 주간이 왜 시인 단체가 필요했을까. 그 까닭은 이렇다. 그때나 지금이나 문단인구에서 시인이 절반 이상을 차지하고 있는데 한국시인협회는 초대 대표간사 유치진에서 신석초, 조지훈, 박목월이 회장을 맡아오고 있었다. 목월은 김동리와 동향으로 조연현으로서는 움직여지지 않는다고 보고 시인 단체를 새로 만들어서 시인들의 표를 얻겠다는 것이었다.

둘째는 『시문학』의 창간이었다. 『현대문학』 하나로는 팽창하는 시단 인구를 다 감당할 수 없어서라면 설득력이 있겠으나 71년 8월에 창간하고 선거에서 이긴 뒤인 73년 9월에 내놓았으니 문협 이사장을 위한 득표 전략의 하나임이 명백해진다. 이것은 겉으로 드러난 큰 문단적 사건이지만 이럴진대 『현대문학』 주간의 칼자루를 쥐고 전국 방방곡곡의 문인들 하나하나에 어떤 당근과 채찍이 오고갔는가는 짐작할 일이다."(이근배, 「우리 문학의 순간들 : 문단을 두쪽 낸 두 거장의 충돌—김동리 · 조연현이 맞선 1973년 문협 이사장 선거」, 『대산문화』, 2003년 가을, 126~127면)

1989년(18대) : 조병화, 황명, 구인환, 원종성, 김시철, 김해성
1992년(19대) : 황명, 김해성, 성춘복, 홍승주, 구인환, 김시철
1995년(20대) : 황명, 성춘복, 신세훈, 함동선, 이유식, 이철호
1998년(21대) : 성춘복, 이철호, 신세훈, 구혜영, 이은방, 김원중
2001년(22대) : 신세훈, 홍문표, 최광호, 이수화, 장윤우, 엄기원
(앞은 이사장, 뒤는 부이사장)[43)]

6. 『월간문학』의 창간 배경

김동리는 『월간문학』(1968.11)과 『한국문학』(1973.11)을 연이어 창간했다. 김동리가 그러한 수순으로 나갈 수밖에 없었던 까닭은 조연현과의 결별에서부터 비롯되었다. 그동안 김동리가 나름의 영향력을 행사할 수 있었던 근거 중 하나는 『현대문학』이라는 잡지였다. 『현대문학』이 전적으로 조연현의 의지대로 움직였다고는 하나, 『문예』의 후신이었던 만큼 김동리에 대한 배려가 어느 정도 있었던 것은 사실이다. 소설 분야에 대한 신인 심사의 권한이 김동리에게 부여되었던 장면은 이를 뒷받침한다. 하지만, 1968년 1월 27일 개최된 한국문인협회 제7차 정기총회 이후 상황은 완전히 달라졌다. 조연현과 완전히 등진 상황이었기에 『현대문학』으로부터 김동리가 기대할 것은 아무 것도 없었다. 오히려 자신의 사단으로 분류되는 문인들을 위해서라도 어떻게 해서든지 안정적인 발표 지면을 마련해야만 하는 처지에 이른 것

43) 임헌영, 「제도적 문학과 반제도」, 『한국적 문학 제도의 재인식』 I(제21차 한국문학평론가협회 심포지엄 발제문), 2001.10.17, 41면.

이다. 김동리를 위해 전면에서 활동했던 김상일은 그 심각성을 이렇게 전달하고 있다. "경솔하게도 선거전에서 이기긴 했지만 정신을 차리고 보니, 우리는 큰 실수를 감행했다. 목숨과 견줄 수 없는 발표지가 없어진 것이다. 『현대문학』지는 우리를 불구대천의 원수쯤으로 여기지 않았을까. 왜냐하면 그 주간 얼굴에 똥칠을 했기 때문이다."[44)]

문협 기관지 『월간문학』의 창간에는 이런 절박함이 깔려 있었다. 이런 절박함은 김동리로 하여금 청와대로 향하게 만들었다. 김동리는 대통령 박정희와의 면담 결과에 승부를 걸었던 것이다. 『월간문학』의 발간 배경을 살펴보기 위해서는 먼저 1968년 박정희 정권이 문인들에게 내린 두 가지 혜택에 주목할 필요가 있다. 하나는 정부수립 이후 최초로 문예활동기금을 마련하여 매년 대상자를 선정 창작기금을 보조한다는 것이고, 다른 하나는 문인들의 집합체인 한국문인협회에 기관지 『월간문학』을 발행할 수 있도록 별도의 지원금을 지급한다는 것이다. 박정희 정권의 이러한 정책 뒤에는 김동리가 감행한 모험이 놓여 있다. 김동리의 모험이 성공했기에 박정희의 이런 혜택이 가능해진 것이다.

『현대문학』에 맞서는 잡지가 필요했던 김동리에게 가장 시급했던 것은 문학잡지 발간의 후원인이었다. 하지만, 그게 여의치 않자 김동리는 대통령을 찾아가 문학잡지를 내자고 호소해 볼 작정을 하기에 이르렀다. 김동리 사단의 비평가 이형기가 청와대 비서실에서 근무하는 친구를 두고 있었고, 김동리와 동향이자 등단 전부터 절친한 관계를 맺어오던 박목월이 영부인 육영수의 가정교사에 상당하는 자리를 차지하고 있었기에 가능한 구상이었다. 이들의 힘을 빌려 박정희 대통령과 김동리의 면담은 주선되었다. 당시 문협 사무국장이었던 김상

44) 김상일, 앞의 글, 176면.

일은 그 면담의 장면을 이렇게 기록하고 있다.

당일(날짜와 시간은 잊어버렸다), 필자는 동리 선생을 모시고(당시 나는 문협 사무국장) 택시를 잡아타고 청와대로 찾아갔다. 적어도 나는 죄지은 것도 없는데 가슴이 벌떡벌떡 뛰는 것이었다(나중에 알았지만 고협압 때문이었다). 경비실에 들렀더니 벌써 알아차리고 안내자가 나와 여간 굽신거리는 게 아니었다. 흐뭇했다. 한편 여간 부러운 것이 아니었다. 권력이 좋긴 좋구나, 비서실에 들어서니 뜻밖에도 썰렁했다. 방 크기도 서너 평이 되는 둥 마는 둥 했고, 실내 장식도 없었으며, 근무자도 우리를 상대하는 비서 하나 외에 눈에 띄지 않았다. 바라크에 든 기분이었다. 대통령이 진짜 질소 검박해서 그런 것일까? 연극을 하고 있겠지?

비서는 동리 선생만 대통령 집무실에 공손히 안내했다. 안에서 두 사람이 무슨 말을 나누었는지 나는 알지 못한다. 가끔 비서가 찻잔을 받쳐들고 문을 드나들며 고개를 갸우뚱거리더니 이렇게 귀엣말을 전해 주었다.

"두 분 도통 말이 없으시네요. 김동리 선생님의 얼굴은 벌겋게 달아 있구."

비서가 전해 준 후일담은 대충 이런 것이었다. 동리 선생은 수인사도 변변치 않게 마치는 것 같았고, 얼굴만 붉히신 채 창 밖만 바라보았다고 한다. 문단을 대표해서 전권 대사로 대통령을 방문한 이가 말 한 마디 없이 빈손으로 돌아오신 것이다. 우리는 이 사실을 어떻게 평가하고 있을까. 정녕 집무실에 들어서고 보니 별안간 구걸하러 찾아온 것 같아 아무 말도 못 하고 상기된 채 창 밖만 바라보았을 것이다.

나는 공상해 본다. 만약에 우리 동리 선생께서 선비로서 염치도 없이, 더구나 난데없는(당시 대통령의 역할은 '기아선상에 허덕이는 민생고를 하루 빨리 해결하는' 데 있지 문화 사업 따위는 안중에 있을 턱이 없었다.) 문학 잡지 따위를 발간할 테니 지원해 달라고 채신머리없이 굽실거렸다면 고지식하기로 이름난 박정희 씨(고명하신 한 시조 시인 유택에 조문 왔다 살던 저택을 보고 싹 돌아서서 그냥 나가 버린 것을 목격한 적이 있다)가 손수 앞장서서 광명인쇄소(이른바 혁명 공약을 남몰래 인쇄했던 곳이다)에 발간을 위한 도급을 주진 않았으리라(나중에 알았지만 정부 재정은 당시 바닥이 나 있었다. 유명한 혁명 후일담이다)고 상상해 보는 것이다.

박정희 대통령을 미워하는 사람들은 많지만 그러나 『월간문학』지는 그의 살신성인의 인정이 없었더라면 햇빛을 보지 못했을 것이다.

『월간문학』지는 생색을 낼 줄 모르는 박정희 대통령과 염치를 지키는 한국 마지막 선비 동리 선생이 피차 위신을 확보하며, 그러나 일은 성사시키자는 무언의 신사 협정에 따라 창간된 것이다.[45]

『월간문학』의 창간으로 김동리는 잠깐 숨통을 틀 수 있었다. 그런데 『월간문학』은 문협의 기관지 『월간문학』이었지 김동리의 『월간문학』이 아니었다. 문인들의 집합체인 한국문인협회에 정부가 지원금을 지급한 까닭이다. 그것이 조연현의 『현대문학』과 크게 다른 점이었다. 이 때문에 1973년 제11대 문협 이사장 선거에서 패배한 김동리는 『월간문학』에 대한 영향력을 전부 잃고 『한국문학』의 창간으로 나서게 된다. 반면 문협 이사장 선거에서 승리한 조연현은 한 손에 『현대문학』을, 다른 한 손에는 『월간문학』을 틀어쥔 양상이었다. 당시의 분위기가 어떠했는가는 「우리동네 촌장 이문구」라는 황석영의 글에 어느 정도 드러나 있다. 황석영이 김동리의 오른팔 이문구를 바라보는 시각에서 내용이 기술되어 있지만, 그 갈등의 분위기만은 생생하게 전달된다.

45) 위의 글, 178~179면.

이사장으로 나올 사람도 정해져 있어서 조연현 김동리 양씨가 엎치락 뒤치락했는데, 당시에 문예지도 별로 없던 시절에 조연현이 자리잡고 있던 『현대문학』이 막강했고 김동리가 이사장이 되면서 문협 기관지로 만든 『월간문학』이 있었다. 조연현측의 오른팔은 조정래였고 김동리측은 이문구였다. 기존의 문단에서 한 걸음 옆으로 비켜서 있던 사람들은 주로 젊은 사람들이었는데 나도 문협 선거에 참여한 적이 없어서 강 건너 불 보듯 하던 판이었다. 김동리가 낙마한 뒤에 이문구는 머리를 삭발하기까지 했다. 속 모르는 구경꾼들은 그러한 그의 열정과 울분에 민망스러워했다. 나도 전화로 욕깨나 먹어야 했다. 선거날 투표하러 오지 않았다는 것이 그가 화를 낸 이유였다. …… 그 시절에 편집자들의 소심함으로 몇 군데 잡지들을 전전하며 되돌려 받았던 「낙타누깔」을 속없이 『월간문학』에 싣기도 해서 사실 선거에 참여하지 않은 나는 이문구 쪽에서 본다면 '의리 없는 놈'이었던 셈이다.[46]

제11대 문협 이사장 선거에서 조연현에게 패한 김동리는 권토중래를 꿈꾸었다. 1973년 11월 창간한 월간지 『한국문학』은 그 의지의 표상이다. 『한국문학』은 김동리의 부인 손소희가 곗돈으로 탄 3백만 원으로 창간할 수 있었다. 『한국문학』이 권토중래의 발판이었던 만큼 초대 편집장으로 김동리의 오른팔 이문구가 들어섰던 것도 당연하다. 하지만, 이런 준비에도 불구하고 김동리는 이후 조연현과의 대결에서 한 번도 이길 수 없었다. 문협의 역대 이사장 명단이 이러한 사실을

---

46) 황석영, 「우리동네 촌장 이문구」, 『창작과비평』, 2003년 여름, 204면.
이근배의 기록은 다음과 같다. "1973년 1월 27일, 서소문 명지대 대강당에는 6백53명의 문인들이 운집해서 투표를 하고 있었다. 중풍으로 병석에 누운 칠순의 김광섭이 간신히 부축을 받아 투표장까지 나왔으니 얼마나 많은 문인들이 문단의 두 세력에 휘둘리고 닥달질을 당했을까. 이희승, 김팔봉, 부산의 김정한도 투표를 했다. 결과는 김동리 3백21표 대 조연현 3백12표, 9표차로 김동리가 앞섰으나 과반수 미달로 재선거를 치러야 했다."(이근배, 앞의 글, 127면)

보여 준다. 김동리가 문협의 이사장으로 피선될 수 있었던 것은 1983년부터 가능했는데, 이때는 경쟁상대 조연현이 사망한 뒤였다. 조연현은 1981년 11월 28일 제15대 문협 이사장을 역임하던 중 일본 여행에서 심장마비로 사망하였다.

7. 문학정신과 문학제도의 괴리가 낳은 '사회주의적 사실주의 논쟁'

김동리가 평생 벌인 커다란 논쟁은 대략 네 번으로 기록된다. ① 유진오와 벌였던 1939년의 신세대 논쟁, ② 김병규・김동석을 상대로 했던 해방 직후의 좌우익 논쟁, ③ 김우종・이어령과 벌였던 1959년의 '실존성' 논쟁, ④ 1978년 구중서・임헌영・염무웅을 상대로 펼친 '사회주의적 사실주의 논쟁'이 그것이다. 이 가운데 ④의 논쟁은 엄밀한 의미에서 논쟁이라고 파악하기 어렵다고 판단된다.

1978년 9월 12일 태창출판부 주최의 문학강연회에서 행한 강연에서 김동리는 당시의 민중문학을 가리켜 '사회주의적 사실주의'로 분류하였다. "당시는 유신체제가 10・26의 총성과 더불어 무너지기 1년 전이었다. 그러니까 서슬 퍼런 긴급조치 9호가 한국 땅을 온통 내리누르며 한창 공포분위기를 조성하고 있던 시기였다. 이런 시기에 김동리는 당대의 민중문학론자들을 가리켜 '당신들은 사회주의적 무엇무엇을 신봉하는 자들이다'라고 규정한 것이다."[47) 『월간문학』 1978년 11

47) 李東夏, 「한국 비평의 재조명 3-김동리와 '사회주의적 사실주의' 논쟁」, 『한국문학과 비판적

월호에 게재된 김동리의 「한국적 문학사상의 특질과 그 배경—한국문학의 나아갈 길」이라든가 논쟁 과정에서 선보인 글들을 보면 김동리는 그러한 규정에서 한 발짝 더 나아간 논의를 진척시키지 못하고 있다. 필자가 '사회주의적 사실주의 논쟁'을 문학 논쟁이라고 파악하기보다는 정치적 공세로 이해하는 까닭이다.

사실 이것이 논쟁인가 아닌가의 여부는 부차적인 사항이다. 오히려 이 사건이 한국문학사의 가파른 굽이굽이를 거치면서 김동리가 마지막에 도달한 자리를 상징적으로 보여 준다는 점에서 더욱 문제적으로 파악된다. 문학정신과 문학제도를 통일된 관점에서 파악하지 못하고 나아가는 자의 한계를 여실히 드러내고 있기 때문이다. '사회주의적 사실주의 논쟁'에 이르면 김동리의 문학 논쟁은 정치 공세와 구분하기 힘들 정도가 아닌가. 논쟁의 직·간접적 상대들이 결국 침묵으로 맞서는 방식을 선택을 했던 이유도 바로 여기에 있다. "백낙청 구중서 염무웅, 그리고 박현채와 나 등 몇몇이 모여 이 혼탁해지는 논쟁의 대응 방안을 논의한 결과 더 이상 대꾸하지 말자는 결론이었는데, 마무리는 당사자가 아니었던 홍기삼이 『동대신문』을 통해 정리해 주었다."[48)]

김동리를 대타항 삼아 자신의 문학 / 문단 내 자리를 끊임없이 모색했던 조연현 역시 김동리의 이러한 모습으로부터 결코 자유롭지 못할 것이다. 김동리처럼 커다란 관심을 모으지 못했을 뿐이지, 그가 발표한 「참여주의 문학에 대하여」(『월간문학』, 1979년 1월호)라든가 「민족문학과 민중문학」(『현대문학』, 1979년 8월호)에는 그런 흔적이 다분히 드러나고 있기 때문이다. 김명인은 이 두 평론을 통해 종착역에 다다른 조연현의 비평세계를 읽어내고 있다. 「참여주의 문학에 대하여」를 통해 조연현은 '참여주의 문학'에 내재하는 '특정한 정치적 목적'이

지성』, 새문사, 1996, 87면.

48) 임헌영, 「문학 논쟁 비화 두 가지」, 『文壇遺事』, 월간문학 출판부, 2002, 93면.

사실상 '사회주의 혁명'이 아니겠는가 하는 함의를 노골적으로 드러내고 있으며, 「민족문학과 민중문학」에서는 민족문학론이 사실상 '사회주의 문학론' 아니냐 하는 혐의를 강하게 암시하고 있다는 것이다. 이를 바탕으로 김명인은 '파시즘적 문학관'으로 기울어지는 조연현의 모습을 비판하고 있다.[49]

문학-제도의 관점에서 파악했을 경우 파악되는 김동리·조연현의 면모는 이러하다. 이는 결국 문협 정통파의 자화상이기도 한 것이다. 문학-제도를 둘러싼 자화상 위에서 그들이 주장하는 '순수문학(본격문학)'은 유령처럼 창백하게 떠돌고 있다. 문학제도를 둘러싸고 정치적 이전투구의 양상이 첨예해지면 첨예해질수록 '순수문학(본격문학)'이라는 문학정신은 더욱 더 신비한 관념의 영역으로 옮겨 가 버린다. 따라서 해방 이후 1970년대 말까지의 김동리·조연현의 문단 활동은 이를 선명하게 증명하는 과정이라고 할 수 있겠다.

49) 조연현, 앞의 논문, 148~150면.

발굴
1

1936년 『映畵時代』誌에 발표된 단편소설

「廢都의 詩人」

氏는 今春 中央日報懸賞文藝에 「花郎의 後裔」를 발표하야 名譽의 一席當選이 된 新進인대 이번에 力作의 短篇 「廢都의 詩人」을 보내주시여서 이에 數萬 讀者에게 자랑삼어 보내는 바이다.

朝鮮古代文化의 秘藏庫인 慶州! 神秘의 鄕이고 藝術의 鄕인 慶州의 自然 속에서 鄕土같이 明朗한 作品을 내며 놀 것이다. ―또한 藝術家에 잇어서 鄕土의 영향은 큼으로― 期待 많은 氏의 압날을 注目하며 마지 안는다. ―(編輯者記)―

편집자 주 : 본문은 소설이 발표된 1936년 당시 표기법를 따랐으나 띄어쓰기만은 현대 표기법으로 고쳤으며, 본문 중에 마침표가 없었던 부분도 독자의 이해를 돕기 위해 현대 표기법에 따라 넣었음을 밝혀둔다.

廢都의 詩人

—廢都의 인테리 氣質—

金始鍾

一

시인 오 선생께서는 지금 고민 중에 있다. 그의 손에는 엽서 몇 장을 집어 들고 있다.

—옵바 저는 경주(慶州)를 가겠어요. 벌서 그저께 방학을 햇답니다. 참 그 동안 웨 그렇게도 소식이 없어서요?—

—아버지를 졸너서 여비는 톡톡히 작만했지요. 지금이라도 곳 떠나가고 싶으지만 어머니께서 곳장 만류해요—

—경주! 아 경주! 그곳은 얼마나 아름답고 신비(神秘)한 곳입니까? 금오산(金鰲山)은 얼마나 밝고 문천(汶川)은 얼마나 맑습니까? 예술의 전당, 화려한 구도, 아 제가 언제나 꿈같이 동경하는 마음의 고향!—

—내일 밤차로 이곳을 떠납니다. 그리운 옵바 그러면 빨니 마저주세요—

오 선생은 손에 쥐었든 엽서 넉 장을 방구석에 홱 집어던지고 바쁜 듯이 주머니에 손을 넣어 휴지를 찾었다. 코를 풀여는 것이다. (그는 축농증이 있다) 손에 잡히는 대로 조히를 끄내어 쌀아다 보니—그는 코를 풀여고 할 때 반드시 조히를 펴서보는 습관으로—『이마 개이죠 다쑤 데무까해 다노무』[1] 하는 전보였다. 어제ㅅ밤에 이 전보를 바다서 주머니에 넣어두고 이젓든 것

1) 편집자 주 : "지금 경성京城을 출발하니 마중 나오길 바람"이라는 일본말.

이다.

이와 같이 나흘 동안에 엽서 넉 장과 전보 한 장이 연다라 나려와서 그를 하야금 이러타 저러타는 시비해 볼 여유도 없게 하얏든 것이다.

그는 전보지를 들고 한숨을 쉬었다.

뜰에는 잠자리가 한마당 날고 있었다.

아모리 생각해도 도리가 없엇다. 그는 나흘이래도 큰 소설이나 구상하듯이 누어 뒹굴며 눈을 감고 생각하엿다. 첫재로 혜경(惠卿)이가 온다면 거처할 방이 없다. 둘ㅅ재로 음식이 맛갖잔타. 셋재로 과실 값이 없다. 변변한 양복이 없다. 뜰에 화초가 없다 괴석이 없다. 또 그밖에도 무엇인지 어정쩡하고 겁이 낫다.

다시 생각해도 도리는 없엇다. 만책은 꿈이요 엄연히 그의 앞에 노힌 것은 운명의 길이었다. 드듸어 그는 운명에 순종치 않이치 못한다는 비통한 표정이었다.

二

대합실 뻰치에는 아까부터 시인 오용구(吳容九)가 안저 있다. 아까라고 해도 벌서 한 시간이나 되엿다. 그는 몃 번이나 일어서서 조히로 코를 풀고 또 풀래트폼을 내다보군 했다.

기차가 대일 시각이 가까워 올수록 그의 가슴은 뛰었다. 그는 혼자속으로 (아 운명의 여신이여! 어린 여신이여!) 하고 시구를 지어 보기도 하고 의식적으로 랭정해질여고 정식 호흡운동을 하고들 애를 썻다.

기차가 닿었다.

흰 모시 두루막 연옥색지마 가벼운 옷에 싸힌 여름손님들이 풀래트폼에서 입찰구로 꿔역꿔역 나왓다. 오 선생의 눈은 바쁘게 사람들을 하나식 하나식 헤아렷다. 그러나 혜경은 보이지 않었다.

화통만 연기를 토할 뿐이었다.

「옵바!」
하는 소리에 깜짝 놀라 보니 그의 곁에는 푸른 양복치마를 입은 십오륙 되어 뵈는 소녀가 있었다.

「아 혜경이!」
하고 그는 무의식적으로 소리는 질렀으나 반가운 것보다는 놀란 편이었다.

혜경의 손에 무겁게 들고 있는 과실채롱을 보았을 때 그의 얼골은 새빩어젓다. 그는 무엇을 목구멍 속에서 신음하며 미안스럽다는 듯한 누구를 책망하는 듯한 운치 없는 표정을 하였다.

혜경이도 머뭇머뭇하는 그를 보는 순간 지금껏 상상하고 온 그 반가움과 기쁨은 아니라는 것을 직각하였다. 어느 편이냐 하면 무척 섭섭하였다. 불구덩에 던저버린 구슬을 바라보는 듯한 후회와 민석으로 오 선생을 바라보았다. 그는 무슨 말을 할야다가 입을 담으려 버렸다. 눈물이 목구멍을 막었다.

두 사람은 대합실을 나왔다.

오 선생은 앞에서 갑신갑신 걷고 혜경이는 무거운 모양으로 과실채롱을 좌우 손에 바꾸어 들어가며 진동한동 딸엇다. 역 마당을 나와 논ㅅ들을 지나 바른손 편으로 봉황대(鳳凰臺)를 보며 두 사람은 나란이 서서 걸었다.

시원한 들바람에 용기를 회복한 오 선생은

「차 속에 오느라고 퍽 더웟겟지?」
하고 먼저 입을 뗏다.

혜경이는 그에게 이 말을 들으니 갑작히 울음이 터질야고 했다. 그다지도 반가웠다.

「그래두 옵바만 생각구 오느라고 ……」

혜경이는 눈물 도는 검은 눈으로 오 선생을 처다보았다.

네 개의 눈은 한참동안 서로 마조보았다. 그 순간 오 선생은 이상히도 영혼적 비약을 느끼었다.

오래ㅅ동안 침울과 고독에 빠저 있든 넋이 가 푸른 허궁에 춤을 추어 오르는 듯했다. 적어도 아까와 같은 구구한 걱정은 이저젓으리만치 그만큼 혜경의 눈은 정열에 넘첫다. 물론 아까라고 해도 혜경이를 맛나는 것이 기쁘지 않은 것이 아니엇지만 그를 기쁘게 마지할 아모 차림이 없은 까닭이었다.

「서울서는 모두 얼마나 재밋던?」

「서울은 싫어요. 거긴 아모 경치도 없구 볼 만한 것도 없구 ……」

혜경이는 먼 산 가까운 들 둥실둥실한 봉황대를 바라보며 대답했다.

「이번 여름은 나와 함께 지날 테지?」

하고 또 물은즉

「제 마음 같으면 영영 이곳에 살고 싶으지만 어머니께서는 한 일주일간만 지나고 오래요.」

했다.

혜경이는 어느듯 유쾌한 듯이 엉둥이를 우쭐우쭐하며 거렀다. 그는 금시에 눈물은 이저바리고 모든 것이 기쁘고 유쾌하였다. 오 선생도 혜경의 우줄우쭐하는 엉둥이를 바라보며 그 검으스레하고 토실토실한 손목을 보았을 때 모든 것이 새롭고 귀엽고 질겁고 했다. 그러다가도 과실채통만 본즉 가슴이 어두워지군 했다.

마을 앞이 가까워 오고 그의 집이 가까워 올수록 오 선생의 얼골은 우울하여젓다. 조곰 전에 이번 여름은 나와 함께 지날 테지? 하고 물은 것까지 후회되였다. 자꾸 지나가 버리는 길이 뼈가 아프도록 안타까웠다.

봉황대에 무성한 여름풀은 붉은 저녁 해빛에 찬란이 누어 있고 한 떼의 비둘기가 풀 속에서 울며 날어올랏다.

三

혜경이는 얼굴빛이 갑으스레하고 오관이 뚜렷한 정열형이었다. 그가 용구를 옵바로 불러온 지도 벌서 칠 년이 넘어 되었다.

용구가 서울서 중학교에 다닐 때였다. 그때 혜경이는 아즉 오댄바(才轉婆)[2]로 유명한 보통학교 생도였다. 혜경의 아버지는 혜경이가 너무 번지럽고 해서 얌전한 사람이 있으면 그의 학과도 보아주고 할 가정교사를 두었으면 했다. 이쯤에 누구의 소개로 용구가 그의 가정교사로 가게 되었든 것이었다. (그때부터 이 오댄바는 그를 선생이라고 불으지 않고 옵바라 했든 것이다)

용구가 중학을 졸업하고 경성을 떠나 동경으로 건너가 사 년을 있는 동안 그는 한번도 혜경이와 혜경의 집 사람들을 이즌 적은 없엇다. 그러나 언제나 칠칠치 못한 그는—사실 그의 형편도 여유는 없엇지만—그들을 맛나볼 길은 없엇다.

혜경이는 두 눈이 초롱초롱하고 코가 둥실한 정열형이었다. 그는 용구를 생각할 때 옵바라고 불으는 동시에 선생도 될 수 있고 동모도 될 수 있고 또

2) 편집자 주 : 말괄량이(아가씨)—御轉婆おーてんば.

그보다 더 밀접한 관계와 인연이 있는 다시 말하면 언제까지 서로 떠나서 안 될 그러한 사이어니 하는 막연한 공상을 하여 왔다. 그를 이러한 자유러운 위치에 두고 정열이 많은 소녀의 버릇으로 그날그날의 생활에 윤기와 빛을 내어 왔든 것이다. 즉 용구는 혜경의 아름다운 꿈속 주인공의 역활을 하여왔든 것이다. 하야 이것으로 혜경은 그의 자그만 자긍심과 향상심과 우월감을 길우어 왔든 것이다. 용구가 동경서 혹시 보내주는 사진이나 글귀 같은 것을 남 몰으게 가슴에 감초고 혼자서 외코 단니며 몸시도 자랑스러웠든 것이었다.

허나 드듸어 현실의 손이 혜경의 꿈의 창을 두다렸다.

일각이 무섭게 차에서 뛰어나린 혜경이는 「옵바」를 불으든 순간부터 그 천진스러운 자긍심과 우월감과 향상심—라고 할는지— 이 모든 것이 환멸의 연기 속에 자최를 감추기 시작하였다.

四

이튿날 어수선한 꿈 터에서 혜경이가 눈을 뜬 것은 아즉 새벽이었다. 오 씨의 처가 안개가 자욱한 우물ㅅ가에서 물을 푸고 있엇다.

혜경이는 그 초롱초롱하는 눈으로 방안을 두르번두르번 살펴보았다. 그것은 오 씨 처의 방에 틀님없었다. 벽에는 삼베(麻布) 치마 안동포 적삼 모시 두루막 같은 남녀의 옷이 이 구석 저 구석 너저분하게 걸여 있었다.

방안을 둘러보고 난 혜경이는 무엇인지 안타까움에 두 눈에서 눈물이 핑그레 돌었다. 머리맞에는 어저께 혜경이가 사온 과실채통들이 손도 대이지 않은 양 그대로 놓여 있었다.

동창문 조히에는 해ㅅ살이 붉으레하게 비최었다. 혜경이는 서글픈 눈초리를 하야 문조히를 바라보며 누었다가 훌적 일어나서 오 씨의 책상에서 그의 일기책을 무심코 빼어 들었다. 그는 눈물에 흐린 눈으로 되는 대로 책장을 넘겻다.

(사월 이십삼 일—

내가 동경에서 나온 지도 벌서 일 년이 넘어 된다. 대학만 졸업하고 나오면 만사가 해결될 줄 믿었든 집 사람들 보기가 마음이 아프다. 늙은 아버지가 누어 앓고 젊은 안해가 코 빠진 신을 끄을어도 약 한 첩 지어 올 도리가 없고 신 한 켜레 변통할 길이 없다)

(오월 이십 일—

나는 폐도(廢都)에서 태어났다. 나는 어름짱같이 차듸찬 폐허를 밟고 무덤 속 같은 공기를 호흡하고 잘아났다. 나는 폐허제단에 초ㅅ불을 밝히고 화려한 옛 꿈을 찾는 자다. 묵은 전통과 회구의 로맨티시즘은 내 오관에 흘으고 있다. 전통의 아들 폐도의 아들 이것이 나의 숙명이다. 나는 아모리 발버둥치고 애를 써도 이 묵은 전통의 옛 꿈에서 영원이 버서나지 못하리라. 내 머리 우에는 무거운 폐도의 총기(塚氣)가 눌르고 있다)

(오월 이십이 일—

나는 현실과는 영원이 등을 진다. 이것은 나의 숙명이다. 나는 현실을 회피한다. 거치른 현실을 미워한다. 나는 아득한 옛 꿈을 그린다. 내 넋은 문허진 옛 성 검은 잡풀 속에서 깃드리고 전통적 고전적 황금 쇠북에 운다. 아아 그러나 나의 굳굳할 의지는 몽롱하고 나의 건전할 리성은 혼미하고 나의 명랑할 감정은 우울하고 나의 마즈막 피 한 점과 가느다란 신경의 오리오리에까지 폐도의 총기(塚氣)에 마비(痲痺)되어 있지 않은가? 그러하거늘 이

꿈의 로맨틔시즘에서 버서나지 않음은 어이한 일이냐?)

(오월 이십사 일—

나는 날마다 방바닥에 누어 뒹굴고 있다. 방구석에는 코를 싼 조히봉지가 밤낮으로 허여케 쌓어 있고 축농증(蓄膿症)은 날노 심해 간다. 밖을 나갈야면 골치가 휭—하고 다리가 허둥허둥한다)

(오월 이십오 일—

위약(胃弱)과 아울러 신경이 날마다 쇠약하여 간다. 신경쇠약 축농증 위약 이것은 모도 폐도의 무덤 기운이 나에게 끼친 질병들이다.)

(육월 십 일—

나는 현실에 맹목이다. 나에게는 오즉 아득한 옛 꿈이 있을 다름이다)

(육월 십육 일—

나는 아모 기능이 없다. 철두철미한 무능자이다. 나는 아무와도 맛나기가 싫다. 그들은 모도 나를 경멸한다. 나는 그들을 꺼러한다. 세상 사람은 누구와도 어울니기 싫다. 나는 너무 의하가 없다. 너무 키가 적다. 그리고 구변이 없다)

(육월 이십 일—

나는 취직을 해야겠다. 어듸라도 들어가야 하겠다)

(육월 이십삼 일—

내일부터 아리ㅅ채에 사람이 든다. 이리되면 손이 와도 잠시 들었다 갈 자리가 없어진다. 내 때문에 우리 집은 폐가가 된다. 전혀 내 때문이다. 내가 전통의 우상 로맨틔시즘의 연기 속에 마취된 탓이다. 내가 너무 폐허의 옛 꿈을 쫓은 까닭이다)

혜경이는 점점 가슴이 어두워저서 책을 덮었다. 그는 잘 웃고 잘 울고는 하지만 무엇보다 우울을 못 견뎃다. 무엇인지 망연하고 슬픔이 가슴을 쏘는 듯했다. 그러타 거저 망연한 슬픔이.

혜경이는 자기가 서울서 경주란 예술의 전당 신비의 구도하고 꿈같이 동경하든 것을 생각하였다. 그리고 (이것은 막연했지만) 오 선생과 같이 전통—총기(塚氣)랄는지—에 누질니어 일어나지 못하는 기질을 생각하였다.

동쪽 창은 훤히 밝어지고 뜰에서는 사람 소리가 시끄럽게 들였다. 혜경이는 웃옷을 입고 방안에 흐터진 옷가지를 주어 걸고 책을 가추리고 했다. 그리고 그는 행구에서 비누와 니솔을 끄내고 있을 때 문밖에서 오 선생의 목소리가 났다.

혜경이는 얼른 문을 열고 밖을 나왔다. 툇마루 끗테는 오 선생이 혜경이가 일어나기를 기둘니고 있었다. 그의 얼골은 이상하게도 이날 아츰에 인상깊이 보였다. 비교적 너른 이마 밑에 호박씨 같은 적은 눈과 살몽치를 떼다 붙인 듯한 적은 코와 임종부터 알이 송곳처럼 쏙 빠진 턱—

혜경이는 우물ㅅ가에서 니를 닥고 돌 홈팍에 얼굴을 씻었다.

날새는 이날도 한 더위인 것을 잊이 않었다. 안개가 버껴지는 건너편 돌산에는 있다금 불볓이 버쩍였다.

—(次號完)—

廢都의 詩人(完)

—廢都의 인테리 氣質—

金始鍾

五

오 선생과 혜경이가 아츰상을 받엇을 때는 그의 어린 동생과 늙은 부모는 벌서 호미와 보리밥을 싸들고 뒤ㅅ들 콩밭을 매러 나간 뒤였다.

설거질을 마친 그의 처가 어느듯 머리에 빗질을 하고 나서

「난 얼른 집에 단여올께요.」

부드러운 소리로 물었다.

「뭐 단여오다니 지금 어들?」

그는 역정을 내였다.

「점심때쯤 해서 오도록 할께요.」

「…… 」

그는 속으로 골이 났지만 아모 소리도 내지 않엇다.

안해의 누런 문포적삼 등에 땀이 저즌 것과 훤한 해ㅅ살에 풍기어 불럭해진 삼베치마가 사랍거리에 살어지자 그는 비로소 안해의 뜻을 깨달었다. 그리고 십리길이나 되는 친정까지 가서 쌀을 꿰 머리에 이고 땀을 마시며 갈팡질팡 뛰어올 안해가 불상하고 미안했다.

용구가 방에 뒹굴고 누어 궁구한 결과 푼돈을 변통할 자리를 발견했다 싶어 뛰어 일어난 것은 해그늘이 두어 발이나 나려왔을 때였다. 방구석에는 코를 싼 종이가 수두룩하고 뜰 밖에는 매아미가 와서 울었다.

혜경이는 아츰부터 우물ㅅ가에 서서 묵묵히 그림엽서를 들어다보고 있엇

다. 우물ㅅ가 살구나무는 누런 가지가 우물 속까지 축 드려젓다. 있다금 붉은 살구가 우물에 떨어젓다.

토당—토당—

혜경이도 인제는 지웁은 듯이 살구도 처다보고 우물도 들어다보고 뜰 구석에 누어 있는 흙 무든 돌도 한참식 바라보고 했다.

용구는 밖을 나갈여고 툇마루에 발을 노흐니 뜰에 쏘는 불기운이 확 하고 그의 숨을 꺽것다. 그는 머리가 휭하여서 그대로 툇마루에 펄적 주저앉으며 오래ㅅ간 불김을 보지 않은 그의 방이 무던히 랭했든 것을 느꼈다. 한참동안 그는 멀거니 앉어 뜰을 바라보았다. 보리ㅅ집 가리와 잠자리 나래와 닢새와 모든 것이 연기를 내고 말너지는 듯했다.

「시골이란 참 궁금하지?」

오 선생은 겨우 소리를 질으며 툇마루에서 일어났다.

「인제라도 어들 가 볼네?」

그는 혜경이 곁으로 가며 물었다.

「가요 옵바—」

혜경이는 갑작히 울음이 터질 듯했다.

「그러면 오늘은 가차운 데 서악 돌자라 구경이나 하러 갈까?」

혜경이는 고개를 끄덕끄덕하며 바삐 그림엽서를 헤아려 돌자라를 찾었다.

용구는 웃저고리를 벗어 살구가지에 걸고 빼빼 말은 엉둥이를 치께들고 엎드려 바가지로 샘물을 펏다. 그가 얼골을 씻는 동안 혜경이는 갑짝이 기뻐서 살구나무에 오르고 했다.

「옵바 살구 따요?」

「그럼.」

오 선생도 얼굴을 씻으며 유쾌해서 소리를 질렀다.

혜경이는 살구나무 끝가지까지 가서 발노 우쭐거리고 손으로 가지를 잡아 흔들고 했다.

「투드탁닥

도닥닥

토당당」

하며 살구는 밭고랑에 샘돌 우에 우물 속에 여기저기 얽어젓다. 오 선생이 얼굴 씻는 돌 홈팍에도 두서너 개 떨어졌다.

六

얼래 없고 변통성 없는 키가 나즈막한 오 선생은 돈 변통이라고는 여자(그것도 기생 같은)에게 애걸하는 것밖에 도리가 없으면서 염새[3] 시인으로서는 통하고 있다.

캄캄한 밤 나 호을노
쓸쓸한 패허에
눈물을 뿌리나니

오호 이 몸이 이승을 떠나는 날
내 몸에 피ㅅ줄은 멋고

3) 편집자 주 : 염세(厭世).

차디찬 廢墟의 屍衣 우에
내 骸骨은
푸른 달빛에 비최려니!

어드운 밤마다 헤매이며
초ㅅ불을 들고
폐허 祭壇에
巡禮할 자 누구일고?

오호 캄캄한 밤 나 호을로
쓸쓸한 폐허에
눈물을 뿌리나니!

이 같은 염새시나 한 편 외우고 하면 듣는 사람은 누구든지 그를 침통한 염새시인이라고 일카려 준다. 아무도 이의를 하지 않는다. 하야 그가 가는 곳마다 염새동인이 무수히 배출하며 전통주의적 랑만주의적 허무주의적 그의 시명은 세월이 갈수록 쟁쟁하다고 했다.

하기는 그의 의논을 조차 보면 그의 염새관은 전통이 깉은 폐도에서 오는 것이라 한다. 그래서 염새시인이라 하기보다 패도시인이라 하는 것이 더욱 온당하겟다고 했다.

오 선생은 봉황대 옆에서 혜경이더러 먼저 정거장으로 나가 기둘니라 하고 그는 매월(梅月)이란 예기 집으로 갔다. 매월은 돈 있고 재명이 있는 기생으로 열네 살 적부터 이름이 널니 났다고 한다. 용구와 매월이가 비교적 친하게 된 것도 매월이가 용구의 염새시를 잘 리해하고 좋아한 것과 용구가 매월의 재조를 칭송하고 감탄한 까닭이었다. 하야 그들은 서로 지기를 존경하고 고독들을 위로했든 것이었다.

「매월이 매월이 있는가?」

「네—」

하고 어린 게집애가 나왔다.

「저 밖에 손님이 오섯드라고 그래.」

한즉 게집애는 오 선생의 얼골을 빤이 처다보드니 상긋상긋 웃으며 들어갔다.

조곰 뒤에 매월이가 나왔다. 머리에 빗질을 않어서 흩어진 머리칼이 눈을 가렸다.

「아이 선생님 얼른 들어오세요.」

매월은 반갑고도 쓸쓸한 우슴을 띄웠다.

「저 매월이.」

하고 그는 얼골을 붉히며 말을 끈첫다.

「좀 들어와요. 참 웨 이러세요?」

「저 매월이 좀 급해서 왔는데 …… 」

그는 곳장 저편 말은 듯지도 않고 자기 말만 할야고 했다.

「무에요? 뭣이 그러케 급한 일이 게서요.」

「저 서울서 내 의누이가 왔는데 …… 」

「누이 동생이요?」

「음 바로 언젠가 매월이한테 이약기하잖던? 바로 게야.」

「그러치만 잠깐 들오세요.」

용구는 한참 있다가

「그런 게 않이라 사실은 저 매월이한테 빌러 왔네.」

그는 엷은 입술에 운치 없는 우슴을 띄우며 얼골이 히락붉으락 했다.

「무슨? 제힘으로 할 수 있는 일이면야.」

「저 돈 한 삼 원가령 없겠는가?」

「돈이 웨 없어요?」

하고 놀란 듯이 소리를 질으드니 하얀 상판을 살작 재끼며 쪽 째진 입가장에 매력 있는 조소를 띄우고 안으로 들어갔다.

매월이가 들어가자 다른 기생들이 너다섯이나 뛰어나오드니 오 씨의 소매와 허리에 매어달여 「옵바」「아저씨」「선생님」 하고 소리를 질러 웃으며 곡절도 뭇지 않고 그만 그를 떠 둘러메고 들어가 버렷다. 처음은 노허 달라고 빌다가 원하다가 해 보았으나 여간해서 놓아줄 듯하지 않엇다.

매월은 부억에 가서 술상을 식혀 두고 방으로 들어오며

「선생님두 어쩌면 그렇게 등하세요? 오날이나 올까 내일이나 오실까 하다가 그만 인제는 생각지도 말야고 결심까지 했답니다.」

하고 파리한 상판을 돌엿다. 매월의 말을 뒤따라 다른 기생들이

「참 그래요. 너무 무정하십디다.」

「저들이 벌서 몃칠 동안이나 시를 배지 못했게?」

「오늘은 시나 몃 편 지우시고 천천히 놀다 가서야 해요.」

하고 떠들었다.

오 선생은

「오늘은 급하니 내내일 담에.」

하고 일어서자

「참아 잡은 님의 옷깃 못 놓으리 이내 손결.」

하며 설월(雪月)이란 기생이 언젠가 오 선생이 지어서 읊었다는 이 시조 한 구절을 외우자 다른 게집애들도 앵무새처럼 「왱」 하고 소리를 질러 같은 구를 외우며 그에게 매어달였다.

오 선생이 소리를 질러도 그들은 듣지 않었다. 그의 고함소리보다 그들의 우숨소리가 컷다.

한편에서는 벼루에 먹을 갈고 종이를 논흐고들 했다. 매월이는 염새가답게 입을 다므리고 감은 머리칼을 되는 대로 하얀 상판에 흩트리고 세상을 비웃는 듯한 우숨을 어딘지 늘 띄웠다.

「아 새상이 쓸쓸해.」

구석에 앉은 년이 한숨을 지였다.

「아 나도.」

먹을 갈든 년이 한숨을 지었다. 염새동인은 짝짝이 일어났다. 한 년이

「이 세상을 고이고이 떠나고 싶어.」

하면 다른 년이

「나도 영영히 떠나고 싶어.」

하고 또 한 년이

「나는 모든 것이 비관이 되.」

한즉 또 다른 년이

「그럼 비관이 않이구.」

하며 주고받고 하다가도 어느 년이 눈을 흘기그나 하면 찌글찌글 웃고 하는 것이었다.

오 선생은 빼속에 쥐가 기는 듯이 조바심이 났다. 그는 모든 것을 운명에 맡겼다. 아물해도 얼른 시를 한 편 지어주어야 몸을 속히 빼어 갈 것 같었

다. 그는 눈을 감으며 비통한 명상에 들어갔다.

오 선생이 눈을 감고 시구를 생각하는 동안 술상이 들어왔다.

「자 선생님 우선 한잔 들고 하세요.」

매월이가 술잔을 들고 권한다.

「난 술 못 먹어.」

「포도주예요.」

「난 난 못 먹어, 술.」

「자 빨니 잡어요. 포도주는 예수도 그러케 질겻다는데요.」

오 선생은 주머니에 종이를 끄내어 코를 풀고 나서 술잔을 잡었다. 그것은 옛날 예수가 잡든 그 죽엄의 잔 그것과 근사한 성질의 것이었다.

다음은 설월의 차례였다.

「자 앓들면 부어요.」

「난 난 볼래 못해, 술.」

「그래도요.」

「얼른 시를 저야지.」

「시는 못 저도 좋아요.」

설월이는 땅땅 울였다.

제이의 잔

다음은 춘월(春月)이

다음은 추월(秋月)이

제三 제四 제五 …… 마츰내 달콤한 포도주는 우리 시인을 완전히 승리하였다.

「자 바더써라.」

알콜에 용기를 어든 오 선생은 명상할 것도 없이 수얼케 시가 쏫어나왓다.

삶이란 창공에 구름 한쪽이로다!

오호 이 몸이 이승을 떠나는 날
검은 지옥이여 나를 맞으라!

아아 삶이란 풀닢에 매즌 이슬 한 점이로다!

오호 이 몸이 저승으로 떠나는 날
밝은 태양이여 나를 보내라!

이 시는 오 선생의 기대보다 실패되었다. 가벼운 한숨들은 더러 짓고 했지만 아모도 별노 감동하지도 비관하지도 않었다. 그는 속으로 이것은 너무 더러워서 잘 리해를 못했으니 생각하니 조곰 불만이 없는 것도 않이엇지만 혜경이가 근심되어 일어났다.

「선생님 매월언니만 지어주시고 제들은 그만 이렇게 무시하서요?」

「아무 거나 좋으니 제들도 하나식.」

하고 떠드는 것을

「엑!」

하고 소리를 질으며 일어선 그의 얼골은 붉은 물 칠을 한 것 같었다.

「아이 선생님 모자도 않 쓰시고 신발도 없이 그냥 나가세요?」

하고 계집애들이 엎드러저 웃었다.

「공연이 바쁜 사람을 어쩔라구 이래?」

하는 그의 목소리는 완연히 알콜의 위력에 반이나 돌아간 사람이었다.

「그러니 얼른 제들도 얼른 한 편식 읊어 주어요. 그러시면 선생님 모자도 내어놓고 신발도 차자 들이죠.」

「아무 거나 얼른요.」

이러케 떠들고들 하는 사이에 그의 몸은 三분의 二는 알콜에 돌아갔다. 그는 반쯤 절망한 것처럼 반쯤 실신한 것처럼 자리에 「탁」 주저앉어 버렸다.

그리고 이 분간이 지나지 않어 그는

설월이 무릎 우에 비스듬이 들어누어 리태백을 연상하며 되는 대로 람작시를 읊었다.

장미꽃

오오 장미여 아름다운 장미여
너의 모양은 당호박인 듯
너의 얼골은 홍동지인 듯
그러나 너는 가시를 가젓으니
오오 장미여 아름다운 장미여
무섭도다 무섭도다 그리고 슬프도다.

이 시는 일제히 갈채를 했다. 탄복을 했다. 한숨을 지었다. 그는 만족해서 점점 흥이 났다.

「자 이번은 시조다. 모도 마춰서 장고치고 불러라.」

불타는 가슴

칼노써 버히리까 톱으로써 켜오리까
불타는 이 가슴을 도끼로서 패오리까
아서라 그만두어라 가슴 아파 하노라.

이리하야 시와 시조는 끝없이 쏘다저 나오게 되었든 것이었다.

정거장까지 우쭐우쭐 뛰어온 혜경이는 아모리 기둘러도 오 선생이 오지 않었다. 서악(西岳)표 두 장을 끈어 들고 대합실 한구석에 서서 기둘니다가 뺀치에 가서 앉었다가 밀크를 사서 먹다가 (그는 점심을 굶어서 시장했다) 하며 이모저모 끼웃끼웃 내다보고 했지만 그는 오지 않었다. 몃 번이나 오든 길을 도로 가 보기도 했다.

대구행(서악 가는) 기차는 몃 번이나 떠나가 버렸다.

혜경이는 서악표 두 장을 대합실 한구석에 놓어 버리고 경성행 차표를 끊어 들었다.

시끄럽게 링이 울었다. 봉황대의 무성한 풀은 어제처럼 오늘도 저녁놀 속에 누어 있었다. 화통이 소리를 질으며 기차가 풀래트폼을 떠날 때 혜경이는 목구멍까지 채어 있든 울음이 전신을 마비하며 터저 나왔다. 자리에 쓰러진 그는 허리가 곱새등처럼 꼬부랑꼬부랑 뛰어올랐다.

一, 一O

발굴
2

1949년 『聯合新聞』에 발표된 역사소설

「劍君」

劍君[1)]

제1회

신라 진평왕 건복(新羅眞平王建福) 사십 오년 팔월에 갑작이 서리가 나려 마악 이삭이 오르기 시작하든 벼가

이듬해 사십 육년 여름에는 큰 가물이 들어 또 곡식이 말라 버렸다.

이렇게 연거퍼 두 해 동안이나 천재(天災)를 맞난 신라 사람들은 하늘을 우르러 호소하였다.

"으흐 하느님도 모질도다."

"우리 신라에 무슨 죄가 이다지도 지중한고."

1) 1949년 5월 15일부터 27일까지 『연합신문』에 연재되었다. 띄어쓰기는 현재 맞춤법을 적용하였고, 글자 표기는 원문에 따랐다. 판독할 수 없는 글자는 ○으로 처리하였다.

이러한 탄식과 함께 여자와 아이들의 울음소리가 높았다.

"어찌 살까나 어찌."

"무얼을 먹고 산담."

팔월 그믐께까지 나무잎과 풀을 다 뜯고 왼 들이 벌거 벗었다. 산은 솔잎 따고 풀 캐고 도토리 줍는 사람들로 허옛케 덮이었다.

그해 섯달 그믐께 허옛케 쌓이는 눈과 함께 주림과 추위는 점점 더 깊어만 갔다.

오능(五陵) 앞 부락에서 사량궁 창예창(沙梁宮唱翳倉)에 사인(舍人) 벼슬을 다니는 검군은 이 날도 해가 선도산에 걸릴 무렵에야 궁에서 나와 여러 날 전부터 별르던 처가에 문병을 가는 길이었다. 문천(汶川) 다리를 건너서서 막 왼손 편 지름길로 걸어 드려갈 때 같은 근랑화랑(近郎花郎)의 랑도(郎徒)인 악부(岳夫)를 거기서 맛났다.

악부는 거기서 그를 기둘르고 있었든 듯 쑥스런 우슴을 띠우며

"여보게 검군"

하고 그를 불렀다.

"자네 힘으로 쌀 한 되만 어떻게 구할 수 없을까?"

"……"

검군은 한동안 잠잖고 있었다. 벗이 실망할 것을 생각하고 단번에 않된단 말을 못하였다.

악부는 다시 자기도 검군의 사정을 모를 리 없지만 어버이가 병들어 누은지 일헤나 되도록 쌀미음 한번 쑤어 드려보지 못하고 하락해서 그러노라고 하였다.

검군은 잠자코 악부의 손을 잡았다. 그리고는 말했다.

"악부 우리 또 맞나세."

검군은 길을 걸으며 혼자 생각했다. 신라 서울 허다한 사람 중에 더구나 같은 랑도 칠백 명 중에 유독 자기에게 이 말을 하는 것은 무슨 까닭인가? 자기를 제일 믿는 까닭이리라. 자기의 우정을 제일 믿는 까닭이리라 검군은 이렇게 생각하였다. 그러나 그뿐일까. 자기가 창예창의 쌀을 맡어 있다는 사실은 과연 염두에도 두지 않었을까. 이렇게 생각할 때 그는 이따위 청탁을 받게 된 것은 물론 악부로서 천음이 아니었다.

—자네는 창예창에 있으니까 혹은 —이즘은 창예창 사인이 제일이야 이따위 소리를 들은 것도 한두 번이 아니었다. 물론 창예창 안에는 아즉도 많은 쌀이 쌓여저 있고 사인 중에는 그것을 도적질해내는 사람들이 없지 않다는 것도 검군 자신 잘 알고 있었다. 그러나 이러한 소문이나 눈치로서 그에게도 의례 쌀이 있으려니 생각하고 말하는 것이라 악부도 얼마나 쓸쓸한 사람인가고 검군은 생각하지 않을 수 없었다.

그러자 검군은 바로 어저께 일이 생각났다.

제2회

어저께 아침 검군이 막 궁에 나아가니 대하나(大河那)란 사인이 그를 기다렸다는 듯이 "검군 당신에게 의논할 이이 있소"하고 한쪽 구석에 은밀히 그를 불러 "검군도 혹 짐작하시리다만 내일모레 그믐이 임박했는데 이 신라 서울에 사실 쌀 가진 집이 몇 집이나 있겟소. 금년 년사라 누구 집 할 것 없이 쌀 한 알 찾어 보기 곤란한 형편 아니오. 그래 하다못해 우리 창예창 사인 인들이 의논하고 서쪽 적은 창고에다 쌀 한 섬을 내놓았소. 다른 사인들과는 다 의논들이 돌렸는데 이제 마지막으로 검군만 승낙하면 일은 다 된

거요. 누군들 양심이 없으리요만 어린 자식을 데리고 참아 어떻게 굴며 죽는단 말이오. 쌀말씩 갓다 설이나 새고 그럭저럭 새 풀 날 때까지 목숨 보존이나 해 볼밖에 어쩌겟소." 하는 것이다.

검군은 고개를 들어 광채 어린 눈으로 대하나를 보며 "대하나 당신 말은 잘 알어 들었오. 내 역시 풀죽이나마 언제까지 목구멍에 넘어가게 될는지도 모르는 형편이오. 그러하지만 남이 모른다고 해서 못할 짓을 어떻게 하겠소." 별로 흥분하는 빛도 보이지 않는 어디까지나 침착하고 부드러운 목소리다. "그거야 일러 무엇하오. 천만번 지당한 말이오. 그렇지만 이건 우리가 살려고 남을 해치는 게 아니오. 남이 시재 먹고 살려는 양식을 도적질한다든가 혹은 내가 살게 되는 동시 남이 그만큼 타격을 받는다든가 하는 것 같으면 우리도 차라리 죽으면 죽었지 이런 생각은 내지 않었을 것이오. 하지마는 국곡은 언제나 여유를 주는 게니까 이걸 융통해먹고 우리가 목숨을 보존한대도 남에게 몹실 적악은 안 될 줄 믿소." "나도 그것이 그다지 깊은 죄가 된다거나 남에게 몹실 적악이 되리라고는 생각하지 않으오마는 비록 일시적일망정 남의 눈 속이는 일이 되는구려."

어디까지나 침착하고 부드러운 음성이나 그의 얼굴에 도저히 움직이지 않을 결연한 빛이 떠도는 걸 본 대하나는 드디어

"여러 사람이 다 희망하는 일을 너머 혼자서 그러시기보다 모두가 좋도록 합시다."

하고 다른 사인들 사이에 끼어들어 버렸다.

(二)

검군이 그의 처가집 앞까지 왔을 때 방문에는 불빛이 보오야케 비처 있었다.

기침을 했다. 방문이 열리었다. 방안에는 침침한 기름불이 켜져 있는 조그만 등잔 밑에 그의 장인 장모를 비롯하여 적은 처제 숙랑(淑娘) 처남 이렇게 네 사람이 앉아있고 다만 큰 처제 정랑(靜娘) 하나만이 웬일인지 이불을 쓰고 누어있다. 실상 검군이 문병을 온 것은 그 대상이 정랑이 아니고 그의 장인이었다. 그의 장인이 산에 가 칡뿌리를 캐다가 실족을 해서 허리를 다쳐 누어있다기에 곧 문병을 온다온다 하면서 여러 날 지나 버리고 오늘이야 겨우 와서 보니 그 허리를 다쳤다던 장인 영감은 벽에 기대인 채이나마 일어나 앉아 있는데 엉뚱스리도 정랑이 이렇게 누어있는 것이었다.

제3회

"처제가 편찮어요?"

검군이 입을 떼었다.

그러나 아무도 이에 대답하는 사람이 없었다. 방안은 갑자기 더 고요해지고 밖에서 바람 부는 소리가 들리었다. 이윽고 정랑이 뒤쓰고 누은 이불이 풀럭거리고 어느듯 벼개 위에 눈물이 흘러내리기 시작하였다.

"어차피 자네와는 이야길 할 게라서"

하고 얼마 뒤 그의 장모가 침묵을 깨뜨리고 눈으로 정랑을 가르치며

"젤 상보 댁에 혼인시키면 어떤가고 생각하는데……"

하였다. 상보(常保)라면 금년 봄에 상처를 당하고 딸 셋 아들 둘 오남매를 거느린 얼굴에 주름살이 잽힌 중늙은이다. 저 구슬 같이 맑고 영롱한 정랑이가 그렇게 시들은 호래비에게밖에 시집 갈 데가 없단 말인가. 그보다도 정랑의 신랑감으로는 정식으로 약혼식을 치르지는 않었을망정 양쪽 부모들까지 은은히 인정하다싶이 하고 있는 저 악부의 동생 기악(記岳)이란 총

각이 있지 않은가.

"상보와 어떻게 말입니까?"

"글쎄 다못 쌀되라도 변통해 온다면 이 동네선 시재 그 집 뿐이니께. 그동안 쌀되씩 갖다 먹은 게 벌서 닷 되나 밀리고 그러니 이걸 금으로 친대도 여간 수얼찮고 또 저 쪽에서도 기어이 잽비래는 눈치니께. 그러니 이게 아즉 섯달 그믐이라 신곡 날 때까지는 까마케 멀고…… 허니 부득이 약속하지만……"

하고 또 말을 끊는다. 기악이란 이름을 꺼내기 싫어하는 모양이다.

"그렇지만 처제 생각이 또 어떨는지…"

검군은 우물쭈물 우선 이런 말을 하였다.

"재야 집 형편이 그런 걸 다 아나 쌀가만 부모 된 도리에 약속해서… 지는 그보다 더한 자리에도 괜찮지만 단 한 가지가 목에 걸린다구."

다만 한 가지 그 기악이가 목에 걸려 이렇게 여러 날을 물 한 목음 못 마시고 들어누어만 있다는 것이다.

(三)

검군은 처가에서 나와 자기의 집을 향해 걸었다. 그동안 눈보라가 날리기 시작하여 길과 숲과 논, 들을 얼룩덜룩 흰 칠하고 있었다.

검군의 머리 속에는 오늘 겪은 일이 또 차례대로 떠오르기 시작하였다. 기악의 얼굴, 정랑의 이불 쓰고 누은 모양, 장모의 얼굴 그리고 아내의 미간에 잡힌 주름살…… 그리고 마지막으로 어저께 상보 사인의 하던 말이 생각났다.

(남들이 다 원하는 일을 혼자 거르지 말고 좋도록 합시다.)

그러자 그의 눈앞에는 또 그 하얀 쌀알들이 떠오르기 시작하였다. 아아 얼마나 아쉬운 쌀이냐. 이 쌀만 있으면 아내의 미간에 언제나 잡혀 있는 주름살도 펴질 것이요, 이불을 쓰고 누어있는 정랑과 그 가속도 구해낼 수 있을 것이요, 악부로 하여금 그 어버이에게 미음을 쑤어 드릴 수도 있게 할 것이 아닌가.

그러나 어찌하랴. 이 쌀은 나라의 것을 남 몰래 훔쳐서 얻으려는 것이다.

제4회

아모리 남들이 이것을 모른다고 하드라도 자기 자신의 마음속을 누구에게 소길 수 있단 말인가. 자기의 마음속을 자기 스스로 소길 때 자기는 이미 자기의 마음속에서 하늘을 덮어 버리지 않는가. 더구나 자기는 자기가 가장 존경하는 벗 근랑(近郎) 화랑의 천거로 이 벼슬자리에 나아온 것이다. 근랑과 자기와는 자기들의 가슴 속의 하늘을 두고 서로 맹세한 사이다.

(안될 일이여. 난 근랑의 의리를 저버릴 수 없어!)

검군은 혼자서 고개를 흔들었다.

이튿날 검군이 궁에 나아갔을 때 이번에는 또 수달(洙達)이 그를 찾아왔다. 수달은 창예창의 수석 사인이었다. 그는 마음이 너그럽고 신의에 가볍지 않아 동료들의 존경과 신임을 한 몸에 받고 있었을 뿐 아니라 특히 검군과는 서로 마음을 허락하는 사이었다.

그는 검군의 손을 힘 있게 잡으며 "검군"하고 힘 있게 불렀다.

"나는 역시 여러 사인들과 함께 쌀을 훔치는 데 참가하게 되어 있오."

잠깐 말을 끊고 조용히 검군의 얼굴을 들여다보고 있다가 순간 검군의 얼굴이 괴럽게 일그러지는 것을 보자

"물론 나는 당신이 이것을 책할 줄 믿고 있었오. 그리고 지금 대하나 사인으로부터 당신이 거절하드란 것도 듣고 왔오. 그러고 보면 별로 더 할 말이 있어 온 것도 아니요."

그는 말을 끊고 한참 동안 고개를 떠러트리고 있었다. 그는 다시 말을 이었다.

"내가 아모리 변론을 하대야 내가 끊고 당신이 오름을 뒤집어 놓을 수는 없소. 끊은 길에 선 내가 올은 길에 선 당신을 유혹할 수도 권고할 수도 없으며 또 그래서는 안 될 일이라고도 생각하오. 검군 나는 별로 할 말이 없구려."

"……"

"그러나 나는 이 말을 하러 온 것은 아니요. 나는 말하자면 쌀을 훔쳐 먹는 사인들이 있음을 당신에게 알릴뿐이오. 이 일을 누가 꾸몄는지 내가 참가하는 이상 나는 이런 것도 묻지 않으려고 하오. 다만 내가 참가하듯 당신도 나처럼 참가해 달랄까 말할까. 결국 나는 당신에게 이것을 이야기하지 않을 수 없어 하는 것이요."

"수달!"

검군의 목소리는 뜨겁게 떨리었다.

"당신 말뜻은 잘 알어 들었오. 나도 차라리 당신들과 함께 쌀을 훔쳐 먹구 싶으오. 당신들과 한 목 끼이고 싶으오. 수달 당신이 그런 말하기가 괴롭듯이 나도 당신만치 괴로운 것을 짐작해 주오. 수달 우리가 추종하는 화랑의 이름은 달흘지언정 의를 두고 목숨을 맹서한 것은 내가 당신이나마 망가질 것을 이제 하필 그것을 내가 말하려는 것은 아니요. 하지만 내가 근랑의 천거로 여기 들어와, 이제 그 신의를 저버린다면 나는 근랑을 배반하고 그의 낭도 천백 명의 낯에 침을 뱃는 결과가 되지 않소."

"당신의 꾸중을 나도 짐작 못하는바 아니오. 그러나 이제 내가 아모리 반대를 한다고 해도 그들은 저 쌀을 기어이 논아 가고야 말 것이오. 설사 그 쌀을 먹고 일을 당하는 한이 있드라도 그들은 이것을 중지할 수는 없을 것이오. 일체 책임은 내가 지리다. 다만 당신도 그들과 한목 끼인 체만 해 주시요. 마음으로 통한 것이 아니라 겉으로 한목 끼인 채만 해 달란 말이요."

"수달 당신의 말뜻을 나는 잘 알어듯소. 하지만 마음을 따로 두고 행동을 함께 하고 어떻게 그런 것이 되겟오."

검군은 비통한 눈물을 좌우로 흘렸다.

제5회

(四)

워낙이 배가 고프니까 쌀을 갈러 가긴 하였으나 공모했든 사람 가운데 검군 한 사람이 기어히 그 공모에서 빠졌다는 사실은 그들에게 견딜 수 없는 불안과 위협과 근심이 되지 않을 수 없었다.

"우리 여섯의 목숨은 오로지 검군의 혀끝에 달려 있다."

"우린 이제 도마 위에 놓인 고기다."

그들은 이런 말로 구석구석이 수군거리고 틈틈이 비쭉거리어 검군을 경계하고 원망하는 것이었다. 그것은 날이 갈수록 그들에게는 무거운 짐이었고 깰 수 없는 악몽같이 그들의 머리를 내리눌르는 것이었다. 더구나 주림이 줄고 생활의 의혹이 차차 복구되어 갈수록 검군의 존재는 그들의 모든 히망과 광명을 집어 샘키고 또 ○○이 있을 검은 그림자가 되어 그들의 얼굴을 내리 덮었다.

"검군은 의리 깊은 사람이니 설마 제 입으로 우리를 법관에 고발할 리야 없겠지."

그들은 이렇게 자위도 해 보았다.

"그러나 사람이란 모르는 거야."

"더구나 그가 사감으로 우릴 밀고할 사람은 아니라 하지만 무슨 공사로 설료할 필요가 있을 경우엔 서슴치 않고 개인적 의리를 버릴 걸세."

이러한 결론에 도달하자 아무도 이에 반대하거나 의심하는 사람이 없었다.

더구나 그들로 하여금 그들의 앞길에 가로놓인 암영을 없애기로 설정을 촉진시킨 것은 서울 장안 이 구석 저 구석에 떠도는 풍설이었다.

"이즘은 창예창 사인이 제일이야."

"본래 흉년엔 창예창 사인이 땡을 잡는 법이거던."

"보고 안 먹을 장사 없고 ○잔에 마다할 군사 없지."

이러한 풍설을 터무니 삼아 슬쩍 넘겨짚고서 혹자는 대하나들을 불러내어

"여보게 조심들 하게. 이즘 별별 소문이 다 다 나니께 그런 일은 남이 먼저 아는 법이라네."

하고 은근히 복심을 ○○ 보고는 끝에 가서는 대개

"어딘지 시방 늘어져 누었는데 거 쌀되만 어떻게 돌려줄 수 없겠는가. 내 궁함세."

이따위 수작들이었다. 그들은 이런 말을 들을 때마다 업는 가슴에 뜨끔한 것은 검군의 그림자였다.

저번은 검군이 뒤끝 보고 있으니까 세미(稅米) 탄 사인이 헛간 속에 검군

든 것을 모르고 헛간 곁에서 대하나를 불러

"이번 해일[亥日]엔 요정을 냅시다."

한즉 대하나는

"해일이면 아흐레 날이구려."

"초아흐레."

"그렇지만 수달이 저러고 있으니까."

"혼자 책임을 진다니 그거야 자기 말뿐이지. 법관이 그걸 인정할 법이나 하오. 괘니 그러다 시기만 놓쳐 버리기가 고작이지."

"글세 백령(白領)과 열삼지(열三知) 맘도 모르는 일이요."

"그리고 수달도 그저 검군에 대한 의리로써 하는 말이지 제 목숨 아갑짠은 사람이 어딋단 말요?"

이런 말을 듯고 있노라니까 검군은 왼 몸이 것잡을 수 없이 떨리었다. 검군이 이때까지 그들의 눈치 못 채게 못한 것도 아니요, 그동안 죽엄을 노상 겁내온 것만도 아니것만 이렇게 우연히 엿들은 그들의 조그만 음모엔 왜 그의 심장이 그렇게도 떨리었을까. 그는 난생 처음으로 겪는 무서운 전율을 몸으로 느끼며 간이 찢기는 듯한 통분에 손끝까지 떨리었다.

제6회

그는 지금까지 그들을 법관에 고발하리라고는 한 번도 생각해 본 적이 없었고 더구나 다른 친구들이나 또는 무슨 도당을 더불어 발설하리라고는 꿈에도 생각해 본 적이 없었것마는 이제 저들이 오히려 그의 목숨을 뺏으려 함에 있어 자기는 어떻게 해야 된단 말인가.

검군은 그날 밤 집으로 돌아가 밤이 새도록 잠을 이루지 못했다. 아모리 궁리를 해야 그들을 법관에게 고발을 하거나 자기가 이 신라 나라를 떠나버리거나 두 가지 길밖에 달리 그의 목숨을 보전한 도리는 없었다.

그들을 법관에게 고발하는 것은 물론 그의 본의는 아니다. 그러나 이제 그들이 자기의 목숨을 해하려 함에는 자기도 목숨을 지키기 위하여 수속을 취함이 마땅하다. 하지 않을 수 없다. 이렇게 생각은 하였으나 이것을 실천에 옮기기는 여간해 쉽지 않았다. 게다가 해일까지는 아즉 며칠 여유가 있으니까 그동안 좀 더 낌새를 두고 보자는 것이 차일피일 그 당일이 되어 버렸다. 검군은 혼자 앉어 무거운 한숨을 쉬었다. 그리고는 또 할 수 없이 평시와 마찬가지로 궁에 나아갔다. 그러나 웬일인지 그 하로가 다 가도록 별로 전과 다른 눈치가 없고 그날 밤 집에 돌아와서도 이제나이제나 하고 조마렵게 기둘렸으나 종시 아무런 변이 없었다.

이렁저렁 또 몇 일이 흘러갔다.

열나흣 날 저녁때였다. 그는 직감적으로 내일 대보름날 저들이 반듯이 흉게를 저질르리란 생각이 들었다. 그는 혼자서 이것을 부인도 해 보고 눈을 감고 잊으려고도 해 보았으나 역시 모도가 도모였다. 그는 왼 몸이 흐렁흐렁 어즈러지는 듯한 견딜 수 없는 괴로움에 사헌원(司憲院) 앞을 어정대이다가 문득 저 쪽에서 악부가 걸어오고 있는 것을 보자 정신이 퍽 돌아왔다. 그리하여

"거 검군 아닌가?"

하는 소리에 당황이

"어 자네가 맛낫군."

하며 그때야 비로소 어떤 속박에서 풀리는 듯 가슴이 후련해짐을 깨달았다.

그는 악부가 자기를 그 자리에 떼쳐버리고 달아나지나 않을까 하는 것을

두려워하며

"그런데 자네 오늘 어디 급헌 볼 일 있는가?"

이렇게 물었다.

"뭐 별로"

"그럼 마침 잘 됏네. 그렇지 않어도 자넬 한 번 방문하려든 차인데 그래 어르신 병환은 좀 어떠신고. 여기서 이 말하기 부끄럽네."

"천만에 고마운 말일세. 친환은 그저 늘 그만한 편이라네."

검군은 악부를 술집으로 인도하여 그날 밤이 깊도록 술을 마시었다.

술이 얼큰히 취했을 때 검군은 얼굴에 웃음을 띠우고

"악부 자네, 내 한 마디 물어봄세. 자넨 내가 자네보다 쌀을 가진 줄 생각하나?"

이렇게 물었다.

"미안하이. 나도 몹시 후회를 했다네."

"천만에 친구한테 그런 말 안 하면 누구한테 하겠누. 그렇지만 실상 나도 자네 마찬가지 쌀이 없었다네. 생각해 보게. 친구의 딱한 사정 듯고 도아주지 못할 때 적이나 언잔흔가? 그런데 악부 자넨 이 신라 나라가 좋은가 서울 장안이 몹시 그리운가?"

검군은 침통한 낯으로 돌연히 이런 말을 하였다.

"글세 주릴 때 주려도 역시 그리워…"

"……"

검군은 잠자코 고개를 끄덕였다. 그는 또 갑작이

"그럼 자넨 이 신라 나랄 저 고구려나 당나라나 아주 낯선 곳으루 가 살구 싶을 땐 없는가!!"

또 이렇게 물었다.

"갑작이 왜 그런 건 묻는고."

"술을 먹으니 그런 생각이 드네. 오늘이 몇일인고?"

"열나흘."

"열나흘! 그럼 낼이 바로 대보름이군. 그런데 악부 자넨 죽음을 생각해 본 적이 있는가?"

"있네."

"어떻게?"

"역시 병들어 죽느니보단 설어 평생 채고 어디 대질러 부서지듯 하는 것이 좋잖을까? 그런데 검군 그런 건 왜 묻는가? 자네 어디 상심하나보이."

"……"

검군은 고개를 떠러트린채 묵묵히 앉어 있었다. 별안간 그에게 모든 것을 이야기하고 싶은 생각이 회오리바람처럼 이러났다. 그는 이 충동을 누르려는 듯이 술을 들이키고 나서 기어히

"자네 비밀 지킬 자신이 있나?"

하고 물었다. 악부가 이것을 승낙하자

"그럼 맹서함세."

하고 그는 자기와 다른 사인 사이에 생긴 이야기를 대강 하였다.

제7회

이야기를 듯고 난 악부는 분노에 몸을 떨며 두 눈에 불을 켜듯 하여

"검군, 나라를 위하여 고발을 하소." 한다.

"악부 사람이 굶주려서 오히려 제 정신을 지니기란 극히 어려운 듯하네.

그리고 수달 백령들은 평소 나의 친구일세. 그밖에 네 사람도 본시 부랑하거나 도적질할 위인들은 아니고."

"그렇지만 그 쪽에서 불측한 짓을 하는 데야……"

"그러니 나도 사헌원을 찾어나선 적도 없지 않아 있었네마는 그렇게도 걸어지지 않은 걸음을 어떻게 걸겟나? 가지질 안 해서 결국 못 가고 말었네."

"그렇지만 그렇게 까닭 없이 목숨을 버린단 말인가?"

"……"

"그럼 자네가 몸을 피해야지."

"……"

"아까 자네 말처럼 고구려나 당나라로 아주 떠나기라도 하던지."

"그것도 여러 번 생각해 봣지만 내가 왜 피해야 된단 말인고? 내가…"

"그러면 결국……"

"결국 죽고 싶은 것 아니지만 죽기 실다고 해서 못할 짓을 하겟나? 떳떳한 길이라 생각된다면 가는 데까지 가 보는 게지… 그런데 자네 제씰 낼 나한테 보내주게."

검군은 쓸쓸이 웃어 보이며 술잔을 잡는 것이었으나 그의 두 눈엔 불빛에 번쩍이는 것이 있었다.

대보름날 새벽 먼동이 트려할 때 검군의 집 뒤 홰나무에서 가마귀가 울었다.

잠결에 가마귀 소리를 들은 검군은 가뜩이나 어지러운 머리 속에 갑작이 불길한 생각이 부쩍 들었다.

(하필 공교러이 오늘 아침에 가마귀가 운담.)

그가 이렇게 중얼거리고 얼마 오래 있지 않어서

"누님— 누님—"

하는 볼멘소리가 들린다. 이 집에 누님이라고 부를 사람이 왔다면 그것은 단 하나밖게 없는 그의 처남일 것이다. 그러자 그의 아내가 방문을 열며

"누구냐, 거림(巨林)이 아니냐?"

하고 밖으로 나갔다.

"누님 빨리 집으로 좀 가요."

"왜 무슨 일이 낫니?"

"정랑 누이가 죽었오."

"무어 정랑이 죽다니!"

"아침에 이러나 보니 없어서 모도들 찾노라니까 부엌에서 목을 매 죽었어."

"애고 불상해라 저를 어쩌누?"

검군의 아내는 저고리 섶으로 눈을 가리며 흐느껴 울기 시작하였다.

검군이 거림을 불러

"언제쯤?"

하고 물은즉 소년은 울음 섞인 소리로

"밤중에 나간 모양이요."

하며 외면을 해 버린다. 거림의 말에 의하면 밤ㅅ중까지 시집갈 준비를 하고 있던 정랑이었다. 별로 웃지도 지끄리지도 않고 밤이 깊도록 반짓그릇만 앞에 놓고 저고리감을 뒤적뒤적하고 앉어 있었더라는 것이었다. 어저께 저녁때만 해도 친정에서 도라오는 그의 아내는

"이제 정랑이 이러났드군요."

하기에

"으음."
하고 그도 한숨을 내쉬었던 것이었다.

제8회

상보보다 더한 자리에라도 늙은 어버이와 동생들을 위하여 자기 한 사람의 행복을 내던지긴 어렵지 않으나 다만 한 가지가 목에 걸린다면 그 한 가지—기악을 잊지 못하여 드디어 목을 매고 말았다는 것이었다.

검군의 아내는 두 눈이 시뻘거케 되어 황황히 친정으로 달려갔다.

그의 아내가 친정으로 간 지 약 한 시간 쯤 지나니 또 밖에서 그를 찾는 사람이 있었다.

"누굴까?"

검군은 공연히 가슴이 덜컹 하였다.

그러나 어찌 할 수 없어 기침을 하고 밖으로 나가보니 수달의 집 하인이 서장(書狀)을 가지고 와서 전했다. 그로부터 서장을 받아 쥔 그는 연달아 차저오는 불길한 예감에 어깨죽지가 으쓱하며 벌벌 떨리는 손으로 피봉을 떼었다.

오늘은 정월대보름 일 년 중에 제일 좋은 날이니까 한 해 동안의 동료의 신수를 축복하며 의와 화를 돈독히 하기 위하여 동료들이 한자리에 모여 술을 난호고 관월(觀月)을 같이 하자는 수달의 청첩장이다. 청첩인이 수달이요 이것을 가지고 온 자가 역시 수달의 하인이며 필적엔 어딘지 열삼지의 솜씨 같은 것이 느껴졌다. 열삼지로 말하면 사인 중에 달필로 정평이 있어 대외적 서장은 대개 열삼지가 일동을 대표하여 쓸때가 많다.

그러고 보면 이것도 수달이 열삼지에게 부탁을 하여 쓰게 한 것인지도 모른다고 생각하였다. 주석을 만약 수달의 집에서 편다면 수달은 양신과 의리를 가지 사람이라 그 자리를 이용하여 검군의 목숨을 해칠 음모를 추진하는 것은 아니리라 그는 생각하였다. 혹은 수달의 수완으로 정말 이즘의 불안과 의혹을 일소하고 흉금을 열어 화목을 초대할 기회가 양성될는지도 모른다고도 생각해보았다. 그러나 그렇다고 하면 오늘 와서 이렇게 돌연히 하인을 시켜서 서장을 보내기 전에 수달이 직접 자기의 의사를 대강 통해 올 것이 아닌가. 만약 그러한 생각이 있었다면 어제고 그제고 또한 기회는 얼마든지 있지 않었던가.

검군은 아주 장서를 찌저 버리고 이 길로 서울을 떠나 버릴까 하고도 다시 한 번 생각해보았다. 가족과 친구와 사회와 나라를 다 버리고 표연히 길을 떠나는 자기의 쓸쓸한 여장을 머리 속에 그려보고는 한숨을 쉬었다.

(나에게 무슨 허물이 있어 도망을 간단 말인고. 내가 무었이 마음이 떳떳하지 못하여 피신을 간단 말인고)

그는 또 분연히 마음속으로 이렇게 부르지졌다. 그는 몇 번이고 냉수를 드리켰다. 울타리 밑에서 죽지를 치고 낮닭이 울었다. 저 닭 우는 소리를 들으며 이집에서 귀여운 자식 청죽(靑竹)일 길으며 살어가는 것은 얼마나 즐거운 일인가.

밖에 나가면 그리운 친구들이 있고 술이 있고 집에 들어오며는 아내와 어여쁜 자식이 있고 아아 이 즐거운 세상을 버리고 자기는 어디로 간단 말인고— 검군은 저녁때가 되도록 이렇게 탄식하며 울부짖고 있었다. 그는 무슨 발작과도 같이 벽에 걸린 갓을 벗겨쓰며 막 밖으로 뛰쳐나가려 하였다. 바로 그때 밖에서

"검군 사인 계시오?"

하는 소리가 들린다. 처음 그는 무턱대고 또 가슴이 덜렁 하고 놀랐스나 다음 순간 그것이 기악인 것을 보자 반가운 낯으로

"아 오는가."

하였다. 그러나 언제나 쾌활한 기악의 낯에 슬픔이 서려 있음을 보고 그와 동시에 머리 속에 정랑을 생각하고

"자네 그럼 저기 단여 오는가?"

한즉 기악은 두 눈에 눈물이 핑 돌며

"네"

하고 머리를 숙으린다.

두 사람은 한참동안 묵묵히 앉어 있었다. 검군은 드디어 입을 열어

"자넬 좀 오라고 한 것은 이걸 부탁 할려고…"

하면서 벽장문을 열고 장검(長劍) 자루를 내어 기악 앞에 놓았다.

(完)

기악이 어리둥절하여 그의 낯을 처다 보려니까 검군은 그것을 집어 들더니 쩌—o 하는 소리와 함께 번쩍 칼을 빼어 보이며

"어떤고?"

하는 것이다. 기악은 한참동안 정신 나간 사람 모양으로 그 황홀하게 번쩍거리는 것을 멀거니 바라보고 있다가 문득 자리에서 이러나며

"그 칼을 그 칼을"

했을 뿐이고

"이 칼을 자네가 가지게"

하는 검군의 소리를 오히려 어렴풋이 귓전으로 들으며 그보다는 칼자루 바

로 아래 금으로 삭인 신룡(神龍)이란 두 글짜에 정신이 쏠렸다. 기악은 검군에게 신검(神劍)이 있다는 말을 일즉부터 들은 일이 있었고, 그리고 그것은 검군의 조상 때부터 전해 내려오는 가보(家寶)일 뿐 아니라 왼 신라 나라에서도 드문 보검의 하나이란 것도 역시 그의 형들로부터 들은 적이 있었다.

검군은 칼을 다시 자루에 넣어 기악에게 주며

"이걸 갖이게."

또 한번 이렇게 말했다. 검군이 어제밤 이 칼을 기악에게 주기로 결심한 것은 기악이 이 칼로 쌀을 바꾸어 그의 정량을 구하고 그의 어버이에게 미음을 쑤어 들이게 하려 했든 것이나 정량이 없어저 버린 이제 하필 이것으로 쌀을 바꾸라고 하기는 싫었다.

보검을 기악에게 주고 난 검군은 따 우의 모든 것과 결별한 듯한 허전하고도 가뜬한 생각으로 집을 나왔다. 골목을 돌아 동내 앞 너른 길로 막 나오자 저 짝에서 백령이 걸어오다가

"저 검군 아닌가."

한다.

"어 웬일인가?"

"자넬 모시러 오네."

이리하여 검군이 백령을 따라 수달의 집까지 찾어갔을 때 수달의 집에서는 수달 대신 열삼지와 구물(丘勿)이 나오며 연회 장소가 수달의 집에서 대하나의 집으로 바뀌었다는 것이다.

"언제 그리 됐오"

백령이 묻고

"오늘 갑작이 그 부인이 편찬아서"

하는 것은 열삼지다.

그리고

“얼른 가 봅시다”

하며 앞에 나서 가는 것은 구물. 검군도 구물 언삼지 백령들의 뒤를 따라 몇 발자욱 얼만 만큼 걸음을 떼어놓았을 때

“아차 모다 이것들의 수작이로군”

이렇게 머리 속에 번쩍 오는 생각이 있어 고개를 들자 저 건너 소금강(小金강) 멧부리 우에 바야흐로 대보름 둥근 달이 떠올으고 있는 것이다.

“올해도 돼게 크나? 올해도”

“올핸 늦다 했어! 비가 흔하겠다.”

어디서 이러한 소리도 들려온다.

검군은 정신 나간 사람처럼 달을 한참 바라보고 있다. 문득 자기 곁에 서 있는 구물 백령 열쌈지들이 눈에 비최이자 역시 아무런 의미도 없이

“음 가자 가!”

이렇게 혼자 속으로 중얼대며 다시 걸음을 떼어놓았다.

그리하여 지금 소금강 꼭대기에서 한 너댓 발이나 올라온 저 대보름달이 하늘 한가운데 쯤 와서 신라 서울을 모두 비최고 있었을 때에는 독 섞인 술잔을 곁에 던진 채 오히려 웃음 웃는 듯한 얼굴로 쓸어저 누어 있는 검군의 얼굴을 굽어보고 있었던 것이다.